中国新锐传播学者系列教材

传播网络分析导论

Communication Network Analysis：An Introduction

刘于思 著

图书在版编目(CIP)数据

传播网络分析导论/刘于思著. —西安:西安交通大学出版社,2017.8
ISBN 978-7-5693-0071-0

Ⅰ.①传… Ⅱ.①刘… Ⅲ.①计算机网络-传播学-研究 Ⅳ.①G206.2 ②TP393

中国版本图书馆 CIP 数据核字(2017)第 213109 号

书　　名　传播网络分析导论
著　　者　刘于思
责任编辑　赵怀瀛

出版发行　西安交通大学出版社
（西安市兴庆南路 10 号　邮政编码 710049）
网　　址　http://www.xjtupress.com
电　　话　(029)82668357　82667874(发行中心)
(029)82668315(总编办)
传　　真　(029)82668280
印　　刷　陕西元盛印务有限公司

开　　本　787mm×1092mm　1/16　**印张**　16.625　**字数**　398 千字
版次印次　2017 年 9 月第 1 版　2017 年 9 月第 1 次印刷
书　　号　ISBN 978-7-5693-0071-0
定　　价　39.80 元

读者购书、书店添货,如发现印装质量问题,请与本社发行中心联系、调换。
订购热线:(029)82665248　(029)82665249
投稿热线:(029)82668133
读者信箱:xj_rwjg@126.com

序

Foreword

2008年春夏之交，有一个难得的机会在北京游学。一日，刘海龙到人民日报社9号楼社科院新闻所来探望我，聊到应该举办一个属于年轻人的全国性的传播学研讨会。我们一致认为，年轻人年龄相仿，学理相近，无拘无束，容易碰撞出思想火花。回去后，海龙打电话给张志安，陈述我们的想法，大家一拍即合。中国人民大学新闻学院赞助了一笔费用，当年6月，我们便在人大新闻学院召开了第一届中国青年传播学者论坛。来自全国各地20多位青年学者参加了会议，热烈讨论了整整一天。当时我们谁都没有想到，今天这个研讨会正在以如此有影响力的方式延续着它的生命。

应当感谢每一次会议的主办方，年轻人缺少资源，因此会议不仅不能收会务费和住宿费，而且还要补贴大家的差旅，可以说赔钱到家，投入巨大。中国人民大学、复旦大学、南京大学金陵学院、浙江大学、中山大学、清华大学、武汉大学、重庆大学、安徽大学和中国传媒大学等十所大学的相关院系先后举办了一年一度的盛会。然而即便这样，会议还是开得很艰苦。尤其对不住大家的是在南京召开的那次会议，由于金陵学院资源有限，大家都住在南京大学浦口校区招待所的套间里，一个套间的住客都可以凑出两桌麻将。由于一栋楼只有一个准时下班的服务员，今天已经“贵”为中山大学传播与设计学院院长的张志安竟不得不亲自为厕所疏通下水管道，这件事在他的成长经历中已经留下了不可磨灭的阴影。

然而，似乎没有人计较这些，大家都以能聚在一起讨论学问为快事。中山大学的那次会议一直开到晚上11点，大家仍然饶有兴味地听李立峰和郭建斌分享他们的研究心得，我们才发现温文尔雅的香港名教授在宵夜店消灭啤酒和烤肉的战斗力也是相当惊人的。而此后，饿得两眼发蓝出去喝啤酒吃烧烤便成为了会议的必备程序。由于实行严格的匿名评审，会上的几乎每篇论文，均属上乘，但在点评时仍然会招来雨点般不留情面的批评，尤其是“一对一”对评的时候。尽管有些时候颜面上确实有点挂不住，但谁也没有真正把受到学术质疑看作是一种受伤。

于是，中国青年传播学者论坛渐渐成为一个精神气质上的无形学院。就是在这样的文化和共同体中，大家产生了更多的认同和包容，也产生了更为积极的学术追求,共同出品一些系列性的优秀成果,便成为一种自然而然的愿望。在2014年的论坛上,西安交通大学出版社的年轻编辑赵怀瀛带着他的“中国新锐传播学者系列教材”来寻求合作时,自然得到了大家的热烈响应。在大家热烈报名之下,便有了第一辑的选题和后续的更多选题。于是在赵编辑的催促之下,便有了这篇文字。中国新锐传播学者系列教材,并没有整齐划一的风格:在内容上既有方法方面的选题,也有理论方面的选题;在形式上既有传统的体系型教材,也有相对新颖的案例型教材。但总体而言,每一本教材都具有前沿性和研究性的色彩,不仅充分体现了知识的体系性,也充分彰显了每一位作者的个性和特点。可以说,这一系列的教材更多地体现出中国青年传播学者论坛那种独有的文化气质:个性张扬,兴趣广泛,敢于迎接和挑战传播的新领域。当然,它也必然是存在各种缺陷,并以开放的姿态接受各界批评的一套文本。传播学进入中国已经40年,对于一个直到21世纪仍然极其弱小的知识领域而言,需要的便是中国青年传播学者论坛的气质:兼容并包,勇于探索。

十年就这样过去了,我、海龙和志安等这一批论坛的发起者早已人到中年,日渐发福,很快都将退出我们深爱的这个论坛。谨以此序表达我们的初衷和理想,衷心希望中国青年传播学者论坛和中国新锐传播学者系列教材能够不断成长,不断超越,为中国传播学研究的发展作出更大的贡献。

胡翼青于青海玉树

2017年8月20日

目录
Contents

绪论　媒介研究的网络化转向与网络分析的传播学回归

随着信息与传播技术(information and communication technologies,ICTs)的发展,媒介机构、媒介受众与媒介内容通过各种各样的信息手段,以更为多样的方式彼此联系起来。传统的媒介内容生产、传播与消费的理论模式和解释机制将越来越快地受到传播技术的冲击和挑战。在这样的理论和现实情境下,信息时代的新闻学与媒介研究应当注重以社会网络分析(social network analysis,SNA)为代表的"关系性进路"(relational approach)。这种分析方法已经成为辅助新闻传播学者开展研究的重要工具,将为延续新闻传播学科理论的可持续建构产生关键性的作用,同时也召唤着若干颇具潜力的新领域的产生。

与此同时,尽管计算社会科学(computational social science)、大数据理念、数据挖掘与机器学习等分析技术等跨领域的交叉学科正在对传播研究产生着不容忽视的影响,这一影响尤其深刻地体现在传播网络分析的研究趋势当中,但此类研究当中的传播学传统和理论自觉更应当引起研究者的重视。从社会网络范式影响全球范围内传播研究的成果产出情况来看,这一方法的应用目前相对集中于组织传播(organizational communication)和计算机中介传播(computer-mediated communication)两个分支当中(Monge & Contractor,2003;Shumate,et al.,2013),而在媒介研究的传统领域——新闻学/新闻生产研究和媒介效果研究当中,却显得鲜有人问津(Castells,2009;Monge & Contractor,2003)。实际上,无论是新闻学研究,还是文化产业与媒介经营管理的相关领域,网络分析的应用都能够帮助研究者对网络社会中广泛相互连接的受众、媒介组织及信息产生更多的理解。特别是在新闻研究领域,网络分析的范式为诸多媒介效果的经典理论注入了新的活力(Vu,Guo,& McCombs,2014);绝大多数以社会网络分析开展的新闻学研究是在2010年以来发表的,这表明,越来越多的研究者开始意识到社会网络分析方法对在"网络化的媒介场域"(networked media field)当中回答新闻传播学问题、拓展新闻传播学理论而言,是一种切实可行的工具和思维方式(Fu,2016)。因此,将社会网络分析的思维方式、方法论体系与分析技术与新闻传播现象相结合,使之回归到人文与社会科学范式下的理论与知识生产当中,将成为传播网络分析的问题起点和终极关怀之所在。

网络分析方法不仅可以应用于大数据环境下的计算社会科学,同时亦适用于非全样本或海量数据的统计分析以及基于人工编码的内容分析等,可以说,数据量绝非衡量社会网络研究质量的首要或唯一标准。此外,社会网络分析也绝非考察互联网情境下传播活动的专属,大量既有研究同样采用这种思维方式或方法论体系,对颇为"传统"的媒介环境下的传播现象展开了巧妙的分析,并得出了极具洞察力的结论。因此,破除将社会网络分析等同于“网际网络(Internet)分析”,只能通过跨学科方法才能开展的技术型研究等研究对象迷思或研究技巧迷思,以及建立在这些迷思基础之上的路径依赖,或许能够重新帮助传播研究者正视社会网络分析范式在拓展现有传播理论方面的应用前景,从而回归到基于历史情境与理论发展需要而碰撞出的具有真正研究意义的切适问题当中。

社会网络分析与新闻传播研究有着天然的结合点。这种思维方式不仅在以往传播效果的传统经验研究中有着很深的渊源,同时也对当前“网络社会”中的媒介系统与传播现象分析具有更强的适用性。近年来,新闻传播学科新增论文中使用网络分析开展的研究数量持续上升,也说明了这一范式为传播理论的建构拓展了更多的机遇。当前,与传播相关的现象可以被概括为媒介机构、媒介内容与媒介受众之间日益增长的彼此联结,这种联结不仅包含现实生活当中的线下(offline)网络,更典型地体现为数字环境下的在线或线上(online)网络(Castells,2009;Ognyanova & Monge,2013)。比方说,当我们通过门户网站或手机客户端浏览新闻时,这些新闻会伴有很多相似新闻的链接,作为我们可能感兴趣的“延伸阅读”;同时,新闻当中也会出现一些可供点击的关键词,这些人物、地点、事件等专有名词也会为我们提供有关新闻信息的背景线索,帮助我们更好地理解文章内容。再设想一下我们平时使用微博、微信等社会化媒体(social media)的场景,我们会通过主动关注或好友发布等形式,发现很多媒体拥有自身的微博账号或微信公众号,在这些媒体发布的内容下面,我们不仅可以直接参与评论,还能够看到其他用户的评论和讨论(Deuze,2003;Ziegele,Breiner,& Quiring,2014)。这些传播网络(communication networks)是各种类型的传播行动者相互关系的体现,它反映了信息被如何传递、交换和解释的过程(Shumate & Contractor,2013),当中也包含了传播者之间多种类型的传播连带(ties)或传播关系,这些个体和关系的分类决定着传播网络的多种构成方式,而关于由这些不同节点和边形成的传播网络形态,我们将在本书接下来的各个章节中进行更为详细的探讨。

实际上,我们不难发现,从早期聚焦于大众传播与效果研究的时代起,社会网络分析就根植于传播研究的传统当中(Ball-Rokeach,1985)。诸如创新扩散、议程设置与框架理论等一系列传播学经典研究,已经具备了网络分析思维或使用了网络分析术语(Ognyanova & Monge,2013)。具体而言,在传播学当中,传播的两级流动(the two-stepflow of communication)是网络分析视角运用于微观层面的一个典型案例(Katz & Lazarsfeld,1955;Lazarsfeld,Berelson,& Gaudet,1944),这一理论即是将媒介效果与传播情境下的社会结构相结合,并得出了相应的个体层面的解释机制。与之遥相呼应的是,媒介系统依赖理论(media system dependency theory)在宏观层面上分析了不同社会系统当中权力关系的形成(Ball-Rokeach,1985),这一理论亦是根植在网络分析思想的土壤之上(Ognyanova & Monge,2013)。而当前,这些已有的理论体系更加需要关系性解释的加入,来为新社会情境下的传播理论注入新的活力。Guo(2012)指出,在过去的几十年里,传播学者采用网络分析方法,对大众传播和个体互动展开了一系列富有创见和洞察的经验研究,网络中的节点包括新闻集团、新闻信源、电视节目中的角色、电视频道和网站等等(如:Choi & Danowski,2002;Fine,1981;Reese,Grant,& Danielian,1994;Shumate & Palazzolo,2010;Yuan & Ksiazek,2011)。

本书主要在“多理论、多层次与多维度的网络模式”这一框架提供的对媒介系统中的传播网络进行有效分类的基础上，考察一系列有关传播网络关系的形成、消散及其社会后果的理论机制，主要是以信息流动为代表的传播现象中网络动态的多层次解释，探寻隐藏在当今日益网络化的媒介系统中的关系结构，为社会网络理论与方法在网络科学到媒介研究之间的过渡地带提供整合现有研究体系的知识版图和思考框架，帮助读者基于已有的传播网络现象或理论，形成可供进一步探索的研究问题，并给出用于回答这些研究问题的分析技巧和实际案例。对于首次尝试传播网络分析的研究者来说，本书的主要作用将是提供整合不同网络理论与现象的关系化视角；而对在社会网络分析领域已经拥有一定经验的同行而言，本书亦将探讨网络分析在媒介系统与传播研究领域的特定应用，包括如何重新看待不同分析单位与分析层次的传播理论，并将这些理论联系起来，用以探索多维度的媒介系统关系。

上 编

传播网络概述

第一章　社会网络分析及其传播学应用

一、社会网络分析的学术传统

网络(networks)或图论(graphs)在学术界有着悠久的研究历史,其源头可以追溯至瑞士数学家欧拉(Leonhard Euler)提出的经典“七桥问题”,即相似的事物或节点(nodes)之间是广泛地相互联系着的,这些联系或关系(links)会将节点组成一个网络,这种现象既出现在自然界(如神经网络),也会被人为地制造出来(如配电网)(Barabási,2003,p.10)。社会网络分析是一系列描绘与测量不同节点之间的关系与信息流动的研究步骤的总和。与此同时,社会网络分析也是媒介研究、组织传播等领域与经济学、网络科学、社会学、语言学等学科分支共享的研究方法和学术传统(Hanneman & Riddle,2005;Wasserman & Faust,1994)。自产生以来,网络分析作为一种实用性极强的研究方法,在诸多学科分支当中得到了广泛的采纳和使用(Borgatti,Mehra,Brass,& Labianca,2009;Monge & Contractor,2003),包括经济学(Uzzi,1997)、管理学(Contractor,Wasserman,& Faust,2006)、社会学(Macy & Willer,2002;Moody,McFarland,& Bender-deMoll,2005)、政治科学(Fowler,Grofman,& Masuoka,2007)和传播学(Monge & Matei,2004)等等。

作为20世纪60年代以来在西方兴起的一种分析方法,社会网络分析在20世纪70年代正式形成了社会学的一个分支。社会网络分析主要关心由一些社会单元间相对稳定的社会关系构成的体系,这些社会单元既可以指社会中的个人,也可以指群体、组织和国家。社会单元间的关系既可以是人际关系,也可以是贸易往来和信息传递等。网络分析研究者将社会结构看作是一个网络系统,其中包括着许多节点(指社会单元)和关系(指这些社会单元间的相互关联方式)。这种分析的主要特征就是强调人们的社会活动是由其社会关系网络所决定。社会网络主要分为整体网和个体网。其中,整体网研究要求对一定范围内的社会关系做全面的了解,运用矩阵等数学手段,研究社会系统整体或某一部分中社会关系的结构,具体分析社会系统中联系和分解的模式、系统成员在角色关系上的均衡、网络结构的变化以及系统成员直接和间接联系的方式。

当代社会网络分析的发展得益于多种多样的学科和学派交融。社会网络分析的主流学派主要有三个传统:社会计量学的图论方法、哈佛结构主义者的“派系”概念和曼彻斯特人类学家的“社区”关系结构。社会网络分析方法发端于20世纪60年代,运用这一方法发展出的中层理论对许多具体可测量的因变量做出了有效的解释,如著名的“机会链”(opportunity chains)理论(White,1970)解释了内部劳力市场的升迁现象;Granovetter

(1973)运用“弱连带优势理论”(the strength of weak ties)对劳动力市场的求职和转职做出了讨论;Burt(1992)运用“结构洞”(structural holes)理论对组织内权力的运作和升迁的过程做出了有价值的理论贡献;林南(2001)的社会资本(social capital)理论则把资源取得作为中介变量,以社会网络解释了求职成功。种种社会网络分析的经典理论不一而足。随着其技术手段和方法论发展的日臻成熟,研究者队伍的不断壮大,社会网络研究在20世纪90年代以后迅速崛起,成为与理性选择学派、新制度论学派并称的三大学派之一,成为近年来跨学科的重要研究领域。

二、社会网络分析的基本思想

对社会行动者通过链接建立的网络结构,可以通过社会网络分析的框架来进行检视。社会网络分析(social network analysis),是以共同属性作为基础的,用来辨明个人(或节点)之间的互相连通关系的一系列方法(Hanneman & Riddle,2005)。这种研究方法,能够对包括文化符号、人、团体、组织以及国家等各种社会实体之间存在的关系进行探索(Barnett,Danowski,& Richards,1993;Scott,1991a,1991b;Wasserman & Faust,1994)。社会网络研究者认为,社会关系一般以社会实体间的交换行动为基础而产生,如商品、政治力量、社会认同和信息等的交换,社会系统中实体间的关系可以视为一个社会行动者及其行动所构成的点的集合,而社会网络分析的目标正是找出这些特定社会行动者之间的关系,并阐明社会系统中网络结构的形式和内容。相似地,包括记者这一职业群体在内的人们,通过彼此的链接在诸如微博等社会化媒体空间中构筑起的社会网络结构,也可以被看作是一系列不同的社会实体所建立的关系。接下来,本节内容将对社会网络分析方法的内容、发展、分类和研究取向进行评析。

简单地说,网络是事物以及事物之间的某种关系。在比较宽泛的意义上说,大多数科学研究都关注事物的结构,这可以看成是一种网络视角。包括传播学在内的社会科学也是如此。因此,社会网络通常被视为社会行动者(social actors)及他们之间关系的集合。也就是说,社会网络是由多个点(代表行动者)和各点之间的连线(代表行动者之间的关系)组成的集合。用点和线来表达网络,这是社会网络的形式化界定。

如表1-1所示,社会科学数据主要分为“属性数据”和“关系数据”两类。属性数据(attribute data)指涉及能动者(agents)的态度、观点和行为方面的数据,它们被视作为能动者的个人或者群体所具有的财产、性质、特点等。适用于分析属性数据的主要方法是变量分析法(variable analysis),这些方法把各种属性测量为特定变量的取值,如收入、职业及教育程度等。而关系数据(relational data)则是关于接触、联络、关联、群体依附和聚会等方面的数据,这类数据把一个能动者同另一个能动者联系起来,因而不能简单地还原为个体行动者本身的属性。关系是行动者的属性,它能够把多对行动者联系成一个更大的关系系统,因此适用于分析关系数据的方法就是网络分析。除此之外,还有第三种类型的数据,即观念数据(ideational data),它描述的则是意义(Scott,2000)。在社会研究传统中,关系数据通常居于核心,因为社会结构是社会行动的基础,而社会结构则是建立在关系的基础之上,这便是社会网络分析的基本理念。

表 1-1 社会研究资料和分析的各种类型

研究类型	资料主要来源	资料类型	分析类型
调查研究	问卷法、访谈法	属性资料	变量分析
民族志研究	观察法	观念资料	类型分析
文献研究	文本	关系资料	网络分析

社会网络研究的内容包括三个层次，即个体网(ego-networks)、局域网(partial networks)和整体网(whole networks)。其中，个体网分析往往采用提名法来获取数据，从而以个体所列举的网络要素来代表其整体网络特征，因而对测量工具的信度和效度要求相应较高。例如，在社会学研究中，一般使用以拜年网、核心讨论网等为情境的提名法，来获取或推断个体网的网顶、网差和网络规模等参数，作为个体社会资本的测度。通过对这两种类型的社会网络进行探查，将能够帮助研究者收集最富有信息量的个人核心网络。其中，核心讨论网是国外社会网络调查最常使用的方法之一(Burt，1984)，而拜年网则是在中国文化背景下提出的中国社会所独有的社会网络类型，它是指被调查者在春节期间以各种方式互相拜年的人所形成的社会网络，包括拜年者的人数规模、拜年对象在社会等级和工作单位类型上的异质性等(如：王卫东，2006)。另外，个体网也可以用作以网络结构为自变量的实验条件操纵，从中考察网络结构对信息传播效果的可能影响(如：Sohn，2009)。图 1-1 列举了一则实验中将被试作为个体中心(ego)，令其列举其 5 名好友(N1～N5)，并汇报好友之间关系强度的个体网，其中关系强度以节点之间的连线粗细来表示。通过对关系情境的操纵，研究者就能够得到形如图 1-1 左的密集网络和图 1-1 右的稀疏网络两种密度不同的个体网络结构，据此考察作为自变量的网络密度这一结构特征对信息传播的可能影响。关于此项研究的理论问题、实验程序和主要结论，可详见本书第十二章有关在线社会网络结构与谣言和辟谣信息传播效果的实验研究。

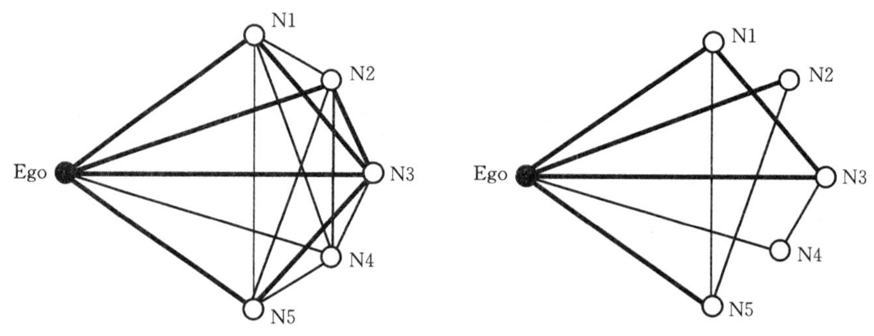

图 1-1 以提名法获取的不同密度网络示意图

不同于个体网研究，整体网关注的是由一个群体内部所有成员之间的关系构成的网络(刘军，2009)。在近代以社会网络分析为方法开展的经验研究中，研究者往往会选择以一个完整的社会行动者名单作为边界，而关注其全部关系的整体网研究。这是因为，整体网研究可以对整个网络做出比较全面的描述，揭示整体网络的各种结构特征，而这是个体网研究不能达到的。同时,整体网研究允许把社会系统同时视为一个整体和构成整体的部分,以此解释联系紧密的成员行为之间的关系等。但任何研究范式都有其局限性,此类网络需要封闭的群体(罗家德,2005),调查出一个整体中全部成员的各种关系。因此,整体网在解释个体特征方面不如个体网研究,同时,每个整体社会网分析都是一个个案,其结论难以推广,可谓重描述而轻解释,这也是整体网研究的缺陷所在。然而,由于社会结构对社会行为有着重要影响,因此对结构的揭示作用正是整体网研究的关键意义所在。为此,整体网的研究结果要结合个体数据和文化要素,进行适当的解释,以弥补其在微观层面上的缺位。

三、网络分析在媒介研究中的运用

在人类社会当中,也存在着诸多以社会单元及其彼此之间的关系形成的网络。对这些网络展开的分析,也就是我们所谓的社会网络分析。这是一种系统地考察社会关系与结构的跨学科研究方法,主要考察行动者之间的关系,在传播学、媒介研究、社会学、社会心理学与人类学等人文与社会科学门类中均有着长期且广泛的应用(Freeman,2004)。这一范式的基本假定是,无论是组织,还是社会中的个体,其行为都是彼此依存的。具体到"网络化的媒介环境"(networked media environment)当中,网络分析的观点表明,媒介系统当中的媒体、信息与受众会受到来自层次之内和层次间要素的直接和间接影响;作为一种关系性、系统性与情境性并存的进路(Shumate & Contractor,2013),社会网络分析能够为媒介系统当中涌现出的联结结构(structures)和模式(patterns)在理论机制和方法论两个层面上提供有效的解释和预测。

例如,当代社会网络分析的成果中,有一项著名的里程碑式研究——"小世界"(small world)模型。这一模型发端于 Travers 和 Milgram(1969)的一项小群体实验,所得到的重要论断是:"世界上彼此联系的人们之间平均通过六步就可以建立联系",因此,整个世界就是一个"小世界",即"六度分隔"。那么,从社会网络分析的指标来看,在小世界模型中,核心变量是社会网络中的关联性和可达性。在 Travers 和 Milgram 研究的三十年之后,Watts(1999)对如下问题继续追问:为什么我们看到了小世界现象?它对于社会系统的动态性质有何意义?这一后续研究的贡献在于,它明确指出了总体上的重大变化可能来自局部不显著的网络变动。

Watts(1999)通过研究指出,小世界拥有如下四个方面令人感兴趣的性质。首先,整个现实世界的社会网络非常巨大,其中包含的人数达到十亿数量级;其次,平均来说,人们在日常生活中接触到的人数极少,最多与几千人接触,而即便是几千人,相对于几十亿的庞大数字而言,依然是微乎其微的,因此社会网络本身是稀疏的;再次,社会网络是去中心化的,也就是说其中不存在核心点;最后,整个网络却是高度聚类的,大多数朋友圈有所重叠。而满足后两个条件的网络就是小世界。小世界现象的形象化表达,需要通过特定的统计量来刻画。对于相互关联的整体网而言,特征途经长度即两点间最短距离的平均长度是小世界模型的重要测度。这就需要通过对网络平均距离来进行测量。对于一个关联网络而言,小世界现象可以利用特征途经长度这一统计量来对其进行形式化表征,刻画其性质。例如，在一项针对 2010 年 2 月新浪微博当中认证记者网络的分析当中，读者通过表 1－2 可以发现：距离是 2 的情况的出现频率占总数的 34.9%，距离是 3 的情况的出现频率占总数的 40.8%，也就是说，绝大多数人之间的距离是 2 或 3，意味着二人之间仅有 1 个或 2 个中间人。可见，在该网络中，记者之间平均只需要通过一两个中间人，即可取得联系。经过进一步计算，可知在这个 295×295 的矩阵中，网络中节点对之间的平均距离 L＝2.768。就是说，在基于微博客链接的记者群体网络中，每两个记者只要通过 2.768 个人就可以联系起来。关于此项研究开展的具体步骤，可参见本书第九章有关记者职业群体微博的社会网络及其形成机制的探讨。

表 1－2　记者微博链接网络的距离频率及比例

距离(L)	频率(Frequency)	比例(Proportion)
1	3081	5.6%
2	19254	34.9%
3	22516	40.8%
4	8385	15.2%
5	1801	3.3%
6	198	0.4%
7	5	0.0%

平均距离这一指标，对于社会网络是否呈现了小世界现象，具有重要的意义。所谓特征途经长度 L(the characteristic path lenth)，也就是连接任何两点之间最短途径的平均长度。在一个具有小世界效应的网络中，信息可以顺畅地流动，人员之间能够进行不需要过多中转的快捷交流。可见，在微博空间中，记者之间的链接网络构成了便捷的沟通环境，记者之间拥有通畅的信息交流渠道。这一网络特征对记者职业群体内部的信息流动具有促进作用。同时，由于记者本身也是新闻信息的加工者和把关人，因此能够成为整个微博客中信息生产和传播的关键环节。从这个意义上来说，作为职业群体的记者微博链接网络呈现较短的平均距离，也有益于整个微博客网络的新闻信息流动。

通过前述这一实例，读者可以看出，社会网络分析对于传播学领域考察各类现象而言，提供了若干传统方法难以解决的工具性条件。如果使用社会网络分析的术语来描述媒介系统(media system)，那么，包括受众个体、媒介组织、文本、社区或者国家等都可以作为网络中的“节点”(node)，而将它们连接起来的线被称为“边”(edge)，有时也称作“连带”(tie)或“链接”(link)，则可以包含受众之间的朋友关系、媒介集团之间的连锁董事关系以及合作关系等(Fu，2016)。在媒介系统当中，同样包含着各种各样的连接关系，这些关系的形成、消散及其后果，也是社会网络分析范式关注的重要内容。我们知道，对媒介系统中出现的诸多现象和理论而言，传统的传播研究往往从分析单位个体的属性出发展开解释，如媒体属性、新闻属性或受众个人的属性等。而社会网络分析则拓宽了个体属性的局限，继而聚焦于媒介机构、新闻文本或信息消费者及其彼此之间的相似性、社会关系、互动，以及信息和资源流动等关系，致力于对传播现象和理论建立起立体层面的解释(Borgatti, et al., 2009)。而以社会网络分析范式开展传播研究，不仅可以从结构性决定要素的视角切入，分析传播的社会过程、经济过程与政治过程，以及权力与影响力网络的形成模式，还可以从个人的社会连带(social ties)出发，解释个人信息偏好与公共舆论究竟如何形成(Wasserman & Faust, 1994)。因此，在传播研究中引入社会网络分析的视角和关系性思维(relational thinking)，重新搭建起理解媒介系统的理论框架，在网络社会日渐崛起的信息时代，显得颇具必要性和紧迫性(Castells, 2009)。

当然，采用社会网络分析开展传播学研究，并不是要以关系性解释取代传统传播研究中已经形成的基于个人特征的理论洞察，例如受众个体的社会经济地位、性别、信息获取习惯等；这种新的研究视角的建立，亦不会削弱新闻、娱乐和舆论等传播内容的属性对传播现象的解释力。相反，网络分析视角会在既有研究传统的基础上，引入由受众之间的朋友、家人、同事、邻居等关系组成的人际网络，以及受众接收信息、社会规范、价值观与动机的不同来源对其媒介选择和使用的影响，来丰富和补充当前传播学已有的理论体系，并对其进行再情境化(Ognyanova & Monge, 2013)。

第二章　传播网络的媒介系统要素与节点类别

从广义上看，区分社会网络的形态，主要应当从网络当中的节点形式和关系形式两方面入手。具体而言，刘军(2009)总结了社会网络分析中的两类分析单位：点和关系。二者的研究内容对照如表2-1所示。接下来，本章内容将从组成传播网络的点和关系类型出发，探讨可供新闻传播学分析的媒介系统要素所构成的传播网络形态。

表2-1　两类分析单位及其研究内容对照表

单位	举例	研究内容	使用的变量举例	量化方法
点	个体、群体、组织等	点的各种属性特征，如年龄、GDP等	各种属性变量，如收入、人口数、GDP等	多种常规多元统计技术
关系	个体之间、社区之间的关系(1-模关系)；或者两组行动者之间的关系等(2-模关系或者“隶属关系”)	网络特征，包括： 1.个体层次：接触频次、异质性、扩张性等； 2.双边层次：互惠性等； 3.三边层次：关系的传递性等； 4.块(子群)层次：块内的互惠性等； 5.整体层次：关系总量等； 6.“关系”的演化	网络变量，包括： 1.个体属性变量； 2.个体网络变量：聚敛性、扩张性等； 3.二方变量：互惠性等； 4.三方变量：传递性等； 5.“块”网络变量：如块内互惠性等； 6.整体变量：总选择量等； 7.时间变量	社会网分析技术，包括： 1.中心性分析； 2.核心-边缘分析； 3.块模型； 4.P^1模型； 5.P^*模型； 6.动态网

第一节　传播网络的类型与构成

从传播现象上来看，在网络社会中，媒介机构的组织形式及其传播内容的生产、传输和消费过程都在变得愈加网络化(Castells，2009)。目前，全球范围内的整个传媒业态都处于不断合并、形成新的跨媒体合作以及本地和跨国伙伴关系的动态过程中(Arsenault & Castells，2008b)。原本以报纸、广播、电视等媒介形式承载的新闻流动渐渐不能满足人们的信息消费需求，微博、微信、新闻客户端等层出不穷的新技术、新平台、新应用令人应接不暇，也将越来越多的用户与新闻联结起来(Cardoso，2006)，使新闻信息以更加快捷的方式在媒介机构与用户及用户之间传递，呈现出数字化传播的新局面(Anderson，2010)。与此同时，新闻生产机构与记者的专业网络和受众的社交网络也影响着人们信息消费与扩散的习惯(Boczkowski,2010)。而在互联网时代,新闻文本自身也拥有了新的特征,包括新闻报道当中越来越复杂的关键词超链接以及文本中越来越多变的语义关系(Turow & Tsui,2008)等(Ognyanova & Monge,2013)。正是这种网络化的媒介环境呼唤着媒介研究的网络化转向和网络分析的传播学回归,即在信息时代,采用关系化的网络视角,来分析新闻与信息的生产、扩散与消费(Castells,2000,2009)。

媒介机构在生产内容的同时,不仅满足着个人信息获取的需求和其他社会目的,同时也使媒介组织和受众个体之间产生了不断变动着的关系(Ball-Rokeach, Rokeach, & Grube,1984)。从传播学研究的不同分支来看,多年来,社会网络分析在组织传播、健康传播、媒介经济、传播管理以及网络科学等领域都取得了令人瞩目的成果。那么,上述领域的社会网络分析中是否存在共通的、可对话的理论与方法,为传播网络分析的系统模式提供整合的可能性? 答案是肯定的。在考察媒介系统时,Ognyanova 和 Monge(2013)进一步提出了"多理论、多层次与多维度的网络模式"的基本构成要素。他们将网络分析的解释机制分为媒介机构、内容与受众三个主要部分,而这三大领域也正是广义的媒介系统所包含的内容。值得注意的是,广义的媒介系统除了新闻传播学科最为关注的新闻媒体之外,还将包括电影、音乐、游戏等媒介内容的生产和消费现象。媒介机构、内容与受众对应着传播对象的生成、发布与消费三个环节,使得现有采用社会网络分析开展的传播研究可以大致被归入前述类别中的一类或几类,即媒介机构层面的组织间关系(interorganizational ties)、传播内容层面的语义关系(semantic relations)和媒介受众层面的社会关系(social bonds)。而传播网络的构成不仅包含媒介机构、内容与受众内部基于传播过程而形成的关系网络,同时还可能包括上述要素两两之间产生的传播关系。

除去媒介机构与受众偏好形成的对称关系之外,表 2 - 2 从传播网络的构成、分析层面、网络节点(nodes)与关系(lines)等多个角度,总结了九种不同关系类型的传播网络特征。其中,第一种类型的传播网络是产生在媒介组织之间的网络,第二种网络描述的是传播内容中由关键的议题、概念、框架(frames)和新闻报道之间的不同关系所构成的网络,而第三种网络则探讨了媒介内容的受众彼此之间以线上或线下沟通形成的种种传播关系。上述三种网络都是在将特定媒介领域作为网络节点的内部层面上展开的探讨,其节点往往只包含单一类型的媒介系统要素,如媒体、信息或受众。也就是说,采用社会网络分析思维来考察媒介系统时,我们既可以列出所有感兴趣的媒体作为网络中的"点",再按照某种固定的关系将这些"点"连接起来(例如任何两家具有战略隶属关系的媒体),分析这个"点"与"边"构成的媒体战略隶属关系网,也可以把单独一则新闻报道作为"点",将在语义上具有相似性的报道连接起来,构成新闻报道语义关系网等。需要指出的是,同样的节点可能构成不同的网络。例如,媒体之间可能同时存在所有权、隶属、合作与竞争等多种关系(Arsenault & Castells,2008a),而这些关系之间是否存在彼此解释的可能,也极大地丰富了传播网络分析的理论可能性。

表 2-2　传播网络的不同类型和构成要素

分析层次	传播网络类型	网络节点	可能的关系类型
层次内网络	媒介机构网络	媒介组织	共同所有关系、合作关系、战略隶属关系、资源交换、员工关系等
	媒介内容网络	概念、框架与议题	语义映射关系(semantic mapping)
	受众社会网络	信息消费者	线上/线下社会关系
跨层次网络	媒体-内容生产网络	媒介组织	媒介机构之间的超链接,共享的主题、模因(memes)、引用关系等
	内容-媒体议题网络	议题或框架	议题发布的平台共享关系
	内容-受众舆论网络	议题或框架	议题得到用户共同关注的关系
	受众-内容扩散网络	信息消费者	受众间的内容流动、超链接、议题共享、社交媒体扩散等
	媒体-受众隶属网络	媒介机构	受众的共同选择
	受众-媒体偏好网络	受众	媒介使用实践
层次间网络	层次间信息流动网络	社会化媒体用户	信息流动

资料来源:Ognyanova,K.,& Monge,P.(2013). A multitheoretical,multilevel,multidimensional network model of the media system:Production,content,and audiences[J]. *Communication Yearbook*,37,66-93.(根据引用文献中图1内容总结并增加)

除了单一类型的媒介系统要素构成的传播网络之外,还存在着跨层次要素构成的传播网络(inter-sector networks)和它们所形成的特定结构。这类网络类似于社会网络分析中经常使用的2-模网络(2-mode network)的概念,即网络中首先包含着作为核心节点的行动者主体,同时也包含这些行动者关注的隶属节点;在网络中,不仅有主要节点之间的关系,还包含主要节点关注了哪些隶属节点,以及由主要节点的关注行为构成的"共同关注关系"网络。我们可以设想,一系列媒介机构的网站可能会同时提供一些相同的超链接,例如重要的门户网站、视频网站等,那么,这些共同的超链接就将构成媒介机构之间的某种"关系";再比如,作为网络节点的受众个体会拥有自己的媒介偏好,那么,拥有相同媒介偏好的个体之间也会因为这种"同好"关系而形成一个隶属网络,这就是跨层次网络的概念。表2-2中的第四种网络到第八种网络都体现了这种相对复杂的传播网络构成,这些网络可能同时涵盖了不同类型的节点和不同层次的关系,其中,前者被称为"多模态网络"(multimodal networks),而后者则是"多关系网络"(multirelational networks)的代表,这些网络都属于"多维度网络"(multidimensional networks)的范畴(Contractor,Monge,& Leonardi,2011)。

第二节　传播网络的基本形态

一、媒介机构网络

组成媒介系统的要素首先离不开生产媒介内容的专业媒体机构。因此，从媒介系统的层次内网络入手，我们首先能够观察到的现象是在媒体层面上，由不同的媒介机构及其之间的各种关系组成的组织间网络（interorganizational networks）（Ognyanova & Monge，2013）。从宏观层面的视角来看，我们可以将媒介机构视作彼此互相联系的一系列组织行动者，而它们之间的关系则涵盖了媒体之间在经济层面、文化层面和社会层面的诸多往来（Arsenault & Castells，2008）。在全球化时代，无论是在一国内部媒介机构之间的竞争与合作，还是媒介集团的跨国运营模式，抑或是国际性的媒介产品版权购买等活动，都无一例外地加速了媒体之间的关系往来（Castells，2009），而数字传播革命与各国通信政策的变化也为媒体、通讯以及科技企业等信息产业部门之间的融合带来了更多的可能性（Chon，Choi，Barnett，Danowski，& Joo，2003；Danowski & Choi，1998）。从这个意义上来讲，媒体之间的网络分析应当成为媒介经营管理、媒介融合等领域的研究者持续关注的热点问题。

对于媒介机构之间的网络而言，最突出、最值得考察的关系，依然是不同媒体生产出的产品、内容以及信息交换的关系及其频率。包括国家在内的每个实体行动者都会与其他节点开展人力、信息和物资方面的交换（Wallerstein，1974），而国家间的新闻流动就反映了这种跨越国家边界的全球传播网络结构（Kim & Barnett，1996），并对各国之间的新闻信源共享、相互引用关系、媒体水平与垂直整合等传播网络形成的跨国公共领域（transnational public sphere）产生促进作用（Veltri，2012）。

此外，另外一类较受关注的媒体间关系网络则是由人力资源的变化构成的（Gulati，Dialdin，& Wang，2002）。由于新闻工作的特殊性，比起其他专业人士来，记者这一行业更可能频繁地转职或兼职，这种隶属于不同媒体的记者的职业流动或职业选择，也成为媒体之间的关系的一种特殊形式。不仅如此，具体到传播过程中的媒体间关系中，我们还可以探讨媒介组织从何处开展或获取资产并购与投资，媒介机构的资源如何用于赢得合法性、公信力以及地位，媒体间网络中的关系连带如何帮助媒介机构积累财富和声望，包括新技术在内的信息与知识共享如何通过网络在媒介机构之间扩散（Ognyanova & Monge，2013）。

在媒介机构的网络分析中，一类较为典型的研究是 McChesney（1999，2004）开展的关于媒介所有权集中（media ownership concentration）过程的系列研究。在这些研究中，研究者通过对媒体之间关系网络的分析，揭示了不同媒介间越来越紧密的所有权、合作关系和交叉投资关系的复杂层次。在组织间网络的分析中，单个的组织构成了网络的节点，每个组织带有的属性特征将成为解释组织间关系建立的预测变量。当然，采用哪些属性特征进行解释，则取决于研究者自行确定的研究问题。构成组织间网络中连线的，既可以是组织之间的正式关系，也可以是某些非正式关系，这些关系包括但不限于市场上的交换，战略层面的联盟，共同参与组织或集体行动，建立连锁董事会，通过联姻建立家族关系，甚至可以考察一些违法行为，例如组织之间的犯罪共谋(Baker & Faulkner,2002)等。

从广义上来讲，媒介机构网络也可以被拓展为媒介内容生产者之间的网络。而在这类网络当中，作为边的关系连带既可以是某种新闻生产场域中的正式关系，也可以囊括诸如社会化媒体空间当中记者之间通过博客、微博等技术平台的超链接或关注行为建立起的非正式关系。例如，图 2-1 显示了 2010 年 2 月新浪微博认证记者名单中提供了博客地址的记者之间通过友情链接形成的记者博客网络的基本形态。关于此项研究开展的具体方法、步骤和详细的理论探讨，请读者参考本书第八章有关博客和微博空间中记者职业群体线上社会网络的讨论。

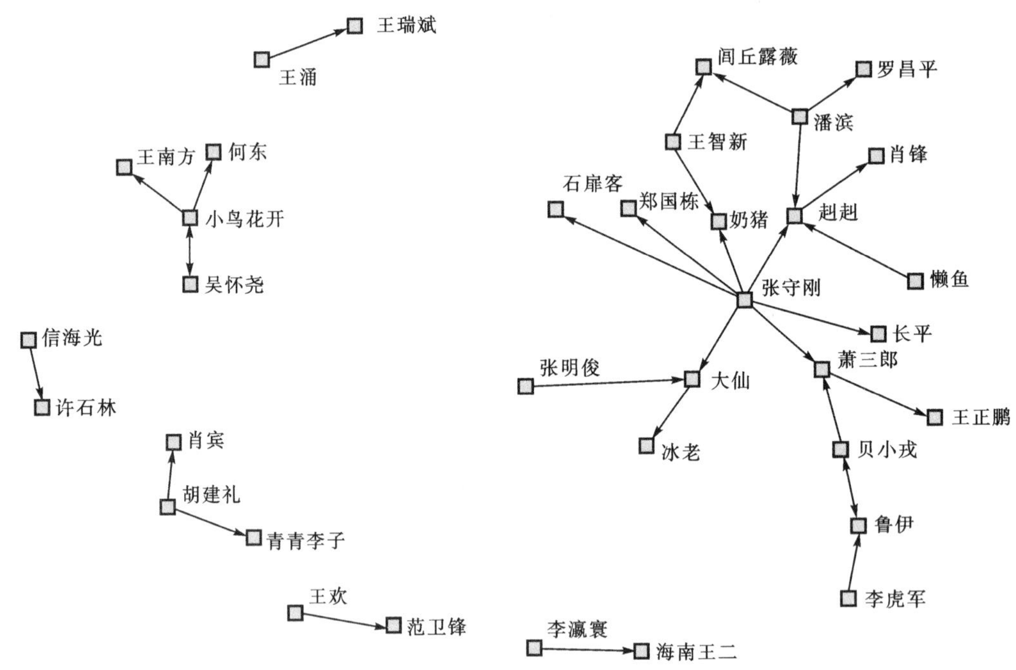

图 2-1　2010 年 2 月新浪微博认证记者之间博客网络示意图

二、媒介内容网络

与媒介机构网络相似，媒介内容网络也是构成媒介系统要素层次内网络的基本组成部分。以网络化的关系性思维考察传播内容，为对小至一则新闻报道、大到海量数据的语料库展开分析提供了新的路径。这种思维方式将文本中出现的概念视作彼此关联的语义版图，能够揭示出传播内容中的议题和理念是如何彼此联系的，也能够对不同立场、彼此冲突的话语进行比较分析(Ognyanova & Monge,2013)。对媒介文本中的概念网络进行分析，能够抽取出其中重要的主题、核心理念以及它们之间的关系。

在当前开展的对媒介文本进行语义网络分析的研究中，涌现出了一批相当具备洞察力和想象力的研究主题，包括通过概念版图来呈现新闻业如何再现尼古丁议题（Murphy，2001a）、报道食品添加剂问题（Hellsten，Dawson，& Leydesdorff，2009）、呈现非典危机（Tian & Stewart，2005）和政治行动者（Danowski & Cepela，2009；Van Atteveldt，Kleinnijenhuis，& Ruigrok，2008）等。与此同时，这些概念版图也对媒介框架和受众产生着不同层面的影响，而相关的理论将在跨层次网络的相应章节中进行讨论。

对于中文文本而言，由于分词技术是一项相对于英文文本更加费时且精确性有所浮动的工作，因此，在具体的操作当中，研究者往往会根据具体的研究问题，给出替代性的解决方案。例如，维基百科会在被编辑的过程中，将已经存在的条目自动生成为关键词条目，并将其指向相应的页面。基于这一技术，在考察维基百科当中一类词语条目之间的关系时，我们可以将关键词之间的链接关系视为从属于同一条目的共现关系（co-occource），并对相应的数据进行收集和分析。在建构语义网络的基础上，研究者进一步对该网络中条目之间语义关系的建立进行了预测。关于此项研究的细节，可参见本书第十一章的研究案例。

三、媒介受众网络

媒介受众网络是媒介系统要素层次内网络的第三种形态，也是最为直观、最易理解的一种形态。这种网络主要考察的是媒介内容如何在受众构成的社会关系网络中流通和被消费。从构成媒介受众网络的节点和边的性质来看，这种网络聚焦于媒介内容的受众及其之间的关系，这种关系既可以是人与人之间的友情形成的社会连带，也可能基于人们共同的机构隶属关系或媒介偏好，还可以是各种形态的信息交换关系。近年来，无论是何种类型的社会化媒体平台，都充斥着用户们彼此分享的专业或自创媒介内容；同时，线上环境也使追踪和获取用户分享媒介内容的行为数据变得更为可行（Purcell，Rainie，Mitchell，Rosenstiel，& Olmstead，2010）。有研究表明，在线社会关系的建立很可能是现实世界人际关系的镜像反映（Hampton，Goulet，Rainie，& Purcell，2011）。总而言之，媒介受众网络考察的是受众成员之间的传播关系（communication connections）（Ognyanova & Monge，2013）。

从受众网络的形态来看，研究者多会通过对某一类受众边界的划定，来进一步描述和解释其中的受众对不同媒介的使用而形成的网络。例如，在考察和比较不同技术特征形成的技术中介传播网络时，研究者往往会从研究实施的可行性着眼，选择某一组织当中的全部成员，进行技术中介传播的整体网考察。以一项中国中部地区本科班级大学生的整体网分析为例，由于班级所有成员皆为手机短信（SMS）和即时通讯（IM）用户，因此，研究者收集了班级成员来自报告的彼此之间手机短信沟通频率数据和通过 MSN、QQ 等即时通讯工具进行传播的数据，也就是基于"社会交互式传播技术"（Socially Interactive Technologies，SITs）形成的网络，并与其现实友情关系网络进行比照。每位受访者被要求列出在现实生活中与其他同学的关系强度，以及通过短信和即时通讯进行联系的总体频度，分别以 3、2、1、0 表示。三种同辈关系网的数据皆通过 UCINET 软件进行录入和处理，其整体网社群图（sociogram）如图 2－2 所示，其中，关系数量和强度分别以点的大小和线的粗细表示(张明新,刘于思,2013)。研究发现,整体上,基于社会交互式传播技术的同辈关系网在关系数量还是强度上皆低于同辈友情网。综上,SITs关系网无论是在关系数量还是质量上,均未超越友情网,即SITs关系网没有"反客为主"而替代传统沟通形式构建的关系网。

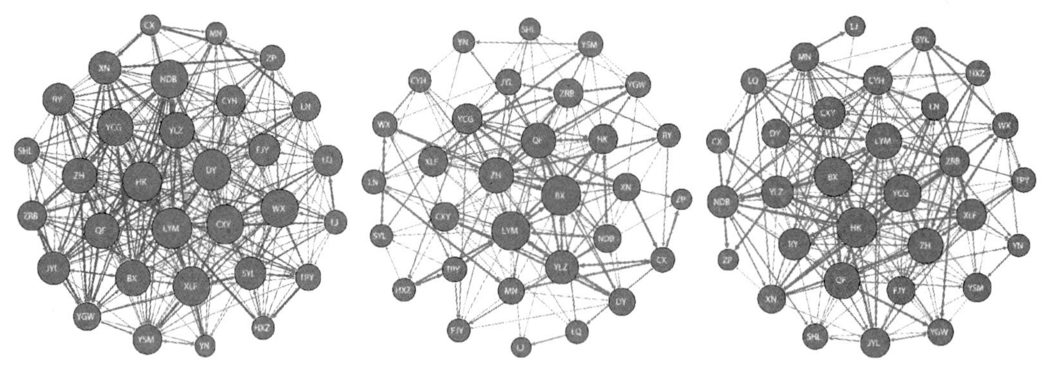

图2-2 一个班级成员的同辈关系友情网(左)、短信网(中)和即时通讯网(右)

资料来源:张明新,刘于思.社会交互式传播技术与青少年的同辈关系网——基于社会网络分析的经验研究[J].国际新闻界,2013,35(7):37-50.

四、媒体-内容网络的基本形态

通过媒介机构与其内容产品之间组成的网络,主要能够探讨新闻机构与产品内容之间的可能关系。由于媒介平台可能在其类型、地域、定位、社会情境、目标受众、生产技术、消息来源以及其与其他新闻机构的关系等层面上千差万别,这些因素也可能影响不同媒介机构的内容生产(Allern,2002;McManus,2008)。而媒介平台的特征也会影响其生成内容的类型、影响力以及多元性。不仅如此,媒介内容也会受到媒介机构之间关系网络的影响,例如,媒介机构之间的经济往来、合作关系和人际关系,都会对媒介产品的加工和产出,产生进一步的深远影响(Ognyanova & Monge,2013)。

从本质上来说,本节内容中第四种及其之后的网络形态均属于多种模态的网络。这是因为,在社会网络中,除了点与点之间的关系之外,还存在着每个点与其所隶属的事件或群体的关系。个人与事件或组织之间的网络即被称为2-模网络,而这些事件或群体的关系,也就意味着个体的关系。这一"二元性"(duality)问题研究的即是每个人如何通过其所关注的事件而形成了嵌套性的社会结构。例如,以我们在本书中探讨过的新浪微博认证记者的链接网络为例,就可以根据作为媒介内容生产者的记者所关注和参与的话题内容在微博等社会化媒体平台中的表现形式,进一步建构起记者-内容的2-模网络。

从现实的角度来讲,我们不难发现:在社会化媒体中,人们可以很快地形成一个社区,并以摄影、政治话题或者电视剧等共同感兴趣的内容为话题,进行充分的交流。同时,大部分的社会化媒体都具有强大的连通性,通过链接,多种媒体融合到一起。而从新浪微博认证的知名记者名单来看,这一名单涵盖了来自全国各地乃至海外的报纸、杂志、广播、电视和互联网等不同媒体的新闻机构记者，其所在部门和关注的领域包括时政新闻、财经新闻、社会新闻、体育新闻等，呈现出多样化的特点。那么，记者群体在微博客空间中都关注了哪些个人与公共话题？记者参与不同话题之间的同质性更高还是更具异质性？通过二部 2-模图等网络分析工具，研究者可以对微博空间中记者参与话题的情况做以讨论。

在研究中，作者通过对 295 位记者自注册以来到 2010 年 4 月 20 日在新浪微博上发布的包括转发、评论、图片、视频等在内的所有内容进行内容分析，将记者所关注的话题按照互斥并穷举的原则，依次分为时政、财经、社会、文化、娱乐、体育、教育、时尚和 IT 等 9 个类别，并对其关注的话题进行编码。每个记者可以同时关注若干个不同的话题，按照上述类别的序号进行编码，而微博数量不足（以少于 20 条作为标准）、话题缺乏公共性（以个人琐事为主）和难以辨别的情况则编码为 0。这样，便构建了一个记者-话题的“行动者-事件”关注关系矩阵。

对于一个 2-模网来说，可视化是呈现行动者与事件结构的一种最直观的方式。使用社会网络分析软件的绘图工具，按照多维量表（Multi Dimensional Scaling，MDS）的方法，我们能够对记者参与话题的 2-模网进行做图。经过可视化的一系列操作，在移除孤立点（isolates）后，以形状来区分话题与个人，如用方形点表示话题，用圆形点表示个人，并以度数中心度来表示点的大小。值得注意的是，在二部图中，一个话题的度数中心度是参与该话题的记者总数。综上，记者参与话题的二部 2-模图如图 2-3 所示。

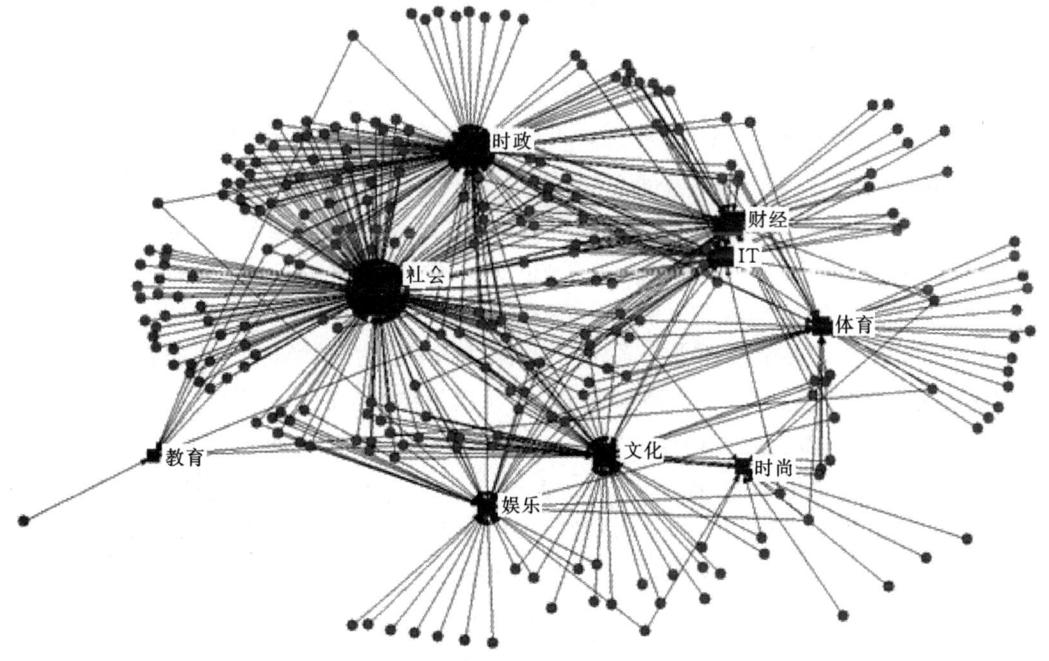

图 2-3　微博认证记者-话题参与内容的 2-模网络示意图

根据图 2-3 的可视化结果，结合相关统计分析的参数，可以发现，每个记者个体关注的话题数在 0 到 4 之间。大多数记者关注了两个及以上的话题，只专注于某一特定话题的记者所占比例较小。从被记者个体同时关注的情况来看，“时政”和“社会”共享的关注者最多。就话题之间的关系来看，由于多维量表技术是根据“距离”进行作图的，因此在二维空间中，距离越近的点关系也就越紧密。在图 2－3 中，“财经”和“IT”两个话题距离最近，可以推断，二者具有较大的相似性。总之，形如记者话题参与的媒体-内容网络，能够通过记者对不同话题的参与，表现行动者之间共同兴趣的情况，如是否有共同关注的话题，以及行动者之间具备共同兴趣的程度，如共同关注话题的个数。关于此项研究的具体内容，以及记者之间的兴趣异同是否会影响其链接网络的关系结构，读者可详见本书第九章对记者话题参与的 2－模网络的构建及其作为预测变量的实际应用。

五、内容-媒体网络的基本形态

对媒介内容使用网络分析并不鲜见。研究者们已经广泛使用语义网络分析，对媒介文本开展了各种不同的框架分析，包括政治辩论、基因检测报道的媒介框架、健康危机、尼古丁、人工食品添加剂和其他主题（Hellsten，Dawson，& Leydesdorff，2009；Murphy，2001；Murphy & Maynard，2000；Samkin & Schneider，2008；Tian & Stewart，2005）。语义网络分析曾经被研究者用于考察不同媒介公司的框架策略有何差异，在这一领域开展的研究往往会采用更为高级的复杂网络视角（Kim，2011；Tian & Stewart，2005）。在这一方向上的未来研究可以关注不同媒介机构生产的新闻文本有何相似性，以及媒介机构的组织间网络结构是否与其生成内容的语义网络结构具有某种程度上的相似性（Ognyanova & Monge，2013）。这些研究对不同类别下各个概念的出现频率进行了分析，从中能够揭示出文本中的主要题旨，并识别不同媒介平台和政治派别使用的框架策略。在此类研究的基础上，进一步地，语义版图亦可应用于将媒介内容和媒介机构联系起来的跨层次网络分析中。例如，我们可以分析同一类型或媒介集团下的各家媒体使用的框架是否如理论所预测的那样具有相似性（Allern，2002；McManus，2008）。

除了为新闻内容提供分析工具之外，语义分析方法也可以用于对不同媒体的内部话语展开分析。由于组织内部的话语在文本和对话上都具有某种互文性（intertextual）和反身性（reflexive）的网络链接结构（Monge & Poole，2008），因此，对于媒介组织新闻生产的内部日常话语结构开展此类语义关系分析，并探讨话语结构随时间变化的趋势，就能够为新闻机构生产过程中包含的象征和修辞动态作出网络结构层面的阐释。

除此之外，探讨哪些媒介内容的哪些方面曾经在不同媒体的报道中同时存在（coexist），是第三层次的议程设置（the third level of agenda-setting）或网络议程设置（network agenda-setting）考察的重要网络形式和核心研究对象。社会网络分析工具中的 QAP 相关分析被广泛应用于网络议程设置研究中，以检验媒介议程与公众议程网络方面存在的关系。例如，一项对《人民日报》、《南方周末》和《南方都市报》、《科技日报》中 2015 年 10 月 5 日至 2016 年 4 月 10 日之间有关屠呦呦获诺贝尔奖的新闻报道文本开展的网络议程设置分析，就首先通过内容分析方法，界定了媒体建构屠呦呦获奖事件中包括成果介绍、研究过程、获奖争议、传统与现代医学之争、社会影响以及对策建议六类常见的议程属性，随后构建起六类议程在三家媒体中的总体共现网络（亓力，2016）。

如表 2－3 所示，基于内容分析的数据，研究者建立了媒介议程的 6×6 矩阵，矩阵的行和列分别代表上述界定的与屠呦呦获诺奖事件相关议程的属性特征。每对属性间的关系用这两个属性出现在同一篇文章里的次数来衡量。一对属性在同一篇文章中共现的频率越高,二者之间的关系也就越强。例如,如果"成果介绍"和"研究过程"这两个属性一同出现在10篇文章中,相应地,矩阵中这两个属性相对应的空格中的数字就是10。在此基础上,研究者也可以区分并计算出三家媒体议程网络的相关程度,从中探讨诺贝尔奖报道中体现出的媒体逻辑的异同之处。

表2-3 屠呦呦获诺贝尔奖报道的媒介议程共现网络矩阵

	成果介绍	研究过程	获奖争议	传统与现代之争	社会影响	对策建议
成果介绍	—	22	5	15	31	19
研究过程	22	—	7	14	30	24
获奖争议	5	7	—	4	9	7
传统与现代之争	15	14	4	—	23	21
社会影响	31	30	9	23	—	53
对策建议	19	24	7	21	53	—

资料来源:亓力.第三级议程设置下的屠呦呦诺奖事件——基于线上公共议程与线下媒体议程的社会网络分析[J].中国网络传播研究,2016(9):151-170.

六、内容-受众或受众-内容网络的基本形态

在媒介研究的语境中,社会结构可以被视为更大的媒介系统的一部分。因此,无论是线上还是线下,受众成员通过各种内容传播的基础设施形成的联结都可以成为受众-内容网络分析的考查内容(Ognyanova & Monge,2013)。媒介内容通过受众被再次扩散的现象在互联网时代更为重要和常见。近年来,层出不穷的互联网平台和移动应用形式纷纷开展社会化运作,即为用户提供各种各样的方式,使他们能够将自己的现实社交网络尽可能地"搬运"到网络空间当中并将其拓展(Kleinberg,2008)。这种社会化运作方式也能够更好地促进信息在已经建立起的熟人社会关系渠道当中进一步扩散,提高网络平台本身的效率和可见性。不仅如此,从前定位为社交网站的各种网络平台也开始注重新闻等传播内容的运作,它们大量地邀请媒体进驻社交网络平台,使用户得以方便快捷地一键关注所有自己感兴趣的新闻信源,通过社交网络阅读新闻也成为互联网时代人们日常使用媒介的一种新形态。通过以上种种手段,社会化媒体平台上渐渐形成了整合传播内容与传播关系渠道的日常传播系统,也就是所谓的受众-内容网络。而内容-受众舆论网络亦与之相似,主要探讨的是传播内容当中的哪些议题得到了用户的共同关注,以及这些共同关系能够被哪些因素所解释。

如前所述,与媒介议程网络设置类似,公众议程网络也是第三层次的议程理论关注的核心网络形态之一。这种不同议题在公众讨论当中形成的共现网络将帮助研究者回答概念之间的关联究竟是如何在不同立场的媒体之间,以及在媒体和公众之间相互转移的。同样在前述研究中,屠呦呦获诺贝尔奖的讨论在"铁血论坛""天涯社区"和"果壳网"当中

的公众议程网络如表 2 - 4 所示。进一步地，研究者比较了该事件过程中的媒介议程网络和公众议程网络，发现线上论坛与线下报纸在屠呦呦诺奖事件中建构起的网络议程间存在显著的正相关关系。值得注意的是，对于立场相近的媒体，例如同为爱国主义导向的《人民日报》和“铁血论坛”，以及同为市场化运营的《南方周末》和“天涯社区”在网络议程层面存在显著的正相关关系，然而同为专注于科技内容的《科技日报》和“果壳网”则在网络议程建构上无显著关联。可见，尽管媒体立场迥异，我国几家典型报纸的网络议程属性建构更趋一致，而线上论坛的网络议程属性建构极为多元（亓力，2016）。这表明，第三层次的议程设置理论，即网络议程设置，在当前中国的社会情境和媒介环境当中，其适用范围和场景依然有值得传播学者进一步思考和建构理论的空间。

表 2 - 4　屠呦呦获诺贝尔奖报道的公众议程共现网络矩阵

	成果介绍	研究过程	获奖争议	传统与现代之争	社会影响	对策建议
成果介绍	—	33	14	19	32	14
研究过程	33	—	17	24	37	23
获奖争议	14	17	—	7	19	9
传统与现代之争	19	24	7	—	23	16
社会影响	32	37	19	23	—	32
对策建议	14	23	9	16	32	—

资料来源：亓力. 第三级议程设置下的屠呦呦诺奖事件——基于线上公共议程与线下媒体议程的社会网络分析[J]. 中国网络传播研究，2016(9)：151 - 170.

七、媒体-受众网络的基本形态

媒介机构与受众之间的隶属关系网络得以形成，应当感谢数字化时代为传播带来的机遇和挑战。在媒介机构-受众网络当中，超链接是网络关系的基本形式。因此，媒介机构-网络探讨的主体，基本是围绕着媒介集团和它们的线上用户展开的（Ognyanova & Monge，2013）。通常情况下，这种网络的形式是以媒介受众选择媒介机构的形式展开的。媒介机构-受众网络的分析首先建立在大量考察主流媒体网站和个人博客之间的超链接分析基础上（Meraz，2009；Tremayne，2006；Turow & Tsui，2008）。这类研究将个人博客视作信息受众发声的、更有见地的特殊在线传播形式，通过个人博客，作为博主的新闻消费者能够与专业记者之间产生互动，甚至参与到“生产性的对话”（productive conversation）当中（Ognyanova & Monge，2013）。在一些特定的情况下，博主们还能够直接或间接地影响美国媒介机构的议程，并使公众将注意力聚焦到一些之前被广泛忽视的议题上（Ward，Cahill，& Petelin，2007）。

在既有研究中，对超链接当中的意义进行分析主要有三种方法。这三种方法的本质区别在于究竟强调链接中的附属关系（affiliation）、相似关系（similarity）还是价值关系（value）层面（Ognyanova & Monge，2013）。其中，隶属和相似性框架都认为媒体和那些与它们共享相似背景的受众之间更可能产生联系。不同的是，关联框架将超链接视为社会关系和组织关系的体现(Mika,2007;Park & Thelwall,2003),这种框架类似于在那些有共同好友的人们、为同一家媒体工作的新闻工作者或者同属于一家媒介集团的子公司之间的关系(Weber,2012;Weber & Monge,2011)。而相似性框架则将线上关系的存在视为节点之间共同属性的反映,例如,精英媒体只会与那些与之相似的媒体平台建立联结(Meraz,2009),而政治博主也会一边倒地链接到与他们属于同一政治倾向和意识形态的其他博客当中(Nahon & Hemsley,2014;Park & Thelwall,2008)。

与前两种框架不同,价值框架则将超链接视为使信息得以交换的纽带。这些指向媒介内容或媒介机构的链接被研究者看作是相关、可信且权威的(Park,Barnett,& Nam,2002),这种观点与科学文献计量学当中的引用在一定程度上有着某种相似性,即认为超链接是被链接者声望和质量的体现(Park & Thelwall,2003;Thelwall,2009)。一个最简单的例子是,我们可以想象,以一个媒体网站的入度中心度(in-degree centrality),也就是指向这一网站的外部链接数量来测度和表征它的影响力。而更为复杂的算法则可以对特定知识领域内在线内容彼此之间的关联展开探索(Easley & Kleinberg,2010)。在此基础上,既有研究建议,应当对网站的不同价值进行分类,例如,那些由于其能够提供新材料而得到广泛链接的网站应当被视为来源性网站(sources),通过信息过滤和信息增值得以建立影响力的聚合性网站被视为权威性网站(authorities),而那些收集链接并将用户导向特定主题下最相关信息的网站则应当被称为枢纽性网站(hubs)(Kleinberg,Kumar,Raghavan,Rajagopalan,& Tomkins,1999;Weber & Monge,2011)。

在 Web 2.0 时代,媒体与受众之间的关系网络可能更为复杂。例如,媒介机构之间既可能组成基于其类同关系的网络,又会将信息传达给受众,而受众也会形成其内部的现实类同关系网络和线上信息流动关系网络等(Fu,2016)。在上面的这段描述中,至少出现了两种类型的节点和两种类型的网络关系,这就是所谓的"多维度网络"(multidimensional networks)。在这种类型的网络当中,传统的传播理论或模式可以得到进一步的延伸和发展。

八、受众-媒体网络的基本形态

受众通过使用媒介,能够逐渐形成其对不同形态、内容和倾向的媒介的不同偏好。这种个体对媒体的偏好将组成以受众指向媒介的跨层次网络,并体现出种种基于媒介偏好而生成的更为复杂的网络结构(Ognyanova & Monge,2013)。从这个层面上来说,受众成为了这一跨层次网络中的微观节点,而媒介机构或媒体则是网络中的中观节点,它们共同组成了一个有机结合的社会网络(Matei & Ball-Rokeach,2002)。随着互联网的发展,社区在线平台在传播基础设施中的位置日益凸显,因此,社区成员和本地的线上交流平台之间的关系也成为联结宏观与中观社会行动者的另一可分析对象(Matei & Ball-Rokeach,2001)。媒介基础设施理论的相关文献已经基于受众-媒体网络开展了大量研究,并发现了一系列对社区受众成员与其本地媒体偏好关系建立具有影响的个人属性因素,包括代际差异、社会经济地位、种族等,这些因素既左右着社区当中人际网络的建立,也能够预测人们会与哪些特定的媒介机构产生关联(Kim & Ball-Rokeach,2006)。

九、层次间网络的基本形态

在互联网时代，特别社会化媒体出现之后，我们不仅能够看到媒体、内容或受众三个媒介系统当中关键层次内部的节点关系网络，还见证了诸如媒介机构、关键行动者与作为信息生产者的信息消费者以同等的社会化媒体用户身份出现并组成的层次间网络(inter-sector network)。这类网络的出现挑战和丰富了 Ognyanova 和 Monge(2013)对传播网络类型作出的层次内网络和跨层次网络的二元区分，使传播研究者有机会为信息生产与消费之间不再存在清晰分界的传播情境与传播现象建立起新的理论解释。

从层次间网络分析的实例来看，有研究者运用了网络理论当中的择优连接理论，对在线讨论回复形成的信息流动网络进行了考察(Verweij，2012)，也有学者采用产用(produsage)理论，创造性地对 Twitter 当中状态信息的语义关系网络进行了阐释(Horan，2013)。上述案例都是层次间网络研究在理论和方法上产生创新与贡献的具体案例。

接下来，我们将在本书的各个章节中，详细讨论不同类型的传播网络具体可以运用哪些理论视角，通过哪些技术手段，分析哪些特定传播领域内的现象和问题。

第三章　多理论、多层次与多维度网络分析方法

在进行社会科学量化研究时，研究资料的收集方法是多种多样的，可以利用抽样调查方法、典型调查方法、方便抽样方法等，也可以利用文本、历史资料、互联网资料等。这些方法也可用来收集网络资料。整体网资料的收集很少利用严格的概率抽样方法，研究者可以利用线人(informants)法、提名生成(name generator)/提名诠释(name interpreter)法、职位生成法、档案资料法、观察/实验法、问卷法和导出法等。利用调查法或者问卷法收集的网络资料往往并不完善，而且费用高，而利用档案资料法或观察法收集整体网数据的做法则比较节约成本，并且具有自己的优点，如可以在不干扰被调查者的情况下观察到自然发生的情形，获得准确的数据等(刘军，2006)。

总而言之，传播网络分析的数据收集方法不一而足，且应视研究的具体问题、目的和情境而定。接下来，本章以前文中介绍的传播网络类别为框架，逐一介绍各类传播网络近年来使用较为普遍的数据收集和分析方法，以期帮助读者了解多理论、多层次和多维度传播网络的分析方法前沿，并将其运用到特定传播理论问题的讨论和探索当中。

第一节　层次内网络的分析方法

一、媒介机构网络分析的方法发展

在研究方法方面，从数据收集的角度来看，二手数据分析(secondary data analysis)经常用于考察国际新闻信息流动的研究当中，例如，通过联合国提供的《商品贸易统计》(*Commodity Trade Statistics*)获得国家间的报纸和期刊贸易数据，将国家间的报纸和期刊贸易往来次数操作化为国际新闻流动的测度，并通过一国的政治自由度、人均国民生产总值、人口、官方语言以及国家间的物理距离等变量的现有数据资料来预测国际新闻流动情况(如：Kim & Barnett，1996)等。需要注意的是，由于二手数据的信度和效度都可能存在若干问题，因此，研究者在使用二手数据时开展媒介机构间的传播网络分析时，应当特别注重对数据来源的把控和对数据准确性的反复查验，例如采用不同来源的数据记录资料进行交叉验证等。

互联网是国家间新闻网站和新闻内容超链接等研究的主要数据来源。对于此类研究而言，除了海量数据需要计算机辅助手段进行抓取和处理之外，另一个潜在的难点是确定分析名单的“边界”。通常情况下，研究者需要依靠若干权威的信息来源来确定待分析的对象，例如BBC门户的《国家档案》(*Country Profiles*)等，据此列出希望考察的国家当中

的主要新闻机构名单，再收集主要报纸、公共及商业电视台的网站当中刊载的国际新闻（如：Himelboim，2010）。不仅如此，研究者有时还需要克服新闻网站和新闻内容使用多种语言书写为研究本身增加的额外困难，例如在涉及内容分析编码环节的研究当中聘请多语种编码员等。

而在数据分析方面，网络分析一度成为国家间信息流动关系结构的重要呈现方式之一。例如，随着时间的推移，两国之间超越国家界线的信息产品传播与扩散将构成国家之间互相依存的联结关系，进而形成国际大众传播网络，并使这一网络的结构不断产生新的变化。从这个角度来看，国际新闻的流动也就是发生在国家、地区或国家与地区之间的新闻交换行为（Hur，1984，p. 366）。通过社会网络分析，我们将能够更加直观和准确地揭示国家间新闻流动网络的结构及其特征。所谓网络分析方法，指的是一系列用于系统地检视社会网络当中由关系及其各要素构成的结构特征的步骤（Rogers & Kincaid，1981），这种方法为在全局层面上考察国际信息传播与媒介贸易网络等研究的开展提供了有力的工具（如：Barnett & Choi，1995；Schott，1986；Smith & White，1992；Snyder & Kick，1979；Sun & Barnett，1994）。具体而言，网络分析将通过一系列系统的指标来描述网络结构，包括全局网络的中心性（centrality）、连通性（connectedness）、整合性（integrativeness）、总体密度（density）和子群密度，以及对网络当中的诸节点展开聚类分析（cluster analysis），以展现其子群结构等（Faust，1997；Hyun，2012；Knoke & Kuklinski，1982；Roger & Kincaid，1981；Wasserman & Faust，1994）。同时，尽管新闻文本、新闻网站等经常作为国际信息流动网络分析的初始分析单位，但在考察传播网络背后体现的世界体系理论时，研究者往往会将此类初始分析单位转换为以国家为分析单位的数据，再进行进一步的处理和分析。

作为网络分析的一种特殊形式，传播网络分析（communication network analysis）能够在由信息流构成的网络系统当中辨别出传播行动的结构（Kim & Barnett，1996），并从整体上为媒介机构间的线上或线下信息流动结构勾勒出一幅全息的地图（Kang & Choi，1999）。具体而言，当我们确定参与国际信息交换的 n 个国家之后，通过对这些国家之间两两关系的发掘，能够形成一个以国家为节点、以信息流动关系为边的 $n \times n$ 矩阵。其中，n 代表网络当中节点的数量，其构成可以是个体，也可以是高于个体的其他分析单位，例如媒介组织或国家等；而边数据 S_{ij} 代表的是从节点（或国家）i 到 j 之间的信息流动关系强度（如传播频率等）。进一步地，如果两个节点之间的关系是无方向的（undirected），那么这个矩阵将是一个对称的（symmetrical）矩阵（$S_{ij}=S_{ji}$）；反之，如果节点之间的关系方向需要得到区分，这一矩阵则是不对称（asymmetrical）矩阵（$S_{ij} \neq S_{ji}$）。通过这种数学化的表达方式，借助计算机程序的帮助，我们将能够进一步对此类矩阵进行可视化的呈现。

二、媒介内容网络分析的方法发展

对传播内容开展语义分析的基础，是来自于人文主义传统的一项共识，即在特定情境下，意义能够通过词语形成的网络及其彼此之间的关系得到反映（Carley，1993）。特别是针对框架理论而言，根据 Entman（1993）的定义，框架将表现为一系列特定词语使用方式的组合。语义网络分析方法与传统的内容分析方法既有联系，又相互区别。传统的内容分析技术将通过对文本单元进行一系列编码的方式来深入分析文本内容。与这一方法相似，语义网络分析，特别是早期对媒介内容当中的关系、节点及其属性的分析，常常与人工编码的内容分析方法相结合（如：Tremayne，2004），以获取关于新闻题材、媒介类型等方面的必要数据。语义网络分析可以是完全以质性方式进行的文本分析，也可以是纯粹基于词频的自动定量分析，还能够结合上述两种不同的传统（如：Papacharissi & Oliveira，2008）。另外，在框架理论当中，可供开展语义网络分析的经验资料不仅局限于新闻文本，例如，在关于公共政策讨论的框架分析当中，政策立场文件、政策倡议、公开声明和立法建议等公开材料亦可以作为新闻文本的对照和补充（如：David，Atun，& La Viña，2010）。

采用概念版图来分析新闻内容的研究主要采用的理论同样包括两大传统。其一是作为此类研究方法论基础的分析路径，也就是语义网络分析（semantic network analysis）。语义网络分析软件能够根据词频识别出传播内容中频繁出现的关键概念，也能够排除高频词中无实意的虚词（Murphy & Maynard，2000），再将有意义的关键概念生成语义版图，根据概念之间的关系，揭示出传播文本的隐藏含义。而概念之间的关系如何评估，在网络分析中，也有一系列较为成熟的方法和传统。其中，语义版图中最为典型的关系连带是意义的重合。而探测两个概念之间是否具有联系的最简单和常用的方法，就是根据两个词语共现（co-occurrence）的几率来计算（Ognyanova & Monge，2013）。这种现象的出现与认知进程的理论基础一致，即哪些词语经常在口语中呈现集群效应，取决于人们对于语汇的记忆，并且词语的意义也将由和它们一起出现的其他词语来定义（Scott，2005）。与之相似，书写文本有着与口语文本相似的认知联系模式，因此，语义版图中的概念共现也有着其认知层面的理论渊源（Doerfel，1998）。语义网络可以追溯到哲学领域的若干传统（Lehman，1992）。经过若干年的发展，语义网络分析从早期帮助研究者理解文本、视角和行动者之间的关系和共享原则，逐渐发展为更宏观、更具现实意义和高度的可操作化的研究方法，例如通过党派媒体生成的话语来考察政府在国际新闻报道当中居于何种位置以及媒介内容的多样性等（Entman，2004）。媒介内容网络分析理论的第二个传统则是为这类现象提供理论背景的媒介效果的框架理论（the media effects theory of framing）（Gamson & Modigliani，1989；Goffman，1974）。如果两个概念在新闻报道采取的框架下彼此关联，那么它们也将更频繁地一起出现（Doerfel & Barnett，1999）。而当我们建立起了传播文本语义版图的描述之后，就要对这些语义关系进行解释。这些解释既可以从研究者本身的知识结构出发，也可以使用其他不同类型的定量方法进行分析（Rice & Danowski，1993），例如子群分析（clustering analysis）可以用来探讨概念聚集的情况，而不同关键概念的聚集也将为传播文本带来不同的框架效应（Ognyanova & Monge，2013）。另外一种探讨传播内容网络的框架的办法是以文本为单位，为每一则文本建立起单独的语义网络，从而比较相同概念在不同文本中形成的语义版图的相似性和相关性（Doerfel & Barnett，1999）。这种方法也能够增进我们对于文本框架的洞察和理解。

长期以来，语义网络分析在框架理论当中的应用日益广泛，这种方法与理论的结合可以追溯到框架研究的自动文本分析（automated text analysis）传统，包括计算机辅助的文本框架浮现技术(Shah, Watts, Domke, & Fan, 2002)和归纳-演绎并存的迭代技术(inductive and deductive iterative)技术,并从早期的通过词频和词语共现关系反映框架策略(van Atteveldt, Kleinnijenhuis, & Ruigrok, 2008),逐渐发展为近年来更为常用的词群分析(word-cluster analysis)(Murphy, 2001a; Murphy & Maynard, 2000)。在技术扮演主要角色的语义网络框架分析当中,无论是一般框架分析还是特定议题的框架分析,研究者通常都会首先运用样本文本进行机器学习,包括其中的重要事件、行动者和议题等,再计算出文本中自动聚集的词群进行自动分类,最后通过对词群的定义和命名来识别框架(如:de Vreese, Peter, & Semetko, 2001; Semetko & Valkenburg, 2000)。大多数对传播文本开展的语义网络分析都会结合词频、共现词频、全局语义网络版图及其中概念之间的距离来呈现框架和意义,并将新闻当中与框架有关的概念视为不同利益群体采取框取策略的结果和体现(Schultz, Kleinnijenhuis, Oegema, Utz, & van Atteveldt, 2012)。语义网络的最终表达形式应当是以独立概念作为节点、以独立句子中概念之间的共现频率作为边数值的有权重网络(weighted network),这种共现频率实际上反映了概念之间内在关联的强度(Yeo, Park, & Arabi, 2007)。例如,在一个对称语义矩阵 M 当中,行与列都是由同样的概念所组成的,概念 i 与概念 j 之间的关系 m_{ij} 则反映了两个概念 i 和 j 之间的关系强度,通常以其在每一个语句中共同出现的频率来测度。在此基础上,研究者可以根据框架名称,分别对每个框架当中的核心概念和相关概念建立单独的矩阵,再根据独立矩阵当中的概念关联,对框架的各个方面进行阐释。

在开展语义网络分析需要使用的软件方面,Catpac 是一种能够对词语的共现或概念再现开展自动内容分析的工具,它同时可以生成与框架有关的概念关系网络图,并以词语共现的频率作为权重,分析作为框架指标和框架要素的词群对框架的形成具有何种特殊的意义(Woelfel, Danielson, & Woelfel, 1995)。然而,由于语义网络分析对概念重要性的判断主要是基于其出现的频率的,导致出现次数较少,但实际上具有重要意义的术语往往容易被忽略,因此,研究者通常会选择人为指定某些框架及其相关词语,以此类方式来弥补上述缺陷的产生(如:David, Legara, Atun, & Monterola, 2014)。此外,除了针对中文文本展开分词等预处理工作之外,研究者还需要完成去除介词、连词、代词等内容,以及英文情境下的去除空格等数据清理工作,并将意义相似的词语进行归类,使文本最终以更加便于管理的概念层面的数据集(concept-level data set)的形式出现(Feldman & Sanger, 2007)。

除此之外,神经网络分析也可以采用 Catpac 软件进行,并用于框架之间的分析和比较(David, Atun, & La Viña, 2010)。这种方法能够将每个实词视为一个神经元(neuron),而后依然通过词语之间的共现频率来构成语义网络,频繁共现的词语之间的关系将形成网络当中的正向关系,而较少或从不一起出现的词语则形成负向关系(Murphy, 2001a)。研究者将通过 Wards 方法的最小方差聚类分析,确定神经元之间的关系权重,并据此以不同的模式对词丛形成聚类(Woelfel, Danielson, & Woelfel, 1995)。最后,Catpac 将输出最常共同出现的框架性词语相互集聚的树形图(dendrogram),并与 Throught-View 软件结合使用,对不同框架的文本进行可视化。有研究者指出,这种分析方法能够提供比人工编码的内容分析更为持续一致的结果(Vlieger & Leydesdorff,2011)。

也有研究使用中心谐振分析(centering resonance analysis,CRA)方法,对文本当中的语义网络展开了分析。这种方法是一种基于网络的计算机辅助文本分析方法(Corman,Kuhn,McPhee,& Dooley,2002),其中,“中心”指的是该方法假定文本资料将通过“对话”而形成由名词或名词短语组成的核心,从文本的词语形成的全局来看,CRA 方法能够计算出核心词语与其他词共同出现的程度,并确认其中的一些词语比其他词语更具影响力。同时,通过计算中心词汇在网络当中的中间中心度(betweenness centrality),CRA 方法也能够提供最具影响力的词语排名和过滤后关键观念的可视化表达,防止由关键词缺失带来的与其直接相关的要素在句子当中的意义瓦解,并且,这些中心度分值也可以作为因子分析的依据,帮助研究者更好地通过词群的集聚来判断文本的重要主题。而 CRA 方法中的“谐振”,指的则是文本之间共享词语数量的程度。如果两个文本中居于有影响地位的词语重合率越高,则它们将拥有更高的谐振程度,相应地,传播者也将使用更多相同的词语,并且这些词语在形成文本一致性过程中的地位也就更为突出。在实际操作中,谐振程度往往通过比较文本当中共享词语的中心度数值来进行测度,并反映出早期与此后关键概念的谐振随时间变化的情况。CRA 分析方法在理论上和执行上均具有一定优势,包括处理海量文本的效率、防止研究者主观设定带来的偏差等。不仅如此,在传统的以内容分析建立分类标准的框架分析中,尽管研究者概括框架的目的在于揭示文本当中凸显了哪些方面(Hogenraad,McKenzie,& Péladeau,2003),但框架分析每每被指责为仅仅是研究者自行设计的标签(Kosiki,1993)。而 CRA 方法则能够通过意义在概念网络全局中的相对位置来识别最具影响力的概念,这种方法将有效地弥补传统内容分析方法为框架分析招致的诟病,并以对全局文本的回归防止选择性偏差的出现,在整体环境中保留概念之间的相互依存关系(Murphy,2010),作为研究者后续意义阐释的基础,具有较之人工阅读和编码而言有更佳的表面效度(Mcphee,Corman,& Dooley,2002)。

总的来说,作为一种归纳性方法(inductive method),语义网络分析方法将通过词频和词语共现频率等一系列完全客观的指标来识别框架主题,随后再由研究者据此展开判断和阐释(Murphy,2001a)。在这一方法论体系中,框架和论据不像在传统内容分析中那样是在研究开始之前由研究者主观定义的,这也极大地降低了研究者有意或无意对研究结果产生“预设”(presuppositions)的几率。不仅如此,在海量数据的分析过程中,语义网络分析还将大大提升原有内容分析法通过人工手段辨别内容要素的效率,因此,语义网络分析也被视为一种计算机辅助形式的特殊内容分析。特别是对基于语料库的海量文本处理而言,语义网络分析将在资料分析的层面上,作为内容分析方法的补充,提高现有内容分析方法的效率和信度。因此,从本质上来讲,媒介内容的语义网络分析将从本质上改变现有内容分析方法的面貌(Ognyanova & Monge,2013)。但需要指出的是,尽管语义网络分析具有诸多开创性的优势,但媒介内容的语义网络分析依然存在着精度方面的问题。同时,这种基于词频的统计方法和仅以数量评估重要程度的算法逻辑也可能忽略掉那些以较低频率出现,但确实存在且在整套话语体系中居于重要地位的叙事模式类型(Hertog & McLeod,2001),这也是采用此类方法开展分析的传播研究者需要特别注意的该方法的不足之一。

三、媒介受众网络分析的方法发展

相比于我们在之前的章节中探讨过的媒介机构网络和内容网络而言，不同于作为网络节点的媒体和关键概念在数量上的有限性，媒介受众或媒介用户节点的数量往往是极大的，这也为关系数据的收集和分析提出了更多的挑战。因此，在媒介受众或用户网络分析中，首先要面对和解决的一大难点就是网络节点的确定。而对于考察整体结构、对节点和关系完整性要求较高的网络分析而言，获取穷尽有价值节点的列表(list)，就成为确保网络边界有效性和合理性的关键步骤。同时，这些列表也将成为寻找媒介受众或用户个人政治讨论兴趣的切入点所在(Schmidt，2007)。一般来说，获取关键受众或用户列表的方式包括但不限于通过自媒体平台服务商给出的列表来进行罗列，通过搜索引擎服务进行追踪，以及在准滚雪球抽样(quasi-snowball sampling)的基础上进行判断式抽样或再次手动筛选等(Park & Thelwall，2008)。

在获得了需要分析的节点之后，媒介受众或用户之间的关系成为建立网络当中"边"的依据。这些共享某些特征的节点之间相互连接的关系模式依然可以通过与前文中介绍的媒介机构网络和语义网络相似的方法来展开分析。在一个社会系统当中，录入和分析节点之间关系特征的技术有多种类型，常用的手段包括通过 Windows 系统环境下的 Ucinet 等一系列能够以标准化程序执行社会网络分析的软件来进行(Borgatti，Everett，& Freeman，2002)。此外，除了一般意义上的链接或关注关系之外，媒介受众或用户之间社会连带的强度也可以用反映信息交流频次等不同类型互动的强弱程度进行数值化的表达。

需要注意的是，在互联网情境下，关系的强弱可能有多种不同的定义方式(Granovetter，1973)。作为受众或用户之间非正式交往的纽带，超链接或关注关系的强与弱往往难以建立起一个在不同情境下均具有适用性的绝对判断标准。有时，研究者倾向于以双向链接或互相关注关系作为强关系的表征，而相应地，单向的链接或关注关系则被定义为弱关系(如：Park & Thelwall，2008)。但实际上，有学者指出，在线社会连带通常反映的是由于缺乏长期相识或了解，从而缺少双向责任和社交承诺(social commitment)，同时缺乏视觉线索，有时甚至以虚假信息进行互动的交往(Adamic & Adar，2005)，因此，以互联网平台为中介而建立的各类关系都要比现实中的社会关系更弱且更易破裂(Haythornthwaite，2002)。由此可见，对网络空间中强弱关系的定义需要更加审慎，通常情况下，研究者应当针对自身需要考察的关系列举出一系列的社会情境性因素。例如，处于强关系当中的两个个体，通常会通过多种多样的渠道和媒介来满足其信息性和情感性的需要，尤其是在远距离沟通的情况下(Kim & Park，2007)；同时，线下的现实关系也能够为判断线上关系的强弱提供一定的线索和证据。

第二节 跨层次与层次间网络的分析方法

媒介系统中跨层次网络的共同特征是，在网络的构成当中，除了主要节点之外，还有媒介系统其他要素构成的次要节点。接下来，我们将讨论在媒介机构组织间网络的基础上增加内容要素或受众要素的几种不同情况及其对应的分析方法。

一、媒体-内容网络分析的方法发展

在研究不同新闻媒体之间议题覆盖的相互依存关系时，大众传播范式称其为“媒介间议程设置”(intermedia agenda-setting)。这一方法认为，诸如《纽约时报》一类的精英媒体拥有着引导其他媒介平台选择新闻主题的影响力(Rogers，Dearing，& Bregman，1993)。近年来，议程设置研究领域关注较多的是不同媒介之间议程优先级顺序的相关性(Coleman & McCombs，2007)。但这一方法也有其固有的缺陷。媒介间议程设置理论的主要问题在于，它仅仅擅长于证明不同媒体之间议程排序的相似性，而无法回答更为具体的问题，例如影响的方向、媒体在网络中的中心性，以及影响议程重合的外部因素等(Ognyanova & Monge，2013)。但不可否认的是，这种方法为共享议题的优先级提供了全局性的描述，而在媒介间议程设置的基础上，进一步采用媒介机构-内容的网络分析方法，则能够有效地弥补这种缺陷，探索到媒介机构与内容之间更为复杂的社会影响关系。无论是议程设置研究，还是考察实质性新闻报道这一信息质量指标的研究，都应当在网络分析方法当中结合传统意义上对媒介产品开展的内容分析，作为媒介机构-内容网络考察的另一关键部分(Dunaway，2008)。

除了新闻机构之间的联系之外，媒介内容自身也会对内容网络产生影响。相对而言，媒介机构之间的所有权关系和合作关系对这些媒介机构生产内容的相似性或多样性有着特别重要的影响。例如，一项针对媒介集团总公司和子公司及其生产内容的网络分析就发现，总公司的企业政策及其与广告商和赞助者之间的关系连带，都会影响子公司的新闻议程(Duplessis & Li，2006)。也就是说，拥有伙伴关系的媒介平台之间可能在交换新闻报道的过程中建立起内容之间的关系连带。再比如，我们也可以用媒介平台之间报道议题的互相覆盖(overlap)关系来定义内容网络(Ognyanova，2010)。有时，研究者在具体的分析当中，也会将新闻文本中的信源视为媒介内容的重要组成部分之一，因为缺少了对信源的分析，任何对媒体的内容分析都将是不完整的。在一项针对信源在不同新闻报道中共同出现关系网络的研究中，学者们就采用了这一思路，将信源视为内容的特殊形式，对媒介机构-内容网络进行了初步的勾勒(Reese，Grant，& Danielian，1994)。如图 3 - 1 所示，1987 年 11 月 16 日，美国电视节目《夜间连线》(*Nightline*)就邀请了共和党代表罗伯特·多恩(Robert Dornan)和民主党参议员克里斯托弗·多德(Christopher Dodd)，与国务卿助理埃里奥特·阿布拉姆斯(Elliot Abrams)一道，共同参与了关于尼加拉瓜和平计划的讨论。这样，我们就拥有了以节点表达的三个信源，并用节点间的连线或边来表达他们在同一则节目当中共同出现的关系，尽管不同的信源可能对议题持有不同立场，而这也

将进一步影响着其他栏目对于信源的选择和判断,但在研究当中,支持与反对议题的立场都不影响共同出现关系的建立,这种方法可以用文献计量学当中无关正面或负面引用的共同引用(co-citation)关系来进行类比(如:Tankard,Chang,& Tsang,1984)。虽然在三人的公开对话之外,还存在着大量不可见的制度安排与决策过程,但三人的共同出现反映了该新闻机构认为其具有对话空间和共同利益的某种新闻产制倾向。通过对该议题其他相关专家的"排除",新闻栏目完成了对观点的架构和对讨论的框取。研究者假定,与其他信源共同出现次数越多的信源,将拥有更大的"影响力"。因此,研究者进一步纳入了其他类似的新闻节目对信源的使用,并考察其中的信源共现关系。例如,如图 3-1 所示,在图中增加 1987 年 11 月 10 日 PBS 电视台《新闻一小时》节目(*MacNeil/Lehrer*)讨论同样议题的嘉宾人选,就会发现多德和阿布拉姆斯同样出现在了该节目当中,唯一不同的信源是作为共和党代表的议员约翰·麦凯恩(John McCain),这样,节目的信源同样保持了共和党、民主党与行政部门代表的基本构成方式。通过这一节目的引入,多德和阿布拉姆斯的共现关系得到了一次加强。同时,阿布拉姆斯与尼加拉瓜外交部秘书长亚历杭德罗·本

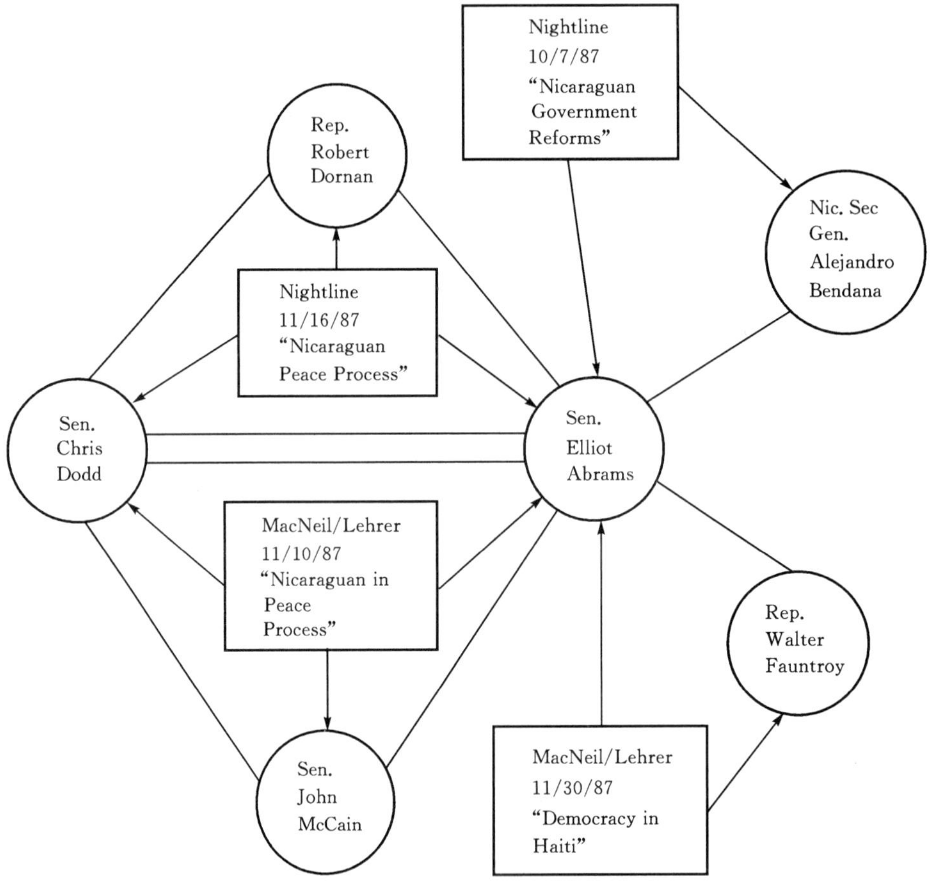

图 3-1 新闻信源网络的节点、边与结构

资料来源:Reese,S. D.,Grant,A.,& Danielian,L. H. (1994). The structure of news sources on television: A network analysis of CBS News, Nightline, MacNeil/Lehrer, and This Week with David Brinkley. *Journal of Communication*,44(2),84-107.

达娜(Alejandro Bendana)在1987年11月30日的《夜间连线》节目中也有过一次共同出现的经历,并在当天播出的《新闻一小时》节目中与民主党人沃尔特·范特洛伊(Walter Fauntroy)讨论了海地民主问题。这样,研究者就建构出了上述6个信源(以圆形节点表示)通过4则新闻栏目(以方框表示)彼此联系的可视化表达。延续这一思路,通过对列入研究对象范畴的新闻节目建立清晰的界定标准,我们就可以进一步建立起一个完整的信源共现关系网络,并对其展开进一步的分析和讨论。

此外,分析新闻信源的结构,也可以采用网络分析范式,这种方法能够识别社会系统中的结构特征,包括凝聚性、信息流动、中心-边缘结构等(Monge,1987;Monge & Contractor,1988;Rogers & Kincaid,1981)。采用网络分析方法考察新闻信源的相互关系,能够强调行动者之间的关系,发掘新闻信源之间的相互影响,而并非只关注行动者自身的属性,仅凭类别来描述新闻生产者个体。在具体的操作方式上,研究者可以首先界定在一段时期之内(如以特定事件的持续时间为标准)需要分析的关键信源列表,以便更有针对性地集中考察其中的信源结构与联系,例如,在晚间新闻、直播访问、精英节目和晨间脱口秀节目中分别选择相应的代表,组成所谓主流媒体的名单,各类节目之间具有更强的相似性,使研究者更方便地在信源选择当中发现某种潜在的关联模式。在具体的操作过程中,研究者可以将两个或多个信源在一则新闻报道文本中的共同出现视为某种"关系"的指标,这些信源的共同出现是为了满足媒体呈现特定事件的目的,因此,即便共同出现意味着某种出于政治立场或利益考量的象征关系,这些共同出现的媒介信源之间依然可能拥有较未能共同出现的信源更强的相互影响。也就是说,尽管这种"共同出现"的关系不是由信源本身通过意向或行为所决定的,共现的信源之间也未必具有实际意义上的传播关系,但共同出现关系的价值在于其能够揭示出新闻内容背后关于实体权力结构的意义,以及记者和编辑在选择再现哪些观点、哪些信源更加重要时的新闻价值判断准则。在分析软件的选择上,NEGOPY程序可以用于对建立在理论基础上的网络关系进行可视化的表达,并进一步分析联结模式、共现了群等全局结构参数和孤立者、联络者、树形节点(tree nodes)、二方关系等局部结构特征,特别是其在呈现互斥子群上的功能,并通过对整合度(integrativeness)等指标的标准化测算来识别群体当中的联络人,使这一程序格外适用于新闻信源共现网络的分析(Reese,Grant,& Danielian,1994)。

而在涉及包括新闻生产机构在内的社会行动者与信息内容之间关系的研究时,可以采取人工逐句编码与计算机辅助内容分析相结合的方式进行(de Nooy & Kleinnijenhuis,2013)。其中,可以帮助研究者开展计算机辅助内容分析的软件包括iNET等工具(van Atteveldt,2008)。具体到分析情境中,研究者可以对新闻文本和新闻报道所归属的媒体进行属性方面的编码,包括媒体本身的党派,信息内容当中的主语、谓语划分及其各自的属性等。另外,对于具有纵时性设计的动态网络分析而言,研究者还应采集文本发布的时间与新闻报道事件的发生时间,作为动态建模的分析依据。

二、内容-媒体网络分析的方法发展

随着语义网络分析方法的发展,这种方法本身也变得更为复杂和常用,它可以使用计算机能够处理的形式语言来描述在线文本的意义(Mika,2007;O'Hara,Berners-Lee,Hall,& Shadbolt,2010)。嵌入式元数据使机器能够更好地理解信息的上下文,同时结合来自多个信源的内容,执行更加智能的知识分析(Ognyanova & Monge,2013)。例如,《纽约时报》目前已经开始通过链接开放数据(linked open data)发布其信息产品,而这也使计算机能够自动识别新闻文本中的人名、地名或组织名,并且对上述对象的背景信息进行自动检索。

第三层次的议程设置或网络议程设置是考察内容与媒介机构网络的重要范式之一。在这一类型的研究当中,数据收集工作依然基于新闻文本开展,但与传统意义上依靠内容分析开展的议程设置研究略有差别。具体而言,研究者需要预先制定类似于传统议程设置研究当中内容分析方法的编码表和编码规则,也就是一系列将新闻客体或属性进行归类的具体原则,涵盖研究考察的特定时段当中全部的要素类别。随后,由于网络议程设置的主要目的在于考察议程要素彼此之间的相互关系,因此,研究者需要将新闻客体或属性在一则新闻文本或一位被调查者的选择当中共同出现(co-occur)的关系反映出来。也就是说,网络议程设置的分析单元是任何两个议题要素及其之间的关系连带的二方关系(dyad)(Wasserman & Faust,1994)。二方关系可以分析在一则博客文章、报纸或电视新闻当中,研究者所考察的客体(objects)或属性(attributes)等要素是否曾经共同出现,并以频次来反映二者之间的连通性(connectedness)或关系强度。更复杂的编码方式包括区分新闻要素之间的"共同提及"或"共同解释"关系,其中,后者类似于在新闻文本当中直接建立起要素之间的联系,例如因果关系,或用一种要素解释另一种要素,或两种要素共同出现在人们的脑海当中(Eveland,2001;Lang,2000),而这种关系应当比简单的共同提及关系拥有更强的权重,例如以数值"0"来表示两个要素之间不存在共现关系,以"1"表示共现关系,而以"2"来表示共同解释关系等(Guo,2012)。

在研究者获取了相应的媒介议程数据之后,就可以开始对上述数据进行转换,并进一步创建出以各个新闻要素为节点、以要素之间的关系强度为边和数值的网络矩阵(network matrices)。在议程网络中,节点的数量(N)取决于研究者对新闻客体或新闻属性等要素的定义,就此创建出包含 N 行和 N 列的无向对称矩阵(undirected symmetrical matrices)。矩阵中的数值为相应要素之间的关系强度。具体而言,媒介议程网络是研究者在媒介信息当中发现的诸要素之间的关系,其强度可以用上文当中提及的要素共现频率或内在联系强弱来测度。公共议程网络矩阵反映了作为受访者的公众如何评价议题中各个要素的相互关联。

网络分析当中常用的统计工具能够对媒介议程网络与公众议程网络参数进行计算和比较,包括点度中心度(degree centrality)、接近中心度(closeness centrality)、中间中心度(betweenness centrality)、网络密度(density)等体现单个节点在多大程度上居于意义网络中心,并在多大程度上与其他要素产生密切联系以及整个网络中各节点间联系是否紧密的描述性指标,识别网络当中存在何种内部联系更加紧密的子群结构的计算方法,以及通过二次指派程序(quadratic assignment procedure,QAP)技术下的相关和回归分析等统计工具,实现由于矩阵当中行列之间的关系数值不具备相互独立性,而无法由传统相关和回归检验实现的多个网络之间的相似性测度(Hanneman & Riddle,2005;Wasserman & Faust,1994)。QAP 相关或回归分析能够检验内容分析数据与调查数据所形成的网络之间的相似性。有学者建议,研究者可以首先尝试以 QAP 相关来考察两种矩阵之间是否具有显著的关联,再进一步通过 QAP 回归来测定以内容分析方法建立的媒介议程网络对调查所得的公众议程网络的解释力究竟如何,即将 R^2 视为网络议程设置模型拟合优度的评价指标(Guo,2012)。通过上述精确的统计标准,社会网络分析工具能够进行假设检验,以实现第三层次的议程设置或网络议程设置理论希望反映的具体媒介效果的研究目标。与此同时,研究者也可以使用一系列的网络可视化软件,如 NetDraw 等(Borgatti,2002),用以形象地对媒介议程网络和公众议程网络进行更为直观的展现。此类可视化软件不仅能够以节点的大小、边的粗细来反映不同要素在网络中的连通性水平和要素之间的联系强度,还可以将更为重要的要素自动置于网络中心,而将其他要素置于网络图的边缘(如图 3-2 所示)。

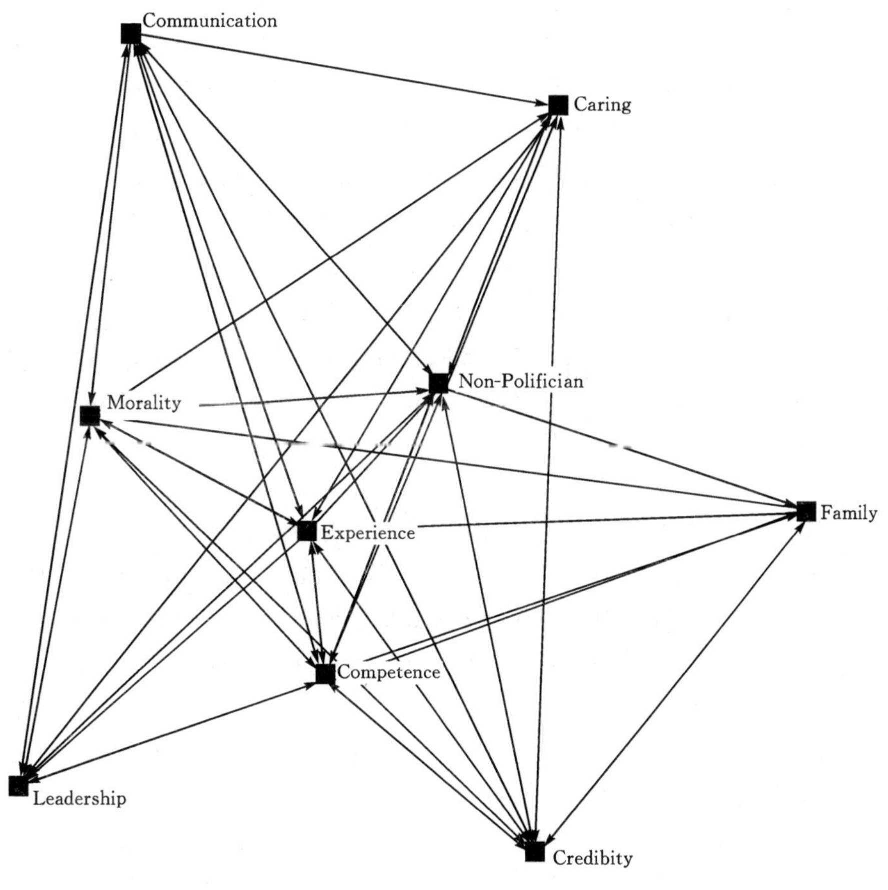

图 3-2　媒介属性议程网络示例

资料来源:Guo,L.(2012). The application of social network analysis in agenda setting research: A methodological exploration. *Journal of Broadcasting & Electronic Media*, 56(4), 616-631.

三、内容-受众网络分析的方法发展

对内容和媒介受众之间的跨层次网络展开分析的重要理论视角之一是经典的框架理论(theory of framing)。这一理论的主要观点是,媒介能够影响人们对议题的思考方式,这种影响主要是通过凸显议题当中一些方面的重要性并忽略另一些方面的重要性来实现的(Ognyanova & Monge,2013)。但框架不仅仅局限于媒介对争议性议题的建构,它更是一种解析的机制和通过理解日常生活事件及社会互动来制造共识的工具(Goffman,1974)。因此,框架的主要作用在于成为一种社会共享的、持续的结构意义组织原则(Reese,2007),而媒介研究和政治传播研究的目的就在于发现这些结构。

在经验研究中,为框架建立起一个可操作的定义,有着众所周知的难度。目前,传播研究领域广泛使用的是 Entman(1993)的定义,即在关键词、常用短语、刻板形象(stereotyped images)、信源和句子中寻找是否存在强化特定主题的事实或判断的集合,以此判断框架的存在。同时,语义网络分析也为研究者寻找核心概念、评估概念间的关系以及发现经常同时出现的概念丛等研究目的在技术上提供了一系列可用的工具。

除此之外,网络议程设置模型认为,当我们将传统的议程设置从议题显要度排序转变为议题要素之间的关联网络之后,媒介议程网络与公众议程网络之间存在着特定的关联(Guo,2012)。其中,除了我们在内容-媒介机构网络形式当中探讨过的媒介议程网络之外,公众议程网络与本章所考察的内容-受众网络密切相关。对于公众议程网络而言,研究者亦可以采用与来自文本的媒介议程网络相似的数据收集方法。如果说新闻要素之间的连通性取决于记者如何加工诸要素的关系,那么,受众如何建立要素间的网络,也取决于他们如何以不同的方式将这些要素置于自身的认知版图当中。也就是说,公众将在调查当中,有意识地根据自身对于两个要素之间是否存在有意义关联的评价,建立起他们对于议题要素的外显式关联(explicit connections),而更多要素的加入也使得公众的认知版图形成一个更加完备的网络,即议程网络。与此同时,研究者需要特别注意的是,除了上述由公众自行提供的要素间关联之外,一些要素之间的关联也可能通过内隐式关联(implicit connections)体现出来,这是一种由个体自动激活的评价,而在此过程中,个体甚至可能并没有意识到这种关联的产生过程(Greenwald & Banaji,1995)。研究者必须对此类关联引起必要的重视,并通过合适的方式加以识别,而对上述两种性质的公众议程网络的区分,也将成为网络议程设置模型在未来产生理论贡献的创新点所在。

具体而言,常用的收集公众议程网络的方法有两种。其一是一种被称为"思维导图调查"(mind-mapping survey)的新型调查方法,这种方法能够获取公众生成的外显式议程网络。所谓思维导图,是一种在广告行业和其他教育项目当中已经得到了较为成熟应用和广泛采纳的质性资料获取方法(如:Buzan & Buzan,1996;Mento,Martinelli,& Jones,1999;Paxman,2011),在具体的操作当中,思维导图可以指定一个核心概念(central point),而后令受访者围绕这一概念,通过辐射性的思考方法,写出其在第一印象当中,与核心概念具有关联的其他关键词,并根据这些关键词来进一步拓展对其与核心概念之间联系的解释。与之相似,思维导图调查需要研究者预先设计好与媒介议程网络中的节点相匹配的表格，令受访者在表格当中，根据自身理解的诸要素之间的关系进行评分；或令受访者给出其心目中与核心概念最为相关的5个最关键的判断，在此基础上，进一步评价5个判断之间的相互关联强度（如图3－3所示）。研究者亦可以首先开展试点测试（pilot test），以预先获取与议题相关的一系列关键词，避免受访者由于种种原因无法提供符合研究需求和数量规定的答案，再令其为有意义的成对词语建立关联。同时，这种方法还可以分别用于线上调查和线下调查，以获取不同的公众议程网络，并进行更深层次的比较（Cheng & Chan，2015）。这样，研究者就可以根据思维导图调查获取的数据，建立起新闻要素的公众议程网络（Guo，2012）。

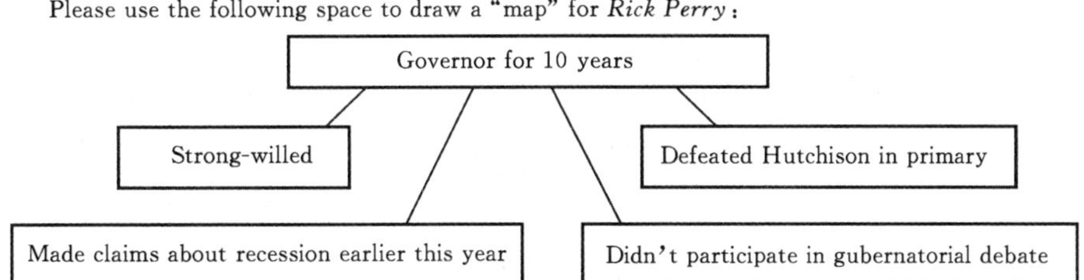

图3－3　思维导图调查表示例

资料来源：Guo，L.（2012）. The application of social network analysis in agenda setting research：A methodological exploration *Journal of Broadcasting & Electronic Media*，56（4），616－631.

获取和创建公众议程网络的第二种数据收集方法是建立在传统意义上的调查研究基础上的，如电话调查（telephone-based）、网络调查（web-based surveys）等。在调查中，调查员可以向受访者询问类似于盖洛普选举调查（GallupPoll MIP）当中使用的问题，例如，"您认为当前社会面临的最重要的问题是什么？"或者采用开放式问题，向受访者询问"如果您的朋友离开了一段时间，不了解近期关于某议题的信息，您会如何对您的朋友描述这一议题？"这样，随着受访者人数的增加，研究者将对公众脑海中关于新闻客体或属性的评价建立起更为全面的了解。与此同时，由于受访者没有意识到自身需要对诸多议题评价之间的关联进行评估，因此，通过这种数据方法而获取的信息，更加接近于我们在前文中探讨过的内隐式关联。两种数据收集方法各有利弊，相对而言，调查法获取的信息需要经过再次加工和处理，以提取出关键评价及其之间的关系，可能更加费时费力，有鉴于此，研究者指出（Guo，2012），思维导图调查方法可能是更适合获取公众议程网络的方式之一。在公众议程网络矩阵中，网络当中的节点与媒介议程网络相似，而节点之间的关系强度则取决于议题要素被某一特定受访者在其叙述中被共同提及的频率，也就是说，两个要素被同一受访者共同提及的次数越多，要素间的联系也就越强。同样，公众议程网络也应当是一个无向且对称的多值网络矩阵。

四、受众-内容网络分析的方法发展

随着社交网站平台的流行，对受众-内容网络的分析大量聚焦于此类平台当中的议题扩散。此外，虽然近年来博客的热度在逐步下降，但不可否认的是，在博客这一线上传播形式方兴未艾的年代里，它曾经对新闻内容的再次扩散产生过重大的作用。此外，由于在博客当中添加外部链接是一种常见的做法，因此，既有研究也多通过博客之间的超链接模式和时间标记来考察以受众博客为代表的在线新闻扩散（Chin & Chignell，2006；Ferdig & Trammell，2004；Leskovec，Backstrom，& Kleinberg，2009；Leskovec，et al.，2007）。

为了检验受众-内容网络的选择性接触现象，研究者需要首先确定要考察的社交媒体平台（如：Twitter）和特定话题（如：政治选举），获取该平台上相关话题的海量用户行为日志，随后为参与该话题讨论的用户建立起关注、提及与回复关系的网络，再根据群聚系数、模块化参数（modularity）等一系列选择性接触的测量方法计算出用户选择性接触集群的程度，根据入度中心度（in-degree centrality）反映出的用户接触情况识别出网络中的枢纽节点（hubs），回答社交媒体用户在多大程度上存在相似意识形态集聚的问题，最后考察受众-内容网络当中由超链接、提及关系和关键词形成的讨论与选择性接触情况和网络集群当中的自我相似性程度（self-similarity）。在研究工具方面，研究者可以运用 NodeXL 等开源工具来整合社会网络分析与关键词、超链接的自动分析（Hansen，Shneiderman，& Smith，2011），并在必要时辅以人工内容分析编码，如通过使用较多的关键词和超链接来判定用户的政治立场等，随后导出为适用于 UCINet、Pajek、CSV、GraphML、表单和文本等多种软件进一步处理的数据格式。关于使用 NodeXL 进行选择性接触集群分析的具体方法，详见具体探讨该方法步骤的其他文献（如：Himelboim，Smith，& Shneiderman，2013）。

五、媒体-受众网络分析的方法发展

当前，越来越多的媒介平台会通过互联网直接或间接地发布其生产的内容，例如新闻网站等，而这样的技术条件也为追踪媒介的影响力建立模式提供了线上的数据来源（Ognyanova & Monge，2013）。虽然对线上的海量链接结构开展分析具有方法论层面上的挑战性，但这种方法难得地能够引入线上关系的历时性维度，对网络结构随时间变化的趋势进行考察（Barnett，Chung，& Park，2011）。网络分析方法能够将受众个体的属性、二方关系以及二者之间的互相影响同时纳入考察，因此特别适用于对媒介机构-受众网络的分析。而网络聚类（network clustering）也为分析网络中相似个体相互联结的趋势提供了特定的方法（Ognyanova & Monge，2013）。此外，我们还可以使用社群检测算法（community detection algorithms）来分析媒介机构-受众之间的社会网络联结模式（Chin & Chignell，2007）。

除此之外，还有一种可以通过媒介机构-受众网络来探讨的研究类型，即新闻机构被受众共同链接的关系分析（co-link analysis）。此类研究尽管目前在数量上尚不足以形成规模，但却为该领域的未来研究提供了有益的分析框架。例如，研究者可以考察哪些受众同时链接了两家甚至更多的媒体，哪些媒体又会更频繁地被同时链接等（Zuccala，2006）。这项技术能够帮助研究者进一步厘清新闻机构之间错综复杂的关系。而在媒介机构的组织间网络的情境下，共同链接关系生成了一系列新的关系，这些关系实际上由更为广泛的公众生成的共现链接所决定。采用与文献计量学相似的分析工具，研究者能够进一步分析新闻来源被受众或信息消费者的共同引用关系分成了哪些相应的子群（Thelwall & Wilkinson，2004）。

从媒体-受众网络分析采用的工具来看，研究者可以使用 UCINET 软件计算弗里曼点度中心度指标（Freeman degree centrality），来反映整个网络的受众分化或受众重叠程度（Borgatti，Everett，& Freeman，2009）。这一指标与网络中心势（centralization）密切相关，即整个网络与完全意义上的星型网络相比，各个节点的平均入度（in-degree）得分如何，其取值范围在 0 到 1 之间（Freeman，1979）。以网络分析方法来考察媒体-受众网络中的受众分化或受众重叠，在方法论上的主要意义表现在，以往关于受众分化的研究都是采用以媒介为中心的孤立视角，即单独考察和测量单独媒体的受众规模，再对不同媒体之间的用户分化或重叠进行比较。但实际上，考察诸多媒体之间的用户重叠，更适宜采用网络分析方法进行，例如，研究者可以用不同媒体之间共享受众网络的中心势（network centralization）指标来反映受众重复使用多种媒体的情况是否均衡的分化程度（fragmentation），或仅选择使用少数几种特定媒体的情况是否有所偏重的重叠程度（concentration），即一种对于网络当中的度分布均质性的测度（Monge & Contractor，2003），能够从宏观层面上成为反映网络结构的重要参数。相对而言，媒体-受众网络的中心势指标越高，代表着该网络当中的受众越倾向于集中选择一小部分特定的媒介平台，即受众重叠程度越高；而较低的中心势得分往往出现在去中心化的媒体-受众网络当中，意味着该网络更可能产生异质化的选择趋势，也就是受众分化的现象（Ksiazek，2011）。

如果研究者希望在静态的横截面数据之外，对媒体-受众网络进行动态的面板数据（panel data）分析，那么，近年来社会网络分析工具的发展也为此类研究提供了更多的技术支持，例如，实证网络分析的模拟研究（simulation investigation for empirical network analysis，SIENA）就是一种专门应对行动者节点纵向数据建模的分析程序，能够通过一系列模拟方法，考察媒介环境和受众行为的共同演化（Yuan & Ksiazek，2011）。需要注意的是，这一程序仅能够分析二值化的网络关系，因此，研究者在使用 SIENA 开展网络动态分析之前，需要基于整体网络的平均连带数量，对边数据进行二值化的预先处理。总体来讲，SIENA 方法能够将媒体-受众网络向更高的分析层次拓展，例如将传统意义上的受众行为研究从两种媒体的受众重叠关系拓展到多种平台层面上。关于 SIENA 的方法论体系和操作细节，感兴趣的读者可进一步阅读此类技术的说明文档和相关文献（如：Snijders，Steglich，Schweinberger，& Huisman，2007）。

六、层次间网络分析的方法发展

对于层次间网络而言，数据收集的重点与难点在于根据研究关注的问题来判断和确定研究对象的边界所在。例如，对于不同目的的研究而言，何时仅考察某一特定身份或党派的节点，何时将多种身份或党派的节点纳入分析，研究者都可以进行更为灵活的把握。研究者还需对节点入选与否的标准作出清晰的界定，如“流行度”指标就需根据网站或自媒体在具体表现上的稳定参数来制定判断标准。此外，研究者还需要在网站、推文或新闻报道等单位中确定合适的分析单元(unit of analysis)作为网络节点,并在界定网络节点是否入选的标准上,进一步通过形如内容分析方法中的编码等方式,对网络要素的关键特征进行定义,包括时间框架、文本丰富性类型、网站类型、报道基调、作者类型、所在地区等(Reese,Rutigliano,Hyun,& Jeong,2007)。

在开放应用程序编程接口(application program interface,API)的情况下,研究者可以使用 yTK(yourTwapperkeeper)等开源工具,对 Twitter 等社会化媒体当中的内容和关键词进行抓取(Bruns,2012)。尽管以关键词作为主体,可能会忽视部分用户的贡献,但关键词自身的可搜索性和可点击性使其相对于整个社会化媒体平台而言有更强的可见性和代表性(D'heer & Verdegem,2014)。所谓 API,是一类预先定义的函数,目的是提供应用程序与开发人员基于某软件或硬件的访问一组例程的能力,而又无需访问源码,或理解内部工作机制的细节。Windows API 是一套用来控制 Windows 的各个部件(从桌面的外观到为一个新进程分配的内存)的外观和行为的一套预先定义的 Windows 函数。凡是在 Windows 工作环境下执行的应用程式,都可以调用 Windows API。

在此基础上,研究者可以进一步以"@"符号为追踪符号(Papacharissi & de Fatima Oliveira,2012),构建起网络节点之间通过回复(replies)和提及(mentions)关系形成的网络,这种关系是特定并公开的(Honey & Herring,2009),能够反映出行动者的实践过程及其通过实践而在形成的结构中所处的位置(Ausserhofer & Maireder,2013),并昭示着行动者在场域当中的某种自主性(authority)。此外,也有研究者建议,应当对被以"@"符号提及的用户顺序进行进一步的区分,包括首要提及、次要提及、文内提及、回复首要提及以及回复次要提及等(Murthy & Longwell,2013)。此类网络也可采用 SNA 方法以及 UCINET 软件进行分析(Carrington,Scott,& Wasserman,2005;Scott,2000),并在建立起多值网络的基础上,通过 Pajek 软件对网络结构和其中成员的位置进行可视化,进一步比较和分析其他更加详细的网络参数,以对网络关系的结构位置和实践本身产生更多理解。同时,尽管社会化媒体用户的身份信息难以被准确地判断并编码(Lewis,Zamith,& Hermida,2013),但研究者依然可以尝试对信息发出者和接收者的属性特征进行编码,包括政治行动者、媒体行动者和公民行动者的正式职业身份,并以互动的频率来定义关系强度(Borgatti,2007)。

第四章　传播网络的构成与关系属性

在前面两章的内容中，我们重点介绍了由不同层次和性质的节点构成的多种多样的网络形态。而实际上，除了前述由差异化的网络节点构成的传播网络的不同分类之外，网络中的边属性也会使传播网络呈现千差万别的面貌，也就是说，在节点性质和层次之外，节点之间的关系属性，即边的不同性质，也会在很大程度上左右着传播网络的构成。因此，本章我们将讨论传播网络中节点之间可能存在的关系类型，以及这些不同的关系类型将为传播网络研究带来哪些新的理论与实践机遇。

第一节　传播网络的表现形式

从传播网络的表现形式来看，有研究者总结了社会网络、传播网络、计算机中介网络、互联网网络、超链接网络等一组相似的概念，并对其概念化定义和包括节点及关系在内的操作化测量进行了进一步的辨析和区分(Park，2003)。如表 4 - 1 所示，研究者沿用这组概念辨析，开展了一系列对传播网络及其结构的实证考察研究(Kim，Kim，Park，& Rice，2007；Park & Jankowski，2008；Park & Thelwall，2008)。藉此，传播网络研究者可以识别不同情境下的各种传播网络，深入考察社会行动者通过传播而形成的社会结构。

表 4 - 1　社会网络、传播网络、计算机中介网络、互联网网络、超链接网络的比较

网络类型	概念化定义	操作化测量	
		节点类型	关系形式
社会网络(social network)	一系列将人、组织或其他社会实体联系起来的各类关系的总和	个体、群体、组织、国家等	任何形式的社会关系
传播网络(communication network)	人们通过特定类型的信息流动而联系起来形成的网络	个体、群体、组织、国家等，更多地聚焦于个体层面	传播和信息流动
计算机中介网络(computer-mediated network)	人们通过计算机系统而彼此联系起来的特殊类型的传播网络	个体、群体、组织、国家，以及计算机系统等	以计算机为渠道形成的传播和信息流动

续表 4-1

网络类型	概念化定义	操作化测量	
		节点类型	关系形式
互联网网络 (internet network)	通过计算机系统而由互联网联结起来的传播网络	个体、群体、组织、国家等,更多地聚焦于互联网用户个体	以互联网为渠道形成的传播和信息流动
超链接网络 (hyperlink network)	传统传播网络的拓展,主要聚焦于那些通过在网站之间分享超链接而形成的社会系统结构	个体、群体、组织、国家等,更多地聚焦于代表个体、群体、组织、国家的网站	以超链接为渠道形成的传播和信息流动

资料来源:Park,H. W. (2003). Hyperlink network analysis:A new method for the study of social structure on the web. *Connections*,25(1),49-61.

细心的读者可能会发现,除了前述由差异化的网络节点构成的传播网络的不同分类之外,网络中的边属性也会使传播网络呈现出千差万别的面貌。特别是在前述几种网络的比较当中,网络关系的强度并未得到确定的阐释。但实际上,以超链接网络为例,其中节点之间存在的超链接关系从本质上来讲,应当是一种弱连带,但也应当视传播情境的具体要素而定(Vergeer,Lim,& Park,2011)。一般来说,单向联结通常被界定为弱关系,而双向联结则是强关系的表现形式。然而,这样的分类系统难免失于武断。因此,研究者建议,我们在对传播网络进行分类的时候,同样要考虑到网络关系的不同属性,特别是在新闻传播研究的情境之下,这种边属性的作用及其体现将更为丰富(Shumate & Contractor,2013;Shumate,et al.,2013)。通过更加细致的分析框架的提出,我们将能够分辨出新闻传播现象中各种传播关系的差别,并明晰传播网络现有理论之间的相互关系,从而对传播网络中的现象形成综合性的理解,形成多维度传播网络研究的方法论创新和理论发展。

第二节 关系类别基础上的边属性

在前一章对媒介系统当中传播网络形成的行动者进行划分的基础上,有研究者指出,关系到传播网络不同形态的特征不仅包含行动发出与接收的节点属性,还要考虑这种行动的本质究竟是什么,即建立在关系类别基础上的边属性。从某种角度上来说,既有研究表明,传播网络中的边属性甚至拥有着比节点属性更为强大的影响力。具体而言,在当前新闻传播学研究的核心领域当中,构成媒介系统的媒体、受众和信息内部及其之间,至少可能形成类同、流通、表现和语义四种关系(Shumate & Contractor,2013)。

一、类同关系

类同关系(affinity)是行动者之间通过社交而建构的积极或消极关系,这种关系可能包含战略联盟、友谊关系等类型，在新闻传播研究当中，可以体现为媒体之间的竞争或合作关系、媒介组织的所有权关系和信息消费者之间的友谊等关系。例如，我们可以考察新闻来源被不同新闻节目同时采用这一社会建构关系，而新闻信源的精英地位本身也可能对新闻生产和再现产生影响(Fu,2016)。

二、流通关系

流通关系(flow)是指行动者之间包括数据、资源、信息等内容在内的交换(exchange)，这种关系既可能以信息流动的形式产生于新闻机构之间，也可以是个体之间的新闻扩散行为(Fu,2016)。通过对流通关系的考察，我们能够发掘出新闻生产中媒介信息如何被传递和分享的过程，从中揭示出当中不同国家与媒体之间存在的“等级”；也可以考察不同媒介平台下的受众分化和信息搜寻行为，例如前文所述的媒体-受众隶属网络，以回应受众更倾向于聚集在主流媒介平台当中还是产生媒介选择上的分化等问题；还能够对所谓自媒体情境下信息生产者与消费者身份的混杂(hybridization)等关系和现象建立起更为清晰的理解。

三、表现关系

表现关系(representation)聚焦于两个行动者实体之间的象征关系，这时，表现某种信息的首要目的是与第三方或普遍意义上的公众进行交流，例如，当一家新闻机构有目的地提及其合作伙伴并向赞助商发送某些超链接时，这些超链接就反映了一种表现关系，之所以不能将其定义为信息流动关系，是因为这一交换过程实际上并没有形成有效的信息交流，信息的接收者甚至没有意识到信息的存在。表现关系可以通过超链接、引用(citations)和网站提名(website name mentions)三种形式来体现，其中，超链接是在此类研究中最常见的一种表现关系形式，而表现关系网络建立的理论解释主要建立在择优连接(preferential attachment)机制和行动者外部联结数量类似“二八定律”的偏态分布形式上(Shumate & Contractor,2013)。

超链接在本质上属于一个网页的一部分，是一种允许同其他网页或站点之间进行链接的元素，指从一个网页指向一个目标的链接关系，这个目标可以是另一个网页，也可以是相同网页上的不同位置，还可以是一个图片、一个电子邮件地址、一个文件，甚至一个应用程序。在一个网页中用来超链接的对象，可以是一段文本或者是一个图片。当浏览者单击已经链接的文字或图片后，链接目标将显示在浏览器上，并且根据目标的类型来打开或运行。

链接行为的基本思路之一，是传播科技带来了时空融合感，诸如时间和空间距离之类的因素对于信息的传播、发布和交换来讲已经不再那么重要(Giddens,1979,1986)。超链接网络分析在信息和社会科学中取得了诸多研究成果(Park & Thelwall,2003;Rogers,2004;Thelwall,2004)。例如，Park 和 Thelwall(2008)运用链接网络，预测了韩国政治博客空间中的意识形态景观，探讨韩国政治博客中的超链接模式。他们以当选政客(国会议员)的博客侧边栏超链接为抽样框，观测政治家与公民及公民间的链接，发现这些博客以党派为派别而分化，但是，同样有一些博客位于两个党派之间，且与两大阵营都有链接说明一些公民博主的政治认同并没有完全形成，表明网络政治话语的二元对立正在渐渐改变。有研究指出，网页之间的链接有时可以被认为产生了催化作用，成为一种促进信息扩散的有效方式。还有一些超链接分析，将行动者的链接行为动机假定为他人的建议。

超链接是一种用于指向其他网页(web pages)，使其与自己的网页成为相关信息资源的一种社会行动(Kim，Park & Thelwall，2006)。链接行为的产生有多种多样的动机(Bar-Ilan 2004；Park 2002；Thelwall 2003；Wilkinson et al. 2003)，如从努力建立个人威望(显示自己与其他受人尊敬的重要人物有关系)到保证自己的网页受到其他人的支持等。比起行动者之间的合作来说，链接行为更多时候是建立在未经他人知情或允许的基础上的，换言之，链接可能并不总是代表一种积极的链接行为，反而可能是消极或对立的链接关系。这便引起了有关链接能否扮演测量行动者价值和网络结构的角色的疑问(Cronin，2001；Ingwersen，1998)。

然而，正如一篇学术文章的质量或影响力可以由其被其他文章提及的频率来计算一样(Garfield，1964)，无独有偶，这种思想也被运用于搜索引擎的排名算法中，如 Google 的 PageRank 等(Brin & Page，1998)。所谓 PageRank，指的是“网页级别”，2001 年 9 月被授予美国专利，专利人是 Google 创始人之一 Larry Page，是 Google 排名运算法则(排名公式)的一部分。Google 通过 PageRank 来调整结果，那些更具重要性的网页在搜索结果中排名获得提升，从而提高搜索结果的相关性和质量。其级别从 1 到 10 级，10 级为满分，级别不是线性的，而是按照一种指数刻度来进行排列的。根据网站的外部链接和内部链接的数量和质量衡量网站的价值，PageRank 值越高，说明该网页越重要。每个到页面的链接都是对该页面的一次投票，被链接的越多，就意味着被其他网站投票越多，有一套自动化方法来计算这些投票。这种算法的基本思想是，网页的价值并不是页面本身固有的，而是通过访问者的评价而获得的。因此，网页能够被其获得的超链接总数来估价，也就是说，一个网页的被链接的次数越多，价值也就越高。评估最可信或最有影响力的网站时，基于链接个数的方法比单纯依赖点击量或访问量更具信度。从实践的层面来讲，计算超链接数量可以被视为评估大量网站价值最为快捷的方法之一。从这个意义上说，链接是评价网站价值的有效指标。超链接允许用户选择和指向任何其他用户，因此可以用网站之间的链接模式来揭示许多社会网络传播景观。

同理，我们也可以用以链接为代表的表现关系来衡量个体在网络当中的价值。表 4 - 2 列出了前文中述及的新浪微博记者职业群体网络当中，个人社会资本在网络规模和中间中心度两个指标上排在前 10 名的记者。对于记者个体而言，网络规模即度数中心度的取值在 0 到 119 之间($M=14.685$，$SD=17.781$)，而中间中心度的取值从 0 到 7908.23 ($M=331.068$，$SD=819.062$)。以上两个指标都可以作为记者个体在职业群体微博客链接网络中社会资本的测度。关于本项研究的细节，可参见本书第十章有关记者微博使用与职业群体社会资本获得的实证研究；而对于社会资本的理论脉络与发展前沿，感兴趣的读者亦可参阅本书第五章第五节的相关部分。

表 4-2 职业群体微博链接网络中记者的个人社会资本(前 10 名)

排名	网络规模		排名	中间中心度	
1	闾丘露薇	119	1	连鹏	7908.230
2	何建晔	109	2	何建晔	5270.175
3	刘波涛	88	3	千岛	4950.441
4	信海光	73	4	刘波涛	4730.137
5	连鹏	71	5	信海光	3840.059
6	王以超	67	6	石述思	3385.987
7	潘滨	64	7	王以超	2714.702
8	西门不暗	63	8	西门不暗	2578.299
9	千岛	61	9	闾丘露薇	2500.926
10	大仙	57	10	大仙	1890.281
	……	……		……	……

四、语义关系

语义关系(semanteme)反映的是词语或人们对某些共享客体的认知阐释中可能存在的联系,比如新闻文章中围绕某一话题的各个关键词之间就组成了一个语义网络,再比如,受众对同一则新闻在不同媒体当中的报道框架如何感知,其认知版图也将形成另一种意义上的语义网络。语义网络在新闻传播学科考察媒介内容的传统当中有着非常广泛且重要的应用,从语义关系网络的节点属性来看,我们可以通过记者自身、政治选举、政策本质、危机传播和公共关系等各种不同的客体或领域来考察新闻框架。

具体而言,传播学各个领域或分支可能对其中的某一种或几种关系产生特别的研究兴趣,例如,新闻学研究和组织传播研究都非常关注再现关系,其区别仅在于前者更侧重于新闻机构之间的再现关系,而后者则可能考察广义上的组织(包括非营利组织、非政府组织等)之间的再现关系。相对来看,新闻传播学领域考察流通关系和语义关系的研究数量较多,特别是近年来计算机辅助的语义网络分析呈现出指数型增长的趋势,大有取代传统内容分析的态势;其次为对表现关系的研究(Fu,2016)。但无论如何,不同进路的媒介研究都将通过相似的边属性而开展传播网络分析,同时共享某些共通的理论资源或方法工具。

中　编

传播网络分析的理论资源

第五章　传播网络分析的社会理论

20 世纪 70 年代以来，采用社会网络分析方法的学术研究呈现指数式激增，这些研究的主要贡献之一，就在于对社会关系提供了个人层面之外的科学解释，即关系（relation）与结构（structure）层面的理论机制（Borgatti & Foster，2003）。诚然，社会网络分析范式在创立初期，常常被认为"仅仅是算法的整合""缺乏原创性的理论框架""过于侧重于描述现象"而屡遭诟病（Kilduff & Tsai，2003）；但近年来，随着这一领域在各个学科分支当中取得的新成就越来越丰富，社会网络研究已经基于大量跨学科的解释机制，逐步建立起了属于自己的网络理论体系，以应对来自各方的质疑（Borgatti，Mehra，Brass，& Labianca，2009）。从总体上来看，社会网络作为一种"关系性的解释"（relational interpretations），将对现有的社会科学理论体系产生裨益，例如，对关键概念的重新定义，检验既有理论的适用性，以及对社会现象的结构性成因和后果建立新的解释（Marin & Wellman，2010）。

第一节　媒介机构网络：世界体系理论与中心-边缘结构

在国际信息流动的传播网络当中，诸多既有研究都将世界体系理论（world system theory）作为其最主要的理论框架（如：Himelboim，2010；Kang & Choi，1999；Kim & Barnett，1996），其社会意义在于旧有国际秩序结构将通过新技术得到重组或是固化。从 20 世纪 60 年代前后开始，这一理论主要关注发达国家与发展中或欠发达国家之间的经济关系。当前，由于世界各国均不同程度地镶嵌在全球资本系统当中，致使国家之间产生了相互依存的关系（Wallerstein，1991）。在全球化系统内部，每个国家都需要与其他国家展开各个方面的交流，但这种交流并不等同于平等的互动伙伴关系。在依赖理论（dependency theory）的基础上（Chilcote，1984；Dos Santos，1996；Larrain，2013；So，1990；Wallace，1990），Wallerstein（1974，1996）提出，由于当前在全球系统当中，存在着在政治、经济、军事等方面拥有霸权的超级大国，这就带来了发展中国家将长期居于从属地位的潜在可能性。世界体系理论建立在经济力量在国际关系当中起决定性作用的假定之上，其主要观点是：世界体系将由于发展中国家受到发达国家的剥削而呈现出发达国家居于中心（center）、发展中国家处于边缘（periphery）的结构特征，也将使发展中国家长期囿于欠发达（underdevelopment）或经济落后（economic backwardness）的国际地位（Baran，1957；Frank，1969；Santos，1970），通常情况下，全球范围内的物资、信息和影响力均是从核心国家流向边缘国家的（Price，2002）。特别是在苏联解体之后，世界体系理论在更多国家和地区当中得到了更具推广性的现实验证（如：Chase-Dunn，& Grimes，1995；Chase-Dunn，& Hall，1993）。

既有研究有诸多将全球体系视为变动中的国际网络的先例（如：Chase-Dunn & Hall，1993；Chase-Dunn & Grimes，1995），也就是说，资本主义世界经济的基本结构就是霸权国家的周期性兴衰。在全球化时代，我们一直见证着民族国家之间日益增长的互相依存关系，以及制造业、知识产权和信息流动的国际合作、分化与资源重组在全球范围内的变迁（Mowlana，1996）。作为对依赖理论的拓展，世界体系理论认为，世界本身是由在资本主义体系当中互相联结、互相依存的诸多国家组成的一个全球系统，正是这种全球经济，使得多种文化与政治就此成为一个单一且整合的分工体系（Wallerstein，1974，1979）。进一步地，世界体系理论根据不同国家在全球经济系统当中的地位，将国家所处的结构分为核心（core）、半边缘（semiperipheral）和边缘三大类别（如：Kim & Barnett，1996；Shannon，1996；Smith & White，1992；Snyder & Kick，1979）。其中，核心国家包括美国、英国、德国、法国、日本、加拿大等国；半边缘国家则是处于核心和边缘位置之间的国家，如相对较为发达的瑞典、瑞士、挪威等其他欧洲国家，韩国、新加坡、马来西亚等亚洲国家，以及阿根廷和墨西哥等拉丁美洲国家，中国和俄罗斯有时也被视为半边缘国家；第三世界的发展中国家和欠发达国家则通常是边缘国家。半边缘国家处于中间地带，这些国家的存在增强了世界体系的稳定性，并能够成为较富裕的核心国家和较贫穷的边缘国家之间的缓冲带。

然而，由于各国之间经济发展水平的差异，参与全球经济体系的国家往往处于不对等的关系当中，加之国际经济与军事实力的变化以及对比格局的不断重组，国家在世界体系中的地位也处于不断变动的过程当中。在这种配置模式下，所有的国际信息流动和交换活动都会遵循资本主义的逻辑，并反映出世界系统当中国家之间的沟通模式（Himelboim，2010）。经验研究表明，国家在全球体系中的位置是可变的，例如 20 世纪 80 年代起，一些东欧前社会主义国家就逐步从边缘位置跻身至半边缘国家的序列当中。相对而言，全球传播网络的中心-边缘结构与经济交换网络的结构具有高度重合性，而半边缘国家与地区的结构性位置则可能随着全球社会、政治和经济因素的变化而产生重组的可能性（Barnett & Salisbury，1996）。也有研究者指出，尽管在全球化时代，物资和信息都可以频繁地超越国家和文化界限而自由交换，但与此同时，这种自由交换也带来了不同国家和文化群体的同化及其结构的固化，作为全球化的后果之一，世界格局呈现出更加整齐划一和系统性的特征（Robertson，1992）。同时，尽管单一国家地位的变化可以被视为全球体系“牵一发动全身”的事件结果，但处于半边缘地位的国家的动态发展也从某种意义上促进了全球体系的顺利运作，这种国家间的互动过程最终使单一且整合的全球系统趋于稳定，同时降低了中心、半边缘与边缘国家之间在地位上的流动性（Kim & Barnett，1996）。

在依赖理论（世界体系理论）的基础上，帝国主义理论（theory of imperialism）进一步指出，国家在世界系统当中的中心-边缘关系实际上是一种全球帝国主义（global imperialism）体现出的多维度结构，而帝国主义的特征也体现在国家之间建立起经济、政治、军事、传播与文化五个方面的交换关系之上（Galtung，1971）。正是通过对边缘国家进行经济、政治、军事、传播和文化等多方面的宰割，核心国家得以从全球体系当中获益，最终使全球格局呈现出区域主义（regionalism）和多极性（multipolar）并存的局面（Huntington，1996）。

可见，作为当代帝国主义的组成部分，国际传播能够体现出全球范围内信息交换的不平等权力关系。换言之，信息的交换也是促成全球各国形成中心-边缘结构的诱因之一。全球传播结构不仅反映了现存权力关系的不平等，也需要对这种不平等结构的固化承担一定责任。在世界体系当中，核心国家和边缘国家的划分以传播的水平结构和上游国家对传播权的垄断为特征，边缘国家以与核心国家建立传播关系为目标，而边缘国家自身之间的互动相对较少，从而导致了一国与其他国家的互动模式受到其在世界体系当中是否处于中心位置的决定性影响。也就是说，一国在全球体系中所处的中心、半边缘或边缘等结构性位置和其与他国之间的互动关系往往互为因果。

作为全球互动的先行因素，国家间的传播网络是考察世界体系理论的重要突破口之一，也正是由于传播网络的存在，才使得各个独立的国家得以互相联系，组成一个相互依存的全球系统（Sun & Barnett，1994）。世界体系理论的相似观点发端于传播学界的现实情境背景可追溯到第二次世界大战期间。随着 1953 年国际新闻研究所（International Press Institute）提出新闻流动在发达国家与发展中国家间的“不平衡结构”以来，国际传播逐渐成为传播研究当中的重要话题之一。随后，越来越多的学者开始注意到这一问题，例如，施拉姆（Schramm，1964）就曾经指出，国家之间的新闻流动是由参与信息交换的新闻机构所有制性质、长距离的通信设施、对经济增长的追求、科技发展水平以及少数高度发达国家的权力共同决定的；而国际信息流动的不平等则受到国家之间的中心-边缘结构（center-periphery）以及其中存在的权力关系的共同影响（Galtung，1971）。当以民族国家作为分析单位时，我们往往能够发现，国际传播和信息流动结构通常呈现出不平等和不平衡的特征，这种特征被称为“新世界信息秩序”之争（Boyd-Barrett，1980；Gonzalez-Manet，1992；McPhail，1987；United Nations Educational，Scientific，and Cultural Organization［UNESCO］，1980），其具体特征包括信息传播渠道的南北不平衡、信息来源的不平等、发达国家是否愿意主导殖民时代遗留下的地区发展、发展中国家信息缺失等（Galtung & Vincent，1992；Masmoudi，1979）。实际上，西方工业化国家和第三世界发展中国家之间在发声的能力、方向和内容上的差异理应得到进一步的弥合。

传统意义上针对国际新闻流动的媒介研究已经证明了世界体系理论视角的适用性，验证了新闻报道与流动在国家之间的不均衡结构，并通过依赖理论对此类现象进行了解释。建立在上述理论情境基础之上的经验研究大都确认了国际信息流动不平衡现象的存在，即新闻的国际流动是由西方工业化国家和其拥有的全球主要新闻通讯社所主导，这当中又大量充斥着对第三世界国家的负面报道，使得国家之间在信息流动过程中的不平等结构进一步得到加剧（如：Charles，Shore，& Todd，1979；Hester，1971；Larson，1979；Matta，1979；Weaver & Wilhoit，1981；Wilhoit & Weaver，1983）。有学者指出，在考察当前国际新闻流动和报道时，新闻传播研究者必须对信息流动与报道中的要素与研究目的之间的关系建立起足够的区分（Hur，1984）。例如，对于国际新闻流动的分析将集中考察新闻流动的总量和方向，而如果需要研究国际新闻报道，则需考察跨国传播的新闻报道数量、性质和国际新闻类型等变量。国际新闻流动也可被视作国家之间信息交换的主要渠道，这种流动关系的建立将受到国家之间在地理、社会、语言等方面是否具有相似性的影响。既有相关研究已经证实了国际新闻流动中核心国家与边缘国家不平等结构的存在(如:Kim & Barnett,1996),即西方工业化国家居于中心地位并主宰着国家之间的新闻流动,而大部分亚非拉美国家则处于边缘。这一网络结构与国家之间的网络中心度以及国家自身的人均生产总值密切相关,表明世界系统理论和中心-边缘地带的垂直传播结构对国际新闻流动的现象具有一定程度的解释力(Galtung,1971;Wallerstein,1974,1979)。

在传统的国家间新闻流动与报道情境中,发生在半边缘和边缘国家的事件或议题往往需要通过层层筛选后才能够成为新闻,而这类新闻在不同国家间进行传递,其新闻价值门槛往往也更高。也就是说,在国际传播过程中,不同国家发生的事件成为新闻的标准是不平等的,少数在世界体系中居于核心地位的国家往往比多数半边缘或边缘国家更容易成为被关注和报道的对象(Chang,1998)。而随着信息传播技术的发展,国际新闻在互联网空间当中的流动究竟将固化、打破还是重构国家间原有的中心-边缘结构,此类现象能否为世界体系理论提供新的解释,逐渐成为新闻传播研究者关注的重要议题。不同于在其他国家需要落地许可的卫星电视,以网络为介质的传播对媒介本身的实体性要求更少。同时,互联网不仅使以新闻为代表的国际信息流动更加迅速和广泛,也改变了传统新闻媒体提供信息和受众消费信息的方式,网络不再是报纸、电视等传统媒体开展新闻单向扩散的附属品,而是能够帮助受众在浩如烟海的信息当中进行筛选和整合,从而进一步满足读者个性化阅读需求的渠道之一。通过互联网技术的多种形式,受众不仅能够看到传统新闻媒体无法实现的多媒体呈现(multimedia presentations),还能够收到新闻订阅的电子邮件,此外,受众之间还可以针对自身有兴趣的新闻,通过互动区展开讨论。不仅如此,形如超链接(hyperlink)的传播技术作为表现网络的一种形态(Fu,2016),能够帮助新闻机构跨越国家间政治与经济互动的界线,以较低的成本使信息流向公众,实现新闻工作的社会角色(Himelboim,2010)。同时,赛博空间的存在也对传统情境下国家之间的物理距离和文化距离提出了挑战,互联网等新传播技术的采纳和使用,将能够打破物理位置和距离带来的文化同质性或异质性的区分。与传统媒体主导的国际新闻流动而言,在互联网时代,几乎全部国际事件都有机会在网络空间中得到呈现(Kang & Choi,1999)。这时,一些特定的信息控制将会使国际信息流动结构的变化与国家或地区的开放性(openness)产生特殊的研究价值(Ang & Nadarajan,1996;Newhagen & Rafaeli,1996)。可见,新技术情境下的国际新闻流动网络依然具有广阔的理论拓展潜力。

然而,一项对73个国家当中使用20种语言的223个新闻网站刊载的6000余篇国外新闻开展的外部超链接分析仍然证实了少数国家主导世界其他国家新闻信息流动、新闻媒体倾向于链接到具有结构性优势的核心国家、新技术主导的新闻媒体仍在重复旧有实践的悲观结论。这种现象可以被概括为“新技术、旧实践”(new technology,old practice)(Himelboim,2010)。一旦缺少了对新传播技术的重视及对技术背后政治、经济和社会诱因的反思和利用,发展中国家的个人、组织和政府都将被排斥在核心国家的信息流动网络之外,并且不可避免地沦落到国际传播网络的边缘位置,致使互联网技术重新加强了原有的政治和经济壁垒,使发展中国家再次遭受新一轮的压制。相反,居于网络核心的发达国家则可能从中多次受益,不仅核心国家新闻机构生产的信息将得到更大范围的扩散,而且核心国信源也会获取更多的关注和点击。造成这一发现的原因可能是多方面的。既有研究表明,西方新闻机构在引入在线技术平台方面的发展极为迅速,但新闻网站对传播技术的互动特征以及互联网在其他方面的潜力利用得还远远不够(Neuberger,Tonnermacher,Biebel,& Duck,1998;Quandt,2008;Schultz,1999;Tankard & Ban,1998)。

与此同时,尽管技术特征的加入为考察互联网时代新闻信息的国际流动网络注入了新的活力,这种平均主义的技术(egalitarian technology)看似能够为各国的各类新闻机构发布信息提供一个平等交流的平台,更好地培育出"知情公民"(informed citizenry),但实际上,在线新闻平台反映的仍然是互联网之外的现实政治、经济秩序与新闻专业主义规范,传递的仍然是来自传统主流新闻机构的声音,而传统主流新闻媒体同样是现实世界中政治与经济实体权力关系的延续,从某种意义上也限制了新闻媒体追求其社会角色的潜力(Bagdikian,2004;McChesney,2004)。正如 McChesney(1996)所指出的那样,在既定的全球资本主义主导模式下,新技术的采纳将使自身更适合现存的政治文化,而非创造出一种新的政治文化。超链接作为镶嵌在国际新闻流动网络当中一种稀缺的资源,实际上无法打破新闻信息流动的既定结构,相反,这些结构更多地是由在历史上导致了等级化世界体系形成的政治和经济力量继续主导着的(Chang,Himelboim & Dong,2009;Himelboim,2010;Tremayne,2005)。可见,技术平均主义与社会-政治-经济权力的不均衡分布成为近年来考察互联网情境下新闻信息流动结构的重要切入点之一,例如通过国际信息流动网络的结构来评估新闻机构,借助互联网打破历史上形成的世界等级秩序和专业主义实践理念的程度等。

以社会网络分析为代表的结构性视角能够且特别适合服务于世界体系理论的检验和深化。例如,已有的相关研究就采用社会网络分析方法,证明了全球通信网络中核心-边缘结构的存在(Choi,1993)。此外,也有研究考察了全球六个国家的国外新闻报道,发现世界体系中的核心国家依然主导着国际传播当中新闻报道的信息流动(Chang,Lau,& Hao,2000);具体而言,美国新闻媒体缺少对非洲国家的呈现和报道,从根本上来讲,是由于非洲地处边缘国家所造成的(Golan,2008)等。上述研究的主要发现与现有的世界体系理论基本一致。而与世界体系理论有所不同的是,一项研究表明,世界体系与依赖理论在分析东亚和北非的媒介渗透时解释力相对有限,据此,研究者自行发展出了一个世界体系的三元模式,即北美自由贸易协定国(NAFTA)、欧盟和环太平洋地区分别构成三个最大的经济体,每个经济体当中都有自己的核心国家和边缘国家(Gunaratne,2001,2002)。这一模式也得到了部分经验研究的证实(如:Himelboim,2010)。

从理论发展的角度来讲,国际新闻流动网络的中心-边缘结构特征为传播依赖理论提供了若干方面的启示(Kim & Barnett,1996)。首先,西方工业化国家处在生产和销售国际新闻产品的位置上,相反,边缘国家只能通过核心国家产生信息的消费和依赖,其中存在的解释路径之一是历史上的殖民与被殖民关系等,例如印度对英国的信息依赖、拉丁美洲国家对西班牙的信息依赖,等等。其次,包括欧洲和北美地区在内的核心国家之间也存在着相互依存的关系,这种关系的强度甚至高于边缘国家对核心国家的依赖水平。造成这一现象出现的原因可能是处于中心位置的国家更可能从与自身地位大致相当的发达国家寻找新闻产品，从而使欠发达国家进一步在由新闻的交换形成的国际信息流动网络当中不仅受到西方工业化国家的主导，而且处在进一步被边缘化的潜在风险中。但采用不同方式对国际新闻流动进行操作化的信息流网络往往在研究发现上对世界体系理论有着不同的阐释。例如，在一项考察在线新闻聚合平台的内容被各国新闻网站交叉发布的网络分析当中，研究者就发现了中国、南亚和以色列、伊拉克等中东国家构成的发展中国家系统居于新闻交叉发布关系网络的中心位置，德国、意大利等发达国家处于网络边缘的可能性。造成上述现象产生的原因可能是发达国家与发展中国家的经济关系及国际政治上的相互依存特征日趋明显（Kang & Choi，1999）。实际上，在更早的结论中，以国际通信网络为切入点的信息流动研究就已经发现了以往被视为边缘的国家或地区自 1980 年前后逐渐转变为核心国家或地区的趋势（Barnett & Salisbury，1996）。此类结论确证了新传播技术具有改变人们在传统意义上理解的时间与空间的潜力，为赛博空间当中世界体系的重构提供了新的机遇。

但此类研究存在一个共性的问题，就是在考察发达国家与发展中国家的信息能力差异之外，未能从全球或全局的视角上形成对国际新闻流动结构的必要认识（Kim & Barnett，1996）。鉴于验证世界体系理论大多数时候需要采用内容分析方法进行编码，其研究工作量相对较大，这也使大部分此类研究局限于对两个特定的国家展开比较，特别是大量聚焦于对美国和欧洲的分析（Hester，1974；Hicks & Gordon，1974；Hopple，1982；Robinson & Sparkes，1976；Rogers & Rickardsson，1981；Schramm，1981；Smith，1969）。另外，此类研究在概念和方法的使用上过于随意，缺少了与理论和方法论的必要联系（Hur，1984）。由于发达国家实际上往往更频繁地主导着国际事务，因此，有关国际新闻流动的报道需要且必须对全球各国的信息交换进行系统的描绘，而非仅仅考察全球系统的局部，即只分析其中的特定地区对特定事件的报道（Kang & Choi，1999）。可见，当前对于世界体系理论的拓展需要从全球的角度首先开展对国际信息流动的描述，作为深入建立理论发现的现实基础。而社会网络分析能够从方法论层面上适当弥补当前世界体系研究在理论探索当中作出的妥协所带来的缺憾。

此外，国际信息流动网络研究的另一大争议是，由于世界体系理论产生的历史背景主要集中在工业化时代（industrial age），尽管有学者认为这一理论范式在新传播技术不断涌现的今天仍然适于分析国家间的关系及其形成的网络结构（如：Barnett，Jacobson，Choi，& Sun-Miller，1996），但在信息化时代（information age）的背景下，特别是在当前信息技术主要由美国、西欧和日本等核心国家掌握的情况下，世界体系理论这一用于描述冷战和后殖民（post-colonial）时期世界各国间关系的理论是否仍然具有生命力，国家间的层级结构是否仍然如同二十年前的相关研究描绘的那样稳固（如：Barnett & Salisbury，1996），也是一个值得研究者不断自我追问和反思的问题。

对于世界体系理论和依赖理论而言，采用社会网络分析开展的未来研究方向可能包括考察技术中介传播情境下新兴媒介技术形成的信息交换网络，并反思其中的中心-边缘结构在多大程度上以及为何存在（Kim & Barnett，1996）。此外，随着全球经济的跨国发展与合作趋势的进一步白热化，采用国家作为揭示此类全球传播结构的分析单位（unit of analysis)也许不是最合适的,未来研究可以通过将全球经济体进行进一步细分的方式,来细化世界体系理论和依赖理论在传播网络分析当中的适用情境(Deetz,1992)。同时,由于国际新闻流动网络是处于时时刻刻的变动当中的,因此,对此类网络的纵时性结构变化及其解释机制展开进一步的探索,包括采用时间序列分析(time-series analysis)对较长一段时间的国家间信息流动网络动态展开分析,并从中建立起更具概括性的解释,克服此类研究当中经常出现的由特定国家和特殊事件带来的偶然性大量信息流动这一固有缺陷,也应当成为未来研究关注的重点之一(Himelboim,2010;Kang & Choi,1999)。最后,由于互联网空间中新的媒介技术和媒介平台层出不穷,因此,考察和比较不同媒介技术构成的国家间信息流动网络及其结构,并从中反思互联网具备的"平等主义力量"(egalitarian power)能否必然对现有的全球信息等级秩序构成挑战,将兼具拓展世界体系解释的理论意义和反思国际传播技术设计及社会影响的现实意义。除了上述采用社会网络分析开展的国家间信息流动研究之外,也有研究者建议,后续研究应当适当结合对各国新闻生产机构和记者等专业人士的调查和访谈,以弥补现有研究无法考证全球政治、经济等结构性特征对新闻生产理念产生了何种影响的不足,并进一步得出新闻生产常规当中对强化现有国际信息秩序产生作用的策略性壁垒(Himelboim,2010)。

对于新闻的流动而言,有学者曾经将一系列相关的影响因素归结为关乎新闻生产过程的外部因素(external factors)和新闻事件固有的内部因素(Östgaard,1965)。其中,外部因素包括国际新闻机构的类型、报纸规模以及媒体的所有制等(Nnaemeka & Richstad,1981),而内部因素将能够强化已有的新闻价值体系。例如,有学者总结了 12 种足以使事件构成国际新闻流动的主要内部因素,包括事件发生的频率、阈值(threshold)、明确性(unambiguity)、意义、一致性(consonance)、意外性(unexpectedness)、连续性、事件构成、事件与精英国家有无关系、与精英人群有无关系、事件涉及的人物以及是否存在负面因素等(Galtung & Ruge,1965)。此外,通过国外事件的重要性、与本国的相关性、事件的可预测性等(Rosengren,1970,1974,1977),也能够建立起对国外新闻流动渠道及其结构的解释。与此同时,作为国际事件是否具有新闻价值的参照标准之一,越轨(deviance)这一指标反映的是国际事件能否对现有状态和社会规范产生威胁或破坏的程度,而事件自身的规范性越轨,以及越轨带来的潜在社会变迁可能性,都能够对美国媒体决定是否报道国际事件产生重要的影响(Shoemaker,Chang,& Brendlinger,1986)。相对而言,内部因素比外部因素对国外新闻的价值有着更强的预测效力(Chang,Shoemaker,& Brendlinger,1987)。

媒介体制也是影响国家之间信息流动网络结构的重要因素。对媒介机构而言,全球媒介市场都具有极强的利益导向,而促进国家之间的新闻流动未必对媒体有经济利润上的可见收益,甚至在特殊情况下,在新闻网站中建立和使用更多的外部链接,将更可能导致用户群体的流失,致使新闻网站在访客数量和广告收入方面都受到不利的影响。这种媒介所处的经济环境对国际新闻信息流动的制约作用从多数公共媒体比商业媒体拥有更多的外部链接一例中也可以得到部分的验证(Himelboim,2010)。从互联网技术在国际新闻信息流动过程当中扮演的角色来看,近年来,有研究表明,传播技术从总体上并没有借助互联网的优势扩大信息流动的范围,大多数媒介机构也未能使公众接触到足够多的信息和不同观点(Himelboim,2010)。造成这一悲观结论的原因可能有如下几个方面。例如,新闻业强大的既定规范限制了核心国家、半边缘国家和边缘国家间以超链接形式呈现的信息关联的产生,新闻机构依然对国际上的主流精英媒体信源有着强烈的依赖性,而不会轻易使用来自发展中国家的非权威信源或与其产生链接关系,而引入新闻内容或新闻链接在核心国和边缘国之间的信息或表现关系,可能会加剧新闻立场的冲突性,使公众产生对新闻报道的怀疑等。

在国际事件的新闻流动当中,除了以新闻内容为主导(context-oriented)和以事件特征为主导(event-oriented)的影响因素之外,以国家为代表的经济体的一系列特征也会对国家间新闻流动产生影响,而这类因素也是将世界体系理论与社会网络分析相结合的研究中最常使用的节点属性预测变量(如:Kim & Barnett,1996)。既有研究表明,一国作为主权国家的存在时间长短、政治控制、国土面积、经济发展程度、人均国民生产总值、人口及人口密度、移民数量、人均报纸占有量、媒介渗透(media penetration)、文化程度、官方语言,以及国家间的进出口贸易总额、商业投资往来、外援金额、地理距离、心理或文化距离、母国-殖民国关系、游客往来情况等,也会对国际信息流动产生不同程度的预测作用(Chang, Shoemaker, & Brendlinger, 1987; Dupree, 1971; Hester, 1973; Nnaemeka & Richstad,1981;Rosengren,1970,1974,1977)。其中,物理距离和文化距离对新闻价值的判断、国际新闻事件的信息流动及其结构均具有不同程度的影响。既有研究表明,相对而言,经济发展水平对国际新闻信息流动的影响最大,那些较富裕且人口众多的国家更可能处于信息流动网络的中心位置,在世界体系的形成过程中扮演着不可替代的角色;此外,语言上的相似性和地理上的接近性也能够为不同国家的媒体之间开展信息交换扫清障碍(Kim & Barnett,1996)。更重要的是,新闻作为文化的一部分,从本质上对社会文化接近性具有一定程度的依赖性(Larson,1984;McPhail,1987;Nimmo & Combs,1990;Sussman & Lent,1991),在报道主题和报道总量上,都体现了社会文化条件、政治条件与专业主义的角力(Altheide & Snow,1979;Nimmo & Combs,1990)。除了社会文化因素与新闻之间的互相影响之外,全球新闻流动也反映了某种与本国相近文化的主导作用。这种地区与文化上的接近性以及政治与经济合作关系对国家间新闻流动的促进作用与亨廷顿提出的全球政治与文明的"新兴秩序"(emerging order)不谋而合(Huntington,1996)。而第三世界国家由于在政治或经济上处于劣势地位,造成其彼此之间通过线上或线下新闻流动相互了解的机会则少之又少(Kang & Choi,1999),尽管已有经验研究表明第三世界国家间的地区性整合成为信息流动的一大重要趋势(如:Kim & Barnett,1996),但地缘政治和文化接近性仍然是指向区域主义(regionalism)而非全球信息自由流动的约束性力量。

从更为宏观的角度来看,国际组织、全球经济系统以及全球化语境下的社会文化特征也为理解新闻的跨国流动提供了若干富有启发意义的解释。一方面,由于传统的民族国家正在全球经济一体化的过程中逐渐丧失其主权的神圣化(Nordenstreng & Schiller, 1993),致使国际事件的报道和流动在信息技术时代常常不再以国家为边界(Chang,

1998)，而是需要在不同国家和地区之间进行协调和博弈，在这一过程中，一些国家政府和非政府组织开始承担起对经济危机、军事冲突、人权问题和传播议题的调节作用，对世界政治起着越来越不容忽视的作用，因此，考察国际传播网络，应当重视此类功能性组织对国际政治行动者的影响(Mowlana，1996)。既有研究就发现，联合国、国际货币基金组织等机构已经在互联网空间当中的国际新闻流动过程中产生了结构性的影响，并扮演着中介者(mediators)和协调者(facilitator)的角色(Kang & Choi，1999)。另一方面，随着全球经济对传媒业的影响日益加剧，众多商业媒体开始致力于通过电影、音乐、出版和电波媒体(broadcasting media)来建立自己的传媒帝国(Herman & McChesney，1997)，致使西方的国际新闻机构成为多国合作系统的组成部分和全球资本主义资源重新配置过程中不可分割的要素，并向受众提供促使其进一步依附商业媒体所属国家的信息和想象(Ebo，1997)，而正是由于信息交换在某种意义上可以被视为全球商业主义的一部分，使得第三世界国家对于互联网上的国际新闻流动缺乏足够的抵抗性。

总体来看，媒介因素和国家因素在影响国际新闻流动的过程中发挥着不同的作用。其中，技术-经济因素和政治-历史因素将为国家间的信息流动设置边界和限制，而编辑的权衡和准则以及来自市场或受众的压力则将影响具体的新闻产制过程(Gerbner & Marvanyi，1977；Robinson & Sparkes，1976)。相对而言，政治动力和网络动力对信息流动的影响远超过技术进步带来的意义(Himelboim，2010)。但无论如何，在考察国际新闻流动的影响因素时，都应当从世界体系理论的视角出发，即将世界视作一个互相联结的网络，各个国家均处于不同的中心或边缘位置，而传播与交换在这一体系的形成过程当中，一直扮演着重要的角色(Kim & Barnett，1996)。

第二节　媒介内容网络：形象建构与关系管理

随着冷战的结束，全球范围内的权力格局和国际关系都发生了翻天覆地的变化。伴随着政府与民间对“公共外交”这一概念的日益热衷，媒介内容与国家间关系结构的互构关系也成为语义网络分析的研究对象，例如通过一国媒体的媒介话语来反映其构建“国际形象”和“软实力”的深层意识形态。与此同时，公共外交也是传播学学术出版物当中出现频率较高的词汇，这一领域主张以国家之间的关系为出发点，通过关系管理(relationshipmanagement)、“软平衡”(soft balancing)等理论和概念，来进一步拓展目前传统公共关系学科以企业为主导的理论和实践，例如试图解决国家之间的公共关系问题等。

形象(image)是公共关系研究关心的核心概念之一。这一概念提出的现实基础主要在于，个体行为在很大程度上取决于人们已经预先建立起的对客体的印象(Boulding，1956)。媒介在公共形象的生成过程中，扮演着不可或缺的角色：一方面，媒介内容能够通过语言(language)和话语(discourse)部分地建构起人们对他国的感知，并提供一个大致的阐释框架(interpretative frameworks)；另一方面，公众也会通过作为传播技术的媒介平台，以不同的渠道围绕其感知的形象展开讨论，继而产生“公共形象”(public images)。特别地，通过一国的国有媒体生成的他国形象叙述这一媒介化或中介化的“形象”(mediated images),传播研究者往往能够洞察该国政府对国家间关系的隐含期待,这一过程被称为“形象培植”(image cultivation)(Yang,Klyueva,& Taylor,2012)。形象培植的信息传达对象既可以包含一国外部的其他国家公民,又可以针对国家内部的成员,上述路径在国家间的政治、经济、文化交流日益紧密的当下,对理解多元、复杂和动态的国际关系而言,具有重要的启示性意义。

无论是企业面对公众的关系,还是国家之间的公共外交,关系管理一直是公共关系的核心目标和主要功能(Ferguson,1984),并且为冷战后世界各国的多极关系提供了必要的逻辑起点。所谓关系管理,既包括关系的类型,又包括关系能够产生的结果(Ledingham & Bruning,1998,2000;Ledingham,2003,2006)。从国家间的关系来看,关系管理既能够平衡来自美俄等强国的压力,又能够将多级思维(multipolar thinking)之下的公共外交作为一种软平衡的策略,即在竞争性的国家力量当中保持相对稳定的状态(Fry,Goldstein,& Langhorn,2004),例如通过外交或经济手段来避免军事冲突(Pape,2005),通过国际合作来维持或挑战现存的世界秩序等。而理解一国的多级思维或多极视角,往往要从该国如何阐释自身与其他国家之间的关系和对国际事件的理解入手,例如通过我国政府如何通过《人民日报》来报道利比亚危机这一重大国际事件,并且从这些报道的高频词形成的语义网络当中透视其信念和世界观,分析我国如何以建构国际事件的方式来塑造自我形象,阐释其世界观,并进一步形成特定时机下的公共外交战略(strategy);以及在深层叙事的语义网络当中,我国对于自身和美国及俄罗斯在此类事件中扮演的角色在多大程度上共享了部分的意义。语义网络分析结果显示了官方媒体通过新闻报道呈现出的利比亚与我国、美国以及欧洲、中东、北非等国家之间的隐含关系,也揭示出语义关系中反映的我国希望建构的自我形象与他国形象;重形象、轻沟通的形象建构取向依然是公共外交的主导策略,与此同时,媒体对一国的建构话语也是关系管理的结果,即将本国置于对自身利益最有利的国际位置之上(Yang,Klyueva,& Taylor,2012)。

总体而言,将语义网络分析的视角和方法引入以国家为分析单位的形象建构与关系管理的理论发展,其贡献与意义主要在于打破了以往将此类理论的抽象对象局限在公共外交和两国及其公众关系的限制,为理解多极世界当中国家间复杂、动态的三方和多方关系提供了可能;同时,由官方媒体对特定事件报道的关键词形成的语义网络反映一国公共外交政策和意识形态及其变化的有效性也得到了既有研究的验证,而这种意识形态又将反作用于以关键词为代表的语言关系和语言空间结构,这表明,语义结构往往不是随机的,而是作为连接词汇和概念的关系,反映着文本背后的世界观或信仰体系,而这一结论也为语义网络在官方媒体话语分析当中的应用拓展了未来理论发展可供探讨的前景。与此同时,新闻报道中国家之间共同出现关系的语义网络也可以运用前文中提及的世界系统理论来解释(如:Segev & Blondheim,2013),作为对该理论在媒介内容网络分析层面的有机补充。

第三节 媒介受众网络：网络传播空间与公共领域

受众是媒介信息流动的目的地，在网络时代，受众也可能成为媒介内容再次传播的起点。同时，其身份也完成了从大众媒体时代的“受众”到互联网及其各类应用“用户”的转变。从技术对社会的影响来看，理解媒介受众网络的重要研究问题之一，在于互联网为受众提供的彼此联系的技术机会，能否带来公众之间的有效对话，并就此形成网络空间中的公共领域(public sphere)。政治传播领域对媒介受众或互联网用户网络的民主潜力展开了诸多探讨。此类研究的前提是，认为互联网为包括政治家、社会活动家、政府官员和公民等在内的“政治行动者”(political actors)提供了铺开其自身政治传播网络的机会。从这个角度来看，数字技术对传播实践最大的影响之一就在于其为政治参与(political participation)和公民参与(citizen engagement)带来了新的形式(Park & Thelwall,2008)。形如博客、微博、社交网站等类型的社会化媒体已经成为很多国家政治生活中不可或缺的组成部分，也是吸引选民注意、增强候选人“曝光率”的重要手段(Williams,Trammell,Postelnicu,Landreville,& Martin,2005)。相应地，这些社会化媒体平台为公众之间的信息交换、日常讨论或辩论、支持或反对的意见表达等方面提供了必要的技术保障。

作为信息交换等活动的基础，行动者之间由超链接、关注(follow)等形式构成的社会连带(social ties)，成为其开展进一步交流和行动的关系性支撑。这些关系往往是行动者自行建构的，因此，通过此类关系网络的建立和演化，我们将能够理解人们以政治讨论和社会动员等方式参与公共生活的基本形态和结构。特别是网络选战(online campaigning)被允许用于竞选以来，互联网成为许多国家的政客用以动员年轻选民的主要渠道，甚至成为政党在竞选中取胜的关键“法宝”(Hague & Uhm,2005;Hara & Jo,2007;Kim & Park,2007)。而随着技术的发展和个人自媒体在网络空间中的兴起，个体作为政治行动者的主体性得到了更多的彰显；个人之间通过超链接等形式将其自媒体联结起来，并在信息分享的基础上形成有效的传播网络，公众作为政治行动者的声音在网络空间中得到了进一步的放大(Park,Thelwall,& Kluver,2005)，有学者将这一现象形容为，人们通过技术，体验到了一个仅凭传统媒体无法达成的“新传播世界”(Reynolds,2006)。尽管链接或关注网络自身并不直接意味着合作性社会连带的形成，但通过创建和保持公众群体智慧形成的渠道，这种潜在的关系网络能够保证高质量的网络政治(networked politics)的运转，并促进包括政治家在内的政治行动者之间有效政治沟通的达成。

自媒体作为可以自由获取内容的平台，成为政治传播的重要渠道。原本依靠电视等大众媒体开展的政治传播活动，开始在很大程度上向互联网空间转移，政治家们开始更多地通过社交媒体等平台来了解自己的选民，并向选民们传达自身的主张(Coleman,2005)。专业记者、公民记者甚至一般公众，也大范围地通过自媒体来交换政治信息、发布政治评论；与此同时，公众也会在社会化媒体上寻找与自身具有相似政治立场和利益的其他人，建立起与志同道合者之间的人际传播网络。从这个角度来看，形如“博客空间”(blogosphere)、“微博空间”(micro-blogosphere)等概念的提出，甚至以之来指代互联网，本身就蕴含了将彼此联系的自媒体网络视为一种互联网社群、交流圈子以及公共空间的美好愿景。实际上,既有研究表明,一方面,虽然一些自媒体可能以某种形式涉及了新闻生产过程,但大部分自媒体的书写依然是个人化的记叙和表达;但另一方面,博客等自媒体的存在确实对政治生活和政治过程产生了影响,包括专业媒体借助自媒体平台开展事实查验(fact-checking)、政治自媒体尝试填补新闻业角色的空白并充当"看门人"角色的努力等。从这个角度上来看,将政治性博客空间视为具有公共空间潜能的网络传播空间(networked communication space)这一观点具有一定程度的合理性。

网络传播空间的构成离不开作为信息流动渠道建立途径之一的超链接。通过这种技术方式构成的网络往往呈现出总体链接稀疏、局部链接稠密的结构特征,而这种结构特征往往还会由网络当中的重要节点所主导,带来传染性的信息扩散,从而进一步影响其中大众讨论和信息交换的结构特征。枢纽性大节点的存在将带来不同的结构性后果,一方面,此类节点在以更为可观的权力来影响信息在公众中流动的同时,也为缩短整个网络的平均距离做出了贡献;另一方面,从政治讨论的情境来看,超链接网络往往还会呈现出拥有相似政治立场和意识形态的节点会彼此集聚的趋势,即一种"政治分化"(political subdivisions)的形成(Elmer,Ryan,Devereaux,Langlois,Redden,& McKelvey,2007),行动参与者很少能够开展超越意识形态和政治议题界限的对话,而关键节点在其中也起到了加速意识形态极化(polarization)的作用,从这种意义上来讲,网络结构往往是现实政治意识形态的反映和延伸(Soon & Kluver,2007)。为验证这些具体的结构特征对公众开展对话的影响,研究者可以对网络关系的角色以及网络中的各类关系得以形成的机制展开分析,以评估网络空间是否以及在多大程度上具有形成公共领域的潜能。

在公共领域的反面,网络空间对公民之间关系结构产生作用的另一端是互联网产生的"赛博巴尔干化"效应(cyber balkanization),即具有相似意识形态或其他态度及立场的公众之间将会产生更紧密的彼此联结,而持有不同观点的人们则联系甚少,致使人们在线上空间形成泾渭分明的对立阵营和政治鸿沟(Adamic & Glance,2005,Sunstein,2007)。但实际上,即便研究者希望证实诸如巴尔干化效应一类的意见极化在网络空间中的存在,也会发现若干跨越多种意识形态阵营的节点和公众间联结的存在(Hargittai,Gallo,& Kane,2008)。既有研究表明,尽管互联网只在弱连带生成方面具有促进作用,但在考察政治参与的情境下,以博客等社会化媒体为代表的传播技术往往能够通过超链接等形式,填补政治精英与其支持者之间的交流真空,并产生若干能够连通不同政治阵营的桥梁性节点(Park & Thelwall,2008)。然而,这种交流渠道的增加究竟将带给公民更多的对话空间,还是仅仅成为政党等社会精英在互联网空间中获取更多政治资本(political capital)和组织资本(organizational capital)的工具,以及媒介技术对公民赋权的不平等本质是否会随着加入在线政治讨论的门槛逐步降低而呈现出不同的网络集群结构与意识形态极化特征,包括政治精英对支持者和反对者使用的不同对话策略将带来更多的公众共识还是分化(Trammell,2006;Williams,et al.,2005),更加紧密的网络结构是否必然意味着更高的公共讨论与辩论质量等一系列问题,依然需要后续研究通过对形式更丰富的媒介受众或用户网络实践进行审慎的考察,在此基础上,与网络传播空间与公共领域理论展开进一步的对话来回答。

第四节 媒体-内容网络：作为媒介信源的精英理论

从媒体与内容组成的网络来看，媒体采用的信源不仅是构成媒介内容的重要组成部分，更在一般性的常识(conventional wisdom)之外，体现和遵循着某种结构化的媒体逻辑模式。新闻生产领域的核心研究者都在其理论体系中强调了信源在塑造新闻过程中的关键性作用(如：Gans，1979；Sigal，1973)。与按照传统意义上通过战争、经济、选举等主题或议题来界定新闻内容的研究不同，强调媒介信源作用的相关研究沿袭了媒介社会学(media sociology)研究的传统(Lasorsa & Reese，1990)，更能够发掘新闻生产过程中的结构性要素，即“谁”在新闻中表达了什么这一问题的重要性，不亚于“何种媒体”在哪些议题当中表达了什么。从这个意义上来讲，在一些特定的场景下，研究者可以将新闻内容概念化为一种通过信源结构得到表达的意义(Reese，Grant，& Danielian，1994)。

尽管媒体通过允许新闻工作者自我表达的方式来产生观点，但从本质上来讲，媒体的“力量”是通过其放大核心信源力量的潜力来实现的(Reese，Grant，& Danielian，1994)。通过媒介文本中使用信源的共现(co-occurrence)关系网络，我们将能够识别出信源在各个媒体当中如何运用的内在规律，以及哪些信源将成为紧密联结的“局内人”小团体，并深入理解公共事务话语当中新闻信源的边界转换工作。具体而言，不同的媒体在报道国内外议题时，使用相似的主题和解释尽管将限制读者观点的多元性，但往往能够通过系统化的模式来促进新闻工作者之间的合作(Crouse，1072；Sigal，1973)。精英理论(elite theory)是理解媒体信源选择模式的关键视角之一，即通过社会当中的权力结构，来解释社会团结与个人合作如何得以达成(Domhoff，1978，1983；Mills，2000)，以及精英社会圈与精英媒体和其他权力机构之间的关系网络如何体现(Alba & Moore，1978；Dreier，1982)。同样，这样的联结关系也可以用于对新闻信源的考察，包括政府与商业机构如何拥有媒体渠道的特权、媒体在不同议题上如何以不同的程度依赖各大信源等(Herman & Chomsky，2010)，从中回答新闻信源的关系结构究竟更多地吻合精英理论中的层级结构还是多元结构等一系列问题，对作为权力的信源产生深入的理解(Reese，Grant，& Danielian，1994)。

此外，从本质上来讲，由于美国政治脱口秀类栏目能否成功，在很大程度上取决于新闻工作者对于嘉宾谈话内容的“预见力”(Tuchman，1974)，因此，很多新闻生产机构倾向于选择更加知名的信源作为体现“预见力”的“安全策略”，观众也会通过长期的积累，与这些信源建立某种心理上的依赖关系。这样一来，可供新闻人选择的信源便越来越清晰地被限定在少数精英群体当中，并且，这些精英群体通过日复一日地出现累积可信度或公信力，这种可信度又成为确保其频繁入选信源的保证，而使信源选择沦为一种自我合法化的循环(self-justifying cycle)。对这一现象的发掘和证明，仅凭一般意义上对报道公正性和准确性开展的传统内容分析，是远远无法胜任的。尽管此类研究能够得出新闻生产日益依赖精英和官方信源，但依然需要通过对信源共现关系中的“大节点”或“枢纽”的进一步考察，来揭示其中可能存在的权力关系及其结构。

在针对新闻信源开展的经验研究领域当中，研究者通常会将新闻信源分为专家(experts)和记者自身两大类别(Reese,Grant,& Danielian,1994)。其中，专家身份涵盖了学者、智囊团、政治重组的内幕人士等构成，这些信源对公共舆论的形成具有不容忽视的影响，并带来可能形成进一步共识的精英表达(Page,Shapiro,& Dempsey,1987)。但新闻机构在专家身份的选择上，可能存在某种同质化的倾向，并且会以"观点先行"的立场来确保最终节目整体的客观性，因此降低了信源带来挑战的可能性，最终将不利于多元观点和讨论的产生。另一方面，包括专栏作家、评论员等在内的记者群体也是新闻信源的重要组成部分。在上述信源之外，一些频繁出现的信源身份还可能包括政府官员、相关利益群体代言人、政治候选人、公司高管、劳工领袖、工人代表、本地信源和国外信源等等。通过信源的共现网络，研究者将能够通过精英结构的视角，对之前仅以议程是否多元来考察新闻内容的范式进行补充。也就是说，对新闻信源开展网络分析，不再仅仅是以议程设置(agenda setting)作为传播效果的测度标准，或简单以出现次数来衡量新闻主题的重要性，而是体现了一种相互联系、相互依存的新闻观念，也就是将研究焦点转向整个结构系统形成的过程，凭借这一过程，研究者将能够通过网络分析方法和精英理论的结合，整合地考察一系列新闻节目或新闻产品的共性。

对精英理论进行实证检验的研究发现，美国新闻谈话类节目当中的常用信源确实存在着某种核心成员结构，例如由所谓"局内人"(insiders)组成的精英群体，这些优势精英的观点往往决定着整体新闻节目的走向；与此同时，这些核心成员又成为其他成员和议题的连接者，在整个网络结构中扮演着不可或缺的角色。相对而言，记者和专家更有可能成为网络结构中的"联络人"(liaisons)，将其他较小的信源群体与规模最大、拥有最多资源与权力的局内人群体联结起来；子群内部的联络人来源则相对多元，涵盖了记者、专家、政治家与政府官员等多种身份；与此同时，信源共现网络当中也存在一定数量的孤立点，例如特殊热点议题涉及的当事人或专门领域的专家等。从整体结构上来看，新闻信源之间的关系形成了凝聚且有意义的结构，特别是由政府官员和政治领域的局内人构成的优势子群。其中，记者和专家充当了优势群体中政要之间的联络人角色，继承了美国新闻业强调真实性和专业性在理念上的传统(Hackett,1984)，同时增强了精英圈子的凝聚力和共识的形成。而节点在信源共现网络中的结构位置，也会在不同程度上影响其对观点的表达(Nimmo & Combs,1983,p. 53)。上述发现与精英模式的假定一致，即精英不仅是信源影响力的主要来源，同时，精英群体内部的凝聚力也使这一群体更加具有权力和重要性(Reese,Grant,& Danielian,1994)。但与此同时，这种模式化的新闻生产流程也将使新闻话语更有助于维持社会稳定，而非推动社会变革(Gitlin,1979)，这也是需要此类研究在未来引起注意的关键问题所在。

第五节 内容-媒体网络：语义网络与线上社会资本

社会资本(social capital)是社会网络研究当中的典型概念和应用相对成熟的理论体系，借用这一概念在媒介与传播领域开展的研究汗牛充栋(参见图 5-1)。随着互联网技术自身以及各类应用形式的多样化发展，社会行为与社会关系的描述和理解都产生了新的理论机会，包括线上社会资本（online social capital）的测量、发展及其社会后果，特别是以用户创建内容为特征的 Web 2.0 技术，使线上社会资本的重要性得以凸显。除了传统的社会资本测量方法之外，通过网络计量学（webometrics）来体现内容生产者的语义共享关系，也将成为表征线上社会资本的另一创新性突破（Vergeer，Lim，& Park，2011）。

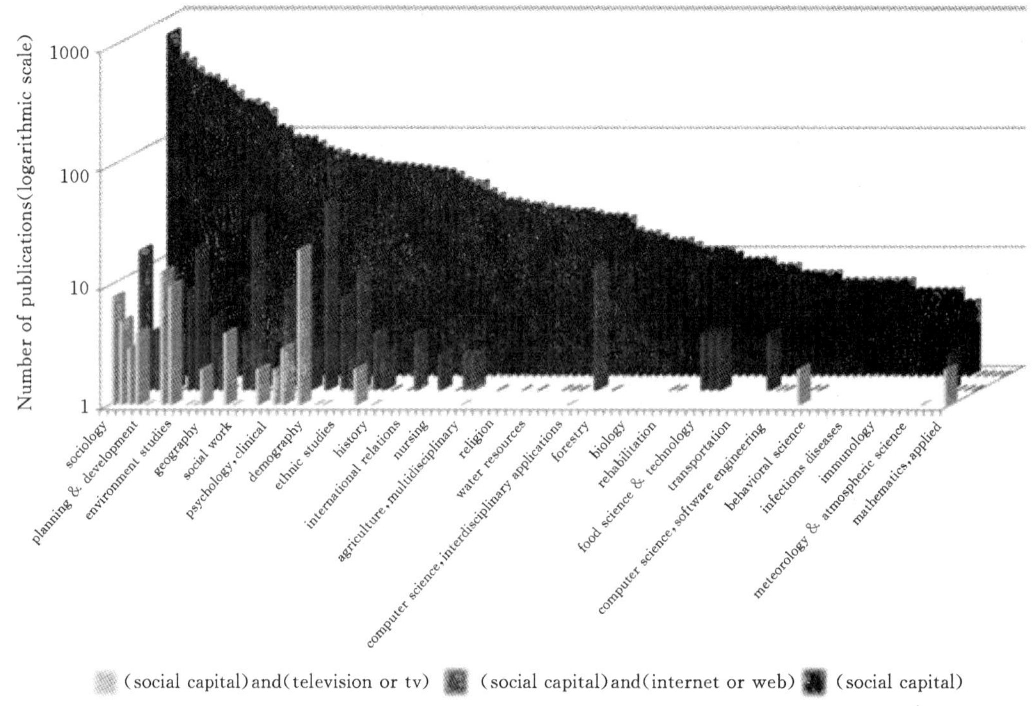

图 5－1　不同关键词组合下的社会资本研究论文数量

资料来源：Vergeer，M.，Lim，Y. S.，& Park，H. W. Mediated relations：New methods to study online social capital[J]. *Asian Journal of p. Communication*，2011，21(5)：430－449.

社会理论体系对社会资本的定义有多种范式下的不同理解，也带来了对社会资本的不同概念化。例如，布迪厄就区分了三种类型的资本，包括经济资本、文化资本与社会资本。其中，社会资本是指人们利用社会关系来影响其在社会分层当中的流动，特别是向上流动（upward mobility）和垂直流动（vertical mobility），从这个意义上来讲，社会资本可以被视作“一种与人们拥有的互相熟识且相对稳定的制度化关系网络相连，实际存在或潜在的资源聚合”（Bourdieu，1986），能够用来解释社会不平等的再生产（the reproduction of societal inequality），以及社会阶级之间的垂直社会关系或社会分层（social stratification）等一系列极具社会意义的现实现象（如：Sum，Mathews，Pourghasem，& Hughes，2008；Swain，2003）。与社会学范式关心的现象不同，心理学与传播研究更感兴趣于组织中的正式关系、邻里关系和友谊等水平社会流动（horizontal mobility）。延循布迪厄之前对社会资本概念的界定，帕特南等人将社会资本定义为社会组织当中能够通过合作行为来提高社会效率的信任、规范和网络（Putnam，Leonardi，& Nanetti，1993，p. 167），并强调了社会资本在社区层面和个人层面的重要意义，特别是区分群体成员身份和组织参与等正式社会资本，以及在家庭和其他场域当中，人们通过朋友或邻里而得以社会化的非正式社会资本(Putnam,1995,2000)。林南进一步指出，社会资本从本质上来讲，主要聚焦于人们之间的关系，以及人们如何利用这种关系来获取其他形式的资本，即人们"在社会关系方面的投资以及对市场回报的预期"(Lin,1990,2001)。据此，研究者又将水平流动现象下的社会资本区分为"网络资本"(network capital)和"参与资本"(participatory capital)，并提出了一系列与之相关的态度性要素，包括人际信任、社区感(sense of community)等等(Quan-Haase, Wellman, Witte, & Hampton, 2002; Shah, McLeod, & Yoon, 2001; Wellman, Quan-Haase, Witte, & Hampton, 2001)。

综合以上对社会资本的定义，不难发现，社会资本大致可以分为人内视角、人际视角与行为视角三种类型(Scheufele & Shah,2000)，但不同理论范式对社会资本作用的预期存在明显的差别，例如社区承诺、态度及参与、成员身份、社会信任等(Lin,2001;Putnam,2000)。具体而言，心理学领域的社会资本研究往往强调个人视角而忽视社会群体视角，更多地聚焦于实验设计、态度测量和小样本数据，在概念上更加注重社会资本的副产品，包括人们应对孤独感的身心健康、社会支持(social support)等(如:Beaudoin,2007;Beaudoin & Tao,2007;Coulson,2005;Eastin & LaRose,2005;Finn & Gorr,1988;Fogel, Albert, Schnabel, Ditkoff, & Neugut, 2002; Hlebec, Manfreda, & Vehovar, 2006; Kraut, Kiesler, Boneva, Cummings, Helgeson, & Crawford, 2002; Morahan-Martin & Schumacher, 2003; Valkenburg & Peter, 2007a, 2007b; Vergeer & Pelzer, 2009; Wright, 2000)。相对来看，传播学对于社会资本的考察综合了心理学与社会学的视角，希望考察媒体，特别是以信息技术为特征的新媒体在社会过程中扮演了何种角色(Vergeer, Lim, & Park, 2011)，更具体地，也就是互联网对社会资本的决定和重构作用(Kraut, Patterson, Lundmark, Kiesler, Mukopadhyay, & Scherlis, 1998)。

不同于帕特南认为电视收看损害了人们现实社会资本的观点(Putnam,1995)，以互联网为对象开展的社会资本研究大都对线下和线上社会资本进行了区分，并实证地检验了互联网使用对两种资本的不同作用，发现线上参与并未损害线下的现实参与或网络资本，二者反而会共同增长(如:Skoric, Ying, & Ng, 2009; Valenzuela, Park, & Kee, 2009)。通常情况下，研究者会采用问卷调查法来测量线下网络资本，即将个体视为分析单元，令其以人物提名法(name generator)或相似的位置或资源提名法来反映自身的社会资本，而传统意义上的态度性社会资本概念也可以通过问卷调查方法来获取，包括社会信任、孤独感、感知社会支持等(Lin,1999)，线下参与资本则通过其在过去一段时间以来参与志愿组织和政治行动的频率来测量(Gil de Zuniga, Puig-I-Abril, & Rojas, 2009; Kim, 2007; Wellman, et al., 2001)。与之相似，传统意义上的线上社会资本测量也涵盖了一系列向受访者询问其上网时间、使用类型、网络规模的问题(Vergeer & Pelzer, 2009)，以及分别考察个体桥接型社会资本(bridging social capital)和紧密型社会资本(bonding social capital)的互联网社会资本量表(Internet Social Capital Scales, ISCS)，这一测量不仅能够反映出个体在互联网情境下的两种线上社会资本，也可以通过区分性的测量，同时获取人们在现实中的两种社会资本，并与线上的相应资本进行比较（Putnam，2000；Norris，2002；Williams，2006），证实了人们的桥接型社会资本与紧密型社会资本都与社交网站的使用密切相关，而两种社会资本的存在又将进一步促进人们的线下政治参与行为（Ji，Hwang-bo，Yi，Rau，Fang，& Ling，2010；Skoric，Ying，& Ng，2009）。

然而，互联网的发展既为社会资本的测量提供了新的机遇，也带来了新的挑战。在互联网时代，网络提供了庞大的海量数据，供研究者展开进一步的探索，而这也对数据收集与分析的技术提出了新的要求，包括数据抓取、网络计量方法等。这种范式革新不仅能够避免抽样误差，还可以观察人们在没有意识到自身处于被研究状态下的自然表现，从而提供更加精确的结果（Vergeer，Lim，& Park，2011）。具体而言，通过网络计量方法来评估线上社会资本的方法主要包括超链接网络分析（Hyperlink Network Analysis，HNA）和语义网络分析两种。由于超链接网络分析在本书的前文当中已经进行过直观的展示和讨论，因此，这一部分，我们主要探讨通过语义网络分析方法来测定个体社会资本的理论基础。

以往对于社会资本的测量多聚焦于社会系统当中的行动者彼此之间的社会关系，除此之外，通过人们彼此传播的信息内容反映社会资本的测量形式往往被忽视。尽管包括行动者关系网络的连通性、个人结构位置、平均距离、信息流动路径在内的一系列结构分析不无价值，但社会资本不应当仅仅通过结构网络的特性来进行定义。实际上，社会资本在社会系统当中的价值是由网络形式及其中的内容发挥的功能来界定的（Burt，1997）。无论是考察信任，还是互惠性，这些社会资本中的重要构成方面，都离不开对传播内容的进一步分析（Vergeer，Lim，& Park，2011）。互联网为研究者提供了大量的在线传播内容，为线上社会资本测量的丰富和补充带来了可能性。然而，海量内容数据使传统的内容分析方法在时间和精力上都难以完成，面对这样的情况，研究者可以选择对内容进行随机抽样（尽管这种抽样可能无法避免误差）（Wasserman & Faust，1994），也可以采用系统的自动或半自动内容分析来替代传统的人工内容分析，例如语义网络分析（semantic network analysis）。这种方法同样是一种系统化的内容分析技术，能够借助网络分析的基本手段，对文本当中由符号或概念形成的意义结构进行检视（Doerfel & Barnett，1999；Doerfel & Marsh，2003；Monge & Eisenberg，1987）。也就是说，不同于一般社会网络分析对行动者之间关系网络结构的考察，语义网络分析着眼的关系是人类大脑中关于符号和概念之间存在联系的社会建构，即社会系统当中成员之间对文化产品共享某种理解的关系（Monge & Contractor，2003）。

应用语义网络分析方法来测量在线社会资本，可以通过对线上内容的结构特征来进行，例如聚类分析（cluster analysis）和多维尺度（multidimensional scaling，MDS）技术等，并在此基础上，比较不同群体生产的意义结构。一项对 2009 年韩国媒体改革法案议题中专业记者撰写的文本和公众博客文本进行的比较性语义网络分析就发现，尽管两种网络都聚焦于同一个独立的社会议题，但语义网络的结构却截然不同（Lim，2010）：如图 5－2 所示，报纸记者撰文的语义网络相对紧密，且产生了聚焦于事件本身的较大聚类；相反，博客文章的语义网络则较为稀疏，并且涉及了包含政治斗争和暴力等在内的多种议题。可见，语义网络结构首先可以被视为一个群体内部更具同质性还是异质性的表现要素；更重要的是，语义网络分析方法也为社会资本的测量提供了线索，即通过语义网络结构来表征社会信任、互惠或冲突。具体而言，关键词识别和可视化能够展现出群体成员之间在多大程度上共享了意义；与关键议题相连的负面词汇和概念则昭示着该个体或组织在本质上缺乏信任，反之亦然；同时，联结紧密的共享意义结构则体现了群体内部具有共同的规范和社会信任等（Vergeer，Lim，& Park，2011）。但这一测量同时也面临着一系列问题：首先，通过语义网络分析测定社会资本，需要解决个体在多种社会化媒体平台之间分散化写作以及用户匹配的挑战；其次，多语言分析，特别是非英语文本的分析，也给语义网络带来了一定的困难，而在工具层面上解决跨平台、跨语言及语法的障碍，也将成为未来语义网络分析的关键发展方向（Kwon，Barnett，& Chen，2009）。

第六节　媒体-受众网络：媒介选择与结构化理论

受众分化（audience fragmentation）往往被视为社会极化（social polarization）现象在媒介场域的反映（Webster & Ksiazek，2012）。这一现象是伴随着数字媒体的发展而产生的，随着媒介数量及其供应内容的增加，拥有更多选择空间的受众逐渐分化，成为数字媒体时代的必然产物。尽管这一现象意味着市场的日益完备，但更多观点倾向于认为，受众分化影响了文化的共享（Gitlin，1998；Katz，1996；Sunstein，2007）。因此，受众分化成为一个亟待以经验研究来理解的现象，包括受众忠诚度的建立、注意力的转移及其发生原因等。从总体上来看，大部分研究表明，包括经济、技术和文化特征在内的社会结构因素一方面成为受众消费媒介内容的保障，另一方面，也会对受众的选择行为产生约束作用（Straubhaar，2007；Webster，2008，2009；Yuan & Ksiazek，2011）。

受众分化的成因相当复杂，其影响因素可能涵盖了包括媒体、用户以及媒介测量在内的诸多层次，而这些从结构层面的宏观效应到用户行为层面的微观效应过渡，也与吉登斯的“结构化理论”（theory of structuration）相对应（Giddens，1984），即作为行动者的媒介用户通过媒体提供的资源来实现其目标，并依据作为信息制度（information regimes）的媒介测量来进行决策。在这样的过程中，媒介用户完成了对于外部环境结构特征的替代和再生产（Ksiazek，2011），而结构化理论也为描述和分析媒介环境提供了可依据的框架（Webster，2008，2011）。可见，结构化理论对于以个体为单位的内在意图解释方面具有相当程度的适用性，同时也能够为聚合的分析单位（aggregate agency）提供一定的理论依据（Yuan & Ksiazek，2011），而这种聚合的分析单位又将在一定意义上反作用于社会结构和媒介环境（Sewell，1992）。

从媒介内容的提供者来看，媒体自身的特征以及媒介之间对公众注意力的竞争，是引起受众分化最为显而易见的首要因素。简单来说，当具有一定影响力的媒体（如：电视）遭遇更新出现的媒介形态（如：互联网）的挑战时，上述两类媒介之间的竞争就会带来媒介类型内和媒介类型间的受众分化，而在“眼球经济”时代，受众有限注意力的转移也就意味着资源在各类媒体之间的再分配与重组（Napoli，2003），从而带来一系列的经济、社会以及政治后果（Davenport & Beck，2001；Goldhaber，1997；Lanham，2006；Webster，2010）。除

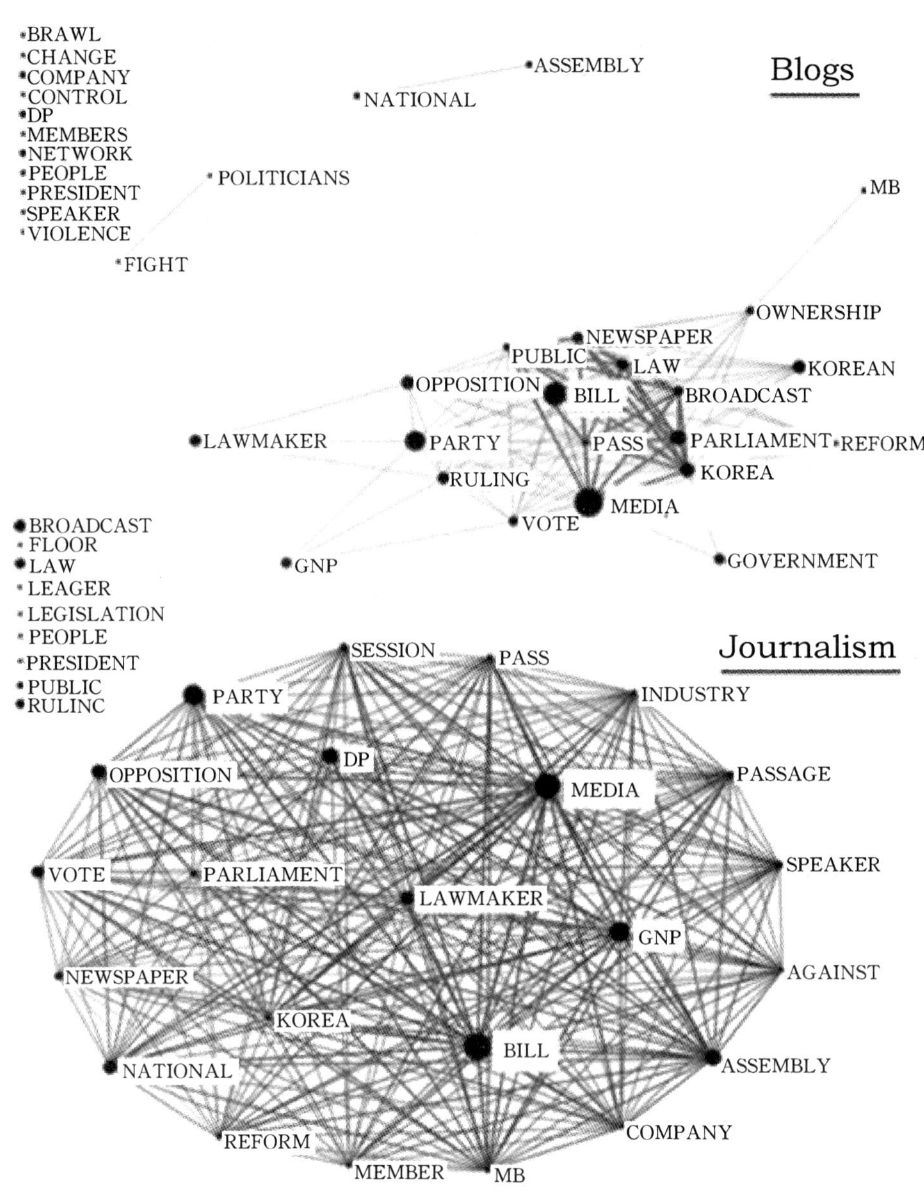

图 5－2　专业记者与博客的语义网络

资料来源：Lim，Y. S. Semantic web and contextual information：Semantic network analysis of online journalistic texts. In J. G. Breslin.，T. N. Burg.，H. G. Kim.，T. Raftery.，& J. H. Schmidt.，(Eds.)，*Recent Trends and Developments in Social Software*：*Lecture Notes in Computer Science*，2010，vol 6045 (pp. 52－62). Berlin，Heidelberg：Springer.

此之外，尽管从原则上来讲，媒介消费者能够自主选择在何时进行何种内容消费，但实际上，消费者依然需要在高度结构化的媒体环境中产生行动，难以突破由政府和企业为影响受众媒介偏好而设置的社会与技术基础设施限制，例如媒介平台究竟能够在多大程度上提供丰富的频道选择，就是由市场主导的技术基础设施水平所决定的(Webster,2008,2009;Yuan & Ksiazek,2011)。

其次，媒介使用者自身的因素也会带来受众分化。由于不同受众对媒介产品的喜好和偏爱不同，致使其产生差异化的需要、情感、态度和品味，这种差异集中体现在观众对新闻内容的选择性接触当中(Hollander,2008;Iyengar & Hahn,2009;Ksiazek,Malthouse,& Webster,2010;Prior,2007;Stroud,2008;Van den Bulck,2006)，甚至进一步导致意见的极化(Gitlin,1998;Sunstein,2007;Turow,1997)。与此同时，受众的"理性"又使其不断产生对丰富媒介内容的需求，而在媒介内容的选择过程中，受众一方面会由于市场当中可供选择的产品过于纷繁而无法意识到全部媒介内容的存在，另一方面，也会对现存的媒介内容能否满足其需求产生不确定感(Caves,2000,2005;Owen & Wildman,1992)。

第三，媒介效果的测量也在某种程度上改变了受众分化的格局。从本质上来看，媒介测量是对媒介功能是否有效的反映，也是媒体管理者借以了解其受众，进而改善内容和服务质量的渠道之一，从而成为一种制度化的市场信息方式(Anand & Peterson,2000;Andrews & Napoli,2006)。然而，随着社会化媒体用户推荐系统的不断发展和完善，原本由第三方监测机构提供的媒介效果数据逐渐过渡为媒介受众进行共同选择的依据，即从市场信息制度到用户信息制度的转变(Salganik,Dodds,& Watts,2006;Webster,2010)，而这种转变也在某种程度上加剧了受众的分化(Anand & Peterson,2000;Barnes & Thomson,1994;Napoli,2011)。至此，在微观层面上，媒介测量成为与媒体和受众并列的受众分化影响因素之一。

在上述框架的基础上，有研究者指出，既往以媒介为中心的研究视角很难全面地反映出媒体、受众与媒介测量如何共同影响了受众分化的过程(如：Frank & Cook,1995;Tewksbury,2005)，而考察以受众(audience)或用户(user)为中心的分化，则需要引入网络分析的方法，综合考察任何两种媒体之间共享用户的比例及其影响因素。延循结构化理论的经验研究发现，2009 年 3 月，在一个由 236 家美国媒体平台的受众重叠关系构成的网络中，受众重叠的情况相对较高，也就是说，媒介用户的跨平台使用行为并没有出现如人们想象中那样巨大的分化(如：Anderson,2006;Gitlin,1998;Iyengar & Hahn,2009;Sunstein,2007;Turow,1997,2006;Van Alstyne & Brynjolfsson,2005)，而前述研究对受众分化的放大在很大程度上是由其方法论层面上长期存在的媒介中心视角所带来的特殊结果，因此，采用以受众或用户为中心的研究视角，结合媒体-受众网络分析的思路，将能够摆脱受众分化的桎梏，重新建立起对受众媒介忠诚度的客观理解(Webster & Ksiazek,2012)。

第七节　层次间网络：互联网空间自主的场域理论

建立在用户与媒体节点基础上的层次间网络分析能够考察互联网空间独立于政治场域和媒介场域等外部影响的自治(autonomy)。此类研究的概念化框架以布迪厄的关系社会学(relational sociology)和场域理论(field theory)为基础(Bourdieu,1988)，并将推特(Twitter)等社会化媒体视为中介化的社会空间(mediated social spaces)，分析其中政治行动者、媒体行动者和公民行动者在一段时期内以回复和提及为形式形成的对话模式(D'heer & Verdegem,2014)。近 20 年来,互联网是否会成为传统权力层级与影响再生产的工具,一直是相关学科关心和争论的焦点所在(Lilleker & Vedel,2013)。一方面,互联网空间当中始终能够观察到政治行动者与主流媒体超乎寻常的影响力,另一方面,原本设计为平等对话工具的社会化媒体平台当中,也一直不乏公民行动者通过日常讨论来“建立权威”的现象(Howard,2006)。为了回答这一问题,仅通过传统的内容分析方法,考察特定一段时期之内(如:政治选举)社会化媒体平台当中讨论的信息本身,是远远不够的。研究者应当重视政治行动者、媒体行动者以及公众在社会化媒体当中的节点之间通过某种特定关系构成的网络结构,以及各类节点在网络中占据的位置,以揭示各类节点是否真正拥有平等对话的空间。

既有研究表明,政治行动者在选举期间,一般会在社会化媒体当中有非常突出的表现(Bruns & Highfield,2013;Graham,Broersma,Hazelhoff,& van't Haar,2013;Vergeer,Hermans,& Sams,2013);除此之外,媒体节点在政治辩论当中,也是表现得相当活跃的一类群体(Bruns & Burgess,2011;Larsson & Moe,2012),这种活跃同样也体现在特定的公民节点当中(Ausserhofer & Maireder,2013)。而从本质上来看,社会化媒体平台上各类节点的表现从某种程度上将能够被视为现存社会结构的镜像反映,即在平等的对话空间中,依然存在着社会行动者建立声望和主导公共讨论的现象。对于此类现象,我们通常需要通过合理的概念化和经验研究来进行系统的检视。在社会化媒体时代,尽管社会网络技术介入了人们的日常生活(Papacharissi & Easton,2013;Song,2010),但场域理论依然是探讨此类问题的重要理论工具,并且对于解释媒介和传播现象而言,场域理论依然具有进一步理论化的潜力(Benson & Neveu,2005;Couldry,2004)。借用场域和自治等概念,研究者将能够在不同的场域当中寻找出其具有的内在关联。也就是说,政治行动者、媒体行动者与公民行动者可能由于处在不同的场域当中,形成不同的行动逻辑,但我们仍有机会在其各自的行动逻辑之间建立起某种具有持续性的解释。

从社会化媒体逻辑与场域自治的视角切入,社会化媒体逻辑是网络逻辑与技术逻辑的结合体(van Dijck & Poell,2013),也就是媒介技术平台自身被政治和更大范围上的社会所形塑的逻辑,即社会化媒体逻辑与社会之间的互相影响(Hjarvard,2013)。技术可供性(technological affordance)的变化为社会关系和传播带来了新的机遇,也使我们所关注的政治行动者、媒体行动者与公民行动者的层次间关系网络呈现出新的面貌,也就是说,在层次间网络中,行动者之间的对话模式不仅是技术可供性的实践结果,同时也反映了行动者占有资源的不同以及个人差异(D'heer & Verdegem,2014)。

相对而言,媒体逻辑为我们提供了媒体影响社会这一由内而外的视角,而场域这一概念则需要研究者具备考察外部因素如何共同定义了社会化媒体平台逻辑这一由外而内的出发点。场域的方法能够通过系统的比较,描述并解释处于不同情境当中的媒体逻辑有何区别(Benson,2009)。对于传播的绝对自主性而言,这一概念在社会化媒体平台当中取决于用户的社交自主和政治自主能力(Castells,2009),也就是通过新传播系统与更大范围内的公众沟通的能力。而相对自主性则与场域概念密切相关,也就是说,即便个体在微观层面的自主性上存在差异,但更有意义的着眼点应当是比较存在于不同场域当中的自主性在中观层面上的差异(Bourdieu,1984,1990,1993)。这一点可能在社会化媒体平台上的政治讨论当中体现得尤为明显。从概念上来讲,场域是个人、群体或机构凭借其拥有的社会或文化资源而彼此角力,并于其中形成彼此之间动态的位置和关系的场所。而自主性的意义在于,行动者在场域当中,既可以遵照其自身独有的价值观进行行动,体现出场域具有的异质性,也可以采用同源性的策略,延循其在其他场域中的既有逻辑开展互动(D'heer & Verdegem,2014)。例如,公民场域、媒体或新闻场域、政治场域或机构场域,就可能产生截然不同的社会行动逻辑、特征和结构位置。因此,政治、媒体与公民行动者在社会化媒体当中的对话模式也将反映出社会化媒体平台本身与政治场域和媒介场域之间的联系,帮助我们理解社会化媒体平台在公共讨论当中,是否具有独立于政治场域和媒介场域的自主性。

进一步地,自主性在上述问题中的探讨应当归结为"位置性自主"(positional autonomy),即一种行动者处于不同场域之中位置的关系(Maton,2005)。具体而言,在场域网络中的位置反映了行动者所拥有的相应类型的资本或权力分布(Bourdieu,1988),包括经济资本、表征个人教育程度和专业经验的文化资本,以及由牢固关系网络形成的社会资本(Bourdieu,1986),而这些资本经过合法化(legitimation),就构成了行动者从场域中获得的象征资本(symbolic capital)(Bourdieu,1991;Swartz,1997)。从操作化的层面来看,社会网络范式通常会将行动者的象征资本通过其在信息传播网络当中收到的回复、提及等次数来进行测度(D'heer & Verdegem,2014)。从某种程度上讲,行动者在政治场域、媒介场域以及公民场域中的位置与其具体实践具有同等重要的地位,这当中也包含了政治行动者通过社会化媒体,与作为选民的公民进行交流的场域关系(Fenton,2012;Friedland,Hove,& Rojas,2006),以及媒体行动者通过社会化媒体平台,与作为受众或信息消费者的公民进行互动、公民通过社会化媒体产生自下而上的"参与式文化"(participatory culture)、社会化媒体对现实新闻规范和信息流动进行"折射"(refraction)的关系(Bruns,2005;Jenkins,2006;Rieder,2012)。

虽然采用社会网络分析范式回答上述问题,可能对场域理论产生简化的理解,但方法自身的发展能够在一定程度上适当地规避这一问题(De Nooy,2003),系统地揭示出政治场域、媒体场域与公民场域彼此依存的互动关系。通过对关键词识别出的公共议题讨论参与者身份比例、网络中心度、E-I指数(Krackhardt & Stern,1988)、互惠性等网络参数在选举前、中及后期的比较,研究发现,社会化媒体网络的对话模式会受到节点类型的影响,且各个节点会形成去中心化、松散联系的网络。尽管作为节点的公民行动者主导着整个网络,但政治行动者和媒体行动者被回复和提及的程度更高。总结而言,公共讨论应当被视为一种政治场域、媒体场域与公民场域的相互叠合(D'heer & Verdegem,2014)。然而,由于场域以及诸多象征资本概念的经验化和操作化有其固有的复杂性和困难,未来研究还应当以更大的时间和空间跨度以及更为适切的指标来检验不同社会文化情境下,社会化媒体平台在多大程度上具有自主性和独立性,并尝试关键词识别和匹配之外的其他技术路径,结合对公共讨论文本更具针对性的内容分析,对全局网络做出更好的测量、描述和解释。

第六章　传播网络分析的传播理论

传播学在网络研究范式下的回归，集中地体现在近年来传播学科开始自觉地将网络分析的方法论体系与本学科经典理论的创新相结合这一趋势当中。在本章，我们将延循媒介系统诸要素构成的传播网络类别体系，分别探讨一系列传统传播理论在网络范式下产生新发展、新贡献的可能性。这些具有发展机遇的传播理论在层次内网络的情境下，将包括媒介机构网络当中的比较媒介体制理论、媒介内容语义网络当中的框架理论、媒介受众网络当中的讲叙网络和传播基础设施理论等等；相似地，我们也将探讨层次间网络中的传播边界理论，以及在跨层次网络视角下，以媒介生态位理论来分析媒体-内容网络与新闻生产常规的关系，通过内容-媒体网络和内容-受众网络来深入探讨第三层次的议程设置或网络议程设置，特别是媒介间网络议程设置和媒介-公众议程网络的关系；此外，本章的讨论内容还将包括受众-内容网络为两级传播与选择性接触理论带来的拓展空间，以及媒体-受众网络当中受众重叠与受众分化理论的进一步探讨。

第一节　媒介机构网络：比较媒介体制视角下的传播网络

新媒体技术在促进国家之间平等上的民主化效应（democratizing effects）也是通过传播网络分析能够得到检验的一大理论发展方向。如果我们将博客视为新媒体技术赋权下能够打破体制化的、基于公民力量的另类（alternative）自媒体平台，那么这类自媒体将蕴含更大的自组织潜力，更可能通过在行动者之间建立起平等和可对话的连结，打破专业媒介机构的新闻生产常规和现有的资源配置（Gillmor，2006）。新媒体对政治传播的一大重要影响在于，它能够建构起媒介机构之间相互连结的网络，并就此增强机构之间共享的认同（shared identity）。例如，博客之间的超链接关系往往能够促成“博客社区”（blogging community）的形成，并作为政治传播的新型子系统而运行（Hyun，2012）。作为一种“形成中的职业社区”（budding occupation community），这种特殊的传播网络将有助于网络成员之间在从事相同行动的基础上共享相似的职业规范和价值观（Lowrey，2006），而共享认同又会随着内部成员和外部机构对社群边界、成员资格及特征的确认和合法化而得到进一步的强化（Carroll & Hannan，2000；McKendrick & Carroll，2001），例如成员之间将拥有更多的互动等。

相对于前互联网时代的传播格局而言，新媒体技术能够呈现出去中心化的信息流动结构，对由精英主导的传统传播形式形成反制，进而促进公众参与及协商的公共领域的生成（Bimber，2000；Rheingold，2000）。从国家之间的角度来看，文化与媒介的跨国扩散能够加强本国与他国之间的联系，促使各国借鉴其他国家的实践并整合到本国体系当中，以满足自身发展的需要(Hallin & Mancini,2004b;Robertson,1995;Tomlinson,1991)。与此同时,尽管新技术包含着重构国际传播边界的可能性,但从某种意义上来讲,新媒体当中的行动者关系也体现了社会当中主导与从属关系的再现和现存权力结构的再生产(Gans,1979;Gitlin,1980;Tuchman,1978);新技术本身有时也被视为美国化和全球一体化的推动力,促使各国走向美国式的技术形式与技术实践,从而使全球各国的等级秩序变得更为稳固。

在比较媒介研究领域,政治、新闻与技术因素影响传播实践的机制已经得到了大量的论述。从"自由裁量权"(discretionary power)和媒介自主权的角度来看,西方国家的媒介功能文化可以大致分为两种不同的类型,即中介化或以媒介为中心的文化(mediatized or media-centered culture)和政治化或以政治为中心的文化(politicized or party-centered culture)(Mazzoleni,1987;Pfetsch,2001;Semetko,Blumler,Gurevitch,Weaver,& Barkin,2013)。其中,前者体现着一种以新闻媒体作为政治观点竞争的中介地带(mediating zone)、相对远离于政治的媒介功能原则,而后者则代表一种将编辑方针与具体的政治团体或党派联系起来的媒介内容生产逻辑。尽管二者之间往往很难建立起明确的区分标准,但该领域的学者通常将美国视为中介化文化的典型个案,而德国则是政治化文化的代表(Hallin & Mancini,2004b;Pfetsch,2004)。不同类型的媒介文化将作用于各个政治实体当中的公众参与模式,在议程设置、商议式民主、立法和政策执行等多个层面,全面地对社会的政治过程产生影响(Barber,2003)。与此同时,对于新媒体在政治传播中应当履行怎样的功能,不同媒介文化的国家也抱有不同的期待,这种争议主要体现在究竟采用中介化文化的"数字民主"(digital democracy),强调通过人们之间的水平传播(horizontal communication),促进公众通过新媒体技术直接参与民主进程,还是吸纳政治化文化的经验,通过新媒体技术来开展行政机构与公众之间的垂直传播(vertical communication),以增强政治机构与公众沟通的效率。相对而言,中介化文化更加强调新闻媒体在催生公共领域的过程中扮演的重要角色,这种文化孕育了一种"务实的新闻文化"(pragmatic journalistic culture),记者们将根据专业主义或组织目标作出新闻判断;而在政治化文化的媒介环境中,媒体则更有可能采取代表政治制度目标和观点的态度(Esser,2008;Mazzoleni,1987;Semetko,et al.,2013)。上述差异体现在不同媒介文化的传播网络当中,可能将表现为政治化文化当中的传播网络节点更为同质化,以避免强烈的党派和政治冲突及其带来的心理和社会不适感,而处于中介化文化中的传播网络则相对异质化,这一公共领域当中将包含更多持有自治观念(autonomous)或干预主义立场(interventionist)的媒介行动者,网络链接更加紧密,能够促进持有不同观点的成员-成员以及成员-政府之间直接开展政治对话,且其中的内容往往更加强调信息本身的重要性,观点也将更为中立(Hyun,2012;Lowrey,2006;Mutz,2006)。

上述理论视角也被经验研究的相关结论不断验证和修正。例如,一项针对美国、英国与德国的政治博客之间的超链接网络分析表明,政治博客并不像人们期待中那样能够有效地实现平等主义,并促进公民讨论和协商民主的对话;基于网络的政治传播呈现出美国化(Americanization)的趋势,国际传播的主题依然被美国媒体的霸权所宰制;不仅如此,作为这种霸权的后果，其他国家建立在新技术基础上的政治传播实践和媒介文化也有被美国不断同化的潜在可能(Hyun,2012)。这表明，在其他国家接受了以博客为代表的新媒体时，往往也同样接受了其发源地——美国——的媒介文化，并且对美国化的恐慌将随着中介化文化的跨国流动而进一步被放大。但对他国媒介文化的借鉴既不是线性的，也不是层级化的过程，而是取决于根植在本国政治和经济过程中的深层原因(Hallin & Mancini,2004a)。因此，比较媒介研究应当将媒介文化的跨国进程视为一个国家系统和文化重构的多维度过程，而国家系统和文化本身在界定本国传播形式和实践的借鉴、混杂(hybridization)与变迁的过程中仍然扮演着极其关键的角色(Tomlinson,1991;Robertson,1995)。

媒介体制和媒介文化的比较研究在社会网络分析领域的未来发展方向包括但不限于以下几个方面。首先，研究者可以通过更为精细的抽样策略，考察传播网络的规模即行动者节点数量与媒介文化究竟有何关联。其次，动态网络和历时数据的收集也将是极有必要的，这类数据的优势之一就在于能够考察或排除总统大选等周期性事件对传播网络结构的特殊影响(Hyun,2012)。

第二节　媒介内容网络：语义网络分析的框架理论发展

框架理论是传播研究当中极为重要且经典的理论之一。相应地，这一理论也遭受了极多各种各样的误解。实际上，这一理论之所以引人入胜，在很大程度上是因为它揭示了媒介通过象征符号而非文字本身锚定事件意义的本质(Goffman,1974;Tuchman,1978)。在报道某一特定议题时，不同的媒体会在概念选取、讨论过程、事件、人物等主体的选择上呈现出截然不同的结果；在此过程中，媒体也会强烈地反映出其所在的国家利益和媒体逻辑。媒介如何命名和框取议题，将对公众如何理解这一议题、持有支持或反对这一议题的立场等态度和行为因素产生不容忽视的影响(如：Chong & Druckman,2007;Lee,McLeod,& Shah,2008)。因此，正如有关学者曾经指出的那样，权力本身意味着一种对"术语的控制"(terminological control)(Elwood,1995)，而对命名和框取权力的争夺，也成为媒介和新闻生产者对议题领域社会意义的象征性争夺(symbolic contests)(Schon & Rein,1994,p. 29)。正是媒体对社会议题的框架行为在重新提供着社会意义，而通过对这些文本的考察，我们将能够理解媒体如何架构特定的社会议题，并从中发掘媒体描绘社会争论的内在逻辑。

与此同时，媒介话语的显要程度和框架也反映着特定的国家与政治现实。通过对特定议题在支持或反对该议题的不同国家和政治情境中进行公开再现的比较，研究者也能够深入探查"意见领袖型"(opinion-leading)媒体如何介入了议题的公共再现，以及这一过程中展现出的新闻价值判断标准、叙事逻辑及其社会影响的差异(Gutteling,et al.,2002)。正是在国家认同和政治制约的影响下，大众媒介的报道框架体现出诸多不同的特征和策略，这些宏观要素成为了媒介话语的文化来源，制约着媒介再现现实的范围和意愿。比较的视角能够揭示出媒介叙事当中有意或无意呈现的观念差异，帮助研究者得出特定的主题在不同的大众媒体当中是否出现，从而体现出新闻文本当中哪些核心要素得到了凸显，哪些要素被遮蔽在话语及权力运作过程中(Kim,2011)。

从广义上来讲，框架分析不仅能够应用于对新闻报道等媒介产品的分析当中，也可以拓宽至社会精英以及公众对公共政策的讨论当中，因为架构这一过程在本质上可以被理解为基于意义的冲突和在一个社会当中居于新议题、新利益的中心的共享理解(Joachim,2003)，而不一定完全是由媒体开展的行为。有学者建议，"架构"的行动主体应当包括所有在建构传播活动的实体(entities)，从这个意义上来理解，框架将是一种认知、阐释和再现的持续模式，或是符号掌控者通过选择、强调与排除某些要素，来常规化地组织话语的内在过程(Gitlin,1980,p. 7)。因此，除了专业媒介机构对框架的使用之外，社会议题当中的行动者也会通过在多种立场之间的辩论对议题进行架构，例如特定议题的支持者和政策专家等(Murphy & Maynard,2000)，会通过对政策理念的框取和组合(package)，来说服他人接受特定政策对某些问题提供的解决方案(Campbell,1998,p. 381)。并且，来自于行动者的架构又将进一步体现在媒介报道对竞争性框架的使用当中。从精英的角度来看，不同的利益团体和议题精英(issue elites)在框架竞争中选择的问题、解决方案和政治动机等，可能会出于对社会动员的考虑，选取不同的信息策略来促成对议题的某种特定阐释(Lind & Salo,2002)，从而动员公众的情感和政策支持(Gamson & Wolfsfeld,1993;Joachim,2003;Snow & Benford,1988)，并由此使利益团体和精英在单一议题下产生冲突和矛盾(Murphy,2001a)，而这些行动者或政治精英往往又会通过成为新闻信源的方式，来影响媒体对新闻事件、框架或议题的建构过程(Carragee & Roefs,2004;Crawley,2007)；而从公众的角度来看，公众需要依赖媒体和重要政治行动者来获取政策信息，正是二者共同形塑了政策及其生成过程的修辞与定义(Callaghan & Schnell,2001)。媒介或精英在对议题进行架构时，也会选择不同的视角来呈现行动者之间的争议，有意或无意地形塑公共议题，鼓励或抑制某种类型的公共讨论，而这种媒介行为又会进一步影响公众对议题的态度和舆论(如:Iyengar,1991;McLeod,1995)。因此，作为一种"替代性框架"(alternative frames)，政策或议题行动者的架构过程将与媒介框架竞争影响公众理解的主导权。政治家与利益群体需要以对词语的选择性凸显与遮蔽来传达政治胜利或失败的信号(Kinder & Sanders,1990)，通过塑造媒体报道的结构来确保其希望推动的政策得以实施，保证自身政治利益的实现；而媒体则希望通过对立场不同的观点、信源、内容、论据甚至事实进行筛选、过滤和处理，选择相应的修辞来形成自己的议题框架(Cook,1998;Patterson,1998)，从而与政治精英争夺议题如何被架构的过程，甚至干预政策制定(Callaghan & Schnell,2001)，以保护媒体自身的利益(David,Atun,& La Viña,2010)，包括经济利益与公共利益的平衡、媒体与信源之间的关系和新闻生产常规及规范等(Bennett,1990,2016;Sahr,1993;Tuchman,1978)。可见，精英、媒介与公众在社会议题的架构过程当中，往往体现出一种复杂的互动和互构关系。

具体而言，架构(framing)是一种通过传播性文本，对感知现实的不同方面作出取舍，并使其中某些方面比其他方面更为显要(salient)的过程。在叙述的过程中，传播者通过针对特定受众需求而对词句和论据做出的自由选择，以展开论证、使用隐喻(metaphors)

和意象(imagery)等方式,引入特定类型的阐释,并对文本描述的内容进行特殊问题的定义、因果关系解释、道德评价和/或提出解决建议(Entman,1993)。通过架构形成框架,媒体和其他社会行动者能够控制故事被讲述的方式,包括文本中的哪些细节将被重点呈现,哪些又将被遮蔽,在支持或反对某一立场的论据当中,哪些将得到凸显等等。从这个意义上来说,框架就是将隐喻和概念联结在一起的直观结构(intuitive structure),揭示这种结构,也就揭示了意义和本质之间的关联,揭示了事件(event)和事实(fact)之间的关联。因此,框架的建构过程同时也是传播者感知到公众想象中浮现出的政治与社会议程的过程(Lakoff & Johnson,2008)。

框架的另一个更为广义的定义是将其视为理解议题或冲突并表明什么处在危险当中的对内容进行组织的核心观念(Koch,1998)。框架当中某些语义部件的出现或缺失将能够对政治后果产生程度不等的影响(Kinder & Sanders,1990)。由于不同立场的行动者可能会对议题进行策略化的框取,以期说服相应的受众或作为解决问题的方案(Joachim,2003),因此,按照 Entman(1993)的定义,框架的目的将包括:①识别和定义一个特定问题;②找出引发问题的因素;③调用一种道德评价,来促进他人以有逻辑且可接受的方式解决问题。此外还包括动员公众支持政策或解决方案、以策略性的信息选择和组织来促成对议题的特定理解等(Gamson & Wolfsfeld,1993;Lind & Salo,2002)。一般来说,在讨论公共政策时,除了新闻媒体基于自身倾向性而形成的框架之外,公共话语当中还需要存在不同的声音和替代性框架(alternative frames),作为对某些带有强烈导向性和影响力的信源的有机补充(Carragee & Roefs,2004)。

在对新闻文本或政策性话语开展框架分析时,根据语言学方法的建议,研究者可以通过呈现在文本当中的词汇或短语的选择策略来得出传播者使用了何种框架,例如将词语选择作为判断一条信息当中是否包含某种特定框架阐释的指标。进一步地,语义网络作为议题标签选择的观念和理由的反映,可以用来具体地分析新闻文本当中框架的不同理念如何被建构和阐释,包括某个或某些特定议题是否被冠以特定的标签,这些报道的立场和框架究竟有何不同等。通过比较不同利益群体和新闻媒体对特定议题使用的不同框架,这种话语性模型(discursive model)将从文本中抽取关键概念,组成可视化的认知版图(cognitive maps)并进行比较(Carley & Palmquist,1992),能够在社会语言学的取径下揭示出框架的建构,例如各类议题如何被标签化等。这时,语言网络(linguistic networks)将成为框架的重要指标(indicators),帮助传播研究者通过语汇之间共同出现的频率及其关系结构,来系统地理解隐含在话语当中的语义体系,包括词语的使用、呈现以及词语的共同出现如何加强了某种特定信息的传达。频繁出现的关键概念之间的关系还将展现出文本生产者对语词或短语的策略性选择及其框取机制(framing mechanisms),从中检视文本的修辞结构、惯用短语、刻板印象、信息来源以及从主题上强化了事实或判断的句式等(Entman,1993;Gamson & Modigliani,1989;Pan & Kosicki,1993;Simon & Jerit,2007)。从这个意义上来讲,语义网络分析其实是传播学传统内容分析的一种延伸形式,其目的在于通过对文本中被表达客体之间关系网络的抽取,将文本编码为关系版图,从中探索文本中的意义和词句、主题间的关系,并识别特定关系下的核心语词。

举例来说，一项针对菲律宾人口政策议题开展的语义网络分析就将此类议题的表述框架分基于经济发展立场、支持国家人口管理政策的“发展框架”(development frame)，以及基于宗教或道德立场、反对此类政策的反堕胎框架和反性教育框架。语义网络分析发现，人口控制与管理与经济发展的目标和计划有关，健康与计划生育更多地与妇女和青少年健康产生关联，相应地，反堕胎和承担育儿责任则与宗教信仰密切相关，至此，研究者揭示了菲律宾人口政策支持者和反对者使用的不同媒介框架策略，而这些深层框架的呈现是难以仅仅通过以往直观的定量分析来实现的(David，Legara，Atun，& Monterola，2014)。另一项针对英国和韩国的自由主义与保守主义媒体报道干细胞研究的语义网络分析则证实了政治和国家认同对媒介框架的重要影响，这种网络结构也与来自其他学科的理论和经验发现证据相一致(如：Kitzinger，2008)，包括两国的保守主义媒体的语义网络框架反映出其更加敬重科学权威，并对有争议的社会观念开展了更加广泛的反思；相对而言，韩国的自由主义媒体更加注重干细胞研究与女性主义、理性沟通、社会治理等主题之间的关联，而英国自由主义媒体则居于上述政治光谱的两极之间，主要探讨了干细胞研究的未来与医学成就等主题。此外，这些语义网络体现出的框架差异也受到国家利益、历史阶段、公众的政治认同观念和文化品位等市场性因素以及社会环境变迁的动态影响(Kim，2011)。除了新闻报道之外，也有研究将公共议题当中两方辩论的竞争性框架与媒介报道框架进行了对比，探究了议题当中的重要行动者在媒介框架之外生成的“替代性框架”，并证实了此类框架对媒介框架如何报道议题具有一定程度的影响(David，Atun，& La Viña，2010)。也有一项围绕美国国会听证会期间不同立场的专家在尼古丁成瘾辩论过程中提供的证词开展的语义网络分析也通过词群聚类，发现了烟草业专家与学术研究专家在使用和引用的框架上存在的差异，包括前者更偏好引用实验室研究，而后者更关注公共健康议题和公众健康信念等(Murphy，2001a)。

由于新闻和媒介框架将进一步影响受众对议题的理解、记忆、问题评估与解决方式等层面(Reese，2001；Rhee，1997；Valkenburg，Semetko，& De Vreese，1999)，媒体将有能力和权力通过对叙事的拼接，强调哪些是重要的而哪些不是重要的等方式，对公众需要知道哪些问题和不需要知道哪些问题进行定义，从而限制和塑造个人对议题本质和后果的理解，来进一步影响公共舆论(如：Brewer，2002)，因此，语义网络分析在框架理论中的运用可延伸至诸多相关理论的检验当中，包括议程设置理论(如：Schultz，Kleinnijenhuis，Oegema，Utz，& van Atteveldt，2012)和铺垫效应(priming effect)(如：Danowski，2008)等。除此之外，一些在本书其他章节当中亦有涉及的理论也可以用于考察媒介内容的语义网络，包括采用政治中介化理论(参见本章第一节“媒介机构网络”部分)考察新闻报道中政治行动者之间的支持和攻击关系的类同网络(De Nooy & Kleinnijenhuis，2013)，结合地缘政治学、媒介依赖理论和精英理论分析达尔富尔冲突中的新闻报道语义网络(Kim，Su，& Hong，2007)，运用媒体逻辑理论分析德国选战报道的语义网络(Takens，van Atteveldt，van Hoof，& Kleinnijenhuis，2013)，以及通过媒介选择与变迁理论分析新闻报道中政治人物共同出现的关系网络(Juste de Ancos，Soler，& Ortí Mata，2014)和以产用(Produsage)理论分析 Twitter 当中状态信息的语义网络(Horan，2013)，等等。

近十余年来，语义网络分析在框架理论和其他相关理论当中的研究数量逐步增长，且这种方法处理海量文本和数据的潜力和有效性，以及其能够有效避免研究者预设立场的客观性也使其日益得到研究者的广泛接受（Murphy，2001a；Murphy & Maynard，2000）。语义网络与框架理论的结合点仍为传播研究保留了诸多可供深入探讨的问题，包括比较媒介框架、精英框架之间的区别与联系等。采用语义网络开展框架研究的另一未来发展方向是捕捉语义网络的动态变化，以及相关的信息和框架来源对新闻议程的影响。神经网络分析（neural network analysis）在语义网络研究中的应用与结合也是此类研究可以加以尝试的分析技术机会，作为质性文本分析技术和量化内容分析编码技术的补充。同时，仅对于文本展开的分析有时往往无法揭示更复杂的意义生成过程，未来研究也可考虑将语义网络和框架研究与话语实践者之间的互动过程相结合，从而为框架生产的社会与制度语境提供更多证据（David，Atun，& La Viña，2010）。

第三节　媒介受众网络：传播基础设施理论与讲叙网络

在媒介研究的语境下，社会行动者之间的传播渠道实际上可以被视作一种特殊的“传播基础设施”（communication infrastructure），这种渠道能够使媒介偏好与媒介内容在媒介受众彼此之间的关系网络中进行流动和扩散（Ognyanova & Monge，2013）。所谓传播基础设施，通常建立在社区传播结构（communication fabric）的基础之上，这种对传播结构的凸显可以与其他领域对不同结构的强调作以类比，例如政治经济基础设施、现实生态与身处其中的人们开展的行动方式、文化的形成与导向、人口动态或社会形成及结构等（Appadurai，1996；Castells，2000；Sampson，Morenoff，& Earls，1999；Wellman，1990）。进一步地，传播基础设施被操作化为两个主要组成部分，其一是群体讲叙网络（storytelling network）的整合连通性（integrated connectedness），其二则是包括人口异质性、居住稳定性等社区情境性特征或传播行动情境（communication action context，CAC），二者将共同作用于个体的公民参与行为，使社区居民通过接近社区讲叙资源的方式，促进居民之间及其与讲叙主体的互动，提高人们的政治资本、文化资本、人力资本和社会资本（Bourdieu，1986；Coleman，1988），继而从社区归属感（neighborhood belonging）、集体效能感（collective efficacy）等多个层面上提高整个社区的参与程度（Kim & Ball-Rokeach，2006a，2006b）。

传播基础设施理论（communication infrastructure theory，CIT）结合了公共舆论、社区整合、修辞行动、集体认同、信息基础设施等相关概念的经验研究结论（Anderson，1991；Friedland & McLeod，1999；Star & Bowker，2002；Wyatt，Katz，& Kim，2000），在早期传播研究者考察社区居民阅读本地报纸以及邻里日常讨论对社区整合作用的基础上演化而来。此外，传播基础设施理论结合社会调查和统计方法的发展，对以社区为单位的情境层次影响因素进行分析，主要强调了传播基础设施是居于公民参与众多影响因素中心的关键变量。同时，这一视角超越了既有相关研究认为传播环境对公众参与产生了积极或消极影响这一“非此即彼”的争论，前者强调新传播技术为全球公民社会和虚拟社区带来了广泛参与的可能性(如:Matei & Ball-Rokeach,2002;Teheranian,1999;Thompson,1995),而后者的典型观点则包括媒介带来的政治身份的代际衰退、市场驱动型新闻损伤公共利益和对政治不信任及公共议题窄化等现象的滋长等(如:Cappella & Jamieson,1997;McChesney,1999;Warren,1998)。相反,传播基础设施理论提供了一种聚焦于日常生活和传播结构、由理论驱动的中立视角,致力于在现代城市环境中评定传播基础设施当中各类基本要件对创建和维持公民社区的具体作用(Ball-Rokeach,Kim,& Matei,2001;Kim,Ball-Rokeach,Cohen,& Jung,2002;Matei & Ball-Rokeach,2002),同时避免了既有研究仅考察个人层次因素或以个人水平变量作为准社区层面变量可能引入并放大的代表性误差(如:Kang & Kwak,2003,Paek,Yoon,& Shah,2005;Shah,McLeod,& Yoon,2001),能够回答跨层次和层次间因素将在多大程度上重构社区感的问题。

传播基础设施理论体现了运用生态学的途径来考察传播与社区的一种尝试(Kim & Ball-Rokeach,2006a)。传播基础设施理论的基本假定是,人们生活和居住的社区在提供传播基础设施方面的能力有所不同,一些社区拥有更为丰富和强大的传播结构或系统,因此也将对其中的公众参与具有更强的促进能力。本地社区在传播基础设施方面的差异将进一步影响其社区营造和出于共同目标而开展的集体行动,即邻里讲叙网络的连通性有利于促进社区整合;缺少了与这些传播机会的连接,人们就无法建构与本地社区有关的信息并传播给他人,也就不可能参与到社区行动当中(Kim & Ball-Rokeach,2006b)。进一步地,在相同的社区当中,不同个体或居民与讲叙网络主体建立联系的能力亦有所差异,一些个体可能相应更为容易地使用社区传播资源,而另一些居民则可能在接触传播资源、达成个体或社区目标上具有程度不一的困难(Kim & Ball-Rokeach,2006a)。

为了揭示传播基础设施接入程度在个体层面和社区层面的差异,研究者将传播基础设施分为包括居民、媒体和自发组织在内的邻里讲叙网络系统,以及形如社区图书馆、学校、街道、公园等传播行动情境(如图 6-1 所示)。在概念化层面上,传播基础设施被定义为"邻里讲叙网络在传播行动情境下的集合"(Ball Rokeach,Kim,& Matei,2001),这一概念包含两个层面的要素:首先,人们日常开展对话的邻里讲叙网络对社区传播基础设施构成具有重要作用,社区居民、媒体和群众自发组织均通过邻里讲叙网络来生产和传播信息;其次,传播行动情境构成了社区居民的交流环境,包括居住稳定性、人群多样性、机构性资源(institutional resources)、邻里环境(neighborhood milieu)和集体记忆等,正是这些被有意或无意镶嵌到居住区域中的资源,促进或阻碍着居民之间传播行动的产生。

相对而言,邻里讲叙网络是形成理性对话的基础,也是在构建社区参与方面具有关键作用的影响因素,包括对社会、机构和个人生活等各个层面的介入,以及在认同形成、团队合作、社会组织形成与维持、社会化、社区营造和民主与公民社会等维度上的不同影响(如:Appadurai,1996;Ball-Rokeach,Kim,& Matei,2001;Boje,1991;Housley,2000;Miller,Wiley,Fung,& Liang,1997;Shaw,1997)。由于社区参与需要产生在居民共享的话语体系当中,包括以"我们"与"我们的"构成的认同、愿望以及共享的居住与生存体验,以及居民们共同面临的机会、障碍和问题是什么,应当如何处理这些问题等(Anderson,1996;Offe & Wiesenthal,1980),而邻里讲叙则成为建构和再建构社区认同和行动策略

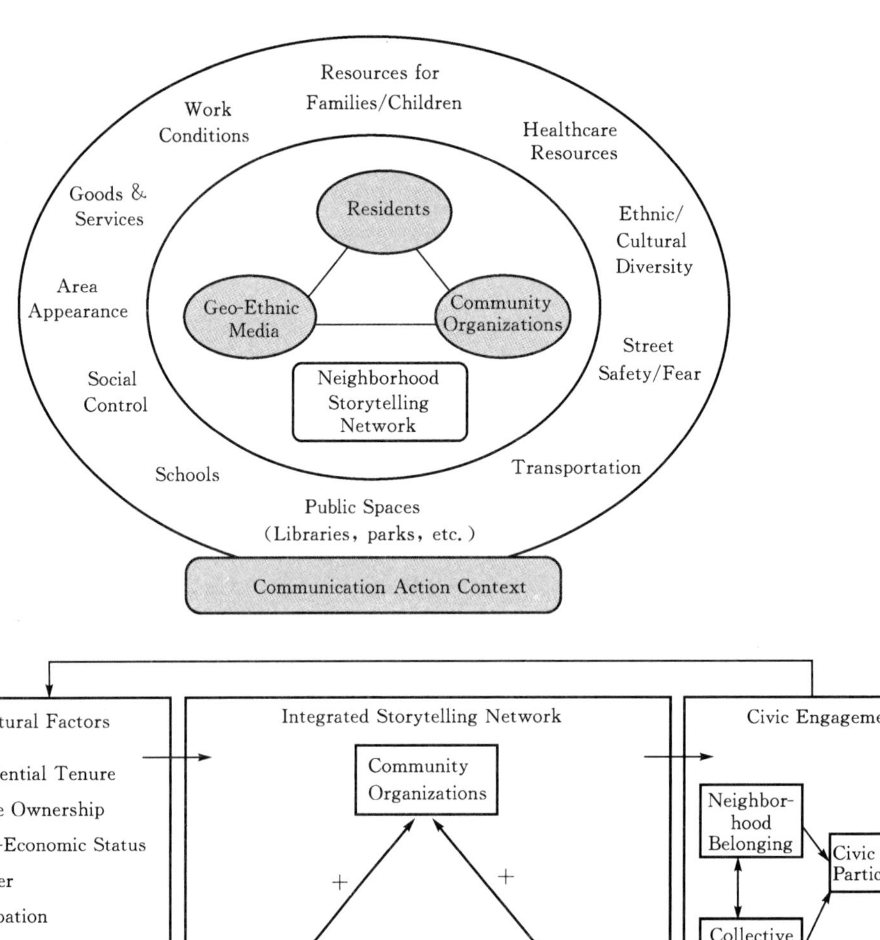

图 6-1 传播基础设施:传播行动情境中的邻里讲叙网络系统

资料来源:Kim,Y. C. & Ball-Rokeach,S. J. (2006a). Civic engagement from a communication infrastructure perspective. *Communication Theory*,16(2),173-197.

话语的重要过程。讲叙网络整合连通性(integrated connectedness to a storytelling network,ICSN)这一概念体现着社区居民与作为"邻里讲叙者"(neighborhood storytellers)的本地媒体、社区组织、人际讨论网络等主体之间的联系,而这些联系都将成为个体日常生活的有机组成部分(Ball-Rokeach,Kim,& Matei,2001)。从传播基础设施包含的各个维度来看,个体的社区参与和公民参与也将受到多个层面的要素的共同作用。首先,从个人层面的预测因素来看，个体是否有机会与邻里讲叙网络产生联系，进而拥有传播机会，成为决定其社区参与程度的关键要素；其次，在社区层面上，本地社区环境的情境性特征是否有利于邻里讲叙网络的建立和维持，也会对社区感产生进一步的影响。

在传播基础设施理论的框架下，"讲叙"的定义不同于其他具有严格限制的方式，不必具有某种特定的叙事结构，而可以是以无论口头或书面、电子或实体、同步或异步、积极或消极、预先安排或紧急开展的任何传播方式叙述的关于本地社区公共议题的正式内容或有关社区交通、娱乐、教育等议题的非正式内容(Kim & Ball-Rokeach,2006a)。这些内容往往能够成为社区居民在地理空间当中产生关于"我们"的认同、将社区建构为"想象共同体"的叙事基础(Anderson,1991)。进一步地，传播基础设施理论又将影响公民参与的关键性社区讲叙主体分为宏观层面上的本地媒体、中观层面上的社区组织和微观层面上的人际网络三个部分(Ball-Rokeach,Kim,& Matei,2001)。其中，本地媒体致力于考察各类印刷和数字化的社区媒体在特定地理区域与人群聚居上的特征，例如居民是否关注报纸和电视等大众媒体上有关本地社区的政治、经济和社会议题以及具有人情味的"家长里短"报道(McLeod,Scheufele,& Moy,1999)，特别是对新移民社区而言，这一主体的重要性更为突出，可能对居民理解社区和居住在其中的其他居民产生影响，继而促进人们形成不同的社区感和参与行为(Jeffres,Dobos,& Lee,1988;McLeod,et al.,1996;Paek,Yoon,& Shah,2005;Stamm & Guest,1991;Viswanath,Finnegan,Rooney,& Potter,1990)。其次，无论是非正式的群众组织，还是相对更为正式的非营利组织，包括运动休闲组织、文化组织、业主维权组织和公共讨论组织等(Kim & Ball-Rokeach,2006b)，这些社区组织都是重要的邻里讲叙行动者(La Due Lake & Huckfeldt,1998)，对增进居民社会资本、成为政治行动者、发展公民参与技能和增强政治自信等方面，并最终实现公民参与，均具有不同的意义和作用(Olsen,1970;Putnam,2000)，社区组织对扮演讲叙者的认知和行动意识越强，促进居民社区参与的作用通常也就越积极。最后，由家人、朋友或邻居构成的传播网络是最为关键的社区轶闻讲叙者，对这些信息的讨论和交换无论发生在公共场所还是私人空间，都在增强社区归属感和促进社区参与等方面，扮演着积极的角色(Ball-Rokeach,Kim,& Matei,2001;Kim,Ball-Rokeach,Cohen,& Jung,2002;McLeod,Scheufele,& Moy,1999;McLeod,et al.,1996;Scheufele,2002;Wyatt,Katz,& Kim,2000)。

作为传播基础设施和讲叙网络整合连通性致力于促进的积极社会后果，公民参与会在诸多层面上得到提升，包括邻里归属感、集体效能感和社区参与行为等。首先，邻里归属感包含了居民在主观和客观两个层面上与社区的总体联系，也就是说，这一概念不仅反映了个体实际上拥有的邻里关系，也将体现居民对社区的个人感受(Ball-Rokeach,Kim,& Matei,2001)。针对相关问题开展的经验研究表明，居民的社区组织参与、邻里讨论和社区媒介接触等行为都将为个体产生社区感和社区行为带来更多的机会(Jeffres,Dobos,& Lee,1988;McPherson & Rotolo,1996;McLeod,Scheufele,& Moy,1999;McLeod,et al.,1999;Stamm & Guest,1991;Wellman,1990)，而居住在传播基础设施更加完备、讲叙网络连通性更高的环境当中的居民，也会相应地对社区产生更高水平的归属感。其次，集体效能感是一种居民对其社区成员是否愿意参与社区问题解决的感知程度(Sampson, Raudenbush, & Earls, 1997)。这一概念借鉴了社会心理学家班杜拉对个体自我效能感(self-efficacy)的阐发(Bandura, 1997),主要考察个体在社区层面上对“我们”希望并能够做什么的信念。与自我效能感相似,集体效能感也是个体在与讲叙主体进行互动的基础上,对符号环境做出的学习和反应,因此,作为传播基础设施的讲叙网络将对提升社区居民的集体效能感起到至关重要的作用,影响个体如何想象“我们”是谁、“我们”能做什么等问题(Kim & Ball-Rokeach, 2006b)。最后,社区公民参与是需要居民付出时间、金钱、知识或经验等资源,来产生影响社区决策进程的行动,也是对本地政策制定和意见产生过程具有意义的实际行为要素(McLeod, et al., 1996)。社区居民通过对本地媒体、邻里讨论网络和社区组织的接触,获取有关社区正在或即将面临问题的必要信息,并真正地了解和参与到社区当中来,可见,传播基础设施与公民参与之间具有多层次的互动关系。

而实际上,在既有研究中,上述各个层面的传播基础设施因素对公民参与的影响效力有所不同,例如,在美国移民社区开展的研究中,居民的本地媒体接触和社区组织的存在对社区归属感的影响往往并不突出,而邻里讨论也与本地媒介接触和社区组织参与无关,但相对而言,讲叙网络的整合连通性水平通常对社区归属感和公众参与具有一定的预测力(Ball-Rokeach, Kim, & Matei, 2001)。上述研究结论表明,通过社会网络分析的视角对社区整合进行解释,将兼具方法上的可能性和理论上的必要性。从测量的角度来看,有研究者提出,讲叙网络的整合连通性(ICSN)不仅应当考虑到社区居民与每一个社区讲叙者主体之间的关系强度,同时更要考察每个个体的讲叙网络形成时,个体为这一网络赋予了何种特定价值;并且他们假定,这种整合连通性会在社区居民与某一讲叙者建立联系后,促进个体与其他邻里讲叙者建立更多的联系(Kim & Ball-Rokeach, 2006a)。

进一步地,对作为基本传播单位的社区而言,社区情境因素将决定传播基础设施和邻里讲叙网络能够在多大程度上发挥其应有的作用,这种邻里效应(neighborhood effects)已经在大量相关既有研究当中得到发现并被证实(Hawley, 1984; Sampson, Raudenbush, & Earls, 1997)。在人口较为多元的城市和社区当中,公共讨论、文化或语言障碍、制度空间、集体记忆和社区的整体社会经济地位等因素,也会影响社区中传播活动的产生和开展(Baiocchi, 2003; Kang & Kwak, 2003; Orellana, Dorner, & Pulido, 2003; Sampson, Raudenbush, & Earls, 1997; Sampson, Morenoff, & Earls, 1999; Small, 2002)。反映群体层面上的社会情境状况可以使用众多指标进行测量,其中较为常见的是人口异质性和居住稳定性(Iyer, Kitson, & Toh, 2005; Shah, McLeod, J & Yoon, 2001)。一方面,对于人口异质性而言,既有研究表明,社区的种族异质性水平尽管增加了整个社区的多元性,但这种异质性最终仍将阻碍社会资本在相似个体之间的产生(Rotolo, 2000),也会对公民参与、社区归属感和集体效能感产生消极的影响(Lane & Meeker, 2005; Okten & Osili, 2004; Rice & Steele, 2001),而传播基础设施理论也认为,社区在居民构成上的种族异质性将由于语言障碍等因素的引入,削弱居住社区当中居民个人的讲叙网络整合连通性,继而成为限制社区讲叙网络发展的不利因素(Kim & Ball-Rokeach, 2006b)。另一方面,从个人在社区中平均居住时间对其参与行为具有促进作用来看(Putnam, 2000),整个社区居民居住稳定性的平均水平也具有对社区参与的预测性，包括对人际信任、行动参与的预测等（Kang & Kwak，2003；Paek，Yoon，& Shah，2005；Shah，McLeod，& Yoon，2001）。

综合讲叙网络中多种主体之间的相互作用，研究者建议，ICSN 的测量应当体现出这种个体信息接触情况的总和，例如将本地媒体接触、社区组织联系范围和人际邻里讲叙强度这三个变量两两相乘的平方根进行加总等（参见公式 6－1）。

$$\mathrm{ICSN} = \sqrt{\mathrm{LC} \times \mathrm{INS}} + \sqrt{\mathrm{INS} \times \mathrm{OC}} + \sqrt{\mathrm{OC} \times \mathrm{LC}}$$

公式 6－1 讲叙网络整合连通性的计算公式

注：LC＝本地媒体连通度（local media connectedness），INS＝人际邻里讲叙频率（intensity of interpersonal neighborhood storytelling），OC＝社区组织连结度（connection to community organizations）

资料来源：Kim，Y. C.，& Ball-Rokeach，S. J.（2006b）. Community storytelling network，neighborhood context，and civic engagement：A multilevel approach. *Human Communication Research*，32（4），411－439.

采用这一方法计算出的 ICSN 指标对社区居民同时接触多种讲叙网络主体的要求较高，仅仅对某一特定渠道的接触频率较高将无法有效提升个人的总体 ICSN 指数。这一指标的优势在于，能够从整体上反映出个体在其传播环境当中所处的结构性位置，以及这种位置如何影响了他们生产和分享社区信息并在此基础上想象或建构社区的机会（Kim & Ball-Rokeach，2006b）。尽管在前述测量当中，讲叙网络整合连通性的指标看似与采取传统意义上采用社会网络方法进行数据收集和网络指标测算的方法有所不同，但实际上，ICSN 在传播基础设施理论中的操作化尝试更加近似于在采取提名法生成的人际网络当中测度网络密度与平均关系强度的综合性指标。当然，后续研究亦可在符合讲叙网络整合连通性概念化与操作化定义的前提下，进一步探索和完善对讲叙网络更具概括力的网络参数计算方法，来反映居民与其所在社区传播基础设施之间的连通程度。此外，未来研究也应当将传播基础设施理论与讲叙网络的整合连通性应用到各类不同的社区当中，以丰富样本在地理、种族和文化等方面的多元性，以此拓展理论与概念的外部推广性；同时，对于种族相对单一的社区而言，特别是结合当前中国的社会现实，社区在居民收入和经济上的异质性和多元性可能会代替现有传播基础设施理论当中的人口异质性，成为对社区参与更具影响力的预测变量（Alesina & La Ferrara，2000；Oliver & Marwell，1985）。

第四节 媒体-内容网络：媒介生态位与新闻生产常规

在媒介机构与媒介内容构成的跨层次网络中，一些研究使用了组织生态理论，对媒介平台的内容生产展开了动态的考察。组织生态理论认为，媒介平台的内容生产受到组织自身一些特定特征的影响（Ognyanova & Monge，2013）。具体而言，涉及领域越广泛的媒介机构，也就在内容生产方面拥有更宽的生态位，因此，他们能够提供更加多元的内容，以吸引更多的受众。相对来说，某些专业领域的新闻机构的生态位更窄，这使得此类媒介机构能够更加聚焦于某些特定方面的主题（Dimmick，2003）。从新闻机构的层面来看，对媒介产品的生产倾向取决于机构自身的内部新闻生产常规，而这些新闻常规也和我们在前文中探讨过的"V－S－R"模式相似。

媒介机构的关系网络对媒介内容之间关系的影响，不仅体现在媒体的正式政策上，在企业的规模经济时代，还体现在媒介机构之间如何共享知识和信息及人力资源上。与此同时，不同媒体的记者和编辑也会在不同的新闻信源之间摇摆。关于此类研究主题，既有研究表明，媒介集团的所有制结构也会影响到新闻的质量(Dunaway，2008)和新闻的多样性(Huber，2006)。其中，信息质量将更多地受到媒介所有制和市场环境的共同作用。

一般认为，媒体对于商业利润的追求会为实质性新闻报道(substantive reporting)这一关涉公共利益的信息传递类型带来不可挽回的损失。在媒体需要提供与公共政策有关的政治信息时，这些信息会与媒介内容的娱乐化和商业化信息产生竞争(Arnold，2004；Hamilton，2004；McManus，1994；Patterson，1993；Zaller，1999)；与此同时，与公共利益相关的政治新闻与选举新闻也被过于关注选举人民意调查排名的新闻样式所充斥，失去了原本讨论政策议题的必要空间；比起全国性的选举进展而言，地方选举和其他地方事务得到议题关注的比例极低(Benoit，et al.，2007；Graber，2002；Iyengar，Norpoth，& Hahn，2004；Kahn，1991；Patterson，1993)。在这样的媒介生态环境与竞争场景下，政治信息的质量也受到了不同程度的影响，信息的公共性日益堪忧。

针对这一问题，有研究者指出，应当从媒体所有制的结构和市场竞争情况入手，来开展解决本地政治新闻稀缺和质量下降的尝试(Dunaway，2008)。无论是从组织经济状况来看(Miller，1992)，还是从合作管理的绩效来看(Agrawal & Knoeber，1996)，市场环境对新闻内容都存在着多种可能的影响(Arnold，2004；Zaller，1999)。研究者认为，既然媒介机构是层级化且由利益驱动的，那么我们就可以借鉴其他盈利机构的组织原则来理解媒介机构的行动逻辑(Napoli，1997)。首先，媒介机构的所有制结构将影响其作为组织的目标和运作方式，即管理者将根据机构所有者的导向及合议来运作，导致所有者的意愿可能凌驾于管理者之上这一困境(Moe，1988)。相应地，在独立所有制的媒介机构当中，意识形态与新闻目标将成为主导媒体所有者偏好的重要因素(Bovitz，Druckman，& Lupia，2002；Schaffner & Sellers，2003)；而集团化所有制的媒体则更可能追求利润最大化的目标(Hamilton，2004)，且其他目标的实现很可能被分散的所有制结构所限制(Himmelberg，Hubbard，& Palia，1999)。因此，一般来说，独立所有制的媒体将产生比集团化所有制媒体更多的实质性新闻报道(Arnold，2004；McManus，1994)。

另一方面，制度主义理论认为，在一系列外生力量中，社会阶层结构、地理环境、民族背景、经济条件和人口构成等外部力量都可能产生对组织和机构在政治上的形塑(March & Olsen，1989)。作为组织的媒介机构也不例外。尽管记者对于实质性新闻报道的追求是新闻生产常规当中的重要组成部分，但媒体能够在多大程度上提供实质性新闻报道，实际上也取决于其在整个媒介产品市场当中的竞争(Arnold，2004；Zaller，1999)，以及媒介受众在人口变量上的构成情况(Hamilton，2004)。例如，媒介产品会根据受众的分化来进行对自身的调整，以使内容更加符合诸如年轻受众、女性受众等细分人群的喜好(Hamilton 2004；Kaniss 1991)；而既有研究也表明，媒介产品市场的竞争将引发新闻内容质量的下降(McManus，1994)，日趋激烈的市场竞争结果将是实质性新闻报道的衰退(Dunaway,2008)。

通过将信息质量操作化为实质性新闻报道即议题报道(issue coverage)的比例,研究发现,在大选期间,无论是报纸还是电视新闻,其政治新闻报道的信息质量均不同程度地受到媒介机构特征的影响。研究证实了既有文献当中所发现的市场压力与利益最大化运营对政治新闻质量的不利影响(Arnold,2004;Hamilton,2004;McManus,1994;Zaller,1999)。这一研究发现也与之前的理论和相关文献产生了基本一致的解释和机制论述(如:Agrawal & Knoeber,1996;Hansmann,1988;March & Olson,1989;Moe,1988;Miller,1992)。尽管此类研究目前尚未能在跨层次网络的框架下展开,但其展现了新闻媒体所处的社会情境与机构特征如何影响信息质量的完整图景,对于组织行为的探索和既有的理论与文献依然对媒介机构-内容的网络分析具有深切的启发意义。

第五节　内容-媒体网络:媒介间网络议程设置模型

网络议程设置(Network Agenda Setting,NAS)理论是一种将社会网络分析方法应用于议程设置研究的方法创新与应用。在此基础上,研究者可以进一步开展统计分析,以比较媒介议程网络、公众议程网络等关系结构之间的差异,从而考察"第三级议程设置"(third level of agenda setting)的特定效果(Guo,2012)。其中,媒介议程网络从本质上来看,也就是本章重点探讨的内容-媒介机构网络,而公众议程网络则与我们在本书接下来的部分将要探讨的内容-受众网络密切相关。

议程设置研究是大众传播领域当中的经典领域,其源头可以追溯到李普曼在《公共舆论》中对于"拟态环境"和"我们脑海中的外部世界图景"等概念的论述当中(Lippmann,1922)。延循这一理念,议程设置假说得以创立和发展。有学者指出,网络议程设置在本质上可以被视为具有"格式塔视角"的传统议程设置研究的进一步拓展。所谓格式塔(gestalt),是指将公共议题和媒介向公众呈现的新闻议题看作一个整体,并假定社会成员是通过对媒介议程的接触来获取和吸收公共经验的(Vu,Guo,& McCombs,2014)。也就是说,媒介会首先对外在的社会信息进行组织,随后,公众通过对媒介的接触来形成其脑海中的图景。一般来说,媒介议程对于主要议题呈现得越充分、时间越长,以及公众对于多种跨平台信息的接触越多,其形成与媒介议程一致的公众议程的可能性也就越大(Boczkowski,2010;McCombs & Shaw,1972;McCombs & Zhu,1995;Webster & Ksiazek,2012)。对于上述假定而言,相关经验研究的结论支持了格式塔视角下的理论范式,也就是说,比起个体对于特定新闻媒体的注意程度而言,受众个人从整体上对一类新闻议题(如:政治新闻)的总体兴趣和关注程度更能够预测其受到媒介议程影响的程度(Strömbäck & Kiousis,2010)。可见,进一步厘清各类媒介平台对于公众议程的影响,即媒介间议程设置,对于考察内容-媒介机构网络及丰富网络议程设置模型而言,都具有重要的理论和实践意义。

媒介间议程设置效果(intermedia-agenda setting effect)也可以采用网络分析方式开展。这一效果在本质上是对"如果媒介能够设置公众议程,那么由谁来设置媒介议程"这一新闻生产社会学经典问题的回应(Tuchman,1976;Gans,1979)。由于不同媒介渠道对新闻议题的形塑可能有所差别,因此,研究者建议,在考察网络议程设置时,可以基于不同的媒介平台对媒介议程网络进行比较,或对同一类型的媒体在不同时间阶段的议程网络进行分析,例如政治选举开展的前、中、后期,并结合公众议程网络,考察不同时间阶段的媒介议程网络可能存在的效果(Guo,2012)。例如,有经验研究发现,除了媒介议程与公共议程之间具有显著的相关性之外,媒介之间的议程也存在高度的相关性,并且这种媒介间的议程设置效应多年来在全球多个国家都得到了广泛的验证(Boczkowski,2010;King,1997;Lopez-Escobar,Llamas,McCombs,& Lennon,1998;McCombs & Shaw,1972;Roberts & McCombs,1994;Trumbo,1995)。具体而言,对于相似议题的媒介议程网络来说,报纸、互联网媒体、电视与广播等不同媒介平台呈现的议题网络两两之间也具有显著的相互关联,特别是互联网空间中的议题网络,与其他媒体平台形成的议题网络均具有较高的相关性(Vu,Guo,& McCombs,2014)。

除了存在于不同形态的媒介平台之间外,网络议程设置也会出现在各个国家和地区的媒介当中,特别是随着全球化进程的加剧,各国的媒体与媒介受众都在不同程度上共享着关于外部世界的图景。对于具有重大意义的国际性事件而言,一方面,各国从事新闻报道的专业记者之间可能分享某些相似的职业规范和新闻生产常规(Boczkowski,2010),也就是说,当代新闻报道通常具有全球视野,往往能够超越事件所在的国家、地区或新闻机构的观点(Beck,2005;Berglez,2008;Reese,2008;Shoemaker & Cohen,2006);但另一方面,新闻议题、客体及其属性也会因各国的利益立场和文化价值观而产生巨大的分歧,因此,记者将会有策略地对国际新闻进行本地化或"驯化",以使其与本国受众更具相关性(Clausen,2004;Hafez,2007;Lee,Li,Chan,Pan,& So,2002)。既有研究已经通过第一层次和第二层次的议程设置理论,发现了不同国家之间的媒介议程在新闻客体和属性等方面确实存在着媒介间议程设置的现象(如:Semetko,Blumler,Gurevitch,Weaver,& Barkin,,1991;Soroka,2003),而第三层次的网络议程设置模型也需要在不同国家间开展进一步的检验。例如,一项针对伊拉克战争在美国、中国大陆、中国台湾和波兰的媒介间网络议程设置就发现,不同文化和政治环境中的报纸确实存在着网络层面的媒体间议程设置,即对伊拉克战争的属性议程网络在上述国家和地区的媒体间呈现出中等程度的相关性,表明国际性事件的报道具有全球化的趋势,但同时仍然保留着一定的异质性,而四个国家和地区网络媒介议程在两两之间的差异在总体上也更多地支持了政治利益而非文化差异的解释(Guo,et al.,2015)。

综上所述,我们不难发现,网络议程设置模型的主要理论贡献在于,它证实了第三层次的议程设置效果与第一层次的议题议程设置和第二层次的属性议程设置具有相当的重要性,也就是说,新闻议题及其属性并不是孤立地存在于人们的脑海中,而是需要依赖于与其他议题或属性之间的关联。与此同时,媒介间议程设置的效应依然存在,包括各类不同的媒介平台,这种媒介议程在传统层级化议程和网络议程上的相似性,实质上也证明了在建构社会议题方面,不同媒体之间依然共享了某种特定的媒介逻辑。在此基础上,对第三层次的议程设置具有研究兴趣的学者可以对最基本的网络议程设置模型提出新的思考，例如，在自媒体时代，研究者也可将包括政治家、社会组织、公共关系机构的网页和博客等在内的精英议程网络作为自变量纳入分析，考察上述社会行动者的建构是否会对媒介议程网络产生影响(Guo，2012)；以及除了前述宏观层面的网络分析之外，媒介议题网络也可以在未来研究中通过微观层面的视角展开(Funkhouser，1973)，考察议题网络之间更加细致的相互关联。

第六节　内容-受众网络：从媒介到公众的第三层次议程设置

对内容-受众网络开展的既有研究大部分证明了框架效应(framing effects)的解释力，即媒介框架对公众当中的舆论产生着重要的影响(Castells，2009；Shen & Edwards，2005)，而这种影响本身也是形成公共协商的关键组成部分(Pan & Kosicki，2001)。不难推断，新闻信息当中的语义链接也会对信息消费者产生可以预见的影响，这一方向也将成为未来研究关注的重点领域。例如，一项采用此路径的经验研究表明，媒介内容中的语义关系确实影响着受众成员的认知概念版图(cognitive concept maps)，也就是说，媒体生成的语义网络和公众舆论中的语义网络具有很高的重合性和相似性(Guo & McCombs，2011)。此类分析也为多层次地考察媒介系统中各要素形成的网络提供了一个极佳的路径和可供参照的案例。

如前所述，网络议程设置能够帮助研究者描绘出媒介议程与公众议程当中各个客体及其属性之间的相互关系。议程设置理论认为，新闻媒体对各类新闻客体和属性的显要程度(salience)判断，能够从媒介转移到公众，也就是说，媒介议程能够设置公众议程(McCombs & Shaw，1972)。自提出以来，议程设置理论就得以在世界范围内的各种社会文化情境下进行检验和拓展(McCombs，2004)。网络议程设置模型从本质上改变了我们思考媒介效果的方式，能够从媒介议程转移到公共议程的不仅有新闻当中的客体、属性等要素，还包括新闻要素之间的相互联系，即新闻媒体不仅能够影响我们思考什么、如何思考，也会告知我们应当如何建立起观念之间的联系(Vu，Guo，& McCombs，2014)。总而言之，网络议程设置理论认为，议题客体或属性之间通过相互关系而形成的显要程度将能够从媒介议程转化为公众议程。

有学者将议程设置理论的发展阶段划分为三个层次：首先，在第一层次的议程设置研究当中(first-level agenda setting)，研究者主要通过内容分析，得出新闻报道当中包括公共议题、政治人物和其他利益主题等在内的客体(objects)的重要性或显要度排序，作为媒介议程的反映，并配合公共舆论调查中得出的公众对于特定时间段当中的议题提及百分比，作为公众议程中议题重要性的测度。随后，研究者可以比较媒介议程与公众议程的排序情况，并对两类议程的相关程度作出判断。在此基础上，第二层次的议程设置(second-level agenda setting)更加关注属性方面(attributes)的显要度，特别是属性在媒介议程与公众议程之间的作用(McCombs，Lopez-Escobar，& Llamas，2000)。而作为第三层次的议程设置(third-level agenda setting)，网络议程设置(network agenda setting)理念认为，除了通过新闻客体与属性在媒体内容与公众当中的排名来反映其显要程度之外，新闻客体与属性形成的网络关系的显要程度也是能够从媒介议程转变为公众议程的(Guo,2012),也就是说,媒介议程网络与公众议程网络之间,通常都会存在着某种显著的内在关联。

通过对三个层次的议程设置理论进行比较,我们不难发现,第一层次和第二层次议程设置理论的共同点在于,它们都是对单独的客体或属性进行考察,并且二者共享的基本假定有二,其一是人们对于客观世界的精神再现是符合线性逻辑的,其二在于议题或属性显要程度的转移是分散的(Vu,Guo,& McCombs,2014)。而第三层次的议程设置与前两者的区别则是,这一范式主要着眼于意义网络当中的诸要素在整体上的相互联系。它首先突破了前两个层次议程设置理论对人类的认知再现需符合线性学习或感知的假定,认为这一过程更加接近于一种类似于网络的结构,并以"联想网络模型(associative network model)、"认知版图"(cognitive mapping)或"认知网络模型"(cognitive network model)来描绘人类的认知过程(Anderson,1983;Anderson & Bower,1973;Kaplan,1973)。其次,根据认知的有限能力模型(limited capacity model),个体会将其从新闻媒体获取的信息联系到其业已形成的联想记忆网络当中,并与相关概念建立起相对稳定的联系(Lang,2000)。

可见,该理论为前两个层次的议程设置模式当中的第二个假定提供了替代性的解释,即人们对于议题或属性显要程度的信息存储和调用可能需要通过某种联系,而非简单的分散过程。正是网络议程设置理论考察的媒介议程或公众议程的关键词网络,构成了在前两个层次当中尚未得到测量的个体认知版图(cognitive maps)。我们可以将第一层次和第二层次的议程设置研究统称为传统议程设置,而与第三层次的议程设置或网络议程设置理念进行比较(Guo,2012),其主要差别如图 6-2 所示。

实际上,无论是传统议程设置,还是网络议程设置,公众议程受到媒介议程的影响程

Traditional Agenda Setting Approach

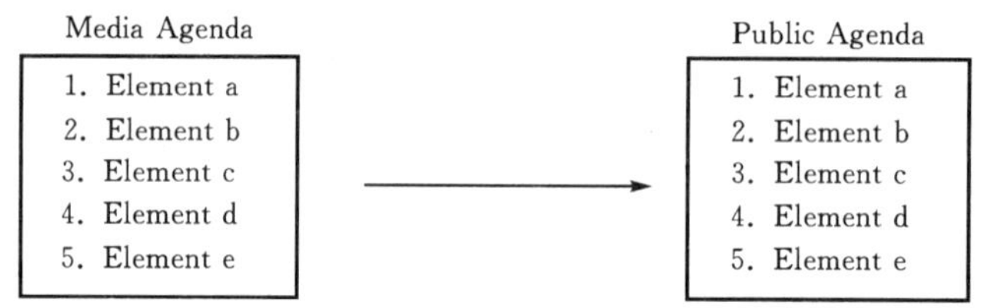

Network Agenda Setting Model

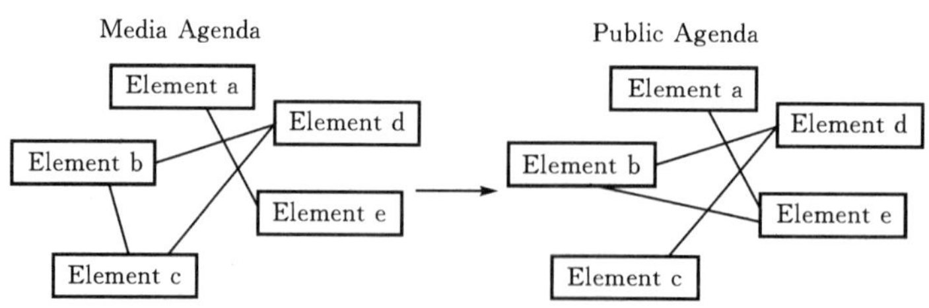

Note: Elements could refer to objects, attributes, or combinations of objects and attributes.

图 6-2 传统议程设置方法与网络议程设置模型的比较

资料来源:Guo,L. (2012). The application of social network analysis in agenda setting research: A methodological exploration. *Journal of Broadcasting & Electronic Media*, 56(4), 616-631.

度均有所差异。而决定议程设置效果大小的因素也有诸多层次的区分。具体而言，从宏观层次来看，一国或地区之内的媒介与政治系统的关系如何（Peter，2003；McCombs，2004），以及由媒介可信度带来的公众媒介接触意愿及其频率（Jackob，2010；Wanta & Hu，1994），在某种意义上将会左右着媒介议程对公众议程的影响力；在中观层面上，特定议题的性质，例如是否系公众意料之外的突发事件、冲突或危机等，亦可能对议程设置效果产生影响（Schudson，2007）；而从微观层面来看，有影响力的个体也会在不同程度上改变媒介议程到公众议程的转移路径（Brosius & Weimann，1996），甚至一些特定的议程会直接由相对积极的社会行动者转移到线上与线下的公众（Van de Donk，Loader，Nixon，& Rucht，2004）。此外，不仅大众媒介的网络议程设置能够对公众议程发挥作用，在互联网时代，伴随着受众的分化和传播结构的去中心化，传统的议程设置理论受到了越来越多的挑战（Roberts，Wanta，& Dzwo，2002），而经验研究显示，形如Twitter的社会化媒体空间内也发现了第三层次的网络议程设置效应的存在（Vargo，Guo，McCombs，& Shaw，2014）。

在具体的应用当中，一项针对中国香港教育改革议题的网络议程设置研究将新闻报道中的议题立场和媒介信息倾向均视为媒介议程与公众议程的网络结构，在此基础上，考察了不同媒体与线上及线下公众议程之间的关系。研究发现，在中国语境下，不仅存在着传统意义上的议程设置效应（如：Luo，2014），也伴随着媒介议程与公众议程在网络层面上的议程设置作用，即第三层次的议程设置。具体而言，无论是何种立场的媒体，其议程网络对包括线上和线下情境在内的公众议程网络均有不同程度的影响力。与此同时，研究也证实了媒介可信度对议程设置效果存在一定强度的作用，也就是说，网络议程设置效应是否存在，也从某种意义上取决于公众是否信任特定类型的媒体。此外，在个体层面上，媒体的议程网络也对不同年龄段的公众议程网络具有差别化的影响（Cheng & Chan，2015）。

综上所述，网络议程设置模型的创新之处主要在于，这一视角将网络分析方法应用到传统议程设置当中，通过对诸新闻要素之间网络关系图的描绘，打破了前两个层次的议程设置仅仅聚焦于议题个体层面的分析局限，能够为研究者对媒介议程与公众议程之间的关系提供更加细节化的丰富理解，特别是比较不同媒体或传播渠道下的新闻报道对公众议程的影响力有何差异。也就是说，有了网络议程设置方法的帮助，研究者不仅可以考察层级化、分散化的媒介议程和公众议程在客体和属性上的分布情况，更可以聚焦于上述要素构成的网络及该网络当中体现出的相互关系。对于数字化媒介传播时代，特别是以互联网为中介的传播情境而言，网络议程设置模型将具有其独特的优势。未来研究可以考察在互联网时代，公众议程网络能否“反客为主”地影响主流媒体的议程网络，即以公共议程网络预测媒介议程，同时将时间效应考虑在内，进一步确认公众议程网络对媒介议程网络的影响是否存在及其具体影响程度。另外，区分“外显公众议程”（explicit public agenda）与“内隐公众议程”（implicit public agenda），并对后者进行可操作的测量与预测，也将成为未来网络议程设置研究的焦点议题（Cheng & Chan，2015）。研究者指出，较之外显公众议程而言，媒介议程对内隐公众议程的促进作用可能更大（Guo，2012）。特别需要注意的是，在很多情况下，第三层次的议程设置效果可能会与前两个层次，即传统议程设置效应同时存在，那么，区分并比较三个层次的议程设置效果，也应当引起未来研究的重视。

第七节　受众-内容网络：两级传播与选择性接触的拓展理论

传统媒介效果理论中的两级传播理论(the two-step flow of communication)假定，媒介信息并不是通过信息渠道直接到达受众的，而是由一群特定的细分受众成员将媒体传播的理念再次送达到公众的，这些起到二次传播作用的受众被称为“意见领袖”(opinion leader)(Katz，1957；Katz & Lazarsfeld，1955)。如果我们使用网络分析的术语重新表述两级传播理论，就会发现，这一理论描述的基本是一个信息扩散(diffusion)的过程(Valente，1996)。我们将会看到，那些在网络中居于中心、拥有大量外部连接的节点就是意见领袖，他们将从媒体当中挑选出有传播价值的理念或信息，再进一步通过他们的人际网络，将这些信息二次传达出去。因此，两级传播理论为开展媒介受众对内容进行扩散的网络分析提供了最为基础的理论框架。

与之相似，选择性接触(selective exposure)是一种广泛存在于受众-内容网络中的现象，且作为一个富有概括力的概念，选择性接触一直是传播研究当中的一个核心关键词，也成为受众-内容网络分析的重要传播理论资源之一。选择性接触现象在社会化媒体时代可能会进一步加剧，因为在 Twitter 等社交媒体平台上，用户能够看到何种内容，在很大程度上取决于用户自身决定关注哪些个人和账号，久而久之，用户将会根据自己的话题讨论对象而形成网络集群，这种集群现象的产生也与用户本身更加地依赖与自身观点相似的子群、枢纽节点以及话题内容有关，最终导致选择性接触集群(Selective Exposure Cluster，SEC)的形成，使社交媒体用户之间的互动逐渐变得碎片化，并局限于日益分化的群体内部。

选择性接触这一概念最初被用来描述个体在人际传播和新闻消费的过程中，倾向于选择与自身价值观相似的信息的现象和趋势(McPherson，Smith-Lovin，& Cook，2001)。然而，一般来说，理论界倾向于认为，能够跨越意识形态壁垒的信息接触将是更加有益于社会的(Calhoun，1988；Habermas，1989；Mill，1956)。通过了解多元的信息，能够帮助人们纠正错误理念，包容另类观点，并促进公共领域当中更大范围的互动讨论及参与。起初，研究者对于互联网这一新兴技术能够有效地打破选择性接触，进而产生促进民主的作用充满信心(Hauben & Hauben，1997；McKenna & Bargh，2000；Shapiro，1999)，有相当一部分经验研究发现了与互联网空间中用户选择性信息接触相反的结论，例如一些用户偏好和持有不同观点的其他用户讨论与自身立场相左的政治议题(Kelly，Fisher，& Smith，2006)，但更多时候，研究者发现，由于互联网同时赋予了人们对持有不同观点的个人或信源采取不同回应措施的选择权，社会网络当中的个体节点往往会优先选择与其相似的其他节点进行联结(Gergen，2008；McPherson，Smith-Lovin，& Cook，2001)，尽管人们在社会化媒体环境当中可以接触到更多数量的信源，同时也不会有意识地回避与持不同观点者的接触，但却会避免看到网络空间中的不同意见(Holbert，Garrett，& Gleason,2010;Garrett,Carnahan,& Lynch,2013;Parmelee & Bichard,2012),致使其观点变得进一步窄化(Sunstein,2007),最终导致碎片化的互动、分散化的集群以及日益增长的意见极化,包括超链接交换关系仅存在于政治立场相似的博主之间(Hargittai,Gallo,& Kane,2008),以及社交媒体用户更加偏好于关注、提及和回复持有相同政治观点的其他用户等。

社会化媒体空间中的社会网络,主要建立在用户之间通过信息交换而形成的社会关系之上,例如表现为关注关系的“订阅”行为,以及以“@”形式建立的提名网络和“#”形式的关键词(hash tag)网络等。一旦用户之间产生了信息交换关系,也就意味着他们已经暴露于彼此营造的信息环境当中,即产生了对信息的接触。进一步地,用户的传播网络也将随着话题的不同而呈现出诸多差异化的形态,研究者也能够对话题网络(topic network)进行更加深入的探索,即用户在一段时间内,以特定的关键词或超链接为标识,针对特定话题分享观点的子群体。从某种意义上讲,话题网络是社会化媒体环境下用户传播行为的文本性边界(contextual boundary)(Himelboim,Smith,& Shneiderman,2013)。另一方面,集群是信息接触产生的个体性边界(personal boundary),而所谓集群(cluster),是指网络当中内部联系较外部更为紧密的子群体(subgroup),可以通过一系列的算法进行识别(Carrington,Scott,& Wasserman,2005;Newman,2004)。

有关选择性接触的经验研究大多使用问卷调查法来收集数据(如:Chaffee,Saphir,Graf,Sandvig,& Hahn,2001;Stroud,2008),包括向受访者询问其态度、政治立场以及媒介消费形式等(如:Gil de Zúñiga,Correa,& Valenzuela,2012;Hwang,2010);其次为实验法(如:Warner,2010;Knobloch-Westerwick,2012;Knobloch-Westerwick & Meng,2011)和访谈法(Stromer-Galley,2003)。上述方法在某种程度上局限了有关选择性接触现象数据收集的外部效度,而网络分析方法,特别是采用社会化媒体当中的海量数据开展的用户-内容网络分析,则将通过计算用户之间的相似性指标,建立起社会群体边界的量化标准,从而在一定程度上弥补了传统意义上采用调查法考察用户自报告选择性接触可能在引入记忆偏差和误差方面存在的局限,提高了研究的内部与外部效度;更重要的是,采用子群而非个体作为分析单元,能够区分更受欢迎的枢纽节点和普通用户,并从本质上获取基于用户信息接触的直接数据(Han,et al.,2010)。对经验数据的分析表明,对于2012年美国总统国情咨文这一议题而言,Twitter用户在讨论的过程中,会依据不同的政治立场形成分化;在每个选择性接触集群当中,枢纽节点的意识形态保持相对稳定;而在讨论的过程中,使用较多的关键词、超链接和提及人名也清晰地体现了不同集群的分野和边界(Himelboim,Smith,& Shneiderman,2013)。

与早年类似研究中使用的“回声室效应”(echo chambers)隐喻相似,对信源的选择性接触会带来碎片化的人际互动、彼此分隔的集群以及更加窄化的信息与观点(Sunstein,2007),需要通过异质性的网络联结来避免上述现象的进一步加剧。然而,根据不同意识形态而形成的选择性接触集群依然存在于以Twitter为代表的社会化媒体空间当中,且与既有研究的发现一致,Twitter用户依然倾向于接触那些加强自身原有观点的信息(Iyenger,Hahn,Krosnick,& Walker,2008)。研究者认为,这可能与保守派的用户缺乏对传统新闻平台的媒介信任有关(Himelboim,Smith,& Shneiderman,2013)。用户会优先选择与同属于一个集群的其他用户建立联系,导致其接触外部集群或对立阵营的观点相对不足,且延循既有研究的发现,Twitter 用户对 2012 年美国总统国情咨文的议题传播也呈现出选择性接触高于选择性回避(selective avoidance)的趋势(Garrett,2009;Garrett,Carnahan,& Lynch,2013;Parmelee & Bichard,2012)。总之,选择性接触集群反映了人们通过对信息的自行选择和社会互动而自然形成的边界,这种边界由个体的即时互动产生,并产生了一般意义(如:社会分层)之外的社会区隔。作为一种理论和方法,选择性接触集群可以广泛应用于政治传播、健康传播、国际传播等诸多领域,采用这一理论和方法的研究也将成为未来可供传播学研究者在受众-内容网络分析当中探索的方向之一。

第八节　媒体-受众网络:受众重叠与受众分化理论

从媒介理论的发展来看,一系列传统传播理论在媒体-受众网络中都得到了进一步的拓展。首先,我们可以以使用与满足(uses and gratifications)理论为例,勾勒出媒介平台和满足类型的二分网络(bipartite network)图景:如图 6-3 所示,媒介之间的连线代表着它们被受众共同选择的关系;同理,满足类型之间的连线也反映了各类需求同时满足同一受众的可能性。而媒介与满足类型之间的连线,则表示受众将通过哪种特定类型的媒体来满足其特定形式的需求。这样,通过图中媒介平台之间的网络、满足类型之间的网络和媒介-满足类型之间的网络,研究者将能够在媒介平台极大丰富的社会场景下,建立起对使用与满足理论的补充解释。

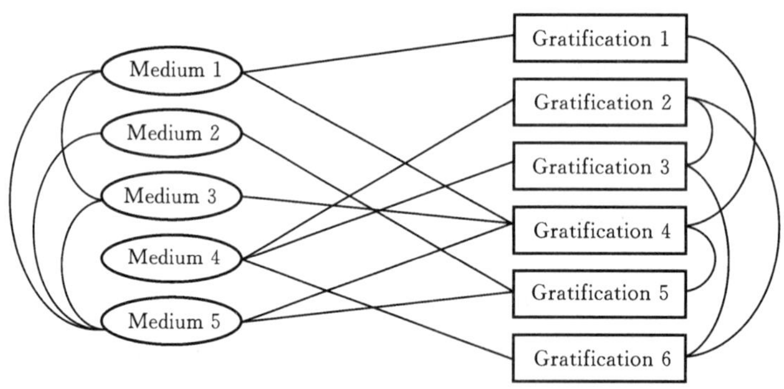

图 6-3　媒介平台使用与满足类型的二分网络

注:图中网络关系无方向性区分。

资料来源:Fu,J. (2016). Leveraging social network analysis for research on journalism in the information age. *Journal of Communication*, 66(2), 299-313.

除此之外,网络分析还为议程设置研究提供了新的有效工具(Ognyanova & Monge,2013)。那些有能力影响其他媒体和受众议程优先级别的新闻来源可以通过其链接模式来进行评估。例如,有一项研究考察了《纽约时报》和《华盛顿邮报》设置政治新闻议程的能力。这项研究发现,尽管主流媒体并不是线上影响力的唯一来源,但仍然是网络当中主要的议程设置者(Meraz,2009)。而世界系统理论(world system theory)的相关研究也能够与媒介机构-受众网络相结合。这类研究通过考察信息的跨国流动(Park,Barnett,& Chung,2011),考察不同国家之间的互联网链接结构和通信网络结构,能够识别出为第一世界的富裕经济体保留优越位置的中心-边缘结构(Barnett,Jacobson,Choi,& Sun-Miller,1996)。世界系统理论也可以应用于分析特定媒体会格外关注哪些其他国家的外交新闻中(Chang,1998)。由于传播研究者往往不以国家为分析的核心单元,因此,此类分析在未来的研究中将有较大的发展空间。

在媒介研究领域,有大量的既有范式为分析受众与媒体之间的关系提供了必要的理论视角。其中,媒介系统依赖(media system dependency)理论认为,受众是为了获取信息而依赖媒介,例如理解其生活的周遭环境、习得社会规范以及通过娱乐来逃避日常生活压力等(Ball-Rokeach,1985;Ball-Rokeach & DeFleur,1976)。与之相似,使用与满足理论(uses and gratifications)则强调,信息消费者是为满足自身的需求,产生了对于特定媒体或媒介机构的选择和偏好(Katz,Blumler,& Gurevitch,1973)。

上述理论能够解释受众对媒介的选择和偏好动机。而对于由受众对媒体的选择而形成的媒介系统跨层次网络而言,传播基础设施理论(communication infrastructure theory,CIT)能够用于同时考察受众的个体社会连带及其与媒介组织连带的分析(Ball-Rokeach,Kim,& Matei,2001;Kim & Ball-Rokeach,2006)。这一理论的总体框架建立在媒介系统依赖理论的基础上,它主要考察了人际互动与经过媒介中介的互动如何影响人们的公民行动(Ball-Rokeach,Kim,& Matei,2001),并为考察社区当中包括本地居民、组织和媒介平台在内的轶闻网络(storytelling network)整合系统提供了一个多种方法相结合的整体性路径(Ognyanova & Monge,2013)。传播基础设施理论假定,人际社会连带和个体的媒介参与能够进一步地促进人们的社区公民参与。而对于本地讲叙网络来说,将居民联系起来的社会网络以及体现居民媒介偏好的隶属网络都在结构上发挥着非常重要的积极作用。

在本节,我们主要探讨受众跨媒体接触行为产生的受众重叠与受众分化理论。受众的跨平台媒介使用行为,在近年来受到了越来越多传播学者的关注。其中,一些研究者采用网络分析范式,将受众的多种媒介使用建构为以媒介平台为节点、以受众重叠数量为边权重的网络,进一步从中分析受众分化、媒介公众、受众极化等受众行为及其结构性模式,并据此发展出受众重叠(audience duplication)的概念及其测量(Ksiazek,2011)。受众重叠这一概念的提出可以追溯到1945年(Webster,2006),而学术界开始系统考察受众重叠现象则开始于1969年(Goodhardt & Ehrenberg,1969),并引起了传播学者的广泛兴趣(Cooper,1996;Eastman,Newton,Riggs,& Neal-Lunsford,1997;Ksiazek & Webster,2008;Webster,1985,2006;Webster & Lin,2002;Webster & Wang,1992)。受众重叠现象之所以开始再次进入传播学的研究视野,是因为近年来媒介受众的注意力不断被日益增长的新生媒体及其中产生的内容所抢夺,而网络研究工具的发展也使跨平台行为数据有了被研究的可能。

从概念上来讲，受众重叠在广义上是指两个媒介平台共享用户成员的程度，而这一概念可以采用网络数据、网络术语和网络参数来反映和判别。也就是说，在媒体-受众网络中，媒介平台是网络中的节点，而它们之间的重叠程度是网络的边，其权重取决于两种媒体受众重叠的程度。进一步地，研究者定义了两个媒体之间“期望重叠”(expected duplication)的关系指标，即将媒体 A 与媒体 B 到达率的乘积视为受众重叠的期望值。在具体的操作当中，两个媒体之间的关系往往会根据受众重叠的观察值是否超过期望值来定义，即将高于期望值的受众重叠关系记作 1，而将低于期望值的情况记作 0。如图 6－4 所示，这一由广播、有线电视频道和互联网公司构成的媒体网络示例包含了媒体-受众网络的基本要素，其中也呈现出可供传播学者深入研究的问题。例如，两种媒体之间的主要受众重叠(primary audience duplication)通常以百分比来反映，即在媒体 A 的受众当中，有多大比例同时是媒体 B 的受众(Ksiazek，2011)。而表 6－1 则是主要受众重叠程度百分比矩阵的数值化表达，这是一个非对称矩阵。其中，单元格中的数值越大，表示两种媒体之间受众重叠的关系越强，反之亦然。

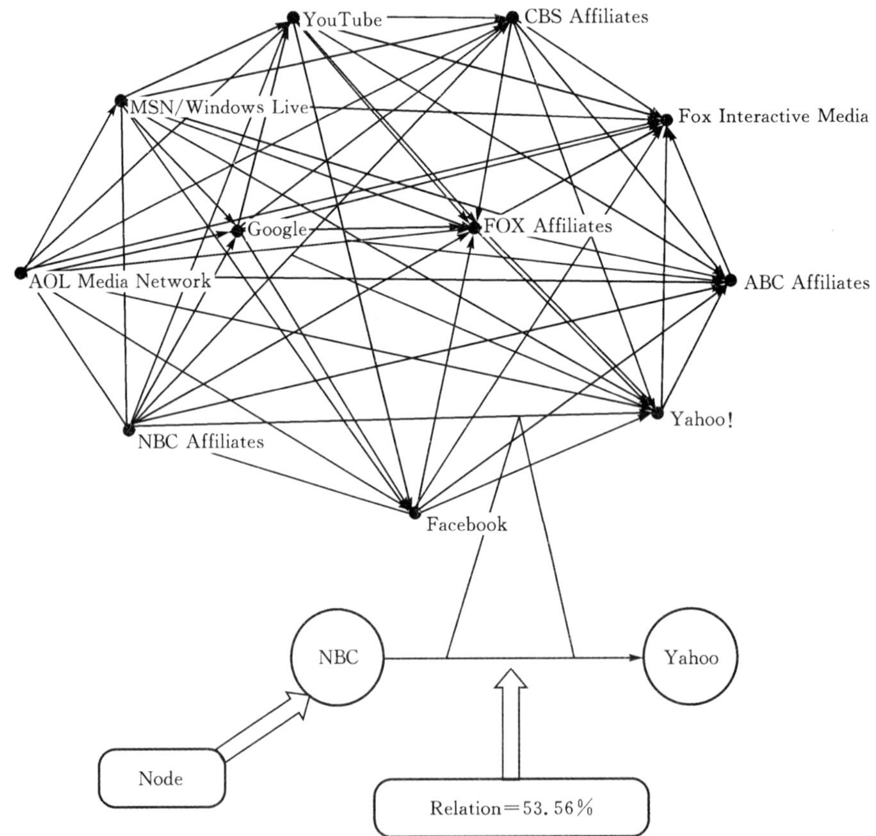

图 6－4　电视频道和互联网公司受众重叠关系的媒体网络

数据来源：尼尔森电视/互联网融合面板数据，2009 年 3 月。

图片来源：Ksiazek，T. B. (2011). A network analytic approach to understanding cross-platform audience behavior. *Journal of Media Economics*，24(4)，237－251.

表 6－1 媒体主要受众重叠的矩阵示例

	ABC	NBC	CBS	Facebook	Google	Yahoo!
ABC	100.00	90.62	90.66	31.31	61.37	53.44
NBC	90.00	100.00	90.92	30.89	61.50	53.56
CBS	89.56	90.45	100.00	30.52	60.75	53.03
Facebook	85.98	85.44	84.09	100.00	92.82	78.09
Google	83.95	84.72	84.12	46.23	100.00	72.88
Yahoo!	84.15	84.92	84.52	44.77	83.89	100.00

数据来源：尼尔森电视/互联网融合面板数据，2009 年 3 月。

资料来源：Ksiazek，T. B. (2011). A network analytic approach to understanding cross-platform audience behavior. *Journal of Media Economics*，24(4)，237－251.

不同于主要受众重叠，绝对受众重叠(absolute audience duplication)作为受众重叠现象的另一重要概念，反映了对于这一概念更为普遍的处理方法，其定义为总体受众当中有多大比例同时从属于给定两个媒体的受众(Ksiazek，2011)。绝对受众重叠既可以采用矩阵化的表达，也可以针对每对媒体分别测定，但在前者当中，该矩阵表现的是一个对称网络(如表 6－2 所示)。

表 6－2 媒体绝对受众重叠的矩阵示例

	ABC	NBC	CBS	Facebook	Google	Yahoo!
ABC	100.00	82.33	81.99	29.79	54.93	48.55
NBC	82.33	100.00	82.96	29.35	55.36	48.90
CBS	81.99	82.96	100.00	28.61	54.50	48.33
Facebook	29.79	29.35	28.61	100.00	44.63	39.78
Google	54.93	55.36	54.50	44.63	100.00	63.93
Yahoo!	48.55	48.90	48.33	39.78	63.93	100.00

数据来源：尼尔森电视/互联网融合面板数据，2009 年 3 月。

资料来源：Ksiazek，T. B. (2011). A network analytic approach to understanding cross-platform audience behavior. *Journal of Media Economics*，24(4)，237－251.

与受众重叠相对应的另一现象是受众分化。随着媒介消费的分化趋势日益明显，“长尾分布”(long tail distribution)的现象开始越来越多地出现在人们的媒介使用行为当中(Anderson，2006)，但媒介选择的增加是否必然带来受众的分散，成为媒介效果研究者争论的焦点所在。大部分研究者认为，媒介内容的丰富不一定意味着无休无止的受众分化。例如，有学者发现，媒介选择越丰富，人们对媒介内容的专注程度往往也更高(Yim，2003)；相应地，尽管美国电视受众的分化程度较从前而言更高，但人们展现出的注意力并未因此下降(Webster，2005)；相对于选项更少的报纸而言，可选择范围较大的互联网却能够使人们更加专注(Hindman，2009)。与此同时，也有研究表明，长尾现象依然存在于网站等媒体当中，而受众专注程度的提高可能成为与受众分化相伴共生的现象（Elberse，2008；Hindman，2009）。上述互相竞争的现象和观点大多源自以媒介为中心的受众重叠与受众分化研究，而网络分析视角的加入，也将带来以受众为中心的回归，从而更全面地回答受众究竟在何种程度上产生了重叠或分化、其结果如何等问题，并对受众分化的原因提供结构化的解释。

一项建构起媒体-受众网络，并对其展开实证分析的经验研究表明，2009年，美国受众在媒介选择行为上，呈现出更多的受众分化趋势，即媒体之间共享受众的平均水平较低，整个媒介网络呈现出去中心化的趋势。这一结论对于彼时的媒介营销、政策制定等议题而言，均产生了不同层面的实践意义，例如，广告主更适合选择分散化而非集中化的投放方式，而政策制定者也可以针对各类媒介阵列均缺乏“领头羊”角色的现状，有的放矢地进行产业布局调整（Ksiazek，2011）。

第九节　层次间网络：作为中介物的技术与传播边界重构

随着全球化历程的日益深入，以互联网为代表的传播技术对媒介景观的重构，不仅体现在全球范围内的信息流动当中，也体现在媒介机构与内容生产对“边界”的突破上。在考察这些边界时，国家和地区的地理界限是首当其冲的要素之一。由于全球化的进程为跨国联结带来了更大的可能性，在当下，国家与地区之间的政治、经济与文化行动彼此交织，形成一个“利益之网”，一个“彼此重叠的命运共同体”（Held，2004）。在这样的社会文化情境下，新闻的流动与网民的在线讨论都将发生一系列的变化，与之相伴的是兼有信息生产与公共讨论两种属性的自媒体在全球范围内的兴起和发展，而具有上述功能的自媒体不仅为传统新闻业带来了挑战，也日渐成为对公共事务具有表征和影响作用的一种新型政治力量（Reese，Rutigliano，Hyun，& Jeong，2007）。因此，通过专业新闻人自媒体、公民记者自媒体等形式的网络载体，传播研究者将能够管窥在线新闻生产、在线讨论、新闻常规等一系列现象的变化及其彼此联结的内在结构，深入考察网络意见极化等一系列富有理论与现实启示的典型现象。

专业自媒体与公民自媒体之间的联结关系将产生特定的联结模式。与此同时，上述自媒体当中的内容也将与联结模式产生某种关联。自媒体之间通过超链接、转引等关系形成的网络，不仅可能挑战国家或地区之间原有的意识形态疆界，也可能产生大量国际信息流动，而这也是近年来传播学者最具兴趣的领域之一。研究者指出，考察形如博客等形式的自媒体，应当将其放置在更为广阔的全球新闻传播变迁语境下进行考察，因为在全球化时代，媒介受众或互联网用户已经无法满足于仅在特定地区或国家内部搜寻并获取信息。这不仅与互联网时代人们新闻信息获取方式的改变有关，也是技术中介传播改变了原有的新闻提供者与受众之间传统关系的结果。互联网和其中层出不穷的自媒体平台不仅加快了信息流动的速度，扩大了信息能够到达的范围，使信息更易理解，同时还为人们带来了更多参与信息生产的机会，即一种所谓的“去区域化”（deterritorialized）的新型传播格局（Reese，Rutigliano，Hyun，& Jeong，2007）。在这样的格局之下，国家不再是唯一的参照系，而是引入了更多的复杂考量要素，使互联网空间当中的信息获取逐渐突破了地理意义上的界限，也打破了媒介系统与国家共同体的传统关系。与此同时，人们对传播机构的隶属关系也超越了地理上的接近性，促使信息交换作为一种参与行动，构成了全球公共领域的组成部分（Morris & Waisbord，2001），也使得全球化在本质上作为一种开放框架的意义得到彰显（Giddens，2002）。

然而，去区域化的技术中介传播是如何形成的，其具体程度究竟如何，仍然需要建立在经验材料基础上的实证研究展开探索并进行回答。例如，由博客这一自媒体彼此联结而形成的"博客空间"（blogosphere）这一概念，能够在多大程度上体现出具有理性论辩和对话潜力的公共传播理念（Habermas，1989），以及鼓励和放大公众对话的新闻业规范化理想（Carey，1989），就需要将互联网视为一种"中介化的空间"（mediated space），对其中的多种声音进行系统的考察。公众的对话不仅可以被新闻业所反映，同时还可以与专业媒体人进行再次"对话"，并将这种对话再现到公众的自媒体话语生产当中。因此，研究者建议，在分析自媒体平台可能具有的公共性时，应当对公共领域进行拓展性的再定义，同时分析其中由媒体和公众构成的自媒体节点（Reese，Rutigliano，Hyun，& Jeong，2007），并由此考察更为广义的公共表达。

传播技术对新闻生产的边界重塑研究可以追溯到早期新媒体对新闻实践与职业认同变迁的影响研究当中（如：Allan，2002；Deuze，2004）。彼时，互联网空间中的新闻实践被概括为超文本性（hypertextuality）、多媒体性（multimediality）与互动性（interactivity）等一系列技术特征，正是这些技术特征带来了新闻信息在本质上的变化，并将一种开放、对话式的新闻文化（journalistic culture）从职业群体传递给作为互联网用户的受众（Deuze，2003）。通过这样的方式，新闻专业主义自身的本质被技术所重构，并进一步与公民传播相融合，带来了更加广泛且"液化"（fluid）的新闻对话和一种全新的全球公共领域（global public sphere），其特征就是信息传播边界的重构和转移（Habermas，1992），而这一边界既包括新闻生产的专业边界，又指向某种政治意义上的边界，更重要的是一种地理意义上的边界。可见，"边界"在实际的理论考察和操作化当中，包含了多个维度的构成要素，并且这些要素直接亦可能产生彼此影响、彼此制约的内在关系，而对媒介机构与传统意义上的受众或互联网用户之间的传播关系形成的层次间网络的考察，其意义正在于揭示多重边界的生成、结构及其可能产生的社会影响。

首先，专业边界的变迁指向从专业的新闻生产到公民传播的对立与统一，两种传播类型之间界限的模糊共同构成了生成中的"网络公共领域"。从某种意义上来讲，专业媒体与非正式、非传统的公民信息平台之间的界限可能是"边界"当中最重要的一组概念。区别于传统意义上的"主流新闻业"（mainstream journalism），赛博空间当中更大范围内的自媒体网络既可以是专业的，也可以由业余的新闻"爱好者"（amateur）组成。二者的区别主要在于，专业新闻机构的自媒体平台依然遵照新闻行业的既有规范，由受过正式训练的记者生产信息，自身更具机构化的权威和清晰的意识形态立场，且隶属于具有稳定经济来源的媒介组织，组织会对媒介内容进行把控，读者一般需要注册或付费才可享受其内容服务；而公民新闻平台则脱胎于在公共话语当中主动寻求观点表达的个体或群体，对新闻生产常规和商业利润的要求相对较低,但能够通过在线留言等形式,弥补传统新闻业信息生产者与消费者之间在沟通对等性、及时性、联结性等方面的不足,继而促进网络互动、对话、参与和再次传播的产生。尽管网络有时被视为传统新闻媒体的竞争者和"反公共领域"(counter-sphere),且在内容生产方式及来源上对传统新闻机构有较大程度的依赖性(Wall,2005),但更多的观点则认为网络社区作为传播基础设施(communication infrastructure)拓展类型中的一种,能够成为专业新闻生产的有效补充。

其次,政治领域的边界变迁指向了超越意识形态阵营的各种传播关系的建立,即一种对"回音室效应"(echo chambers)的反思。具体而言,全球化的悖论之一在于,其在加速了物资和信息的跨国流动之际,又生成了更加分散的更小的文化、政治和种族社区。相应地,网络社区也进一步地加强了互联网空间中各类群体在政治和文化上的分化,使得拥有相似立场的个人得以聚集,相似的立场和观点能够产生更多的联结,并得到更多的交流。这种类似于"近亲繁殖"与意见极化的传播景观不仅出现在一般意义上的网络公众当中,专业新闻人的在线链接与讨论网络也呈现出这一规律(Singer,2005)。而这在本质上,将对社群和公共领域的健康发展带来不利影响。最后,传播自身的去区域化和全球公共领域将使我们有机会观察到网络空间中的传播关系具有超越国家界限的潜力。这种潜力不仅来源于全球重要主流媒体拥有了越来越多的跨国受众和在线互动用户,同时也在于新闻内容生产关注对象的日益国际化(Reese,Rutigliano,Hyun,& Jeong,2007)。

在上述理论框架下,既有研究发现,在以美国为例的主要自媒体与其通过超链接形成的网络当中,公民传播者占据着网络结构中的主导地位,但同时也对专业新闻网站和媒体机构的报道有较大程度的依赖,因此难以形成对现有媒体结构的挑战,并从某种程度上加强了专业媒体对新闻报道的规范。不过,无论如何,网络空间通过对专业新闻人与公民记者的声音相结合,打破了传统新闻生产流程中的身份边界,拓展了公共领域的范畴。而对于政治边界而言,自媒体本身的清晰政治立场使得回音室效应依然在网络空间当中广泛存在。从地理边界来看,国家的界限尽管拥有被打破的趋势,但这一趋势仍然是局部的,公共领域更多存在于国家内部(Curran,2002;Schlesinger,2000)。总之,此类研究在未来需要解决的难点依然是层次间网络节点名单的确定标准,以及以更为丰富的技术手段,解决仅考察网络当中一个较小子集可能带来的一系列问题,尝试以全局数据展开分析,以做出更为全面和准确的解释。另外,相关研究也可以重新思考职业群体与公民之间的身份分野,即当知识和权威不再被"局内人"所垄断的时候(Castels,1996),公共领域的规范性期待将呈现出何种变化,亦将成为可供未来研究进一步考察的切入点。

第七章　传播网络分析的网络理论

Monge 和 Contractor(2003)在对社会网络研究进行了多理论多层次模型的分析框架总结后，讨论了社会网络中一系列有代表性的传播规则，包括："我努力使我的传播代价最小化"(自利理论)；"我努力使我对其他人的传播的集体价值最大化"(集体行为理论)；"我努力在与我传播的人中保持互动平衡"(平衡理论)；"我更倾向于与拥有我所需要的资源或者需要我所拥有的资源的人传播"(资源依赖理论)；"我更倾向于与过去曾经与我互动过的人传播，以实现互惠"(交换理论)；"我更倾向于与那些与我相似的人传播，并且不太可能与那些与我不同的人传播"(同质理论)；"我更倾向于与那些在物理上接近或通过电子方式易接近的人传播"(接近理论)和"我更倾向于与人传播来提高我的适应性"(协同演化理论)等。上述理论被社会学家认定是人们建立、保持、解散和重建传播网络的重要动机，可以被视为解释传播网络现象的网络理论的代表。关于传播网络理论的详细介绍，读者可参阅相关书籍的进一步讲解(如：Monge & Contractor,2003)。

在本章中，我们将重点介绍近年来在以媒介要素为网络要件的经验研究中广泛使用并具有理论拓展空间的网络理论，包括组织生态、择优连接、内源性动态网络效应、阈值/门槛模型、级联/瀑布模型、社会影响理论、信源-权威-枢纽模型等。需要指出的是，这些理论尽管被统称为"网络理论"，但从理论源头和应用情境来看，大多数解释媒介网络的理论体系与社会理论和传播理论密不可分，同时也对计算机科学领域的网络模型有所借鉴，因此，读者在理解和使用以下理论时，还应当结合研究开展的具体现象和场景，对自然科学和社会科学的相关理论体系追根溯源，以充分了解此类网络理论的基本假定和发展脉络。

第一节　媒介机构网络：组织生态与择优连接

组织间网络一直是社会学领域和组织理论关注的重要研究对象(Baum,2002)，因此，网络理论往往能够成为传播学者考察国家间新闻流动和其他关系网络时建立解释的有机补充(如：Himelboim,2010)。在社会科学领域的现有体系下，适用于媒体或媒介机构之间的网络理论主要包含资源依赖理论(resource dependency theory)和社会交换理论(social exchange theory)两大类(Blau,1964;Emerson,1962)。这些理论从供给与需求关系、物质与信息资源的交换等方面，为组织间的互动关系提供了可能的解释(Monge & Contractor,2003)。

对于考察动态的媒体间网络而言，演化与生态理论(evolutionary and ecological theories)提供了一些大有裨益的分析视角(Monge,Heiss,& Margolin,2008)。顾名思义，演化理论是关乎网络中组织的产生、发展、变迁、衰落与消亡等一系列变化的理论(Baum,2002),而生态理论则聚焦于组织成员的"人口"(population)构成,以及这些成员所处的资源环境(Aldrich & Ruef,2006)。这类理论假定,包括媒介机构在内的组织成员之间是相互依存的,他们之间既有竞争,也有合作。这些理论将进化论视角引入网络分析,并将其运用于媒介研究领域,其意义在于为注意力这种稀缺资源的媒介间动态的竞争性互动提供了分析工具(Ognyanova & Monge,2013)。在运用了生态视角分析媒介组织间网络的研究中,需要提到一项以生态位理论(theory of the niche)开展的研究(Dimmick,2003)。这项研究创造性地通过生态位理论,定义了需要纳入分析的媒介组织网络节点及其构成情况。那些竞争同样资源的媒介组织,将占有同样的生态位。而被媒介组织竞争的资源则包括信息消费者的时间和金钱、广告收入、能够为受众提供的满足类型以及媒介内容(Ball-Rokeach & DeFleur,1976)。相似地,社群生态(community ecology)理论提供了理解组织间互动关系随外部环境而不断变化的基础(Ruef,2000),能够帮助传播学者建立起理解媒介机构之间由超链接等关系形成的社会网络所反映出的合作关系、信息扩散路径和网络结构位置的历时性变化,以及媒体如何将超链接视为一种沟通工具而通过在线生态系统(online ecosystem)形成的组织间动态关系网络演变的轨迹。既有研究表明,从社群生态的视角出发,超链接关系能够促进媒介机构之间的信息共享和知识交换,同时,媒体间的超链接在吸引网络流量等方面也发挥着积极的作用(Weber,2012)。

另一种考察组织间网络动态的分析视角则引入了进化机制中的"V－S－R"过程。在这一过程中,V代表"变异"(variation),指代了变动产生的可能性;S代表"选择"(selection),是指接受或拒绝关系产生的几率;R则代表"保留"(retention),它描述了随着时间的推移,一些对变化的某些选择持续地保存下来。这三种机制共同构成了社会-文化进化的基本过程,它们既可以作用于组织的个体层面,也可以运用于组织间网络的成员构成分析,还能够解释网络全局层面的某种动态机制(Campbell,1969)。具体到考察媒介组织间网络的情境当中,媒体之间的伙伴关系和合作关系是变化产生的重要来源,其中的一些关系将被选择和保留下来(Monge,Heiss,& Margolin,2008)。我们知道,在社会网络分析当中,定义成员名单的"边界"及其合理性阐述一直是十分困难的,有时候,一些网络中应当包含的重要成员常常不会及时地出现或被发现。因此,进化论的研究框架为这一难题的解决提供了可能性(Ognyanova & Monge,2013)。

此外,择优连接理论(preferential attachment theory)也是考察网络当中镶嵌资源的不平等对网络结构动态影响的常用网络理论之一。这一定理(theorem)认为,在一个规模较大的网络当中,新的连接会倾向于优先选择那些已经具有较多链接即具备结构性优势的节点进行联系(如:Wu,2000,p. 127)。例如,在前文探讨过的国家间新闻信息流动网络当中,那些网络中已经与更多其他国家建立了联系的国家,将更可能获得更多的关系连带,以更快地增加自身在网络当中的连通性(connectivity)指标。择优连接理论从本质上类似于在网络理论当中得到大量验证的"富者愈富/马太效应"(the rich get richer)机制,尽管互联网为信息流动提供了平等主义的可能性,但各国信息之间的自由竞争最终将导致大规模网络的结构失衡,即个体的中心度(degree)也就是与其直接相连的节点数量分布不均，产生少数节点拥有大量连接，而大部分节点连接较少的幂律分布（power-law distribution）局面。这种分布形态在既有大量社会网络当中都广泛存在（如：Barabási, Jeong, Néda, Ravasz, Schubert, & Vicsek, 2000; Faloutsos, Faloutsos, & Faloutsos, 1999; Huberman & Adamic, 1999; Newman, 2001），可以用作分析国际信息流动网络的不均衡分布时采用的网络理论解释。经验研究表明，择优连接这一网络理论能够成功地预测经互联网技术赋权的国际信息流动网络，包括具体的信息流动方向、模式、各个国家中心度的偏态分布等（Himelboim, 2010）。信息通常会从核心国家流出，再流入半边缘和边缘国家，与此同时，核心国家的新闻机构也更加倾向于在彼此之间建立联系。

需要特别指出的是，媒体网络中的成员既可能从网络中获益，赢得获取利润的机会、更大的生存机会和信息流动的学习机会等，也可能受到某些特定类型的网络关系造成的不利影响（Gulati, Dialdin, & Wang, 2002）。例如，媒体一旦在组织间网络中处于不利的位置，就会被有价值的资源排除在共享名单之外（Monge & Contractor, 2003）；同时，过于密切的网络连带也会产生负面的效应，使网络中的成员无法发现网络之外可能存在的新机遇（Uzzi, 1997）。

第二节 媒介内容网络：媒介内容与复杂网络理论

除了新闻文本当中的语义关系之外，对在线新闻而言，新闻当中为关键概念、事件、人物等插入的超链接不仅有助于读者更好地阅读和深入探索新闻故事，也为网络分析研究者带来了可供探索的新领域。具体而言，在网络这一灵活的技术平台上为新闻插入超链接，将使新闻更具事件驱动性（event-driven）和情境性（contextuality）；而由于这些带有超链接的关键词本身有着某种高于其他词语的重要性，相应地，对这些关键词之间的链接网络展开分析，也将揭示出一般文本之外的深层次结构。

建立在超链接基础上的关键词链接网络，不仅可以被视为语义网络，同时更反映了关键词页面之间构成的网络拓扑结构。因此，在以关键词超链接为代表的媒介内容网络当中，复杂网络理论的运用变得更为常见，包括网络演化理论、网络增长理论等（Barabási, 2003; Barabási & Albert, 1999; Watts, 1999）。研究者们认为，如果新闻之间的内部与外部链接关系与更大范围的网络有着某种增长模式上的相似性，那么，运用网络理论对新闻链接展开预测将成为可能，包括回答新闻链接网络是否符合网络整体的增长规律，以及哪些新闻将得到更多的链接等问题（Tremayne, 2004）。由于在全球范围内，从新闻文本内容构成上来看，整个新闻业越来越多地践行着"重阐释、轻事实"的理念（Schudson, 1982），随着技术的发展，情境性因素将越来越多地占据事实驱动型新闻的篇幅（Nerone & Barnhurst, 1995; Steele & Barnhurst, 1996）。新闻研究者们推断，这种趋势既可能使独立的新闻事件被忽略，造成事实被观点取代，又可能通过向读者提供更多有意义的背景而使其更接近准确的真相（Barnhurst & Mutz, 1997）。实际上，缺乏事实的"批判性文化"（culture of criticism）和缺乏历史情境的"当下拜物教"（fetishism of the present）都值得新闻界展开反思（Schudson, 1995）。可见，对理解新闻的框架而言，情境因素应当是必不可少的(Gitlin,1980)。而新闻链接则能够将文本中的论据导向客观存在的网页,这种技术特征在为新闻增加情境因素的同时,也增加了文中援引材料的真实性。从这个角度来看,以超链接为表现的语义网络分析有其存在的独特价值和意义。

运用网络理论解释线下与线上网络链接模式已经拥有了较为成熟的传统,从数学领域的随机图论(random graph theory)(Watts,2004)到罗杰斯对社会系统中网络演化与信息流动的总结(Rogers,1962),再到格兰诺威特提出的弱连带的优势(Granovetter,1973),个体之间关系的建立、个体的采纳过程和群体的扩散过程以及社会圈与成员结构关系,都通过网络理论得到了部分解释,并成为网络理论初期发展的重要组成部分。随后,以互联网页的快速增长作为现实基础的网络发展理论(theory of network development)认为,在网络空间中,每个网页都拥有一定数量的、指向其他网页的链接关系(Barabási & Albert,1999),如果随机图论成立,那么人们将观察到少量网页拥有极少链接、大部分网页拥有中等数量的链接的正态分布(normal distribution)或泊松分布(Poisson distribution)现象。但实际上,网页的链接往往呈现出无标度幂律分布(scale-free power-law distribution)这种类似于人们日常所说的"二八定律"的形态。研究者逐渐意识到,自然形成的网络大部分遵从幂律分布的形态(Adamic & Huberman,2001;Watts,1999),其原因就是网络增长和择优连接规律(Barabási & Albert,1999)。由于网页在网络空间中的存在时间是不等的,存在时间较长的网页将比新网页有更大的几率获得较多链接,因此,网络增长具有倾向于原始节点的主要规则。而造成幂律分布非线性形态的原因,则来自择优连接这一规则,即人们倾向于与那些已经拥有了大量链接的节点建立联系,也就是"富者愈富"的马太定律。

网络发展理论的价值在于其具有广泛的适用性,能够解释众多特定情境下的网络形成模式,包括新闻网页和其中由关键词形成的超链接网络。应用这一理论,研究者发现,在网络增长规律与择优连接规律下,新闻网页内的关键词链接会随着时间的推移而呈现出增长的趋势;新闻链接的数量不仅与发布新闻的媒介平台类型对情境性因素的需求差异有关,也受到新闻题材的影响。具体而言,在不同题材的新闻当中,国际新闻由于牵涉诸多国家的政治、历史、经济、社会和地理等情境性因素,将获得比其他新闻更多的链接;从新闻职业的角度来看,现场新闻(spot news)这一新闻题材较之其他新闻而言将无法展现出更多的线索性细节,因此将拥有更少的链接;而在网络增长与择优连接的交互影响下,幂律分布规律也将带来现场新闻与国际新闻链接数量的差距随时间不断加剧的现象(Tremayne,2004)。此类研究以网络增长理论为基础,描述和解释了互联网新闻文本使用情境性因素和解释性内容的情况,而上述规律能否在传统媒体与网络空间逐步融合的今天得到检验和验证,亦将成为可供未来研究持续关注的理论方向。同时,由于新闻业的首要任务是令读者清晰地看到真正重要的事情,因此,不同长度和题材的新闻应当选择多大数量的链接,来保证为读者提供必要情境信息的同时,不妨碍其对主要新闻的获取和理解,也是值得后续研究针对不同媒介环境而进一步探索的重要实践问题。

与此同时,复杂网络或复杂性理论(complexity theory)也被作为一种能够与语义网络分析相结合的方法,用于对新闻文本的实践性考察当中,包括在公共关系视角下考察声誉演化(evolution of reputation)的问题等。复杂性理论发源于自然科学或"硬科学"(hard science)范畴,近年来在社会科学当中得到了越来越多的应用,例如采用社会科学方法对社会系统演化进行建模(Mitleton-Kelly,2003)。结合在海量文本中抽取主题、考察媒体报道框架的语义网络分析方法,复杂性理论能够考察出文本语义演变的动态过程,并从中探寻对文本变迁具有意义的影响因素。特别是对于"声誉"这一既受到媒体报道对议题和属性的双重议程设置的影响(Carroll & McCombs,2003),又能够通过提供信息补充(information subsides)和公关材料的方式被引导的话题而言(Cameron,Sallot,& Curtin,1997;Shoemaker & Reese,1996),二者互相博弈的过程也在行动者行为、传播与象征意义体系当中对声誉进行了动态式的建构(Gotsi & Wilson,2001),因此,对此类动态语义网络的考察更需要复杂网络理论的引入,以社会建构主义(social constructionist)的视角来思考声誉这一不稳定的研究对象(Berger,1999;Botan & Soto,1998;Hallahan,1999;Ran & Duimering,2007;Vasquez,1996),重新通过意义交换的动态过程,来理解组织与公众之间受到多重影响且不可控的协商过程;也正是声誉的不稳定性、多样性和可扩散性,使其可以被概念化为一种复杂系统(Murphy,2010)。

在复杂系统当中,个体行动者将通过彼此之间的互动来调适自身,适应其所在的情境,这些调适共同构成了能够对更大范围的社会产生大规模影响的模式,并且这些模式通常是不可预期的,这就是语义网络分析对复杂网络系统的理解(Murphy,2001b)。以对声誉的考察为例,上述理解包含了声誉之所以能够被视为复杂系统的若干关键要素,包括其具有基于时间的积累性、多个利益相关方面的局部影响、不可预测性和来自于企业组织、员工、媒体和公众的共同作用等,从这个意义上来说,考察声誉一类的语义网络,将无法使用传统意义上的线性或理性理解模式,而应当依靠复杂系统理论下的解决方案。研究者曾经采用两个类比来形容声誉演化的复杂系统特征:其一是所谓的"分枝"(bifurcation)特征(Mitleton-Kelly,2003),即一种系统外部噪声的级联式影响和系统内部的自组织(self-organize)能力;其二则是一种个人影响在相互影响且紧密耦合的网络当中变得不可预测的趋势(Bromley,1993,p. 7),对应到声誉的动态塑造过程中,可以理解为一种"想象的连锁反应"(chain reaction of fantasy)(Treadwell & Harrison,1994)。这种不稳定、可积累、共同定义(collectively defined)和不可控性也增强了声誉语义网络的复杂系统特征,这些特征也使得语义网络分析方法适用于对作为复杂系统的意义演化开展研究。

处理复杂系统的意义网络时,网络依然可以被视作一种由节点代表网络成员、用节点之间的连线或边来代表成员间关系的图形。正如社会网络将个人、组织或计算机作为节点,语义网络也相应地将概念、主题和词汇作为节点。两种网络都具有"传染性"(contagion),即一种网络节点将不断受到其他直接或间接相邻节点影响的趋势(Monge & Contactor,2003,p. 465),一种网络要素之间的相互依存性(interdependence)。具体而言,我们可以通过对某一议题下媒体报道重要主题的抽取和追踪,考察与事件相关联的主题变化,再通过基于不同主题下关键词共现频率的集群分析(cluster analysis),得出作为复杂系统的声誉随时间的演化情况及其过程和影响因素。例如,在一项针对声誉的报道语义网络分析中,研究者发现,声誉可以被视为一种复杂网络;在理论上,复杂系统可以为跟踪信誉的演变提供一个很好的概念框架，能够为声誉的获得或衰退追溯出系统性的起源，包括作为网络节点的概念及其之间的相互关系如何受到其关系历史的影响；但媒体在这一过程中基本遵循着自身的逻辑，较少受到外界系统因素的影响(Murphy,2010)。

研究者认为，网络理论对新闻语义链接的适用性能够在如下方面为未来研究提供方向。首先，网络理论当中的主要链接模式是否适用于新闻链接之外的其他网络，包括传统新闻网站的信源网络、新闻机构之间的链接关系以及新闻评论网络等，尚待未来研究进行检验；其次，后续研究亦可以探讨哪些核心概念将成为新闻网络中的“枢纽”(hubs)，哪些概念又将孤立存在的问题，以及通过哪些因素能够对概念在新闻语义网络中的连通性进行预测；第三，从新闻生产的角度来看，新闻编辑的喜好和商业利益因素也将影响哪些关键概念将获得超链接，这些实践性偏差如何与网络理论相结合，共同解释媒介内容中的语义网络，也值得新闻传播学者进一步关注(Tremayne,2004)。此外，复杂性理论也对解决传播领域的各类演化现象提供了必要的框架，未来研究可以关注在意义演化的过程中如何寻找关键性的时间点，结合系统的内部和外部要素，对语义网络表征的意义演化做出预测；并适当地结合媒介语义网络和公共舆论语义网络，对意义的演变在复杂系统层面上建立起更为全面的解释。

第三节　媒介受众网络：同质性、接近性与平衡性理论

对社会行动者个体间关系类型的研究是社会网络分析范式的主要组成部分，相关研究可谓汗牛充栋。较为典型的案例包括：一项近期的研究表明，同质性和接近性机制仍然是人际传播网络结构的关键性影响因素。这项针对 Twitter 上用户之间社会连带的研究表明，那些来自相同大都市的用户之间拥有着更大的关系建立潜力，而跨区域的人际联系则可以从地理距离、国家和语言等方面是否具有接近性或同质性来开展预测(Takhteyev,Gruzd,& Wellman,2011)。社会行动者网络的研究贯穿着整个社会网络分析范式的发展历程，而今，这一分支下的理论机制已经非常成熟，常见的用于解释人际关系网络结构的理论主要有平衡性理论、同质性理论和接近性理论等(Monge & Contractor,2003)。其中，平衡性理论的基本思想也是社会网络分析中三方关系的认识论基础，也叫做关系的三方传递性(triadic transitivity)。简而言之，这一理论认为，如果两个社会行动者的共同好友越多，那么这两个个体之间产生各种联系的可能性也就越大。这一理论机制的建立可以追溯到社会心理学的经典理论之一——认知平衡理论(cognitive consistency)的框架源流当中(Cartwright & Harary,1956;Heider,1946)。认知平衡理论认为，朋友之间对认知客体或对象的评估应当趋于一致，那么，由这一理论可以推论，朋友之间也会对他们认识的其他人产生相对更为一致的态度，而这也成为了平衡理论的早期来源。

同质性理论则是更为常用的关系性解释。通俗来讲，这一理论的含义类似于“物以类聚”“相似相吸”，也就是说，人们倾向于与那些与自身在各种方面具有相似性的人建立社会关系(Monge & Contractor,2003)，因为相比于多元性而言，与和自己具有相似性的人

建立联系，能够帮助人们更好地预测和理解对方的互动行为，消减潜在的社交压力和异质性带来的不适感(Brass，1995)。基于这种机制，我们会经常发现，人们彼此之间建立的社会网络往往在某些社会人口特征上是具有同质性的，例如同龄人、相同的性别、种族、民族或职业的人们往往更容易彼此联系在一起(McPherson，Smith-Lovin，& Cook，2001)。

与同质性理论相似，接近性理论也强调了相似而非相异对人们建立关系的积极作用，但接近性更加强调地理层面上的较短距离对人际关系的促进。出现在同样的物理空间增加了人们之间的互动机会，也使他们的社会关系更加紧密。在既有发现中，大量经验研究也证实了接近性理论机制的有效性，即空间上的接近性确实促进了个人之间关系的形成与保持(Preciado，Snijders，Burk，Stattin，& Kerr，2011)。

需要指出的是，上述理论模式在技术中介传播的情境下，可能有重新思考理论机制影响方向的必要性。例如，在探索传播技术对人际关系模式的影响过程中，研究者们就发现，线上关系的建立和保持不再受到接近性和同质性机制的严格约束(Cairncross，1997)，因为数字技术的发展使多样化关系和远距离关系的建立和保持变得更加容易。而对各类网络结构以及关系建立均具有解释力的"小世界"现象和择优连接规律等网络理论同样有助于我们理解媒介受众或互联网用户的线上和线下联结网络(Herring，et al. 2005；Himelboim，2008；Milgram，1967；Park & Jankowski，2008)。

第四节 媒体-内容网络：意见极化的内源性动态网络效应

在特定的传播运动(communication campaign)当中，特别是选举传播运动(简称：选战)当中，新闻报道对于社会行动者或政治行动者的报道方式往往带有媒体自身的党派或政治立场，形成对行动者鲜明的支持或攻击态度，并进一步产生媒介建构的候选人形象的两极分化。这种选战过程中意见极化的生成，能够通过纵时设计的动态网络模型进行预测。从本质上来讲，政治候选人在选战期间的媒介报道当中每每呈现出负面的形象，这结果与选举团队倾向于采取的选战策略密切相关(Damore，2002；Lau & Pomper，2001；Lau，Sigelman，& Rovner，2007；Skaperdas & Grofman，1995)，也是候选人争取对方潜在选民和争夺媒体注意力的常用手段(Hansen & Pedersen，2008；Harrington & Hess，1996；Haynes & Rhine，1998)。这种以攻击其他党派候选人为目标的策略被称为负面选战(negative campaigning)，负面选战不仅出现在以两党竞争为特征的美国政治传播体系当中，也在多党比例代表系统制的国家(如：荷兰)有所体现，例如，候选人会在其他党派当中选择对手或盟友，而这种选择将帮助候选人在复杂的意识形态场域当中占有一席之地(De Nooy & Kleinnijenhuis，2013)。

通常情况下，研究者会从议题竞争或议题所有权的角度来解释政治候选人的盟友或对手选择(如：Benoit & Laver，2006；Boomgaarden & Vliegenthart，2007；Carmines，1991；Kleinnijenhuis & De Ridder，1998；Petrocik，1996；Walgrave & De Swert，2007)。但实际上，政治选战也是候选人之间彼此频繁互动的结果(Green-Pedersen & Mortensen，2010)。例如，候选人需要对媒体报道的支持或攻击关系做出回应，而一旦拥有了清晰的立场，就可能出现某种选战中的系统模式。除了候选人所属的意识形态立场之外，决定盟友或对手选择的因素还可能涵盖竞选过程当中的其他环节，形成一种动态的网络过程。由于被媒介内容中介的支持或攻击立场将对选战新闻内容和选战结果本身造成潜在的影响，因此，在建立盟友或对手的选择机制时，就应当考虑到其中的情境因素，包括候选人之前的支持或攻击立场、在媒介当中呈现出的对于特定议题的态度等。这就需要传播学者了解和使用以社会网络分析为代表的一系列新的分析和建模工具，以考察多党体系下候选人既有立场在媒体当中的表述如何影响了他们的选择这一兼具理论和现实意义的问题。与此同时，熟悉实践语境当中的政治逻辑和媒体逻辑（如：Stromback，2008），也是分析此类问题时必要的理论起点。

以网络视角分析新闻文本当中呈现的政治行动者之间的支持与攻击关系，其预测要素可以大致分为政治行动者主体（subject/sender）与客体（object/receiver）之间的静态特征、作为内源性网络效应（endogenous network effects）的先验立场反应，以及媒介变量三类（De Nooy & Kleinnijenhuis，2013）。由此，媒体与其中包含政治行动者及其互动关系在内的信息内容共同组成了我们在本章探讨的媒介机构-内容网络。究其本质，媒介信息同样是新闻生产者与政治行动者互动而形成的内容。从媒介机构对于新闻价值的判断来看，无论从民主政治的逻辑出发，还是考虑媒体生存和运营的市场逻辑，政治行动者针对其他党派竞争对手的攻击立场都将在媒介环境中得到更多的关注和呈现（Hansen & Pedersen，2008；Haynes & Rhine，1998；Kepplinger，2000）。因此，不难推论，比起对支持性言论的间接观察或评论而言，媒介文本当中将更多地呈现政治行动者攻击其他候选人即选择对手的直接言论。

与此同时，根据网络理论当中的同质性原则（homophily），相似的行动者将更可能产生集聚（McPherson，Smith-Lovin，& Cook，2001），因此，政治行动者对他人产生支持或攻击的立场，也同样会受到党派和意识形态阵营一致性的影响（Ezrow，2007），例如，参选人将可能支持相似意识形态的政治行动者和自身所在党派的其他行动者，而较大的意识形态差异则将增加候选人之间互相视为对手并产生攻击的几率。具体到党派自身的特征属性，由于较小的党派更加难以获得新闻报道的关注，使其更可能做出攻击而非支持参选对手的选择（Hansen & Pedersen，2008；Haynes & Rhine，1998），以迎合普遍存在的特定新闻价值判断和媒体逻辑；而较大的党派则由于其已经成为媒体和选民关注的焦点所在（Fan，1996；Schoenbach，De Ridder，& Lauf，2001；Shah，Watts，Domke，& Fan，2002），反而更容易成为被对手——特别是来自较小党派的对手——一致攻击的对象（Haynes & Rhine，1998）。结合政治逻辑与媒体逻辑来考察，现任党派的成员由于需要避免可能的潜在冲突（Druckman，Kifer，& Parkin，2010），因此相对于在野党派或反对党而言，现任党派成员被报道发起攻击行为的可能性相应较低（Hansen & Pedersen，2008；Lau & Pomper，2001；Skaperdas & Grofman，1995），而在报道中成为其他党派的攻击对象，但在党派内部能够得到支持的几率更高（Trent & Friedenberg，2008）。

进一步地，研究者指出，在分析新闻报道中政治行动者的支持或攻击立场时，还应区分长期和短期的政治逻辑与媒体逻辑（De Nooy & Kleinnijenhuis，2013）。其中，短期的逻辑可能更加符合选战中的行动策略，但也会给党派之间的合作与冲突带来意料之外的后果。从理论上来讲，负面性（negativity）作为新闻价值的一种，也会与两种补充性的新闻价值共同发挥作用，即协调性（consonance）和意外性（unexpectedness）（Galtung & Ruge，1965）。延循这一逻辑，我们就不难理解政治行动者为何会在选战中更换支持或攻击对象。而既往新闻中呈现的政治行动者之间的表述网络构成了动态网络效应的最重要影响因素和预测变量，例如，政治行动者之前的支持或攻击关系将对其之后新关系的生成具有影响和预测能力。也就是说，表述网络与“自适应学习”（adaptive learning）这一概念（Budge，Ezrow，& McDonald，2010；Laver，2005）以及其他政治科学领域的相关解释机制一致（如：Sabatier，1998；Weible，Sabatier，& McQueen，2009），即网络自身能够产生内部的自我影响。

具体而言，我们将在此类网络当中观察到，以往的支持或攻击表述会增加相似表述未来发生在上述行动发出者和接收者之间的几率；同时，从网络关系的互惠性（reciprocity）原则也能够推断，攻击或支持会提高对手相似行为被媒体报道的机会（Damore，2002；Lau & Pomper，2001）；而根据平衡性（balance）原则，类似于“结构平衡（structural balance）、“一致性”（congruency）、“认知协调”（cognitive consonance）或“认知共识”（cognitive consistency）的一系列现象也会在政治行动者的表述网络中得到体现，即延循社会心理学视角当中“朋友的朋友更可能是朋友而非敌人”的相关论述，在三方关系当中，只有负向连带数量为 0 或偶数的情况，三个节点之间的心理关系才能够达到平衡（Cartwright & Harary，1956；Davis，1967）。上述原则的图形化表达如图 7 - 1 所示。根据平衡性原则，动态网络效应的另一个推论是，政治行动者将遵循平衡理论的简单最大化原则，开展“党同伐异”，即对盟友的盟友表达支持，而对盟友的对手进行攻击。如此，极化效应（polarization）将得到更多的放大，而支持和攻击的模式也将通过潜在的权力联盟传达给选民（如：Armstrong & Duch，2010；McCuen & Morton，2010；Meffert & Gschwend，2010），致使网络动态产生促进政治行动者作出加剧极化的行动选择的最终结果（De Nooy &

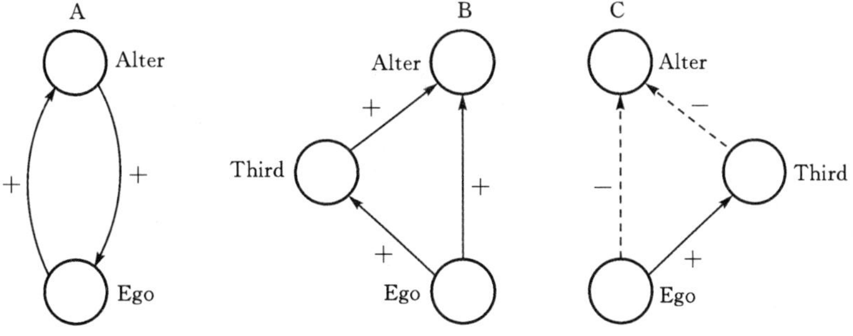

图 7 - 1 网络中的互惠性（A）与平衡性（B、C）

资料来源：De Nooy，W.，& Kleinnijenhuis，J.（2013）. Polarization in the media during an election campaign：A dynamic network model predicting support and attack among political actors. *Political Communication*，30（1），117 - 138.

Kleinnijenhuis,2013)。

此外,由于媒体自身对于新闻价值的理解和追求不同,因此,媒介在其生产的内容当中,呈现出更多的支持性立场还是攻击性立场,偏爱引起意见极化还是弥合极化的政治行动者观点等表现,也会因媒体自身的区别而呈现出差异(Forgette & Morris,2006)。对经验数据的分析表明,如图 7 - 2 所示,荷兰主要党派在 2006 年选战期间的支持或攻击立场呈现出某种清晰可见的特定模式。与此同时,选战本身的历时性变化也呈现出日渐积累的趋势。相对而言,更大的党派、在任党派等党派属性对立场表述网络具有显著的预测作用;而媒体在两周内报道的政治行动者既往立场等媒介内容属性同样具有一定程度的预测力,表明支持或攻击立场不仅是意识形态立场或选战策略的固定效应,同样受到内源性网络动态效应的影响。进一步地,上述发现对理解媒介逻辑和政治逻辑的启示在于,新闻内容在本质上是政治行动者与新闻从业人员共同生产(coproduce)的结果(De Nooy & Kleinnijenhuis,2013)。

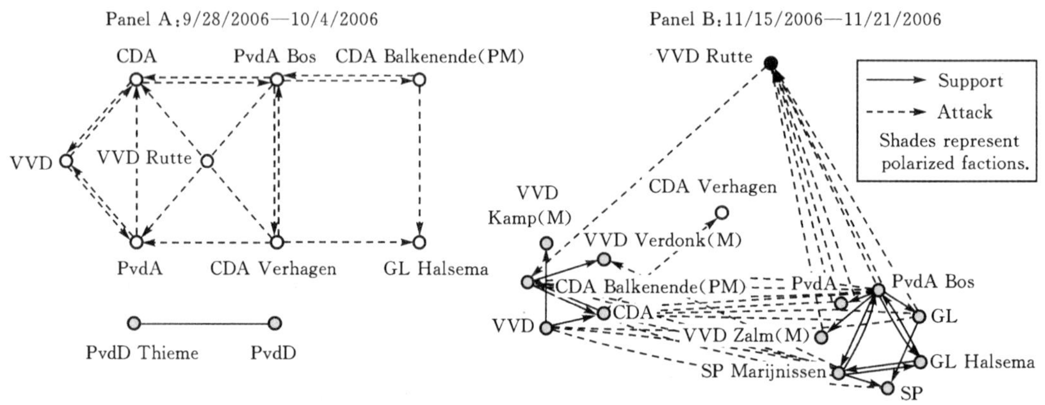

图 7 - 2 竞选中的支持和攻击关系网络

资料来源:De Nooy,W. ,& Kleinnijenhuis,J. (2013). Polarization in the media during an election campaign:A dynamic network model predicting support and attack among political actors. *Political Communication*,30(1),117 - 138.

对于此类研究而言,未来研究能够开展的方向不仅在于对研究方法的创新和使用,例如整合内容分析、传统网络效应和多层次回归模型(multilevel regression model)等。更重要的是,动态的媒介机构-内容网络生成过程需要采用更为全面和广泛的行动者网络来进行全局性的解释。另外,这一研究的模式还可应用于有关政治行动者与新闻评论员之间的关系网络分析当中,而无论以何种研究对象作为网络节点,社会网络的框架与多层次统计模型都是理解在动态网络的过程中不可或缺的。

第五节 受众-内容网络:阈值/门槛模型和级联/瀑布模型

除了两级传播和多级传播理论之外,阈值/门槛模型和级联/瀑布模型也是受众-内容网络经常使用的理论资源。其中,阈值模型(threshold model)认为,行动者决定是否要传播一项议题的决策取决于与该行动者在网络中相连的其他人中已经有多少比例的人开始了对这一议题的讨论(Valente,1996);而级联模型(cascade model)则假定,每当一个行动者被一个新话题"感染"时,这种"感染"将以特定的几率蔓延到相邻的节点(Cointet & Roth,2009)。其他经常使用的理论还有信息扩散的"传染病模型"(epidemic model),其稳定性已经得到了其他学科的科学检验,在线上情境下具有更强的适用性。这种模型将信息的扩散与传染病的人际接触模式相类比,也采用与医学当中相似的"易感—感染—恢复"(susceptible-infected-recovered,SIR)周期来描述网络节点经历信息传播的整个过程(Easley & Kleinberg,2010;Lewis,2009),并可以应用到受众成员接触不同媒介内容的实证研究中去(Leskovec,McGlohon,Faloutsos,Glance,& Hurst,2007)。例如,在互联网信息扩散的 SIR 模式中,当用户可能对其一位好友发布的话题产生"易感性";接着,该用户发布了一则与这则信息相关的内容,即"感染"该信息;随后,该用户即可被视为从该信息中"恢复",尽管如果网络中出现与此主题相关的新内容后,用户依然有重新"感染"的可能性(Ognyanova & Monge,2013)。

上文中探讨的阈值模型、级联模型和传染病模型等理论框架,目前也被传播研究者广泛采用,用来回答媒介信息如何在社会网络中传播,包括该主题的生命周期、何时出现传播峰值、何时衰落等问题(Cointet,Faure,& Roth,2007;Gruhl,Guha,Liben-Nowell,& Tomkins,2004;Leskovec,et al.,2007)。同时,也有研究者通过此类模式和理论,尝试了识别特定网络中影响力的建立模式和相应的意见领袖的具体方法(Java,2006;Nakajima,Tatemura,Hara,Tanaka,& Uemura,2006)。

第六节 媒体-受众网络:社会影响理论

研究者发现,在线上影响力建立的诸多模式中,择优连接(preferential attachment)的机制最能影响网络的结构。这种"富者愈富"的马太效应将带来主流媒体和博客链接的幂律分布(power law distribution)(Drezner & Farrell,2004)。既有研究将这些现象归结为"精英偏见"(elite bias)的影响,例如,根据皮尤中心 2010—2011 年的报告,对其他媒体和公众舆论产生主要影响的来源主要集中在少数一部分的新闻机构当中(Pew Project For Excellence in Journalism,2010,2011)。而延循前文中对受众分化与受众重叠现象的探讨,有研究者指出,当前的受众行为研究绝大多数仅能考察宏观或微观影响因素中的一个层次,这样的视角难免将过分放大媒介环境或受众个人动机的影响,带来研究结果上的偏差(Yuan & Ksiazek,2011)。因此,关注媒体-受众网络的研究应当综合评估媒介环境与受众个体差异的共同影响,同时结合历时性的视角,考察媒体市场当中用户行为演化的长期效应(Webster,2009)。

在网络理论中,受众与媒体环境彼此依存(interdependence)、共同演化(co-evolution)的历时性趋势及理论机制将通过不同的网络分析工具得以实现(Monge & Contractor,2003;Wasserman & Faust,1994),来识别媒体-受众网络的结构、互动模式和其中的信息流动关系(Barnett,Danowski,Feeley,& Stalker,2010),并探索网络中包括经济、文化、技术与媒介内容本身的媒体环境因素与作为行动者的受众如何产生相互影响。在这样的网络当中,媒体平台充当着节点的角色,而节点之间的关系则以某一平台的受众有多大比例同时也是另一平台的受众来测度。因此,动态的媒体-受众网络同样也是一个有向的网络。

考察媒体-受众网络的演化,主要的理论资源包括择优连接规律和社会影响理论两大体系。其中,择优连接的主要假定是,网络中的行动者会倾向于联结那些已经获得较多联结的节点,从而使原本更受欢迎的行动者在网络中获取更多的联结和资源(Monge & Contractor,2003)。将这一假定放置在媒体-受众网络的情境下,可以推论,随着时间的推移,受众将越来越倾向于收看那些在媒体市场上已经取得领先地位的媒介所提供的内容(Yuan & Ksiazek,2011)。具体而言,媒介在市场中的地位可以通过媒体自身的市场份额(market share)、家庭普及率(household penetration rates)以及能够提供的节目数量等来体现,这些因素都曾经被证实能够影响和预测受众未来的媒介选择和行为趋势(Blumler & Katz,1974;Headen,Klompmaker,& Rust,1979;Webster,2005,2006;Webster & Lin,2002),因此也将在媒体-受众网络的演化过程中,成为体现择优连接规律的重要影响参数。关于择优连接理论在其他网络情境下的应用,可参见本书其他章节。

在择优连接的基础上,媒体-受众网络动态演化的研究者还会结合社会影响理论(social influence theory),综合地考虑网络当中作为节点的行动者属性及行为如何受到社会性的影响。社会影响理论起源于古典社会学理论当中关于社会化和社会控制的研究当中,而在网络情境下,概括来说,社会影响理论的机制和发展主要体现在,这一理论假定行动者会借鉴与其相邻的节点的行为模式,来使自身的行为与之匹配(Friedkin,1998)。具体到媒体-受众网络当中,我们可以推断,随着市场竞争的不断加剧,媒体会根据收视率情况来进行自身内容编排的调整,使其在受众品味的争夺中更有竞争力,并在激烈的市场环境中胜出。延循这一假定,媒体更可能根据与其市场位置接近的其他各家媒体来进行行为决策。因此,可以推断,随着时间的推移,媒体的行为逻辑将越来越接近于其联结的其他媒体的平均情况(Yuan & Ksiazek,2011)。除此之外,网络当中三方关系的传递性(transitivity)及平衡性(balance),也会在不同的时间段,以不同的方向存在于媒体-受众网络当中(Steglich,Snijders,& Pearson,2010)。具体而言,由于媒体特征在不同媒介平台之间存在传递性(Yuan & Webster,2006),因此我们也可以推断,网络的传递性也会呈现出纵时性的变化;而网络平衡性原则指出,如果两个节点都与第三个节点之间产生了某种关系,那么这两个节点之间也更加可能随着时间的推移而产生连带(Snijders,et al.,2007)。这些网络理论领域的基本原理如表 7-1 所示,为了方便读者理解,对于每种网络原理,表格还提供了简略的示意图,其中,颜色越深的节点,代表其拥有更多的资源和更强势的地位。而此类原理都将在媒体-受众网络当中得到进一步的应用和检验。

表 7-1 网络参数与节点属性分析的基本假设

网络理论	参数或变量	时间点 1	时间点 2
择优连接	市场份额 家庭普及率 节目数量		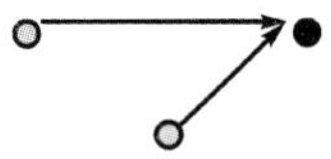
社会影响	节目数量或类型	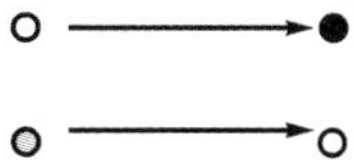	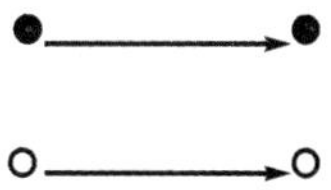
传递性	传递性三方关系	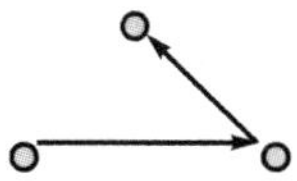	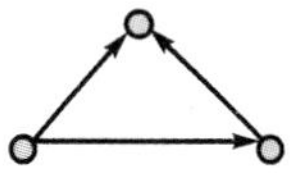
平衡性	平衡性三方关系		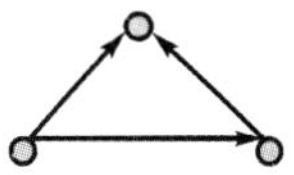

资料来源:Steglich,C. ,Snijders,T. A. ,& Pearson,M. (2010). Dynamic networks and behavior:Separating selection from influence. *Sociological Methodology*,40(1):329-393. Yuan,E. J. ,& Ksiazek,T. B. (2011). The duality of structure in China's national television market:A network analysis of audience behavior. *Journal of Broadcasting & Electronic Media*,55(2):180-197.

综合考察网络理论对受众信息消费和选择行为的动态影响,不难发现,既有的实验研究和单独时间截面上的网络分析已经难以从宏观层面上解释结构化的影响机制问题,而基于行动者节点进行纵向数据建模的 SIENA 方法则具备一定的优越性,能够在不同层面上回答媒介环境的结构性因素与受众个人特征如何分别影响媒体-受众网络演化的过程(Yuan & Ksiazek,2011)。运用这一方法,一项以中国电视媒体市场为对象的媒体-受众网络经验研究发现,以市场份额、家庭占有率和电视节目数量为指标的媒介表现能够吸引更多受众与其建立联结;受众的消费模式也将从长期效果上影响媒介结构。上述运用网络理论进行分析所得到的结论,将能够产生多学科与多方法的理论,同时,也为面对日益挑剔受众的中国的媒体市场产生实践性的指导意义。未来此类研究可以考虑从增加观察数据的时间周期、拓展媒体市场比较分析的个案和参照系等方面入手,来拓展网络理论在媒体-受众行为分析中结构效应的稳定性和跨媒介系统的适用性。

第七节 层次间网络：多级流动的“信源-权威-枢纽模型”

随着传统媒体账号入驻社会化媒体平台，很多研究者开始思考，在传统媒体与一般用户共同参与的情境下，传统媒体账号所生产的信息是否得到较普通公众更多的关注，例如更多的点击和转发行为。换句话说，社会化媒体以及其中大量用户的存在，能否对现存的由传统媒体主宰信息生产与传播的格局造成挑战？研究者挑选了重大自然灾害作为收集数据的背景和关键时间节点，因为社会化媒体平台因其篇幅短小精炼而特别适合传递实时的灾害信息(Palen.，Starbird，Vieweg，& Hughes，2010)，而关注灾害信息的社会化媒体用户可能会以“关注”(follow)的方式来订阅该平台上的传统媒体账号或“公民记者”(citizen journalists)账号(Murthy & Longwell，2013)。通过特定的标签等技术手段，在Twitter等社会化媒体上关注灾害信息的用户将能够被定义和识别。在此基础上，研究者可以进一步考察社会化媒体平台如何在灾难信息传播的过程当中发挥作用，以及用户是否会发布和转发由传统媒体或社会化媒体平台发布的信息链接等。

权威-枢纽模型(authority-hub model)是考察信息如何在社会网络当中得到扩散的典型社会网络理论。这一理论认为，互联网当中的网页可以分为枢纽和权威两大类别，二者之间相互制约，并存在着一定的平衡。其中，人们的信息搜索行为主要受到权威节点的影响，这些节点能够成为提供信息和内容的可信赖信源，但彼此之间可能缺乏必要的联系；而枢纽节点的作用则是通过多种链接，识别出可信赖的权威节点，并将用户导向这些权威节点(Kleinberg，1999；Kleinberg & Lawrence，2001)。通过Pajek软件，网络当中最重要的前100个枢纽和权威节点能够被自动测算和识别出来。权威-枢纽模型不仅可以用于计算机科学和复杂网络领域的研究，同时也在互联网情境下的在线新闻网站信息流动研究当中得到了验证和修正(如：Constantinides & Fountain，2008；Xia，Huang，Duan，& Whinston，2007)。例如，在一项针对巴基斯坦洪灾在Twitter当中的传播网络分析就发现，传统媒体、社会化媒体、聚合门户网站以及政府和非政府机构是用户获取和再生产信息过程当中最常使用的四类信源(Murthy & Longwell，2013)。其中，权威与非权威节点，以及枢纽与非枢纽节点，在用户的国家分布和信源媒体类型上，都存在着明显的不均衡现象。但即便如此，互联网空间当中的信息流动依然挑战了由“精英”把持的传统媒体(Meraz，2009)，也就是说，尽管在总体上，传统媒体还是互联网用户非常依赖的信息来源，但用户在获取和再生产信息过程中产生的权威和枢纽节点，已经开始逐渐将注意力从传统媒体转向社会化媒体。

伴随着在线新闻网络的日益复杂，在“权威-枢纽”模型的基础上，传播学者进一步考察了在线新闻网站通过内容共享形成的网络当中的信息流动，发展出了信源-权威-枢纽(source-authority-hub，SAH)模型，增加了信源这一节点类型。在信源-权威-枢纽模型中，信源节点通过权威节点，将筛选后的内容输入网络，权威节点能够聚合不同的主题，而枢纽节点依然充当提供链接并将用户导向特定主题下最适合内容的角色。在一些情境下，少量信息也会延循着相反的方向，产生从枢纽到权威节点的流动，并有更少量的信息从权威节点流回信源。新闻流动的来源、方向、路径(routing)和终点都与网络中的权威和枢纽发挥的作用密切相关；网络当中居于核心位置的关键网站将有能力控制新闻和信息的流动(Weber & Monge，2011)。这一模型将能够应用于分析历时数据，并对在线新闻业的未来发展趋势作出预测。信源-权威-枢纽模型建立的现实背景主要是为了揭示在线新闻通过网站从信息生产者流向信息消费者的具体过程，而随着互联网时代社会化媒体用户既作为新闻的消费者，又能够同时扮演信息提供者的角色转变，这一模型未来的发展方向将是进一步探讨其在信息生产者与消费者不再具有清晰身份边界的情境下的适用性。

» 下　编

传播网络分析实例

第八章　博客和微博空间中记者职业群体的线上社会网络

从本章开始，我们将引入若干运用网络分析方法考察媒介系统节点构成的传播网络的实证研究案例，帮助读者对传播网络分析的理论和方法产生更为直观的印象和理解。本章我们将以博客和微博空间中记者职业群体的线上社会网络为例，将记者等媒介内容生产者视为媒介机构的缩影，从中考察新闻生产场域中的正式关系与非正式关系。那么，记者之间通过以博客和微博客为代表的新社会化媒体进行传播和建立链接的过程中，形成了怎样不同的在线社会网络？在本章内容中，我们将媒介机构网络与网络理论当中的电子接近性理论相结合，对新浪微博和博客的295名记者进行社会网络分析，发现记者微博链接网络比博客网络体现出更高的指标，打破了博客网络子群间的等级秩序，证实了微博链接网络在关系和结构两个层面上对博客网络的扩展和重塑机制，表明更具电子接近性的新兴社会化媒体更能够为记者职业群体提供更紧密的在线社会网络空间（刘于思，2012）。

第一节　引言

近年来，由计算机和通信技术的发展而引发的新闻生产变革成为媒介工作者和传播学研究者共同关注的领域。研究新闻记者运用计算机设备和互联网作为采访和报道辅助工具这一模式即“计算机辅助新闻报道”（computer-assisted reporting）已有近20年的历程。大量研究发现，记者在并不是出于同样的目的或以平均的程度来使用互联网的各种可能的应用，他们在日常工作中如何使用互联网及其程度都出现了差异（Garrison，2000；Niebauer，Abott，Corbin & Neibergergall，2000）。但既有研究仍多集中于记者使用互联网发稿、寻找新闻背景资料及线索（罗文辉、张凯蒂、张宝芳，2007），搜索和访问公共资讯、电子资料库和检索消息（王毓莉，2001）等社会智能（social intelligence）的自我认知与实践层面（臧国仁、钟蔚文、杨怡珊，2001），对记者通过互联网与群体内部的其他记者及群体外部的他人互动来完善自身的知识和执行能力的研究尚有发展空间。

事实上，记者作为拥有相似的专业技能和立场的职业群体（professional group），是一个拥有自我管理体系的实践共同体，其中的成员意识到彼此归属于同一群体，拥有独特和持久的价值观，自发地分享工作经验，并可能发展出一种共同的规程、表达方式和行动（Maria & Elisa，2006）。随着传播和计算机技术被集成而引发了“虚拟组织”，人们逐渐可以像在同一个时空中一般远距离地合作。而虚拟组织的增加，又使虚拟本身被逐渐视为自然的、可接受的组织方式（DeSanctis & Monge，1999）。对于记者的职业群体而言，基于不同机制而形成的线上或线下社会网络，是其超越地理空间限制，形成有序自组织的结构基础。职业群体社会网络中的记者成员，通过彼此间的关系网络传递信息，提供支持，共享资源，利用镶嵌在网络中的结构关系获得信息而组织行动。社会网络的结构对职业群体成员集体行动及价值观的影响至关重要。随着社会化媒体(social media)的兴起，作为职业群体现实网络的补充，建立线上社会网络并从中获得信息资源，逐渐成为记者网络使用的趋势和一个研究要点。

在社会化媒体中，博客和微博是新兴的代表。微博(micro-blog)是 Web2.0 环境下，继博客之后的又一个应用。社会化媒体能够巩固和扩大用户的“非正式”社会网络，促进线上和线下层面的直接行动(Donath & Boyd,2004)。作为拥有特殊社会地位和社会技能的群体，记者是社会系统中信息流动的主要加工者，也是博客、微博使用行为格外活跃的一个群体。许多记者将博客和微博作为一种从他人处传播和接收相关信息的渠道，使用链接的方式与其他志趣相似的记者建立个人之间的相互联系，由此在互联网上形成了博客和微博空间(blogosphere & micro-blogosphere)中的线上社会网络，而由记者相互的链接关系构成的社会网络结构便成为其传播和行动的关键所在。在社会网络研究中，新传播技术对建立和修正社会网络的影响得到了广泛关注和充分证实。电子接近性(electronic proximity)这种通过新技术增加个体互动概率来促进传播的可能性被认为是人们建立、保持、解散和重建传播网络的重要动机。但以往研究对电子接近性理论的兴趣大多集中于比较现实网络与其被互联网中介的线上网络间的差异(Haythornthwaite & Wellman,2001;Kraut,et al.,1998;Rice,1994;Wellman,Quan Haase,Witte & Hampton,2001;Wellman,et al.,1996)，而缺少对特定群体或组织基于不同的在线传播技术而形成的社会网络间的互动机制所进行的考察。

因此，记者通过互联网使用而构建起的职业群体线上社会网络，是以往针对记者的网络使用动机和行为研究的薄弱环节。作为互联网的新兴应用，博客和微博对记者线上社会网络形成的作用以及二者之间的区别更是鲜有关注和探讨。那么，互联网使用，特别是在社会交往和关系层面的使用，对传媒机构的记者形成其职业群体的线上社会网络究竟有何影响？作为媒介生态的核心群体之一，记者在彼此之间通过以博客和微博为代表的社会化新媒体进行传播和建立链接的过程中，形成了怎样不同的线上社会网络？相对于更早的博客而言，新兴的微博是否代替了博客，支撑着记者职业群体线上的交流网络？是否扩展或补充从前博客链接带来的传播网络？是否重塑记者的线上网络，改变原有博客链接网络的传播结构？本研究即致力于以新浪博客和微博服务为例，运用社会网络分析方法回答上述问题，描述记者职业群体在博客和微博空间中以链接而构成的整体社会网络形态与结构，继而探讨两种社会化媒体的电子接近性对记者职业群体线上社会网络形成的不同影响机制。

第二节　文献探讨

作为一个整体网研究，本文试图对博客和微博空间中记者职业群体的链接网络这一个案作出探索性的描述和解释。通常情况下，整体网研究的价值在于对个案的探讨，而非对研究结论的推广。本研究的文献探讨将从互联网中基于社会化媒体的发展与特征、电子接近性理论机制应用于社会化媒体和社会结构与凝聚子群三个层面展开。

一、社会化媒体的发展与特征

社会化媒体是一种给予用户极大参与空间的新型在线媒体，它是 Web 2.0 时代的产物。起初，在 Web 1.0 时代，在网站(web site)的雏形刚刚形成之时，通常只有通过搜索引擎才能找到。同时，网站是静态和平面的，它们采用手工编码(handcoding)，并且很难进行修改。在那时，想拥有自己的一个个人网站是一件很困难的事情，因为这意味着个人需要掌握复杂而特殊的技术手段。而在 Web 2.0 的环境下，这一时期的技术从节点之间的层面发展到整个网络的建设，使网站成了真正可读和可写的形式(read-write web)。它不再是静态的网页，而是一种包括了共享的内容，允许参与和用户生产内容(user generated content，UGC)的多媒体，体现了互联网络协同(collaborative)和开放(open)的理念。

社会化媒体具有以下区别于其他网络应用的重要特征：用户配置文件；公开的链接友情关系、日志和评论；基于网络拓扑的隐私设置等(Donath & Boyd，2004)。也就是说，社会化媒体不仅仅指 Facebook 或 Flickr 等(social networking services，SNS)社交网站平台，它也包括电子公告板、播客、博客、维基百科等多种网络应用(applications)。总之，它可以是用户能够参与、创造和分享内容的一切形式。运用这些形式，社会化媒体可以激发感兴趣的人主动地贡献和反馈，它模糊了媒体和受众之间的界限。对于用户来说，大部分的社会化媒体都可以让人免费参与其中，并鼓励人们评论、反馈和分享信息。可以说，参与和利用社会化媒体中的内容几乎没有任何的障碍。从形式上来讲，传统的媒体采取的是“播出”的形式，内容由媒体向用户传播，单向流动；社会化媒体的优势在于，内容能够在媒体和用户之间双向传播，使得在社会化媒体平台中，传播者与内容消费者之间形成了一种有效的交流。

而以 Twitter 为代表的微博客以其即时、互动的特性迅速崛起，成为最重要的社会化媒体之一。微博客是一种类似于博客的网络应用形式，这种 140 字以内，基于文本的微博客服务，能够把用户的更新推送到一个相关网络中。同时，每一个用户的主页是公开的，任何人即便没有进入该用户的相关网络，也能察看其更新。此外，开放 API 的微博客还能够通过包括手机、其他网站(如 Facebook 等)等各种渠道更新和接受内容。

从内容的增长上看，Jansen 等人转引的研究显示：从 2006 年 8 月到 2008 年 8 月，Twitter 用户用每次 140 个字的方式，已经创造了相当于 10 万本书的内容(Jansen et al. 2009)。这种炙手可热的微博客理念随后也被引进到了中国，大量的国内微博客纷纷兴起。经历了一系列的国内网络监督管理调整后，包括新浪、雅虎、谷歌、微软等网络巨头纷纷涉足微博客领域，其中新浪微博等依托大门户的微博客服务开始火爆起来。一方面，利用名人资源的新浪微博，聚积了大量的粉丝和人气；这种弱化了社区特性的单向关系，使得微博越来越像是一个媒体。另一方面，相对于 Twitter，新浪微博的评论功能更为友好，这就使得每一个人都可能成为意见领袖或是显在的信息传播者。如果真如 Donath 等

(2004)所言,社会化媒体能够巩固和扩大用户的“非正式”社会网络,促进线上和线下层面的直接行动,响应用户的反馈意见,那么,分析微博客这一最具代表性的社会化媒体中一些可能存在的链接关系,将是一个具有潜力的研究领域。

新浪微博的名人认证开辟了记者专区,能够形成整体网分析中最难控制的“群体边界”,也为本文对记者在微博空间中的职业群体整体网进行社会网络分析提供了便利。本文即是以一个完整的社会行动者(记者)名单作为边界而进行的关注其全部关系的整体网研究。由于线上社会网络结构对记者职业群体的观念和行为有着重要影响,因此对网络结构的揭示作用正是研究的意义所在。对于探索记者的线上网络而言,基于链接的分析路径尤为关键。链接网络分析在信息和社会科学中取得了诸多研究成果(Park & Thelwall,2003;Rogers,2004;Thelwall,2004)。链接行为的产生有多种多样的动机(Bar-Ilan,2004;Park,2002;Thelwall,2003;Wilkinson et al.,2003),从努力建立个人威望(显示自己与其他受人尊敬的重要人物有关系)到保证自己的网页受到其他人的支持等。比起行动者之间的合作来说,链接行为更多时候是建立在未经他人知情或允许的基础上的,换言之,链接可能并不总是代表一种积极的链接行为,反而可能是消极或对立的链接关系。这便引起了有关链接能否扮演测量行动者价值和网络结构的角色的疑问(Cronin,2001;Ingwersen,1998)。

链接同时允许用户选择和指向任何其他用户,因此除了网页之外,也可以使用个体用户之间的链接模式来揭示许多社会网络传播景观。本文的关注点就着眼于记者之间通过以博客和微博为代表的社会化媒介进行链接为中介的传播行为(hyperlink-mediated communication),并以链接的多少来评价记者在线上社会网络结构中享有的权力和资源情况。在一个整体网中,网络的规模、密度、中心势和由平均距离形成的凝聚力指数,是从较为宏观的层面描述网络情况的重要指标。据此,本研究首先提出研究问题RQ1,用以描绘记者经由博客和微博建立链接而形成的线上社会网络景观:

RQ1:在博客和微博空间中,记者职业群体通过链接形成的线上社会网络的整体规模、密度、中心势和基于平均距离的凝聚力指数分别如何?

二、社会化媒体的电子接近性理论机制

接近理论中的接近性是指通过增加个体见面和互动的概率来促进传播的可能性(Festinger,Schachter & Back,1950;Korzenny & Bauer,1981;Monge,Rothman,Eisenberg,Miller & Kirstie,1985)。这种接近性在社会网络分析的语境下,可进一步分为电子接近性和物理接近性。电子接近性的研究问题集中在由计算机网络和社会网络间组成的交集,探讨新媒体提供的包括带宽、便携性、远程呈现、主体或网络的个性化等在内的多种应用特性(Contractor & Bishop,2000;Gaver,1996;Norman,1999;Wellman,2000)组成的在电子层面上容易接近的特性使其拥有了怎样的潜力。电子接近性理论体系的整合动机及其关注的核心问题,来源于探索互联网能否使得整个社会变得更加可移动、全球化、网络化、集中化或民主化(Monge & Contractor,2003)。在数字革命以及随之发生的电

信和计算机技术间差异模糊化的影响下，技术网络实质上跨越了所有的互联网新兴通信技术领域。众多的互联网应用形式中，能够建立与他人互动关系的主要是社会化媒体，如博客、维基、播客、论坛、社交网络、内容社区等。社会化媒体是一种给予用户极大参与空间的新型在线媒体。微博(micro-blogging)作为新兴的社会化媒体，是一种允许用户发送每条140字以内文本的新兴网络应用形式。与其前身博客不同，微博引入了"@username"机制，允许用户将信息主动推送给任何其他用户，结合其已有的转发(forward)机制、评论(comments)机制和粉丝(followers)机制，形成了包括发布信息、接受信息、接受反馈等环节传播规则。微博是"联结在场"(connected presence)和"应酬文化"(phatic culture)的最好例证，相比博客而言，其文本具有更强的视觉突出性(visual prominence)，短小、更新快的文本使得微博保持了使用者之间更强的互动性和交流感(Miller，2008)。按照电子接近性的原则，微博作为社会化媒体中的新生应用，比其前身博客具有更加便利、更加快捷的传播特点，在电子层面上更易接近和使用，因此微博可能在记者群体以链接组成的网络上，拥有比博客网络更优的形态。

电子接近性理论的具体机制主要阐释电子接近性对传播网络的影响，它可以被概念化为三个层次：①替代(substitute)人们过去使用的媒体所支撑的传播网络；②扩展(enlarge)或补充人们使用从前媒体的传播网络；③重塑(configure)人们的传播网络，包括与之传播的人数、多样性、接近性和频率等。结合本研究探讨的链接关系，根据记者之间的链接关系 CX_{ij} 和 CY_{ij}，基于其使用的传播媒体，设 X(博客)和 Y(微博)，i 是记者的属性，AX_i 和 AY_i 代表其使用的特定媒体 X 和 Y。作为基准要求，记者 i 和 j 之间通过博客 X 进行的链接，要求每个记者都采用博客技术 X，可得：

$$CX_{ij} = f[(AX_i)(AX_j)]$$

公式 8－1　电子接近性理论机制的基准要求

在此基础上，替换机制假设，如果记者 i 和 j 都使用另一种传播技术 Y(微博)，那么记者 i 和 j 之间使用 X(博客)的链接将减少，即微博使用将代替并减少记者通过博客的链接。这种机制可表示为：

$$CX_{ij} = f[(AX_i)(AX_j)/(AY_i)(AY_j)]$$

公式 8－2　电子接近性理论的替代机制

而扩展机制假设记者 i 和 j 使用媒体 X(博客)的链接将促进他们通过 Y(微博)进行链接。也就是说，记者 i 与 j 使用 Y 建立的链接关系受到其使用 X(博客)和 Y(微博)的共同促进。将这种机制表示为：

$$CY_{ij} = f[(AX_i)(AX_j) + (AY_i)(AY_j)]$$

公式 8－3　电子接近性理论的扩展机制

最后，重塑机制设定，记者 i 和 j 之间使用媒体 Y(微博)进行的链接将重塑他们与其他使用媒体 Y 和 X 的记者间的链接网络。例如，如果记者 i 决定采用 Y(微博)，因其有利于与其他使用微博的记者 j 的链接，考虑到使用时间和资源上的额外投入，记者 i 使用传播媒体 X(博客)进行的链接网络将被重塑。这一重塑机制可表示为：

$$CY_{ij} = f[(AY_i)(AY_j)]$$

公式 8-4 电子接近性理论重塑机制的基准要求

$$CX_{ij} = f[(AX_i)(AX_j) - \sum CY_{ik}]$$

公式 8-5 电子接近性理论的重塑机制

其中,公式 8-4 中 CY_{ij} 表示记者 i 和 j 之间通过 Y(微博)的链接受到其对微博使用的影响。而公式 8-5 中 CX_{ij} 代表记者 i 和 j 之间通过 X(博客)的链接关系,受到记者 i 和 j 对 X(博客)使用的正面影响,以及记者 i 与其他所有记者 k 通过 Y(微博)进行传播的总和的负面影响(Monge & Contractor,2003)。

值得强调的是,本研究主要考察记者通过博客和微博建立的链接关系,而非传统意义上的使用强度。与受到微博这一新生社会化媒体发展的影响,记者用于博客浏览和写作的时间将被替代的可能性不同,原有的博客链接关系更可能保持不变而非被用户特地删除。因此,本研究将通过研究问题 RQ2 和 RQ3,着重探讨在记者职业群体通过博客与微博链接形成的线上社会网络之间,后者对前者的扩展和重塑机制。

RQ2:记者职业群体通过博客建立的链接,能否促进其通过微博形成线上链接关系网络?

RQ3:记者职业群体在微博上是否建立链接与其是否建立博客链接的情况有何差异?

三、社会群体理论与子群结构分析

"结构"是社会学研究中的一个重要组成部分,因这一学科的重要任务就是揭示社会的结构,从群体在社会关系系统中占据的位置出发,分析群体与环境、群体与群体以及群体内部各个成员之间的关系。群体是社会网络结构研究的核心内容。群体概念在社会学领域直至 20 世纪 90 年代,仍然没有一个精确的形式化定义,直到社会网领域从形式化的角度对群体进行了研究。这一研究主要分析子群的社会结构(Freeman,1992)。网络研究者认为社会结构是在社会行动者之间实际存在或者潜在的关系模式(Scott,2000)。因此,社会网络分析的一个重要关注点是分析出网络中存在的子结构(sub-structure),也就是社会群体的存在和彼此之间的关系。

社会群体是指在既定目标和规范的约束之下,彼此互动、协同活动的一群社会行动者(刘军,2009)。从中可以看出,群体概念的关键在于其中的成员之间必须有互动。群体要有自己的目标,有群体规范和群体意识,以及群体分工等(时蓉华,2005)。在本研究中,记者作为一个职业群体,其成员共享着一套关于彼此从事行业的价值观,而随着新闻事业的发展和新闻报道类型的多样化,在记者群体内部,根据个体成员所在部门和分工的不同,也产生了更加细化的报道方式和原则,工作性质和他们所关注的领域的差别也可能使他们分化成一个职业群体内部的若干个子群体。群体一般要有一定的凝聚力,体现在其成员要有认同感和归属感等。高度的凝聚力可以增强对群体目标的达成,促进成员遵守群体的规范,增强成员的自信心,也影响到群体的工作效率。

在社会网络文献中,存在着多种对凝聚子群进行量化处理的方法。与质化的社会结构研究不同，量化的结构观使得社会网络分析能够通过一系列的可视化处理（Wasserman & Faust，1998），以运算出的总体结构指标划分个体所属的子群，从而体现个体间交往的结构。子群内外关系是子群分析的重要方面，子群内部和子群之间的“核心-边缘”（centripetal-centrifugal）关系是区分个体子群归属的维度之一（Alba，1973）。块模型（block modeling）是一种对社会角色的描述性代数分析，能基于小群体内外的密度关系比较而划分整体网中的子群。比起以关系的互惠性（如 c 层次派系）、子群成员之间的接近性或可达性（如 n -派系和 n -宗派）、关系频次或点度数（如 k -丛和 k -核）来进行子群量化的方法，该程序划分出的子群能避免某个体同时从属于多个子群的情形发生。凝聚性建立在成员之间的某些特定关系属性的基础上，通过这一指标，我们可以分析出社会网络内部成员间形成的更小的凝聚子群。总的来说，可以从关系的互惠性，子群成员间的接近性或可达性，子群内部成员之间的关系频次和相较于内、外部成员，子群内部成员之间的关系密度等四个方面来考察凝聚子群（Wasserman & Faust，1994）。基于凝聚性指标的测度，本文继续提出第四个研究问题：

RQ4：**记者职业群体通过博客和微博链接形成的线上社会网络子群位置和结构分别如何？**

第三节　研究方法

根据百度指数（http://index. baidu. com）数据，2010 年 5 月 1 日，关键词新浪微博位列关键词“微博”所有相关关键词中用户关注量第一，用户关注度为 11084，排名第二的关键词“腾讯微博”用户关注度为 2826。新浪微博（http://weibo. com. cn）依靠名人资源优势成为中文微博最大的服务提供商。大批名人通过实名认证的方式入驻新浪微博，包括明星、草根、学者、媒体、商业机构等。新浪微博“名人堂”中包括诸多知名记者，他们的工作地点了涵盖国内和国外。

微博的运作方式使作为社会单元的个体节点（node）的关注和被关注者名单、传播内容及个体信息资料较之其他网络应用更具易得性。因此，本研究采用网络观察法，收集新浪微博空间中记者群体整体网的全部链接关系数据（全网数据），运用爬虫程序（Python）进行数据抓取，得到记者在新浪微博及博客空间中的个人和关系资料。爬虫程序是一种面向对象、直译式计算机程序设计语言，能够从一个或若干初始网页的 URL 开始，获得初始网页上的 URL，在抓取网页的过程中，不断从当前页面上抽取新的 URL 放入队列，直到满足系统的一定停止条件，然后根据一定的搜索策略从队列中选择下一步要抓取的网页 URL，并重复上述过程，直到达到系统的某一条件时停止，被爬虫抓取的网页将会被系统存贮，进行一定的分析、过滤，并建立索引，以便之后的查询和检索，这一过程所得到的分析结果还可能对以后的抓取过程给出反馈和指导。爬虫程序运行的时间为 2010 年 2 月 4 日，记录的数据包括新浪微博认证的全部 295 名记者 ID 和微博地址，使用 UCINET 6 软件创建若干矩阵。首先，在关注名单列表中筛选出属于新浪微博记者群体的博主，据此构建行动者-行动者之间微博链接关系的邻接矩阵。链接行为的发出者计为 i，接收者计为 j，这是一个不对称矩阵。随后在此步骤基础上，记录博主在微博中添加博客地址。在 295 名记者的微博中，共记录了 123 个博客，再根据每个博客侧边栏链接的其他博客，从中筛选出属于新浪微博记者群体的博主，建立记者博客链接的邻接矩阵。上述两个矩阵均为以 1 或 0 表示关系是否存在的二值矩阵。

在研究信度与效度方面，首先，整体网研究中观察数据和档案资料的信度较高（刘军，2006）。本研究采用网络观察法收集全部关系数据，并通过爬虫程序对数据进行挖掘，以高效、准确地收集微博空间中记者的属性和关系资料，从而提高研究信度。同时，社会网络分析中保证效度的五个途径包括目测、重复的问题设计、亲身观察法、两个问题交叉对比和部门/网络无效等（罗家德，2005）。本研究以非问卷形式进行，通过亲身观察与挖掘数据的对比来保证关系数据的有效性，同时设置较高的网络无效门槛（即将判断群体网络有效的最高缺失个体值设定为 1，意味着只要缺失 1 个记者的属性和关系资料，整个网络便是无效的）来确保研究的效度。

在具体的数据分析上，主要采用 UCINET 6 软件，录入记者链接关系整体网的数据矩阵，并对其进行一系列标准化的分析和运算，包括中心性分析、关联性分析、密度比较、二部图分析、CONCOR 块模型分析、回归分析、QAP 列联表和 QAP 相关分析等。接下来，本研究使用 UCINET 6 软件，对上述矩阵进行计算，通过对数据指标含义的揭示回答上文中提出的研究问题。

第四节　研究发现

一、记者职业群体在博客和微博空间中的线上链接网络

研究首先对记者群体的博客链接网络和微博链接网络的各个整体指标进行对比，就微博这一社会化新媒体对传播网络影响的层次进行探讨，以得到关于作为新媒体的微博是否比博客更加具有电子层面的接近性以及它能否为记者群体提供一个更紧密的线上社会网络空间的结论。图 8－1 和图 8－2 呈现了移除了孤立点（isolates）后，利用 UCINET 软件中的 NetDraw 工具画出的记者在微博和博客中的网络链接关系图。为了更好地呈现可视化效果，在图 8－2 微博链接网络中去掉了每位记者的 ID，并将各节点的大小以度数中心度作为标准绘图。从这两个图中，能够直观地看出网络的形态和密度状况。

对于一个链接网络来说，其整体层面的指标主要包括网络的规模、密度、中心势与凝聚力指数等等。为了比较微博链接网络和博客链接网络的差别，本文列出了记者群体在这两个链接网络中通过 UCINET 计算得出的规模、度数中心势、中间中心势和凝聚力指数的数值（如表 8－1 所示）。尽管除网络密度外的数值无法经过统计学意义上的显著性检验，但通过比较可以发现，较之博客而言，微博的确在链接网络的各个层面上都体现出了更高的指标。

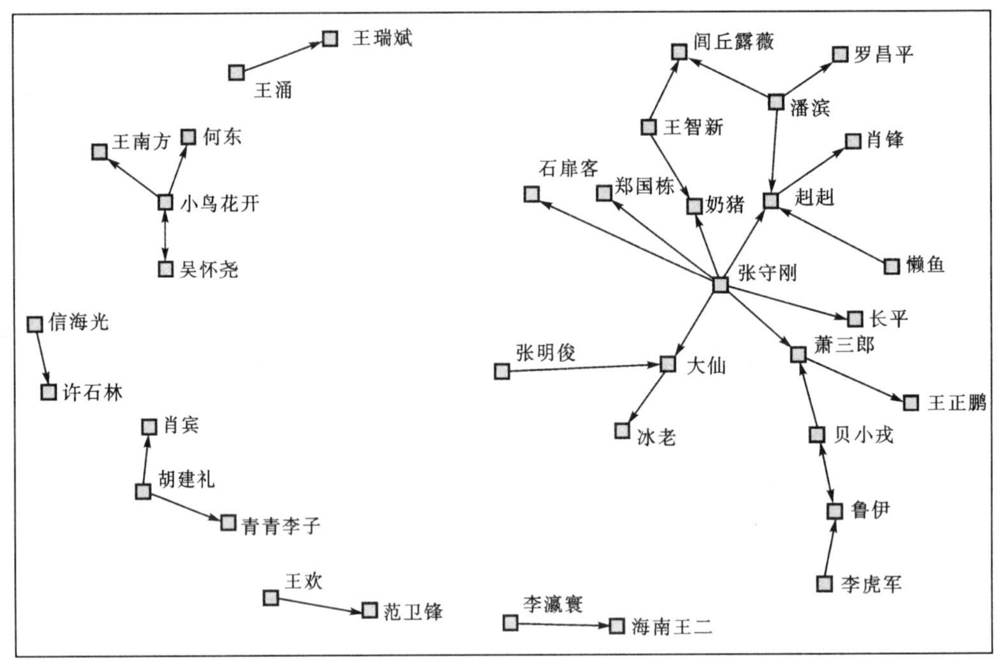

图 8-1 记者博客链接网络关系图

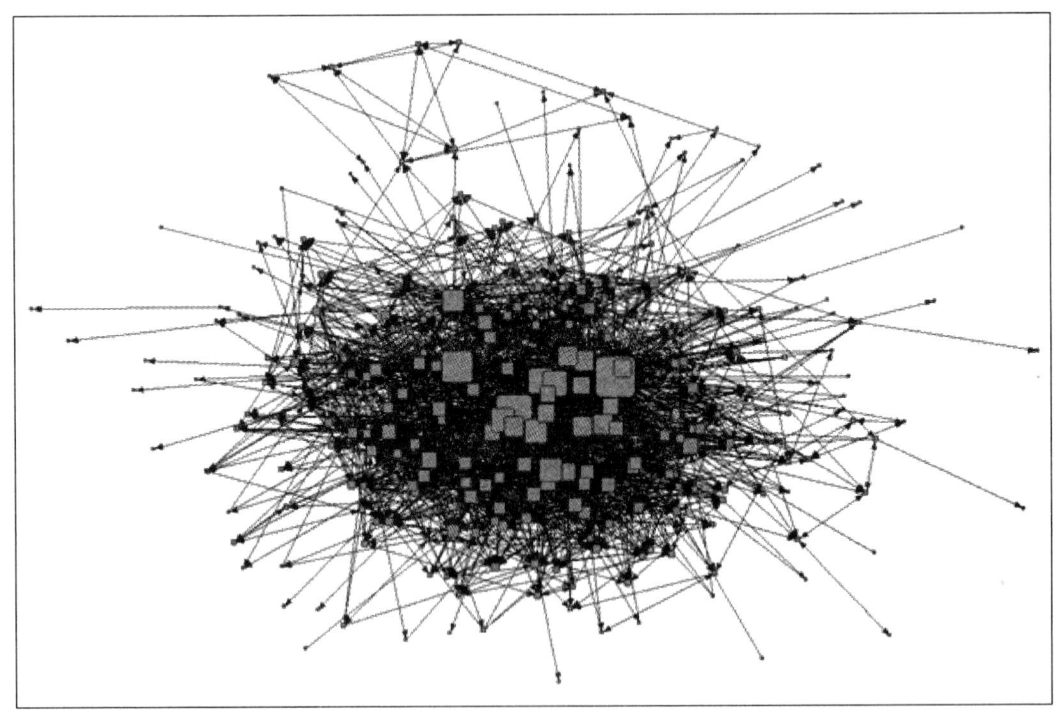

图 8-2 记者微博链接网络关系图

表 8－1 记者职业群体线上链接网络的规模、密度、中心势与凝聚力指数

网络类型	网络规模	网络密度***	度数中心势	中间中心势	凝聚力指数
博客链接网络	295	0.0004	2.33％	0.00％	0.000
微博链接网络	295	0.0355	35.72％	8.83％	0.262

$p<0.05$；$p<0.01$；***$p<0.001$

具体而言，整体网的规模，指网络中包含的全部行动者的数目。通常状况下，整体网的规模越大，其结构越复杂，这种结构对社会行动者的影响可能越大。对于较大网络的研究往往比较困难。在当代整体网络研究中，一般情况下，网络规模不超过 1000。根据 2010 年 2 月 4 日数据挖掘的结果，组成本研究中整体网络边界的新浪微博名人堂“传媒”分类下的全体知名记者共包括 295 人，因此两个网络的规模均为 295。本文所探讨的博客和微博链接网络即由 295 个记者之间的关系组成。记者群体通过博客和微博进行链接而建立的线上社会网络具有一定规模，可进一步探索其中的结构关系，也对其中的记者成员在行动和社会支持上产生影响。

而整体网的中心势指数，指的是图的总体整合度或一致性（Scott，2000）。在本研究中，记者群体博客和微博链接网络的中心势指数有两个衡量指标，即度数中心势和中间中心势。度数中心势是刻画网络整体中心性的指标，计算公式如式 8－6 所示。这一指标的构造思想来自于首先找到网络中最大中心度的值，然后计算该值与途中其他点的中心度的差，用多个差值的总和除以在理论上各个差值总和的最大可能值（刘军，2009）。具体而言，如果一个图（网络）的各个度数中心度差异很大，那么该图具有较高的度数中心势。例如，星型网络（star network）由于一个点与所有其他点直接相连，因此具有 100％的度数中心势，而一个任何点都与其他所有点相连的网络即完备网的度数中心势为 0％。经过计算可知，记者群体博客链接网络的度数中心势为 2.33％，而微博链接网络的度数中心势为 35.72％。

$$C=\frac{\sum_{i=1}^{n}(C_{\max}-C_i)}{\max[\sum_{i=1}^{n}(C_{\max}-C_i)]}$$

公式 8－6 图的度数中心势的计算公式

中间中心势指标则有不同的含义和计算公式。在公式 8－7 中，$C_{AB\max}$是点的未经标准化的绝对中间中心度，$C_{RB\max}$是点的标准化的相对中心度。举例来说，星型网络具有 100％的中间中心势指数，而环形网络的中间中心势指数为 0％。经过计算，记者群体博客链接网络的中间中心势为 0％，而微博链接网络的中间中心势为 8.83％。

$$C_B=\frac{\sum_{i=1}^{n}(C_{AB\max}-C_{ABi})}{n^3-4n^2+5n-2}=\frac{\sum_{i=1}^{n}(C_{RB\max}-C_{RBi})}{n-1}$$

公式 8－7 图的中间中心势的计算公式

这两组中心势指标说明，在链接网络的完备程度上来看，记者通过博客形成的线上网

络链接较不充分，难以形成集群和行动者个体的结构权力(2.33%)；而在微博链接网络中，网络的链接较为完备，不同记者间的度数中心度存在差异，权力有向网络中某些记者个体集中的趋势(35.72%)。同时，每个记者在博客链接网络中，控制他人交往程度几乎没有差异(0%)；微博链接网络却使一些记者占据了更多的中间位置(8.83%)，但全网也更接近环形网。相对而言，链接是否完备在博客网络和微博网络中比中间位置差异更大。这表明，尽管微博链接网络使控制权力在记者个体间分配不均，但这一网络依然有能力通过比较完备的链接来保证信息在记者之间的流动，避免信息垄断的形成，从而在信息共享的基础上，比位置平等但链接不充分的博客网络更能促成记者的共同行动，继而确保职业群体的运转。

凝聚力指数(distance-based cohesion)是建立在距离基础之上的。在整体网络中，距离和凝聚力指数是两个重要的指标。其中，距离是两个行动者之间在图论或者矩阵意义上的最短途径(即捷径)的长度。凝聚力指数越大，表明该整体网络越有凝聚力。记者群体博客和微博链接网络的凝聚力指数分别为 0 和 0.262，可见，微博链接网络比博客链接网络更加具有将职业群体中的记者成员凝聚成一个整体的能力。

对于一个不对称整体网矩阵来说，其密度的计算方法是“实际存在的关系总数”除以“理论上最多可能存在的关系总数”，实际上等于所有可能存在的关系的平均值。如公式 8-8，如果整体网是有向关系网，该网络中包含的实际关系数目为 m，并且其中有 n 个行动者，那么其中包含的关系总数在理论上的最大可能值是 $n(n-1)$。总的来说，整体网的密度越大，该网络对其中行动者的态度、行为产生的影响可能越大。使用 UCINET 软件，可以计算出博客和微博空间中记者群体链接网络的整体密度分别为 0.0004 和 0.0355。

$$D = m/[n(n-1)]$$

式 8-8　整体网密度的计算公式

联系紧密的整体网络不仅为其中的个体提供各种社会资源，同时也能成为限制其发展的重要力量。当代整体网研究技术已可检验两个网络的密度是否相等的统计显著性(Wasserman & Faust，1994)。自举抽样(bootstrapping)方法能够构造网络密度统计量的抽样分布，从而鉴别出两个网络密度的差异是否为随机造成。自举抽样次数可以通过 UCINET 中的“Number of samples”参数进行设定。通常情况下，比较两个网络密度是否相等的默认自举抽样次数即为 10000 次。本研究即采用了这一默认数值，选择从记者群体博客链接网络和微博链接网络中随机抽取 10000 次样本，以各个点的子集构造出 10000 个网络，并计算出密度均值的样本方差。由于两个网络中的关系数据都是二值的，因此该检验相当于对记者群体博客链接关系概率与微博链接关系概率之差的检验。通过计算，得到记者群体博客链接网络和微博链接网络的密度之差的双尾检验概率 $p<.001$。两个网络密度之差来自随机误差的概率很低，即微博链接网络的密度显著高于博客链接网络的密度。可见，就记者这一群体而言，在微博兴起之后，在其空间中形成的网络密度已远高于博客链接网络的密度。这除了有力地证明了较之博客而言，微博具有更加简短、便捷、易于链接等特征构成的电子接近性之外，还验证了这一特性对微博参与者的传播网络产生了影响。

二、电子接近性对记者职业群体线上链接网络的扩展和重塑机制

前文探讨了电子接近性理论观照下，博客和微博空间中记者职业群体线上社会网络所呈现出的不同形态。那么，电子接近性对记者职业群体两种社会化媒体链接网络的影响，更多地产生于该理论中的何种机制？这便是本文接下来要回答的问题。

首先，电子接近性理论的扩展机制假设，记者 i 和 j 使用博客的链接将促进他们通过微博进行的链接。由于微博的产生时间迟于博客，因此可将记者群体建立博客链接视为其建立微博链接的原因，通过统计意义上的显著性检验，来考察微博对博客链接关系的扩展机制。检验两个矩阵之间的关系，需要应用二次指派程序（Quadratic Assignment Procedure，QAP）。这是一种对两个方阵中各个格值的相似性进行比较的方法，给出两个矩阵之间的相关系数，同时对系数进行非参数检验。它以矩阵数据的置换为基础（Everett，2002）。在这一部分，本研究主要采用 QAP 回归分析（QAP regression）来检视两个矩阵的关系。

表 8－2　记者博客链接关系网络对微博链接关系网络的 QAP 回归分析结果

被预测指标	预测指标：博客链接关系网络	
	标准化 β	Adj. R^2
微博链接关系网络	0.079***	0.6%

$^{*}p<0.05$；$^{*}p<0.01$；$^{***}p<0.001$

表 8－2 显示了使用记者职业群体在博客空间中建立链接关系来预测其在微博空间中建立链接网络的回归分析结果。尽管对规模较大的二值关系网络矩阵进行线性回归的调整后 R^2 较小（Adj. R^2 =0.6%），但整体预测模型达到显著（$p<.001$），且标准化回归系数为正值（β =.079），因此可以推断，在博客空间中建立链接的记者更可能在微博空间中也产生链接关系。这印证了电子接近性理论中新媒体对旧媒体的扩展机制，即基于旧媒体（博客）形成的关系网络，能够促进相同行动者在新媒体（微博）上建立关系。更具电子接近性的微博链接网络在之前的博客链接网络基础上，对其产生了扩展，补充着记者从前使用博客所链接的传播网络。

接下来，本研究希望进一步探索记者之间在博客和微博空间中分别尚未建立链接和已建立链接的情况。运用 UCINET 软件中的 QAP 关系列联表（QAP Relational Crosstabs）分析方法，将记者博客链接的关系矩阵和微博链接的关系矩阵作为输入矩阵，可计算出两个矩阵之间的关系列联表，并进行卡方检验。

如表 8－3 所示，在 295 名记者总计产生的 86730 个关系当中，除去在博客和微博空间中均未建立链接的 83642 个关系（96.44%），有 26 个关系（0.03%）是既通过博客又通过微博链接建立的，另有 7 个在博客上已建立了链接的关系尚未在微博中形成链接（0.01%），而之前未能通过博客建立链接，却在微博空间中形成链接关系的数量为 3055（3.52%）。记者职业群体在微博上是否建立链接与其是否建立博客链接的情况差异显著（$p<.01$）。可见，记者职业群体通过微博这一更具电子接近性的社会化媒体，已经建立

了大量从前没有出现的链接，显著地改变了记者原有博客链接网络的关系数量。这种链接正在重塑着其之前在博客空间中的线上链接社会网络。

表 8-3 记者博客链接关系网络与微博链接关系网络的交叉表卡方检验

微博链接关系网络		博客链接关系网络		总计
		未链接	已链接	
未链接	83642	7(96.44%)	83649(0.01%)	96.45%
已链接	3055	26(3.52%)	3081(0.03%)	3.55%
总计	86697	33(99.96%)	86730(0.04%)	100.00%

$\chi^2=545.395$，$df=1$，$p<.01$

三、记者职业群体在博客和微博链接网络中的子群结构与位置

除了整体层面的链接关系之外，社会网络分析还秉承着揭示社会结构的宗旨，将量化和操作化指标引入以往在理论上偏重于定性说明的研究，分析群体与环境、各群体之间以及群体内部成员间的关系。上文中，本文对记者职业群体的博客和微博链接网络作了整体层面的描述，并考察了电子接近性理论对记者职业群体线上链接网络的扩展和重塑作用。下面，研究将致力于对整体网络中介于整体和个体之间的群体结构进行分析，从记者博客和微博链接网络的子群关系层面描述记者所构成的线上社会网络结构，在此基础上，探索电子接近性是否改变了记者在博客空间中已有的线上社会网络结构。

所谓子群，是指满足如下条件的一个行动者子集合，即在此集合中的行动者之间具有相对较强、直接、紧密、经常的或者积极的关系(Wasserman & Faust，1994)。本文主要运用块模型思想和 UCINET 6 软件中的迭代相关收敛法(CONvergent of iterated CORrelations，CONCOR)程序来分析博客和微博空间中记者链接网络的子群。CONCOR 开始于一个矩阵，首先计算矩阵各行各列之间的相关系数，而后经过多次迭代，利用树形图(tree-diagram)表达各个位置之间的结构对等性程度，并且标记出各个位置的网络成员。经过迭代后，博客和微博空间中记者链接网络将生成不同的子群图，即块模型中的“块”。

对块模型的解释有三个层次，包括个体层次、位置层次和整体层次(刘军，2006)。对块模型位置层次的分析，主要是对各个子群的位置进行描述分析，具体考察各个子群位置之间是如何发送和接收信息的。在本研究中，将前文中得出的 7 个子群看作子群关系中的 7 个点，并借鉴网络中点的性质，将子群按照点入度和点出度分为如下四类：孤立群(isolates)、只有点出度的发送群(transmitters)、只有点入度的接收群(receivers)和既有点入度又有点出度的传递点(carriers)(Wasserman & Faust，1994)。经过计算，博客链接网络中的 5 个记者子群的密度矩阵如表 8-4 所示。根据整个网络的平均密度为 0.0004 这一数值，将密度矩阵表中大于 0.0004 的值修改为 1，小于 0.0004 的值修改为 0，得到新的像矩阵。根据这一像矩阵，在子群研究中运用点与点即个体之间的关系研究思想，将子群作为一个整体，考察它们之间的链接行为关系，做出的子群关系简化图如图 8-3 所示。

从图 8－3 中可以发现，博客网络中的记者子群 1 为孤立群，子群 2 与子群 5 建立了互惠关系，而子群 5、2、4、3 则依次建立起链接，成为一条等级性突出的子群链。在这个子群链中，表现出了严格的等级秩序，其中子群 5 的等级最高，其中包括 3 名核心成员；子群 2 和子群 4 各包括 7 名成员，来自子群 5 成员的链接行为通过与子群 2 的互动，依次传递给子群 4 和包括 18 名成员的子群 3。而子群 3 除了被动地接受由其他子群依序传递而来的链接关系之外，还具有自反性，即内部成员之间进行互动。

表 8－4 博客链接网络记者子群的密度矩阵

	1	2	3	4	5
1	0.000	0.000	0.000	0.000	0.000
2	0.000	0.000	0.000	0.245	0.238
3	0.000	0.000	0.039	0.000	0.000
4	0.000	0.000	0.024	0.000	0.000
5	0.000	0.048	0.000	0.000	0.000

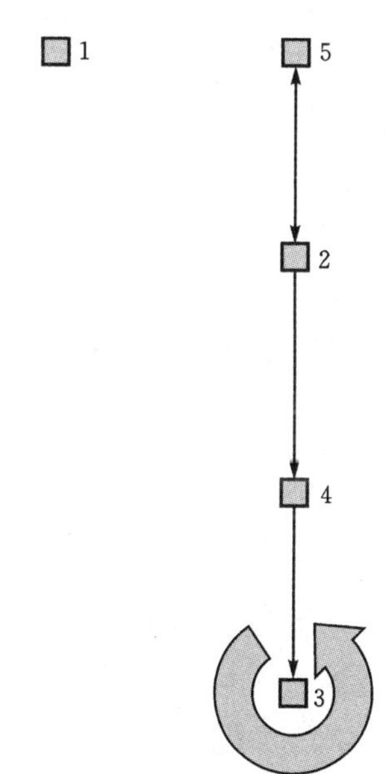

图 8－3 博客链接网络中记者子群关系简化图

按照同样的计算方法，得出微博链接网络中 7 个记者子群的密度矩阵见表 8－5 及其像矩阵，并将其关系简化图列出，如图 8－4 所示。从子群的位置来看，在图 8－4 中，微博链接网络中的子群 5、6、7 是孤立群。在非孤立的四个子群中，其位置情况是：子群 1 和子群 4 是既有链入又有链出的传递点（carriers），同时，这两个子群也具有“自反性”（self-reflexive），表明这两个子群在参与与其他子群的链接传递的过程中，子群内部的记者之间也进行着大量的链接行为。与子群 1 和子群 4 不同的是，子群 2 是只有链出的发送群

(transmitters),而子群 3 是只有链入的接收群(receivers)。

表 8-5 微博链接网络记者子群的密度矩阵

	1	2	3	4	5	6	7
1	0.065	0.033	0.082	0.085	0.000	0.014	0.019
2	0.025	0.014	0.063	0.042	0.000	0.007	0.000
3	0.026	0.017	0.026	0.031	0.000	0.003	0.003
4	0.050	0.025	0.062	0.169	0.000	0.002	0.002
5	0.000	0.000	0.000	0.000	0.000	0.000	0.000
6	0.011	0.005	0.014	0.005	0.000	0.005	0.003
7	0.002	0.000	0.000	0.001	0.000	0.000	0.160

从子群关系的结构来看,被移除的孤立子群 5、6、7 呈现出边缘性,而子群 1～4 则具有一定的核心性,整个子群关系的结构呈现出核心-边缘趋势。同时,子群 2、3 体现了链出和链入行为的集中性。此外,自反性的子群有两个,但这两个子群并非绝对自私地进行内部链接。因此,子群之间的凝聚关系模型在微博链接网络的记者子群关系中并没有得到体现,且微博链接网络中记者子群的关系也没有呈现出关系直线连接的等级性,而更加类似于网状。

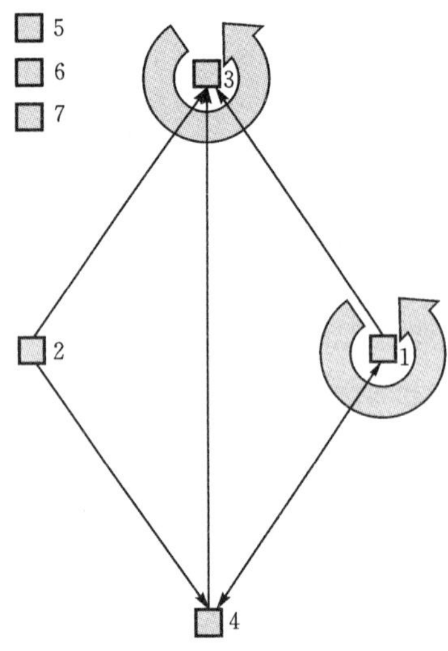

图 8-4 微博链接网络中记者子群关系简化图

通过对微博链接网络和博客链接网络子群关系的结构分析,可以发现一个引人注目的现象,即作为在博客应用的基础上发展起来的传播内容更加简短、方式更加便捷、链接更加容易的微博的出现,打破了博客链接网络中子群间链接行为的直线结构和等级秩序,而形成了更加近似于网状的子群传播模式,在链接关系层面之外的结构层面,对原有的博客空间形成的记者社会网络产生了电子接近性理论中的重塑机制。微博所重塑的这种网状的子群结构比起博客网络的链式结构而言,其密度、平均距离、可达性和凝聚力都要强得多，因此更能够促进记者群体成员内部信息的高速和有效传播，增进各个记者子群间的互动，从而形成整个记者职业群体的社会团结。

第五节 结论与讨论

本研究探索了记者这一职业群体在博客和微博空间中以链接形式构成的社会网络。研究通过数据挖掘，采用社会网络分析范式，描述了记者群体微博链接网络在整体和结构层面上的构成情况，分析了记者在关系建立层面上的网络使用行为对记者在线社会网络建立的作用，并以电子接近性理论为框架，在链接网络经验数据的基础上，考察了微博这一社会化新媒体的电子接近特性对原有博客链接关系与网络结构的扩展和重塑机制。

研究采用了互联网传播时代的超链接研究范式。结论表明，这一范式对分析社会化媒体中的网络链接而言是合适的。这种以链接的多少来评价社会行动者在网络结构中享有的权力和资源情况的内在逻辑与多数研究对个体社会资本的测度思想（Adler & Kwon，2002；Coleman，1988；Erickson，2001；Norris，2002）相一致。研究发现，较之博客而言，微博在链接网络的规模、度数中心势、中间中心势和凝聚力指数等各个层面上都体现出了更高的指标；在微博兴起之后，在其空间中形成的网络密度已远高于博客链接网络的密度。因此，作为新媒体的微博比博客更加具有电子层面的接近性，更能够为记者群体提供一个更紧密的线上社会网络空间。互联网使用，特别是社会化媒体的使用，对记者职业群体在社会化媒体中建立社会网络具有积极作用。

在电子接近性理论的三个机制中，本研究的结论首先证实了微博链接网络对博客网络的扩展机制和重塑机制，即更具电子接近性的微博链接网络在之前的博客链接网络基础上，对其产生了扩展，补充着记者从前使用博客所链接的传播网络；通过微博，记者建立了大量从前没有出现的链接，显著地改变了记者原有博客链接网络的关系数量。在以往的实证研究中，新传播技术对建立和修正社会网络的影响得到了充分的证实（DiMaggio，Hargittai，Neuman & Robinson，2001；O'Mahony & Barley，1999）。这些研究的一般性结论是新媒体正在同时代替、扩展和重塑社会行动者的传播网络。尽管本文的价值在于对博客和微博空间中记者职业群体的链接网络这一个案作出探讨，而非对研究结论的推广，但研究的经验数据分析结果与上述结论基本一致。

本研究同时在链接关系层面之外的结构层面，发现了微博这一新媒体对原有的博客所形成的记者网络产生了电子接近性理论中的重塑机制。具体而言，即微博将博客链接网络中子群间链接关系的直线结构和等级秩序重塑成为更利于关系建立的近似于网状的子群传播模式。这一结论证实了不同社会化媒体之间电子接近性机制造成的网络结构差异的存在，对后续研究有所启发。今后，研究者可关注新媒体电子接近性理论机制在社会网络结构层面上对旧有媒体形成的网络的替代、扩展与重塑。但个体研究中发现的特定实例，更有可能被其他环境因素所解释，而不是仅仅受到新技术引进的影响（Monge & Contractor，2003）。因此，环境等因素本身也是后来者在研究中需要特别注意并加以控制的关键问题。

总之，在互联网传播时代，物理距离已经不再是制约人们交往和建立深层友谊的阻碍，地理上的接近性也不再成为人们共同话题的唯一来源，相反，电子接近性将在社会网络的建立机制中发挥越来越大的作用。因此，可以预见的是，便捷易用的新媒体将对人们的社会网络形式产生深刻而多样的影响。

本研究的创新之处主要体现在，首先，在研究方法层面，将链接作为研究考察的客体，解决了传统社会网络分析方法使用问卷调查方式而引起的被试自我报告不准确的问题，使用爬虫程序，较为高效地进行数据收集、整理和初步的分析，尽可能地使用完整的数据，是对在互联网空间中进行整体网分析的一次有益尝试。其次，本研究在理论上表现出了中层理论的自觉性，即对社会结构的高度重视，突破了以往关于记者网络使用行为的量化实证研究经常使用的个体单位，运用社会网络分析的思想，选择将关系作为研究的着眼点，从“网络”和“关系”的角度出发，用经验数据的运算结果作为依据来评估微博这一新媒体的电子接近特性及其理论机制，并发现了结构层面上电子接近性理论的重塑机制，填补了既有关于新媒体、记者的媒介使用和社会网络研究的空白。

本研究还存在着以下缺陷：

(1)由于资料收集方法的局限，导致本研究忽略了传统社会网络分析的若干重要变量。尽管数据挖掘可以高速、有效、完整地取得微博空间中记者的个人属性和链接资料，但诸如交往频次、现实关系网络、心理距离等在社会网络分析中非常关键的变量，在本研究中都没有得到考察。作者将在今后结合对记者群体进行的问卷调查，对记者群体的社会网络，作出更加深入的探讨。

(2)在整体网研究中，边界是否准确，从根本上决定着研究的效度。在本研究中，尽管作者竭力对新浪微博名人堂记者名单上的每个ID都进行记者身份的核实，但由于新浪微博实名认证的操作方式是人为进行的，因此其中难免会有不准确和疏漏之处，这就为本研究边界的准确性增加了不确定性。与上文的解决途径一致，如能结合实地的问卷调查，对记者进行身份甄别，那将从根本上确保记者整体网络的边界，从而保证研究有效性。

(3)本文在分析网络结构时，对记者个人的属性变量给予了相当程度的重视，但对二人关系、三人关系等结构变量的探讨不足。结构特征尽管较为难以把握，但既有的社会网络研究都证明了结构变量对网络关系的重要影响。因此，这一层面的研究将是作者今后进行社会网络分析的重点。

(4)尽管具有了关于博客和微博电子接近性的初步结论，但本研究始终只是在一个时间点所进行的静态横截面研究。而要探讨电子接近性中新旧媒体的具体关系和发展机制，则需要动态的纵向研究。例如，如果微博链接网络的规模一直增加，那么博客链接网络是否被其取代，呈现出网络规模和密度递减的趋势？或者随着微博网络的壮大，博客之间的链接又逐渐恢复，新旧媒体共荣共生？抑或随着另一种新媒体的崛起，博客与微博网络同时衰落？这都需要今后的历时性研究来跟进趋势的发展，继续深入探讨。

而在技术发展之外，也应当有更多的理论机制，引发研究者对记者职业群体现实和线上社会网络形成规律的思索。从普遍意义上讲，记者是拥有特殊社会技能、地位、行动和表达方式的社会群体，享有相同或相似的职业观，在个人特质的多个层面上呈现出同质性。由职业群体组成的社会网络能自发地产生拥有相似技能和地位的同侪群体(peers group),这种相似性可能成为影响职业群体社会网络结构的重要因素(Liesbeth,Maurice & Leen,2009)。在互联网海量数据和复杂随机网络结构不断涌现的今天,记者的线上社会网络究竟更可能被制度化的科层制关系所决定,还是更多地来源于职业群体自组织的内在动力,则需要后续研究来共同探索。

第九章　记者职业群体微博社会网络的形成机制

在本章，我们继续使用第八章当中的研究案例收集的记者职业群体微博社会网络数据，进一步运用网络理论中的接近性理论和同质性理论，运用指数随机图模型，探讨记者之间关系形成的理论机制。同时，我们也将通过本章内容的示例，阐明前文中提及的一系列描述性网络参数如何用以体现网络特征，以及记者话题参与的2-模网络如何构建等研究技巧。除了描述了记者群体微博客链接网络在整体和结构层面上的构成情况之外，本章重点考察了记者微博网络中链接网络、双向链接网络和同子群关系形成的影响因素，其结论印证了接近理论和同质理论在记者微博客链接网络中的适用性，反映了记者这一职业群体的紧密线上社会网络建立机制逐渐从单位组织向共同的话题参与转变，显示了以微博客为代表的社会化媒体新技术为中国记者基于共同兴趣而形成的职业群体社会网络所提供的潜在可能(刘于思，2013a)。

第一节　研究问题的提出

由互联网的兴起引发的新闻生产的变革成为媒介工作者和传播学研究者共同关注的领域。在新闻编辑室的数字革命时代，除了普遍地运用计算机辅助新闻报道之外，记者们作为拥有相似的专业技能和立场、共享一套独特而持久的价值观的职业群体(professional group)，除了使用互联网发稿、寻找新闻背景资料及线索(罗文辉，张凯蒂，张宝芳，2007；陆晔，俞卫东，2003)搜索和访问公共资讯、电子资料库和检索消息这一社会智能的自我认知与实践层面之外(王毓莉，2001)，通过网络与群体内部的其他记者及群体外部的他人互动来完善自身的知识和执行能力建立在线社会网络并从中获得信息资源，也将成为记者网络使用的趋势和一个研究要点，考察记者如何在网络使用过程中，通过互联网构建起职业群体的社会网络，利用镶嵌在网络中的资源获得信息而组织行动。

在互联网众多的应用形式中，新浪微博(http://weibo.com.cn)依靠名人资源优势成为中文微博最大的服务提供商，也包括诸多知名记者，他们的工作地点了涵盖国内和海外。作为拥有特殊社会地位和社会技能的群体，记者是社会系统中信息流动的主要加工者，也是新浪微博中格外活跃的一个群体。许多记者将微博作为一种从他人处传播和接收相关信息的渠道，特别是使用链接的方式与其他志趣相似的记者建立个人之间的相互联系，由此形成了微博空间(micro-blogosphere)中的社会网络。这一职业群体网络中的成员，通过由彼此间的关系网络传递信息，提供支持，共享资源，而由记者相互的链接关系构成的社会网络结构便成为其传播和行动的关键所在。

作为社会网络的载体，新浪微博不仅为记者带来了较之先前社会化媒体形式有诸多变化的新资源，同时形成了整体网分析中最难控制的群体边界，为研究记者群体的整体社会网络提供了可能。本文便致力于探索记者这一职业群体在微博空间中的整体社会网络形态、结构及其建立机制，通过社会网络分析方法，对记者在微博空间中的链接网络和话题关注网络进行研究，从结构上厘清微博这种社会化的 Web2.0 应用背后的社会关系，考察记者链接网络、双向链接网络和同子群关系形成的影响因素，从而探讨微博和网络使用对于记者职业群体形成社会网络、建立相互关系的影响。

第二节 文献综述

一、作为职业群体的记者及其非正式组织网络

职业群体(professional group)通常是一个拥有自我管理体系的实践共同体，其中的成员意识到彼此归属于同一群体，拥有独特和持久的价值观，自发地分享工作经验，并可能发展出一种共同的规程、表达方式和行动(Maria & Elisa，2006)。而在这些职业中，从业者保持着对职业理念和规范的绝对权威，并因此获得了相应的经济报酬和社会地位，而相同的社会经济地位又为职业群体中的从业者带来了在价值观、专业理念、交往对象和精神追求等诸多层面上的相似性，使他们因此而凝聚在一起，成为一个真正意义上的职业群体。各种职业群体被社会学家们视为行动者所扮演的一种特殊角色，这种角色能够使专业化的从业者将他们的专业知识和特殊技能运用于实践当中，并从中服务于公众，满足整个社会的不同需求(Freidson，1986)。

从普遍意义上讲，记者一直是拥有特殊社会技能、地位、行动和表达方式的一个单一的社会群体(Liesbeth，Maurice & Leen，2009)，享有相同或相似的职业观，在个人特质的多个层面上呈现出或多或少的同质性。由职业群体组成的社会网络的特征也是如此，即自发地产生拥有相似技能和地位的同侪群体(peers group)。因此，这种相似性可能成为影响职业群体社会网络结构的重要因素。尽管有学者认为，传统新闻实践的“结构性制约”在网络时代的日常新闻生产实践中依然稳定地发挥着作用(王辰瑶，2010)，但更多的研究发现，以数字化、及时性、互动性为特征的新媒体技术，不仅为媒介组织的新闻采集和发布的形式、载体与手段带来了巨大的变革，而且也在一定程度上改变了媒介组织内部的沟通流程和机制(谢静，徐小鸽，2008)和跨越正式组织的社会支持(王毓莉，2012)。网络空间，特别是 Web2.0 时代的社会化媒体平台，依然能够为记者之间建立突破既有的单位制度安排的关系，继而形成以职业群体为基础的非正式组织提供条件。

对社会行动者通过链接建立的网络结构，可以通过社会网络分析的框架来进行考察。社会网络分析(social network analysis)，是以共同属性作为基础的，用来辨明个人(或节点)之间的互相连通关系的一系列方法(Hanneman & Riddle，2005)。社会网络通常被视为社会行动者(social actor)及他们之间关系的集合，即由多个点(代表行动者)和各点之间的连线(代表行动者之间的关系)组成的集合。与之相似，包括记者这一职业群体在内

的人们，通过彼此的链接在诸如微博等社会化媒体空间中构筑起的社会网络结构，也可以被看作是一系列不同的社会实体所建立的关系。微博中的关系是用户之间发送和接收信息的必要基础，反映了信息流动的方向，因此可以用微博用户之间的好友关系来揭示社会网络传播景观。据此，提出整体网络层面上的研究问题：

RQ1：**记者微博链接网络的整体规模、密度、中心势、凝聚力指数如何？**

二、微博空间中的记者子群与关系强度

社会网络研究的一个核心问题是探讨"强联系"与"弱联系"到底哪一种能在网络中为行动者获取更多的资源和社会资本（Lin，2001）。在有向网络中，强联系指的是两个节点之间在两个方向上的路径同时存在，即双向链接；而弱联系则是两个个体之间被一个半路径相连，也就是一种单向链接（罗家德，2005）。由于线上关系建立在搜索能力等一系列具有主动性的技术手段基础之上（Resnick，2001），因此在微博空间中，双向链接（$X_{ij}=1$，$X_{ji}=1$）能够为用户之间带来互惠的传播方式，因此被认为是一种比单向关注或被关注所带来的"收听"式传播更强的关系。

此外，社会学研究的一个重要目的在于揭示社会的结构，从群体在社会关系系统中占据的位置出发，分析群体与环境、群体与群体以及群体内部各个成员之间的关系。网络研究者认为，社会结构是在社会行动者之间实际存在或者潜在的关系模式（Scott，2000）。凝聚子群是用于刻画社会结构的一个概念，因此，社会网络分析的一个重要关注点是分析出网络中存在的子结构（sub-structure），也就是社会群体的存在和彼此关系。社会网络分析方法中存在着多种对凝聚子群进行量化处理的方法，包括从关系的互惠性，子群成员间的接近性或可达性，子群内部成员之间的关系频次和相较于内、外部成员，子群内部成员之间的关系密度等（Wasserman & Faust，1994）。其中，凝聚性建立在成员之间的某些特定关系属性的基础上，通过这一指标，可以分析出社会网络内部成员间形成的更小的凝聚子群。基于"凝聚性"指标的测度，本文继续提出以下研究问题：

RQ2：**记者在微博空间中通过链接网络形成的子群结构如何？**

三、记者关系网络的形成机制

Monge 和 Contractor（2003）认为，社会网络中存在着一系列有代表性的传播规则。其中，同质性理论和接近性理论是人们建立、保持、解散和重建传播网络的重要动机。同质性（homophily）的理论机制是指社会行动者对其他相似者的选择，这种特性可以作为解释传播网络的基础。同质性，是指社会行动者对其他相似者的选择，这种特性可以作为解释传播网络的基础，即同质理论。同质性效应的解释主要分为两种：相似相吸假设（Byrne，1971）和自分类理论（Turner，1987）。前者认为，同质性能够减少由于认知或情感上的不一致而可能引起的心理上的不舒适感（Heider，1958），个体更倾向于选择其他相似的个体，因为这样他们可以缩小相互关系中存在潜在冲突的范围（Sherif，1958）。后者则指出，个体通过一个自分类过程定义他们的社会身份，在这个过程中，他们使用诸如年龄、种族、性别等类别为自己和他人分类（Turner & Oakes，1986），相似性为个体提供了

将自己社会身份合法化的基础，个体划分自己类别的方式，能够影响到他们与被视为属于相同类别的其他人的联合程度(Schachter，1959)。

同质性的理论机制是以参与者之间在特定属性上的相似性作为基础的。假定 C_{ij} 是个体 i 和 j 之间的传播关系，而 $A1_i$ 和 $A2_i$ 则代表着个体 i 的两个属性(如性别和职务)，那么同质性机制可以表示为：

$$C_{ij} = f[\{(A1_i) - (A1_j)\}\{(A2_i) - (A2_j)\}]$$

公式 9-1　传播网络的同质性的基本机制

Brass(1995)指出，相似性能够使传播更容易，增加行为的可预测性，并促进传播网络中的信任和互惠。许多既有研究聚焦于建立在年龄、性别、受教育程度、社会阶级和职业等基础上的同质性(Ibarra，1992，1995；McPherson & Smith-Lovin，1987；Yuan & Gay，2006)。其中，众多的研究已经调查过性别同质性对网络的影响。Lincoln 和 Miller (1979)发现，组织雇员性别的相似性是预测他们在友情关系网络中的连接的重要依据。Brass(1985)的研究也指出，一个组织内的传播网络主要是依照性别来集群的。据此，本文提出研究假设：

H1-a：**拥有相同性别的记者更可能在微博空间中建立链接；**

H1-b：**拥有相同性别的记者更可能在微博空间中建立双向链接；**

H1-c：**拥有相同性别的记者更可能出现在微博链接的同一子群中。**

其他同质性的研究也发现，在高科技公司里，研究人员间的技术传播网络与他们的任期分布状态是否相同有关(Zenger & Lawrence，1989)。而在组织之间的联系层面上，拥有相似宗教信仰、年龄、种族和职业归属的个体之间更有可能出现跨越组织的联系(Galaskiewicz，1979；Schermerhorn，1977)。那么，这种具有相似的个人属性的社会行动者之间更可能建立联系的同质性倾向，也可能会在微博空间中的记者职业群体网络中产生，即网络链接与其中个体行动者的职业特征的相似度存在联系。在相同类型的媒体单位(如：报纸、杂志、广播、电视台、网站、通讯社等)供职的记者可能拥有相似的职业技能，因此可能基于其共享的知识而建立关系。本文假设：

H2-a：**相同媒体类型的记者更可能在微博空间中建立链接；**

H2-b：**相同媒体类型的记者更可能在微博空间中建立双向链接；**

H2-c：**相同媒体类型的记者更可能出现在微博链接的同一子群中。**

在本研究中，记者作为一个职业群体，其成员共享着一套关于彼此从事行业的价值观，而随着新闻事业的发展和新闻报道类型的多样化，在记者群体内部，根据个体成员所在部门和分工的不同，也产生了更加细化的报道方式和原则。例如在时政记者和体育记者之间，工作性质和他们所关注的领域的差别也可能使他们分化成一个职业群体内部的若干个子群体。这种分化趋势在微博空间中，就具体表现为记者所发布、评论和转发的微博内容的差别，即记者在话题参与行为上的不同。这些不同的话题之间的关系，也是分析记者职业群体内部基于兴趣而形成的各个子群体间关系情况的基础。为了揭示微博空间中记者兴趣与话题参与的结构，本文提出如下研究问题：

RQ3：**记者在微博中的话题参与网络的构成情况如何？**

共同的话题参与，能够标示记者之间共同的讨论兴趣。根据行动聚焦理论（the activity focus theory，Feld，1981），包括参与相同行动在内的聚焦于相似事物的个体之间更可能产生互动。大量研究指出，互联网为建立新的关系提供了便利，使人们能够与有着相同兴趣或相关目标的他人取得联系（Ellison，Heino，& Gibbs，2006；Horrigan，2002；Parks & Floyd，1996）。因此，基于兴趣的同质性机制，本研究提出下列研究假设：

H3－a：**拥有较多共同兴趣的记者更可能在微博空间中建立链接；**

H3－b：**拥有较多共同兴趣的记者更可能在微博空间中建立双向链接；**

H3－c：**拥有较多共同兴趣的记者更可能出现在微博链接的同一子群中。**

接近理论中的接近性是指通过增加个体见面和互动的概率来促进传播的可能性（Festinger，Schachter & Back，1950；Monge，Rothman，Eisenberg，Miller & Kirstie，1985）。这种接近性在社会网络分析的语境下，可进一步分为电子接近性和物理接近性。除电子接近性外，接近性的另一个层面是物理接近性。物理接近性影响传播网络所依据的理论机制是相对简单的，将个体 i 到个体 j 的传播关系用 C_{ij} 表示，i 和 j 之间的物理距离用 D_{ij} 表示，指数 x 是大于 1 的值。那么物理接近性的基本机制可以表示为：

$$C_{ij} = f[1/(D_{ij})]^{x}$$

公式 9－2　传播网络的物理接近性的基本机制

这是一个反函数，也就是说，随着距离 D_{ij} 的增加，个体间建立网络关系的可能性降低。而接近性对传播的作用不是线性函数，按照上式，当两个个体间的距离增加到原来的两倍时，传播的可能性会降低一半以上（Monge & Contractor，2003）。

一些研究人员已经试图在物理接近性的基础上解释传播网络（Corman，1990；Johnson，1992）。Van den Bulte 和 Moenaert（1998）发现，当不同的团队被安置于同一地点后，团队间的传播会增强。与之相似，每个记者所在的地理位置也会影响其与彼此之间相识、讨论或分享本地事务的概率，进而影响其建立关系的可能性。据此提出如下研究假设：

H4－a：**位于同一地理位置的记者更可能在微博空间中建立链接；**

H4－b：**位于同一地理位置的记者更可能在微博空间中建立双向链接；**

H4－c：**位于同一地理位置的记者更可能出现在微博链接的同一子群中。**

除此之外，记者所在的工作单位也是物理接近性的一个重要组成部分。任职于同一单位，能够增加记者之间见面的几率，同时也是线下同事关系在线上延伸的部分体现。因此本文假设：

H5－a：**供职于同一单位的记者更可能在微博空间中建立链接；**

H5－b：**供职于同一单位的记者更可能在微博空间中建立双向链接；**

H5－c：**供职于同一单位的记者更可能出现在微博链接的同一子群中。**

第三节　研究方法

本研究采用网络观察法收集新浪微博空间中记者群体整体网的全部链接关系数据

(全网数据)及其个人属性数据,使用爬虫(Python)程序录入相关数据。爬虫程序运行的时间为 2010 年 2 月 4 日,根据新浪微博提供的认证记者名单,记录的数据包括已认证的全部 295 名记者 ID、微博地址、注册信息中的性别、所在地(省/自治区/直辖市)、认证原因中的工作单位与所在媒体类型等,随后创建"行动者-行动者"微博链接关系的有向邻接矩阵。随后,每个记者的"兴趣"操作化为其同时关注的若干个不同话题,对 295 位记者自注册以来到 2010 年 4 月 20 日在新浪微博上发布的所有内容(包括转发、评论、图片、视频等)进行内容分析,将记者所关注的话题归类为时政、财经、社会、文化、娱乐、体育、教育、时尚和 IT 等 9 个类别进行编码,而微博数量不足(少于 20 条)和难以辨别的情况则编码为 0,据此构建记者-话题的"行动者-事件"关注关系矩阵,继而通过对应乘积法(cross-product method)将 2 -模数据转化为话题共享矩阵。

第四节 研究发现

一、微博空间中记者链接关系网络的形态

为回答研究问题 RQ1,研究首先对微博空间中记者的链接网络进行可视化(见图 9-1),并计算出这一网络的规模(size)、密度(density)、度数中心度(degree centralization)、中间中心度(betweenness centralization)、平均路径长度 ℓ(average path length)和群聚系数 C(clustering coefficient)等基本参数(Albert & Barabási,2001)。

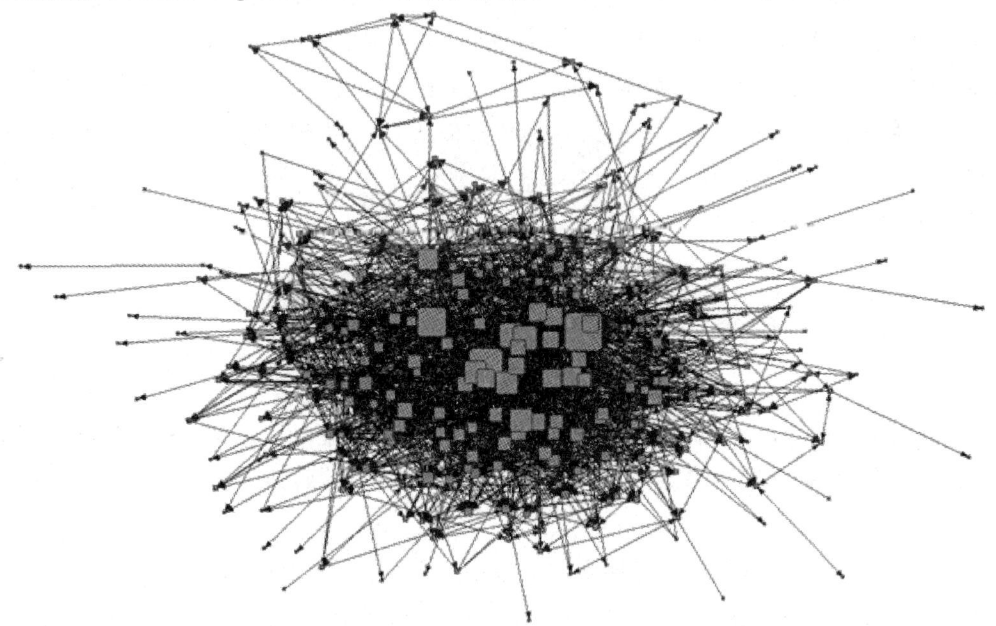

图 9-1 记者网络微博链接关系图

注:节点大小表示点入度。网络规模为 295,密度为 0.036,度数中心势为 0.357,中间中心势为 0.883,平均路径长度 $\ell=2.768$,群聚系数 $C=0.262$。

通常状况下，整体网的规模越大，其结构越复杂，对社会行动者的影响可能越大；而整体网的密度越大，对其中行动者的态度、行为产生的影响可能越大。一个不对称整体网矩阵的密度是“实际存在的关系总数”除以“理论上最多可能存在的关系总数”。如果是有向整体网中包含的实际关系数目为 m，其中有 n 个行动者，那么关系总数在理论上的最大可能值是 $n(n-1)$。该网络的密度为 $m/[n(n-1)]$。本文所关注的链接网络规模为 295，整体密度为 0.0355。可见，微博空间中记者群体的链接网络具有一定的规模，联系紧密的整体网络也能够为其中的记者个体提供各种社会资源。由微博链接关系形成的记者群体社会网络，能够凭借较大的网络规模和密度，对其中的记者成员在行动和社会支持上产生较大的影响。

整体网的中心势指数，是对群体权力的量化分析。在本研究中，记者群体微博链接网络的中心势指数有度数中心势和中间中心势两个衡量指标。其中，度数中心势是刻画网络整体中心性的指标，计算公式如公式 9－3 所示：

$$C=\frac{\sum_{i=1}^{n}(C_{\max}-C_i)}{\max[\sum_{i=1}^{n}(C_{\max}-C_i)]}$$

公式 9－3　度数中心势的计算方法

这一指标的构造思想来自于首先找到网络中最大中心度的值，然后计算该值与途中其他点的中心度的差，用多个差值的总和除以在理论上各个差值总和的最大可能值（刘军，2009）。具体而言，如果一个图（网络）的各个度数中心度差异很大，那么该图具有较高的度数中心势。例如，星型网络（star network）由于一个点与所有其他点直接相连，因此具有 100％的度数中心势，而一个任何点都与其他所有点相连的网络即完备网的度数中心势为 0％。

中间中心势指标的计算公式如公式 9－4 所示：

$$C_B=\frac{\sum_{i=1}^{n}(C_{AB\max}-C_{ABi})}{n^3-4n^2+5n-2}=\frac{\sum_{i=1}^{n}(C_{RB\max}-C_{RBi})}{n-1}$$

公式 9－4　中间中心势的计算方法

在该公式中，$C_{AB\max}$是点的未经标准化的绝对中间中心度，$C_{RB\max}$是点的标准化的相对中心度。举例来说，星型网络具有 100％的中间中心势指数，而环形网络的中间中心势指数为 0％。

经过计算，记者群体微博链接网络的度数中心势为 35.72％，中间中心势为 8.83％，说明在微博链接网络中，不同记者间的度数中心度存在差异，权力有向网络中某些记者个体集中的趋势，但网络的链接较为完备。同时，每个记者在控制他人交往上的程度差异不大，全网更接近于一个环形网的状况。这使得资源在记者个体间分配不均的情况下，依然有能力避免信息垄断的形成，通过比较完备的链接来保证信息在记者之间的流动，从而在信息共享的基础上，促成记者的共同行动，继而确保职业群体的运转。

在微博链接的记者群体网络中，节点对之间的平均距离，即特征途径长度(the characteristic path length)ℓ，是连接网络中任何两点之间最短途径的平均长度。经过计算，本研究中的$\ell=2.768$，即每两个记者可以通过2.768个人联系起来。也就是说，绝大多数记者之间的距离是2或3，意味着其中仅有1个或2个中间人。可见，微博链接网络构成了记者之间只需通过一两个中间人，即可取得联系的便捷的沟通环境，拥有通畅的信息交流渠道。这一网络特征对记者职业群体内部的信息流动具有促进作用。同时，由于记者本身也是新闻信息的加工者和把关人，因此能够成为整个微博中信息生产和传播的关键环节，有益于整个微博网络的新闻信息流动。

分派现象是社会网络的共同属性，反映出圈子中朋友或熟人了解每个其他成员的程度。这种聚类的内在趋势可以用群聚系数来测度。群聚系数C的意义是，对于网络中一个特定的节点i而言，共有k_i条边将其联结到k_i个其他节点上，如果原始节点的邻近节点是派系的一部分，则在其之间存在$k_i(k_i-1)/2$条边。节点i的群聚系数即在k_i个节点中实际存在的边数E_i和总边数$k_i(k_i-1)/2$之间的比值。而所有节点群聚系数C_i的均值就是整个网络的群聚系数C。群聚系数越大，表明该整体网络越有凝聚力。记者群体微博链接网络的群聚系数为0.262，因此该网络能够将微博空间中的记者成员凝聚成一个职业群体，具有一定的凝聚力。

二、记者链接网络的子群结构

“子群”是行动者之间具有相对较强、直接、紧密、经常的或者积极的关系的一个行动者子集合(Wasserman & Faust，1994)。对于研究问题RQ2，主要运用块模型的思想和CONCOR程序来分析微博空间中记者链接网络的子群分析，根据子群间和子群内密度比较来识别网络的子结构。CONCOR是一种迭代相关收敛法(CONvergent of iterated CORrelations)。它开始于一个矩阵，首先计算矩阵各行各列之间的相关系数，而后经过多次迭代，利用树形图(tree-diagram)表达各个位置之间的结构对等性程度，并且标记出各个子群的网络成员。关于CONCOR方法的细节，可以参考更为系统化的方法论说明文献(如：Wasserman & Faust，1994)。图9－2显示了经过迭代后，微博空间中记者链接网络的7个子群图。位于同一子群中的记者在整个链接网络中占据着相同或相似的位置。

表9－1显示了各个子群点度的均值(Mean)、标准差(SD)和统计检验的显著性。7个子群在三个度数指标上都体现出了显著的差异。这表明由内外密度而区分的子群关系是有效的。将子群归属的个人数据转化为同子群关系的网络矩阵，作为被同质性和物理接近性机制解释的第三种关系类型。

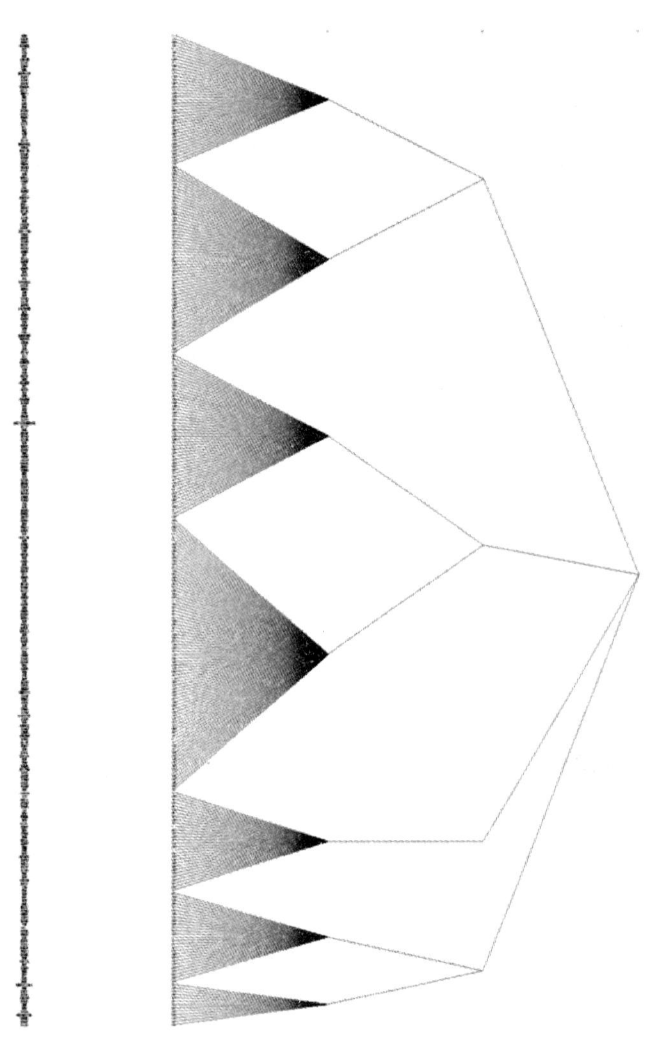

图 9-2 微博空间中记者链接网络的 7 个子群图

表 9-1 各个子群点度的均值(Mean)、标准差(SD)和差异检验

		点入度[a]		点出度[b]		总点度[c]	
子群	成员数	均值	标准差	均值	子群	成员数	均值
1	39	9.769	8.689	16.282	16.972	26.051	24.916
2	56	4.964	4.415	8.304	6.472	13.268	9.812
3	49	13.388	18.828	5.816	6.369	19.204	21.710
4	81	20.864	15.636	20.012	18.537	40.877	31.516
5	30	0.000	0.000	0.000	0.000	0.000	0.000
6	27	1.407	1.600	1.852	3.516	3.259	3.996
7	13	3.077	1.656	2.077	2.100	5.154	3.185
总计	295	10.451	14.011	10.451	14.201	20.902	25.621

a. $F=20.212, p<.001$; b. $F=18.087, p<.001$; c. $F=22.445, p<.001$

三、记者话题参与的 2-模网络

本研究按照多维量表(Multi Dimensional Scaling,MDS)的方法对记者参与话题的2-模网进行画图。经过可视化的一系列操作,在移除孤立点(isolates)后,以形状来区分话题与个人,如用方形点表示话题,用圆形点代表个人,并以度数中心度来显示点的大小。在二部图中,一个话题的度数中心度是参与该话题的记者总数。综上,记者参与话题的二部2-模网如图9－3所示。每个记者个体关注的话题数在 0～4 之间,大多数记者关注了两个及以上的话题。将上述2-模网转换成话题共享网,其中 X_{ij} 代表行动者之间共同涉及的话题数量,反映出记者的共同兴趣程度。

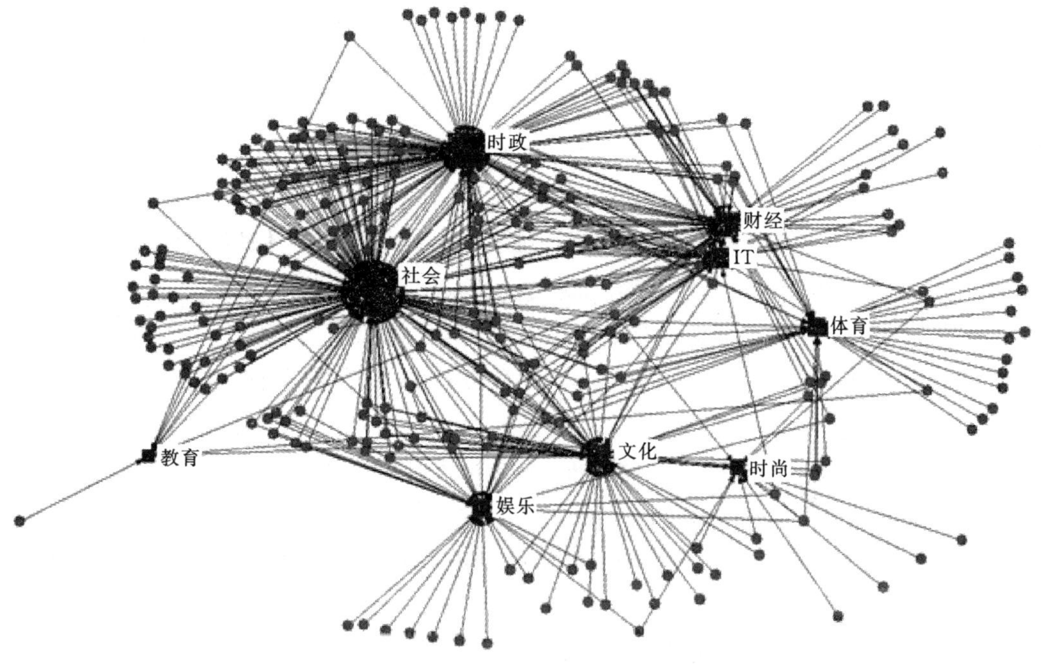

图 9－3 记者在微博中的话题参与关系图

注:话题度数:社会＝169;政治＝111;经济＝59;文化＝59;IT＝39;娱乐＝38;体育＝38;时尚＝14;教育＝10。

四、预测记者微博关系建立的 p^* 模型

至此,记者之间的"关系"被区分为链接关系、双向链接关系和同子群关系三种,因变量分别为两个记者之间建立上述三种关系的概率。自变量包括反映同质性机制的性别、工作媒介类型、共同兴趣和反映物理接近性机制的地理位置和工作单位。假设 H1 至 H5 中每个机制的作用通过指数随机图模型(Exponential Random Graph Model,ERGM)进行检验和比较。有关 ERGM 的细节,可参见与其有关的专门讲解(如:Robins,Pattison,Kalish,& Lusher,2007)。表 9－2 显示了以同质性因素(性别、媒介类型、共同兴趣)和接近性因素(工作地点、工作单位)预测记者之间在微博空间中建立链接关系、双向链接关系

和同子群关系的可能性的模型摘要。

表 9-2 以同质性和接近性因素预测记者微博关系建立可能性的 p^* 模型

	链接关系	双向链接关系	同子群关系
边	−4.592***	−5.388***	−2.065***
工作单位(接近性)	1.721***	1.771***	.518***
共同兴趣(同质性)	.842***	.888***	.406***
媒介类型(同质性)	.484***	.680***	.106***
工作地点(接近性)	.441***	.537***	.327***
性别(同质性)	.360***	.459***	.123***
−2 log likelihood	95934(6)***	104341(6)***	41566(6)***
BIC	24368	15960	78735

*$p<.05$；**$p<.01$；***$p<.001$

指数随机图模型分析结果显示：同质性因素，包括性别、媒介类型和共同兴趣，以及接近性因素，包括工作地点和工作单位，对记者在微博空间中建立链接关系、双向链接关系和同子群关系的可能性均具有显著的积极作用。至此，假设 H1 至 H5 均得到支持，三个模型的显著度均为 $p<.001$。相对而言，从系数来看，接近性因素的预测力较同质性因素更强。

具体而言，在记者的链接关系网络中，来自同一工作单位(log odds ratio＝1.721，$p<.001$)和拥有共同话题的数量(log odds ratio＝.842，$p<.001$)是两个最强的预测变量。同时，记者也更倾向于与其属于同种媒介类型、具有相同工作性质(log odds ratio＝.484，$p<.001$)、位于同一个工作地点(log odds ratio＝.441，$p<.001$)和同一性别的同行(log odds ratio＝.360，$p<.001$)通过微博来建立链接关系。

在双向链接网络中，单位(log odds ratio＝1.771，$p<.001$)是对记者建立互惠链接最有影响力的机制，其次为共同兴趣(log odds ratio＝.888，$p<.001$)、媒介类型(log odds ratio＝.680，$p<.001$)、所在城市(log odds ratio＝.537，$p<.001$)和性别(log odds ratio＝.459，$p<.001$)。而后三者的影响彼此之间差异不大，显示出互惠关系更可能由同事关系和共同话题而产生。

而使记者们团结在同一个特定子群中的原因则是同事关系(log odds ratio＝.518，$p<.001$)和对共同话题的分享和注意(log odds ratio＝.406，$p<.001$)，以及基于相同地点的联络(log odds ratio＝.327，$p<.001$)，而三者之间的系数差距有所降低。可见，同事关系在形成子群的过程中影响远低于其对链接这一简单的形式关系的作用。这表明，工作单位不再像在单向与双向链接关系网络中那样占有绝对优势地位。性别(log odds ratio＝.123，$p<.001$)和工作性质(log odds ratio＝.106，$p<.001$)尽管在统计意义上达到显著，但其对子群关系的影响程度较弱。

第五节 结论与讨论

本研究探索了记者职业群体在微博空间中的社会网络形成机制。研究发现,同质理论的相似相吸机制在记者群体的社会网络建立中占据着重要地位。同时,互联网使用也对记者职业群体在社会化媒体中建立社会网络具有积极作用。由295个记者组成的微博链接网络具有一定凝聚力,同时在一定程度上,是去中心化并且高度集群的(Watts,1999)。

记者倾向于与同事建立链接,以及具有相同兴趣、性别、工作地点和媒介类型的其他记者,印证了同质理论、接近理论在记者建立单向的链接关系、双向的互惠链接关系以及由成员间交往密度而区分的子群关系网络中的适用性。除了现实关系之外,对于微博空间中话题讨论的共同兴趣也可以带来同事关系之外的线上双向联系。由于相同工作单位这一最强的影响因素能够从一定程度上反映现实中的同事关系,单向与双向链接关系可能依然是线下熟人关系的延伸。同事关系尽管带来了记者之间在社会化媒体上的链接关系,这些链接关系也由于同一媒介集团的记者在现实生活中的互动和紧密联系而成为双向联系,但这可能是记者在线上的虚拟空间中延续既有线下现实关系和网络组成的需要。

值得注意的是,尽管记者群体在链接中体现了同事关系的基础,但同事关系在记者凝聚于同一子群的结构形成中影响有所减弱。记者在微博空间中经常与同事成为彼此关注的好友,但单位的边界与子群的边界大相径庭。从优势比系数来看,相同的兴趣成为将不同记者纳入同一子群的主要原因之一,能够在共同旨趣的"同好"之间,形成突破同事关系限制的子群结构,以促进线上"同好"而非线下原有同事之间的社会团结。这一发现与"基于制度的关系"(institutionally based relationships)和"基于自愿的关系"(voluntarily based relationships)的区分(Zhao,2006)相对应:记者关系建立的日常实践具有多样性的动机,在一些情况下,建立关系是由于其"希望如此"(want to);其他情况下,关系的建立是"需要如此"(have to)或"恰巧如此"(happen to)使然。基于制度的关系是"非自愿"的(Goldstein & Warren,2000),在这个意义上,社会关系的形成不是由于个人的选择,而是由于给定的制度安排,例如具有不同兴趣的记者之间的同事关系。而基于自愿的关系,则是个人主动根据共同喜好、利益和兴趣而形成的社会连带,这种自愿关系类似于Giddens(1991)在"纯粹关系"(pure relationships)中所说的"与其他人的联系对自身有所裨益"。

此外,相同城市、性别和工作性质(同属某种媒介形态的记者)与记者之间的双向联系均为弱相关。这一结论也表明,在互联网传播时代,物理距离已经不再是制约人们交往和建立深层友谊的阻碍,地理上的接近性也不再成为人们共同话题的唯一来源。作为个体行动者的记者用建立链接的方式,主动寻找着群体中与自己有着共同兴趣和追求的"同好"。这说明,以微博为代表的线上社会化媒介更能够打破线下关系的束缚,使成员间能够按照共同的追求,形成真正以"喜好"对方为基础的、更加自由的群体。因此,可以预见的是,便捷易用的新媒体将对人们的社会网络形式产生深刻而多样的影响。本研究对于网络结构的分析结论也应合了职业群体这一概念的相关研究结论:相似性可能成为影响职业群体社会网络结构的重要因素。记者群体之所以能成为职业群体，是由于彼此之间的相似性所带来的认同感、归属感和凝聚感等等；而这种相似性本身，也成为记者群体网络结构内容的表征。

本研究的不足之处和对后续类似研究的建议包括：首先，尽管数据挖掘可以高速、有效、完整地取得微博空间中记者的个人属性和链接资料，但诸如交往频次、现实关系网络、心理距离等在社会网络分析中非常关键的变量都没有得到考察。今后应当结合问卷调查，对记者群体线上与线下网络的关系作出更加深入的探讨。其次，尽管研究对个人属性变量给予了相当的重视，但既有的社会网络研究都证明了结构变量对网络关系的重要影响。因此，二人关系、三人关系等结构变量对网络结构的影响将是今后分析的重点。最后，尽管各预测变量的相关系数都达到了显著，但模型解释力有限。后续研究应当进一步关注记者之间的信息支持、情感支持和行动支持等不同类型的社会支持关系，以此来解释本研究中未能阐发的部分。

第十章　记者微博使用与职业群体社会资本

媒介机构网络或媒介内容生产者网络除了可以从整体的宏观层面进行结构上的分析和比较之外，网络结构为其中的个体带来的资源及其对个体行动产生的影响也是传播网络分析关注的核心领域之一。例如，我们在第八章和第九章探讨过的记者微博网络，也将使身处其中的记者个人居于多种多样的网络结构位置，并藉此拥有不同的社会资本。在本章，我们将以前文的记者微博网络为例，运用社会资本理论、濡染模型和强/弱关系假设，探讨记者微博使用与职业群体社会资本获得之间的关系。经验数据的分析结果显示，以微博为代表的社会化媒体使用对记者在职业群体中建立社会网络、增加社会资本具有积极效果（刘于思，杨莉明，2013）。

第一节　研究背景

随着近年来计算机和通信技术的发展，互联网成为21世纪和现代生活最重要的标志之一，渗透到人们的日常生活实践之中，并无处不在地影响着人类的生存方式。对于许多类型的信息发布来说，互联网页和电子邮箱已经成为最经济和便捷的方式。也就是说，麦克卢汉曾经预言过的地球村和全球化，正随着互联网逐渐成为全球范围内传输和交换理念、观点和信息的普遍工具而又一次实现。尤其是在互联网担负起协助人类传播的重任并成为崛起的新一代媒体之后，不仅改变了受众的媒介使用方式，更颠覆了不同类型媒介之间的竞争格局，促使以报纸、杂志、广播、电视为代表的传统媒体以“媒介变形”(media-morphosis)的方式与互联网这一新媒体共生。

在互联网众多的应用形式中，能够建立与他人互动关系的主要是社会化媒体（social media），如博客、维基、播客、论坛等。社会化媒体是一种给予用户极大参与空间的双向传播媒介，它模糊了媒体和受众之间的界限，可以激发人的主动贡献和积极反馈。如果社会化媒体能够巩固和扩大用户的非正式社会网络，促进线上和线下层面的直接行动，响应用户的反馈意见，那么分析微博（micro-blogging）这一最具代表性的社会化媒体中可能存在的链接关系，将是一个具有潜力的研究领域。

互联网的兴起引发的新闻生产变革已成为媒介工作者和传播学研究者共同关注的领域。在新闻编辑室的数字革命时代，研究记者的网络使用行为具有重要的理论和现实意义。记者们作为拥有相似的专业技能和立场、共享一套独特而持久的价值观的职业群体，在运用互联网进行新闻线索、背景资料寻找和消息查证的自我认知与实践层面之外，也通过网络与群体内部的其他记者及群体外部的他人互动来完善自身的知识和执行能力。

作为一种社会化媒体，新浪微博(http://weibo.com.cn)依靠名人资源优势成为中文微博最大的服务提供商。大批名人通过实名认证的方式入驻新浪微博。新浪微博“名人堂”中包括诸多知名记者，他们的工作地点遍及国内和海外。记者是社会系统中信息流动的主要加工者，也是一个拥有特殊社会地位和社会技能的职业群体。Freidson(1986)指出，各种职业群体被社会学家们视为行动者所扮演的一种特殊角色，这种角色能够使专业化的从业者将他们的专业知识和特殊技能运用于实践当中，并从中服务于公众，满足整个社会的不同需求。许多记者将微博作为彼此之间传递信息、提供支持、共享资源的渠道，特别是使用链接的方式与其他志趣相似的记者建立个人之间的相互联系，由此在互联网上形成了微博空间(micro-blogosphere)中的社会网络(social network)。

本文致力于探索记者这一职业群体在新浪微博为例的微博空间中以建立好友关系的超链接(hyperlink)而构成的整体社会网络形态及其建立机制，探讨微博对记者这一职业群体的社会资本的影响。

第二节 文献综述

一、互联网使用与社会资本

在社会网络研究领域，除了在网络的整体和结构层面进行探讨之外，个体如何通过网络来获得行动的资源和个人在网络中的权力，也是社会网络分析所关注和研究目标的重点之一。本文主要关注职业群体中的记者个体通过微博客链接网络，形成的社会资本和权力分配情况。

社会资本是一种在人际关系中积累的资源(Coleman，1988)。作为一个较为灵活的概念，其在各个研究领域有着并不统一的概念(Adler & Kwon，2002)，它既可以影响其他变量，又可以被其他变量所影响(Resnick，2001；Williams，2006)。社会资本被认为能够带来一系列积极的社会后果。例如更高的公共健康程度，更低的犯罪率，以及更加有效率的金融市场。当社会资本降低时，一个社区将可能增加社会失序，降低公民行动参与程度，引发社区成员之间的不信任感。较高的社会资本可以增加社区承担和集体行动的动员能力，但总体来讲，社会资本被视为一种社会网络参与者彼此互动的积极结果(Helliwell & Putnam，2004)。对个人而言，社会资本提供了一个供个体动用其所在网络中其他成员运用信息、人际关系或组织能力的资源的机会(Paxton，1999)。

在经验研究中，由于研究者对社会资本的概念有着不同的理解，因此测量社会资本的方法，在不同的研究领域中，也是多种多样的。例如，Bourdieu和Wacquant(1992)将社会资本定义为“个人或团体凭借占有由互相了解和认可而形成制度化关系的稳定网络的实际或虚拟的资源总和”。这种来自上述关系的资源，在形式和功能上均与“关系”本身不同。个体的社会资本，就是个人的关系连带如何得到资源。对此，Bourdieu(1986)指出：个人拥有社会资本的多少取决于两个因素，一是“行动者可以有效地加以运用的联系网络的规模的大小”，二是网络中每个成员“以自己的权力所占有的资源的多少”。

权力是社会学中的一个重要概念。社会行动者之所以拥有权力，是因为行动者之间存在关系，能够相互影响。简单地说，一个人的权力来自于他人对自己的依赖性。在社会网络分析的研究范式中，权力被定量测量为一系列的量化指标。在自我中心社会网中，除了成员数量和成员拥有的资源外，个体在网络中占据的结构位置也具有带来资源的能力，其中以个体的中心位置(central position)和居间位置(go-between position)最为重要(罗家德，2005，pp. 56－57)。因此，"中心性"便是社会网络分析对权力研究的独特贡献。对于个体而言，权力即网络中个人的中心度。因此，在本研究中，记者个体的社会资本由两个操作化的指标构成，即个体在网络中占有的网络规模和中心度。

在社会网络研究领域，对于互联网究竟是增加还是降低了社会资本，一直众说纷纭。Nie(2001)认为，网络使用减少了社会行动者同他人面对面交流的机会，这将有损于个人的社会资本。然而 Bargh & McKenna(2004)对此作出了强烈的批判。他们认为，尽管网络使用的增加带来了现实社区中社会资本流失的潜在危险，但网上的收益能否弥补这一点并未被深入探讨。反观有些研究者认为，在线互动可以提供甚至取代人际互动，减轻了上网带来的损失(Wellman，Haase，Witte & Hampton，2001)。实际上，一些关于地缘上的群体研究得到了在线社会网络的支持，证明计算机中介的交互行动对群体互动、群体关心和社会资本有积极效果(Hampton & Wellman，2003；Kavanaugh，Carroll，Rosson，Zin & Reese，2005)。有研究探讨了不同动机的网络使用行为对社会资本的影响(张卿卿，2006)，发现以信息收集为动机的网络使用对社会资本可起到正面的影响；而以人际互动和娱乐消遣为动机的行为则有损社会资本。因此，网络使用的动机成为影响社会资本的重要变量，这也能较好地解释为何上述研究会得出相异的结论。考虑到记者使用经过实名认证的微博可能更多地是出于信息收集和资源共享的工作需要，那么，微博使用对记者个体增加在职业群体中的社会资本也应起到积极的作用，因此提出如下研究假设：

H1：**由微博关系使用强度可预测记者个人在职业群体中的社会资本。**

H2：**由微博内容使用强度可预测记者个人在职业群体中的社会资本。**

H3：**由记者在微博空间中的话题参与数量可预测记者个人在职业群体中的社会资本。**

二、濡染模型：社会影响力与社会资本

社会网络分析旨在研究社会网络中行为及态度形成的社会关系结构。在社会网络建立过程中，存在着一系列有代表性的传播规则。其中，平衡理论是指"我努力在与我传播的人中保持互动平衡"是行动者之间建立联系的重要动机之一，对人们建立、保持、解散和重建传播网络具有重要影响(Monge & Contractor，2003)。正如传播学经典理论中的意见领袖研究所指出的，人们的态度形成深受人际关系的影响。Erickson(1987)认为，在模糊不清的情境下，人们会借由比较参照群体(reference group)中其他人的态度来获得行为规范的指引。当他们和参照群体在一起时，相同的态度会被确定及强化，有差异的态度则会改变。这种主张行动者是被相似的其他人影响的观点，再一次说明了社会互动的原则，且影响力倾向于发生在行动者有一致性的主张或兴趣之际。

除了人际间的影响力可能有利于一直态度的形成外，还有一种生态学的影响机制，即角色同型的影响力。不同社会结构中扮演相同角色的个体会互相模仿，因此，如果占有特定社会地位者有相似的条件，则他们能共享相同的态度和行为。在一般条件下，他们会表现出和地位或职务相称的行为规则。基于平衡理论，Marsden 和 Friedkin(1993)推演出了濡染模型(contagion model)作为社会影响力研究的模型。该模型的计算公式如公式 10-1 所示：

$$Y = \alpha W_i Y + \beta X + \varepsilon$$

公式 10-1 濡染模型中社会影响力的计算公式

在这里，Y 是态度向量，表示一个群体的行动者对某一事物的态度；W_i 指的是社会行动者之间的关系矩阵，X 代表控制变量。简单地说，这个公式的意义是：个人的行为态度会受到其所在网络中其他成员的态度影响。

濡染模型可以用来验证他人的影响力对个体的态度是否有显著的冲击。对使用微博的记者而言，按照濡染模型的理念，个体在选择是否与这一职业群体中的其他行动者建立联系时，从某种程度上来讲，会将这一群体外的其他微博用户作为参照群体，参考其他微博用户对于某个用户的意见。在微博空间中，用户个体被其他人关注的情况会以粉丝人数的形式显示在页面上，这个数字代表着用户在微博链接网络的全网中的点入度，并会随时更新。也就是说，某一记者在全网中以建立链接的形式被他人关注的程度(点入度)越高，其在职业群体网络中获得的相应链接也有可能越高。然而，在实际的微博客空间中，记者个体是否与职业群体中的其他行动者建立链接的决策是否真的如此？针对这一猜测，本研究结合濡染模型，提出个体层面的假设：

H4：由全网中他人的态度可预测记者个人在职业群体中的社会资本。

三、强/弱联系假设

在一个网络中，可能存在这样的情况：行动者 i 到行动者 j 的连接不能等同于 j 与 i 之间的连接，这样的网络被称作有向网络。举例来说，本研究中的记者“性别”网络是一个无向网络，因为记者 i 到 j 的性别关系相同，那么 j 到 i 的性别关系也一定相同，与两个行动者动作发出与接收的排序无关。而在记者群体的微博客链接网络中，链接 $i-j$ 与 $j-i$ 是两个彼此独立的事件，因此这一网络是一个有向网络。

“强联系”和“弱联系”是社会资本理论中的一对重要概念，尤其体现在对有向网络的研究当中。在有向网络中，强联系(strong ties)指的是两个节点之间在两个方向上的路径同时存在，即双向链接；而弱联系(weak ties)则是两个个体之间被一个半路径相连，也就是一种单向链接(罗家德，2005，p. 47)。社会资本研究的一个核心问题是探讨“强联系”与“弱联系”到底哪一种能在网络中为行动者获取更多的资源。大量研究表明，弱联系(Masden & Campbell，1984)可以提供很好的信息途径(Granovetter，1973)、工作机会(Lin，1990；Erickson，2001)以及知识(Coleman，1988；Nahapiet & Ghoshal，1998)。另一方面，诸如朋友等强联系则可以提供社会支持(Wellman，1992)以及长期的合作行为(Uzzi,1996)。显而易见的是,互联网为建立新的关系提供了便利,使人们能够与有着相同兴趣或相关目标的他人取得强联系(Ellison,Heino,& Gibbs,2006;Horrigan,2002;Parks & Floyd,2000)。

近年来,研究者着重强调基于因特网的链接对于建立弱联系的重要性。但由于网络关系建立在搜索能力等一系列具有主动性的技术手段之上(Resnick,2001),因此在社会化媒体的网络中,可能产生社会资本和强弱联系的新形式。而在强联系与弱联系中,后者被认为是跨越型社会资本(bridging social capital)的基础(Yuan & Gay,2006)。所谓跨越型社会资本,是用户在可能获得的资源中建立和保持更大的扩散网络或关系(Donath & Boyd,2004)。与这一概念相对应,紧密型社会资本(bonding social capital)反映了与家人和密友建立的联系,处在这个位置上的行动者可以提供情感支持或得到稀缺资源(Putnam,2001)。Williams(2006)指出,互联网是否提供或取代了强联系这一问题没有得到回答,而且几乎没有相关的经验研究来检验互联网对于紧密型社会资本的作用究竟如何。Putnam(2001)认为,紧密型社会资本即社会网络中的行动者既有的与家人、密友等建立的直接的依赖关系;跨越型社会资本即行动者通过对网络社区的认同而间接形成的对该社区中成员的信任。本文将记者拥有的现实中的线下密切关系作为紧密型社会资本,并将其具体操作化为记者在职业群体的微博链接网络中拥有的同事数量。相应地,跨越型社会资本则是记者通过微博链接网络,与非同事之间建立的线上关系数量;强联系和弱联系则分别指双向链接和单向链接。在此基础上,提出以下研究假设:

H5:**记者在微博链接网络中的紧密型社会资本大多是强联系。**

第三节　研究方法

本研究采用社会网络分析方法(social network analysis,SNA)对作为职业群体的记者在微博空间中的社会资本进行研究,观察单位是微博空间中作为职业群体的记者微博使用情况及其链接行为。其中,微博使用情况包括关注人数、粉丝人数、微博数量和话题参与数量,链接行为则是记者之间互相关注的情况。

本文的研究对象为新浪微博名人堂“传媒”分类下的全体“知名记者”,采用网络观察法收集新浪微博空间中记者群体整体网的全部链接关系数据,运用数据挖掘的思想,使用爬虫(Python)程序录入数据。程序运行的时间为2010年2月4日,记录的数据包括新浪微博认证的全部295名记者ID、微博地址、关注人数、粉丝人数、微博数量及内容,以及记者关注名单列表,在关注名单列表中筛选出属于新浪微博记者群体的博主,使用UCI-NET 6创建矩阵,这是一个以1或0表示关系是否存在的二值不对称矩阵。随后,采用内容分析法,通过对295名记者自注册以来到2010年4月20日在新浪微博上发布的所有内容(包括转发、评论、图片、视频等)进行内容分析,将记者所关注的话题按照互斥并穷举的原则,依次分为时政、财经、社会、文化、娱乐、体育、教育、时尚和IT等9个类别,每个记者可以同时关注若干个不同的话题,按照上述类别的序号进行编码,而微博数量不足、话题缺乏公共性和难以辨别的情况则编码为0,建立记者是否参与上述9个话题的数据表。

第四节　研究发现

根据2010年2月4日数据挖掘的结果,新浪微博名人堂“传媒”分类下的全体“知名记者”共包括295人。本文所关注的链接网络由295名记者之间的链接关系组成。社会化媒体具有强大的连通性,能够通过链接将多种媒体融合到一起。从新浪微博认证的知名记者名单来看,这一名单涵盖了来自全国各地乃至海外的报纸、杂志、广播、电视和互联网等不同媒体的新闻机构记者,其所在部门和关注的领域包括时政新闻、财经新闻、社会新闻、体育新闻等,呈现出多样化的特点。经过统计发现,每个记者个体关注的话题数在0～4之间。大多数记者关注了两个及以上的话题,只专注于某一特定话题的记者所占比例较小。从话题的关注情况来看,被记者关注最多的话题是“社会”和“时政”,“财经”“文化”也是较受记者重视的话题,关注量居中的话题是“IT”“娱乐”和“体育”,“时尚”和“教育”等话题的关注度较低。记者群体所关注的话题具有公共性和社会性;同时,对社会类新闻话题的集中关注,除了记者使用互联网辅助采访需要和社会现象本身的引人注目等因素之外,也与微博内容短小、传播快捷、适于传播社会新闻的特性有关。

一、职业群体中记者个人社会资本获得的回归分析模型

本研究中记者个体的社会资本由两个操作化的指标构成,即个体在职业群体微博链接网络中占有的网络规模和中心度。网络规模指个人在网络中建立联系的成员的多少。而在中心度的测量上,如前文所述,本文以个体的居间位置(go-between position)为主。个体网的居间位置是一种个体能够以居间的结构优势来控制网络中信息流动的特质(Granovetter,1973),以中间中心度来表示,测量的是一个行动者在多大程度上控制他人之间的交往,即对资源控制的程度,其定义为:经过点Y并连接这两点的捷径数与这两点之间的捷径总数之比,它测量的是Y在多大程度上位于X和Z的“中间”(刘军,2009)。设点i能够控制点j和k交往的能力为$b_{jk}(i)$,把点i相应于整体网中所有点对的中间度加在一起,就得到该点的绝对中间中心度(计为C_{ABi}),其详细计算公式参见公式10-2。

$$C_{ABi}=\sum_{j}^{n}\sum_{k}^{n}b_{jk}(i),j\neq k\neq i,且\ j<k$$

公式10-2　绝对中间中心度的计算公式

中间中心度为0的点不能控制任何人,处于网络边缘,而中间中心度为1的点则可以100%地控制其他行动者,处于网络的核心,拥有很大的权力。综上,本文将记者的个人社会资本以其在职业群体微博链接网络中的网络规模和中间中心度两个指标来衡量。就记者个体而言,网络规模(即度数中心度)的取值在0到119之间($M=14.685,SD=17.781$),中间中心度的取值从0到7908.23之间($M=331.068,SD=819.062$)。本研究将上述取值作为记者个体在职业群体微博链接网络中的社会资本,将社会资本区分为“网

络规模”和“中间位置”两个层面。

本文将微博使用强度区分为“内容使用强度”(即微博发布数量)和“关系使用强度”(即在微博中关注的总人数),与“话题参与数量”“全网中他人态度”(记者在全网中被他人关注的次数,即粉丝数)和记者在职业群体中的个体社会资本(网络规模与中间中心度)等以记者个体为单位的连续变量一起,采用多元回归分析对上述假设进行检验。因变量分别设为网络规模和中间位置,自变量共分为两个阶层,分别是控制变量和预测变量,其中非连续变量如性别和工作地点需处理成虚拟变量后(女性=0,海外=0)再导入到回归方程中,结果如表 10-1 和表 10-2 所示。

表 10-1 社会资本(网络规模)的多元回归分析模型($N=295$)

	回归模型一	回归模型二
第一阶层:控制变量		
性别	.212***	.085*
工作地点	-.091	-.026
第二阶层:预测变量		
话题参与数量	——	.177***
全网中他人态度	——	.375***
关系使用强度	——	.330***
内容使用强度	——	.264***
ΔR^2	.053	.507***
Adjusted R^2	.047	.551***

*$p<.05$;**$p<.01$;***$p<.001$

表 10-2 社会资本(中间位置)的多元回归分析模型($N=295$)

	回归模型一	回归模型二
第一阶层:控制变量		
性别	.157**	.041
工作地点	-.079	-.019
第二阶层:预测变量		
话题参与数量	——	.041
全网中他人态度	——	.311***
关系使用强度	——	.363***
内容使用强度	——	.294***
ΔR^2	.031	.460***
Adjusted R^2	.024	.481***

*$p<.05$;**$p<.01$;***$p<.001$

如表 10－1 所示，当控制了性别变量和工作地点后，全网中他人态度、关系使用强度、内容使用强度和话题参与数量这四个变量都能够预测个体在网络规模层次的社会资本，整个回归模型的显著度为 $p<.001$，解释了调整后总变差的 55.1%。而在表 10－2 中，除控制变量外，全网中他人态度、关系使用强度和内容使用强度对个体在中间位置层次的社会资本也具有预测力，模型显著度为 $p<.001$，解释了调整后总变差的 48.1%。至此，假设 H1、H2 和 H4 都得到了验证，即由微博关系使用强度、内容使用强度以及全网中他人的态度都可显著地正向预测记者个人在职业群体中的社会资本，包括其在职业群体中可支配的资源数量和控制其他记者之间建立联系的能力。而 H3 所假设的“由记者在微博空间中的话题参与数量可预测记者个人在职业群体中的社会资本”仅在网络规模层次的社会资本的回归分析中得到验证，而不能预测其居间位置层次的社会资本。

由此可见，对于预测记者个体在职业群体微博链接网络中的社会资本来讲，粉丝数这一全网范围内的他人态度变量和包括了关注人数、微博条数在内的使用强度指标，都是有效的预测变量。在记者个人在职业群体的微博链接网络中所获得的网络规模和中间位置两个层面的社会资本中，微博使用强度与他人态度累积都解释了一半左右的总变差。

具体来说，全网中他人对某个记者的态度，对记者个体选择是否链接这一记者具有最重要的影响，能带来个体中间位置层次的社会资本的最重要预测变量是记者对微博关系的使用强度，也就是说，更多地关注他人，能为记者增加控制职业群体微博链接网络中资源的能力。而对微博内容的使用强度，即记者所发表的微博数量，对记者建立对资源的控制能力和增加个人链接网络的成员规模，都有着一定的积极作用。话题参与数量一方面反映了记者使用微博的活跃性，记者参与话题越多，其网络规模可能越大；但这一变量从另一方面而言，与记者本身的专业性成反比，因而对个体建立起中间中心度即控制他人的之间交往程度没有影响。

总之，微博空间为作为职业群体的记者个体提供了具有主动性的社会网络空间。在这个空间中，作为行动者个体的记者可以通过增强使用强度和改变他人态度来增加自身在职业群体网络中的社会资本指标，包括网络规模和位置中间性。

二、强/弱联系假设在记者微博链接网络中的 QAP 检验

通过既有理论的探讨，紧密型社会资本通常是亲友等现实生活中熟悉而紧密的关系，往往是双向的强联系；而跨越型社会资本则是需要通过他人的桥接而建立起的间接关系，通常这种关系是单向的弱联系。在微博链接网络中，我们将双向关系视为强联系，而将单向关系视为弱联系。按照强联系假设，记者在微博链接网络中的紧密型社会资本大多是强联系。

本文将紧密型社会资本定义为现实生活中的同事关系数，跨越型社会资本为非同事关系数。运用 QAP 关系列联表（QAP Relational Crosstabs）分析方法，将记者微博链接的强联系（双向关系）矩阵和紧密型社会资本（同事关系）矩阵作为输入矩阵，可计算出两个矩阵之间的关系列联表，检验研究假设 H5。

表 10－3 显示的是对强联系和同事关系数即紧密型社会资本进行交叉表检验的结

果。记者的微博链接网络中,双向关系即强联系的个数有 915 个,占关系总数的 2.11%;单向关系即弱联系的个数有 42450 个,占关系总数的 97.89%,弱联系远多于强联系。对强联系和同事关系数即紧密型社会资本进行交叉表检验,卡方统计量为 793.469,卡方检验的显著性 $p<.001$,因此假设 H5 得到证明,即记者在微博链接网络中的紧密型社会资本大多是强联系。在记者的微博链接网络中,记者与同事之间基于现实生活中的熟悉关系,大多建立了双向的链接,而与非同事之间则通常表现为单向关系。也就是说,在记者群体的网络中,线下的现实同事关系往往为线上的社会化媒体网络带来个体间双向链接的强联系。这一结论也验证了"紧密型社会资本大多是强联系,跨越型社会资本大多是弱联系"的既有假设。

表 10-3　强、弱联系与跨越型、紧密型社会资本的 QAP 交叉表卡方检验

	弱联系	强联系	总计
跨越型社会资本	42063(97.00%)	816(1.88%)	42879(98.88%)
紧密型社会资本	387(0.89%)	99(0.23%)	486(1.12%)
总计	42450(97.89%)	915(2.11%)	43365(100.00%)

$\chi^2=793.469, df=1, p<.001$

第五节　结论与讨论

关于"互联网究竟是增加还是降低了社会资本"的问题,至今理论界尚无定论。尽管本研究没有关注网络使用是否引起了现实中社会资本的流失,但研究的结果已经充分证明了互联网使用,特别是微博等新兴社会化媒介的使用,对以记者为例的职业群体建立社会网络并从中产生凝聚力,以及对记者个人的信息、权力等重要资源的获得,具有积极意义。本研究探索了记者这一职业群体在以新浪微博为例的微博空间中以建立链接的形式构成的社会网络,研究通过数据挖掘和社会网络分析法,分析了记者在关系建立层面上的网络使用行为对记者社会资本的影响。本文的研究结论还进一步揭示,对个人社会资本获得具有积极影响的互联网使用行为包括了网络中内容和关系的强度使用等。具体而言,在微博使用方面,内容生产越活跃,建立关系越主动,就越能够增加网络规模和控制网络资源的社会资本。而从改善他人态度即吸引他人关注的层面来讲,行动者也并非是完全被动的。濡染模型探讨了个体在具有不确定的情境下,依据相似性做出选择的理论机制。这一模型在预测记者参照他人态度而决定是否与其他记者建立关系时的解释力是很强的,也表明有相似的条件的社会行动者之间,能够共享相同的态度和行为。除了个人原有的威信之外,主动参与信息传播和讨论也是通过提升注意力而吸引他人关注,进而提高个人社会资本的有效途径。

本文还证明了记者在微博链接网络中的强联系大多是紧密型社会资本,"弱联系的优势"得到了印证。比起强联系而言,弱联系更多地产生在非同事关系中,这为记者个人扩大网络规模和网络成员的异质性提供了空间。总之,作为新媒体的微博能够为记者群体建立起紧密的链接网络，印证了濡染模型在记者微博链接网络中的适用性。同时，互联网使用也对记者职业群体在社会化媒体中建立社会网络、增加社会资本具有积极作用。以微博为代表的线上社会化媒介更能够打破线下关系的束缚，使成员间能够按照共同的追求，形成真正以喜好对方为基础的，更加自由的群体。因此，可以预见的是，便捷易用的新媒体将对人们的社会网络形式产生深刻而多样的影响。

正如 Wellman 等(2001)所指出的："当互联网阻碍了人们参与到社会行动中，甚至比电视更严重时，它能使人们远离社区、组织和政治参与，以至于民主生活。矛盾的是，人们使用互联网与他人交流时，互联网又成为了建立持续社会资本的工具。"因此，研究者还需考察线上活动与线下日常生活中的异同。尽管数据挖掘可以高速有效地取得微博空间中记者的个人属性和链接资料，但诸如网络使用动机、交往频次、现实关系网络、心理距离等在社会网络分析中比较关键的变量由于时间和人力所限尚未得到探讨。笔者在今后将结合线上的数据挖掘与线下的问卷调查，对网络使用与社会资本之间的关系作更为深入的研究。

第十一章 维基百科中当代中国历史事件的再现网络结构

在前面三章的研究案例中，我们讨论的现象都围绕着由个人节点构成的传播网络。实际上，除了社会行动者之外，包括关键词以及带有超链接的关键词等典型文本，同样具有不可忽视的研究价值。这些由文本及其之间的关系构成的语义网络将有助于传播研究者以更为结构化和立体化的方式来理解信息当中以意义的相互关联而形成的主题和深层次的社会意涵。本章就将以维基百科当中词语条目之间的关系构成的网络为例，考察关键词之间的链接关系，从而对该网络中条目之间语义关系的建立进行预测。通过这样的语义网络分析，我们将能够揭示影响在线百科全书中集体记忆形成与传播的结构及其带来的可能后果，刻画集体记忆在新媒体条件和技术中介传播环境下的新现象、新规律，并从中考察集体记忆与群体认同的建立、消弭和保持的可能途径(刘于思，2013b)。

第一节 引言

集体记忆(collective memory，mémoire collective)，是指“一个特定社会群体之成员共享往事的过程和结果，保证集体记忆传承的条件是社会交往及群体意识需要提取该记忆的延续性”(Halbwachs，1992[1925]，p. 335)。在集体欢腾和日常生活之间的间隙，集体记忆成为整合人类群体的重要力量。集体记忆这一概念认为，人们之所以能够团结在一起，是由于那些对于过去的建构中介和调节了他们对团结的感受(feelings of togetherness)。从这个意义上来说，团体就是一群通过对彼此过去的共同意象设想起他们的团结和特殊性的人们，也即“记忆是一种集体的作用”(Halbwachs，1992[1925]:183)。

可见，记忆不仅取决于个体层面的心理因素与认知能力，同时还受制于个体与其同时代的人们之间、与社会文化环境之间的关系。集体记忆对于一个群体建立认同、维系存在来说，具有不言而喻的意义。集体记忆在传播的过程中存活和保持。虽然知识和记忆的形成拥有一定的生理前提，但其形式和内容是被社会经验中介，并在传播过程中形成的。因此，传播是集体记忆形成和延续的关键过程之一。

既有研究一直重视集体记忆和传播行为之间的互动关系。康纳顿([1989]2000)即强调了群体记忆如何传播和保持对于记忆研究的重大价值。Gerbner(1969)也通过“文化指标”(cultural indicators)这一概念，揭示了传播行为对于制造集体观念的作用。近年来，对集体记忆的研究大多注意到了大众传媒和新闻业在其中扮演的角色(如：Zelizer，1995)。在当代集体记忆研究中，大众传媒是与政府、族群团体、社会组织等行动主体并列的，对集体记忆的建构和传承具有重要作用的社会行动者。

随着数字化革命浪潮的兴起,互联网对个体的赋权为集体记忆带来了公民化书写的可能性,进而与官方生成的集体记忆产生竞争和对话。在中国语境下,对集体记忆与新媒体互动关系的研究相对较少。Yang(2003)在考察中国知青一代在20世纪90年代通过怀旧建立集体记忆的过程中,分析了知青运用新媒体建立集体记忆与认同的互动关系,发现知青一代自发地使用数字化媒体记录和传承记忆,用以维持对过去的认同感。总体来说,结合了信息技术与集体记忆的数字化记忆和网络化记忆的概念和相关理论尚属新兴的研究领域,国内外相关成果较少,具体到国内的相关领域,集体记忆与新媒体的关系几乎尚未引起研究者的有效关注。

集体记忆在技术中介传播的语境下,表现出了前所未有的特征,上述趋势特别明显地反映在近年来兴起和发展异常迅猛的众多社会化媒体平台中。作为社会化媒体的一种,维基百科为数字化集体记忆提供了一个虚拟的互动空间。那么,维基百科中的当代中国历史事件及条目,在其刻写实践中所体现出的数字化集体记忆,究竟更多地呈现出"断裂"还是"连续"的特征?历史事件的性质在其中扮演了怎样的角色?本文主要运用社会网络分析方法回答上述问题,考察事件性质和历史条目之间的联结关系及其结构位置,从中揭示出社会化媒体环境下,影响在线百科全书中集体记忆形成与传播的结构及其带来的可能后果,分析在线集体记忆所呈现出的历史面貌,刻画集体记忆在新媒体条件和技术中介传播环境下的新现象、新规律,从而完善和补充集体记忆和传播理论。在此基础上,分析维基百科作为社会化媒体应用平台本身的特征,考察在当前特定的历史背景下,集体记忆与群体认同的建立、消弭和保持的可能途径。

第二节 文献综述

一、技术中介传播环境下的集体记忆

集体记忆是由迪尔凯姆(Durkheimian)的学生、该学派第二代社会学家中最重要的学者之一哈布瓦赫(Halbwachs)提出的。他指出,集体记忆是一个特定社会群体之成员共享往事的过程和结果,保证集体记忆传承的条件是社会交往及群体意识需要提取该记忆的延续性(Halbwachs,1992[1925]:335)。他认为,集体记忆具有双重性质,既是一种物质客体、物质现实,比如一尊塑像、一座纪念碑、空间中的一个地点,又是一种象征符号,或某种具有精神含义的东西、某种附着于并被强加在这种物质现实之上的为群体共享的东西(Halbwachs,1992[1925]:24)。

集体记忆的阐发得益于迪尔凯姆的"集体欢腾"概念,作为人类文化创造力的温床,集体欢腾使宗教观念诞生于欢腾本身,因为"唯有集体思想具备这种效力,要创造一个观念的世界,并使经验现实的世界通过它发生变形,就必须得有一种智力的过度兴奋,而这种过度兴奋只有在社会中并通过社会才能实现"(迪尔凯姆,2006[1912]:224)。Coser(1992)认为,哈布瓦赫对于集体记忆概念的核心贡献是认为集体记忆是对理解的社会建构(social construction)。

与哈布瓦赫的集体记忆论相比，康纳顿更为关注的是记忆与身体实践之间的关系，他强调了规则与运用之间的差距，人们不但需要记住这些规则，并且需要有关操演这些规则的记忆。康纳顿区分了两种不同类型的社会实践，即体化实践和刻写实践。这两种实践都是对人身体的依赖，而不同则在于对人身体的依赖程度不同，主要表现在体化实践完全依赖于人的身体，而刻写实践却可以独立于人的身体来完成对记忆的存储与传递。体化实践是通过亲身在场参与具体活动来传达信息的，而刻写实践则是通过记录来捕捉和保存信息的（康纳顿，[1989]2000）。

近年来，国外研究开始呼吁关注互联网和技术发展为集体记忆的刻写实践带来的可能影响。Kansteiner(2002)指出，学界关于技术对记忆的影响不能仅仅停留在20世纪第一次媒介革命时期，如电影、电视等。而今，处在第二次媒介革命中期的学者们，理应对"基于互联网的集体记忆"(Internet-based collective memory)这一概念及其创造出的新的视觉和话语符号引起足够的理论自觉。van Dijck(2007)提出了"数字化记忆"(digital memory)的概念，认为在数字化时代，存在一些被媒体中介的记忆场所(memory place)，这种记忆的数字化使回忆行动和特定的中介主体之间产生了一种不可分割的相互联系，而正是通过特定的中介主体，回忆行动才得以物化(materialize)；数字化技术深深地影响着人们回忆进程的本质，因此，在重新概念化"记忆"时，应当将这种物质中介的新形式纳入分析。从最初将文本、照片、图形、电影等形式融为一体的计算机，到21世纪数字化背景下的多媒体兼容性，数字化记忆载体的"变形"(morphing)能力应当被视为一个"精神-技术-文化过程"(mental-technical-cultural processes)，影响着创造和建构记忆的文化实践以及我们对自己和其他人的理解。这种"精神-技术-文化过程"的另一特征是全球范围内的数字化浪潮带来了主体间的网络(intersubjective networks)，这种网络能够把个体和他们的记忆联结给其他人，并带来私人记忆和公共记忆的融合。Brockmeier(2010)认为，技术和媒体（包括传统媒体与新媒体）能够形塑个人与集体记忆，而全球范围的数字化革命为人类记忆和传播技术带来的新变化成为媒介和技术影响集体记忆的核心所在。他指出，数字化和虚拟记忆(digital & virtual memory)的新技术和社会实践是数字化革命的永久产物，因此，媒介和技术领域的记忆研究在近期才引起了信息科学、传播学、媒介研究、技术社会科学等学科的兴趣。

二、作为全球记忆场所的维基百科

随着数字化革命浪潮的兴起，互联网对个体的赋权为集体记忆带来了公民化书写的可能性，进而与"官方"生成的集体记忆产生竞争和对话。集体记忆在技术中介传播(technology-mediated communication)的语境下，表现出了前所未有的特征，上述趋势特别明显地反映在近年来兴起和发展异常迅猛的众多社会化媒体平台中。作为社会化媒体的一种，维基(Wiki)平台是一种可在网络上开放多人协同创作的超文本系统(Leuf & Cunningham，2001)。应用该系统平台而产生的在线百科全书统称为维基网站。维基网站是一种计算机支持的协作(computer-supported collaborated work，CSCW)，最著名同时也是影响力最大的维基网站是维基百科(Wikipedia)。

维基百科是由一系列互相链接的网页组成的，允许共同写作的在线百科全书。“Wiki”一词来源于夏威夷语中的“*wikiwiki*”，意为“快的”。自从 1995 年产生以来，维基百科的软件设计模式秉承着开放(open)、增量(incremental)、有机(organic)、宽容(tolerant)和可察(observable)的原则(Cunningham，2007)。由于维基百科采用完全自由共享、无壁垒交互和去中心化的全员参与模式，使得传播的结构更加扁平化，从而令信息和知识的传递更加迅速、直接、高效。

作为一个在线社区，维基百科同时是那些为了特定目的聚集在一起，受到包括规范和法则在内的政治约束，并拥有软件支持的一群人之间的传播(Preece & Maloney-Krichmar，2005)。维基百科每个词条都伴随着一个与之相关的类似在线论坛的场所，也成为一个用于解决冲突的低成本的途径(Viégas，et al.，2007)。讨论页的用语是非正式的，反映出类似电子公告板和其他异步交流论坛的一种典型的在线讨论风格(Emigh & Herring，2005，p. 7)。

维基百科作为一种基于 Web 的百科全书，能够成为一种全球记忆场所(global memory place)。通过对互联网成为集体记忆网络空间(cyberspace)的潜力及障碍的比较，发现维基百科为多种记忆要素进行协商提供了一个全球记忆场所。其讨论和内容创作过程的复杂性是记忆话语形成模式的体现(Pentzold，2009)。因此，维基百科可以被视作记忆在传播性框架(communicative frames)和集体性框架(collective frames)之间的过渡和浮动间隙(floating gap)。Pentzold(2009)认为，维基百科能成为全球记忆场所的一大关键，在于它带来了无门槛的沟通过程，通过在线合作(online cooperation)的方式，提供了一种知识生产(knowledge production)的替代模式(alternative pattern)。此外，Ferron 和 Massa(2011a)也将维基百科视为集体记忆场所之一，以最终的条目文本作为集体记忆结晶的再现，使用大规模的实证数据，分析如“9・11”事件和“伦敦 7・7 爆炸案”等创伤性事件的集体记忆构建过程。研究发现，通过记忆分享行动而进行的纪念活动，在纪念日当天的集体记忆形成过程中扮演了核心的角色，特别是针对创伤性事件的条目编辑行为而言。而在他们的另一篇文章中(Ferron & Massa，2011b)，则通过实时数据，分析了 2010 年 12 月北非一系列抗议活动在各语种维基百科条目编写中呈现的集体记忆，并运用社会网络分析的方法，将相应条目讨论页面中行动者个体作为节点的讨论网络可视化，从中考察维基百科编辑者不同的个人影响。

基于上述社会化媒体的特征，维基百科以其在线百科全书的定位，加之内容生产制度化的保证，确保了其内容的准确性和权威性。作为一种类似历史类条目百科全书的载体，维基百科能够为数字化集体记忆提供一个虚拟的互动空间(Pentzold，2009)。除了其自身一贯的影响力之外，维基百科内容数据和日志数据的开放性、可得性也使其成为开展经验研究的理想平台之一。本研究即将中文维基百科历史条目在构建过程中所生成的文本意涵(条目内容)作为研究对象，关心历史事件的性质对条目之间超链接关系的影响，从中揭示社会化媒体环境下，影响在线百科全书中集体记忆形成与传播的历史再现结构及其带来的可能影响。

三、社会网络分析与指数随机图模型的基本思想

本文的关注点着眼于互相链接所形成的历史和意义之网，并以链接的多少来评价历史事件本身在网络结构中的影响力情况。具体而言，一个事件的入度中心度(indegree centrality)表现为其收到以超链接形式指向这一事件的其他事件数量，代表了该事件影响其他历史事件的能力；而事件的出度中心度(outdegree centrality)则是其链接到其他事件的数量，代表了该事件被其他历史事件的影响的程度。

对历史事件之间通过超链接建立的网络，可以通过社会网络分析的框架来进行考察。社会网络分析(social network analysis)是以共同属性作为基础的，用来辨明个人(或节点)之间的互相连通关系的一系列方法(Hanneman & Riddle，2005)。这种研究方法，能够对包括文化符号、人、团体、组织以及国家等各种社会实体之间存在的关系进行探索(Barnett，Danowski & Richards，1993；Scott 1991a，1991b；Wasserman & Faust 1994)。

维基百科的编辑者在撰写历史事件条目时，其涉及的其他历史事件会自动生成超链接，指向该事件的条目页面。而事件之间的互相链接，则增进了历史条目作为一个特定的知识体系所必需的连通性(connectivity)。这种连通性的增加，并不是偶然完成的；事件之间链接关系的建立遵循着一定的规律和链接模式(linking pattern)，这种规律可以通过链接预测的过程得到发现，例如观察本研究所关注的历史事件网络比随机网络中出现更多的结构特征(structural signature)。所谓结构特征，是指用来识别一个网络中占据优势地位的特定链接模式(Contractor，2006)。这一新术语既包括从前网络分析中常用的“网络参数”(network parameters)(Monge & Contractor，2003)，也涵盖了“网络结构”(network structures，Palazzolo，2005)。

例如，以下三幅图可以视作六个节点(历史事件)和六条边(链接关系)的可视化结果(参见图 11 - 1)。其中，左图为随机产生的链接，包括一些双向链接、一些获得较多链接的节点和一些未被其他节点链接的点，上述结构是简单随机过程产生的结果。与之相对，中图表现的网络是具有显著互惠(双向链接)结构特征的网络，其中理想化的双向链接数量较随机产生的情况更多。右图的网络则显示了一种基于节点属性特征的结构特性，其中阴影节点获得了比随机情况下更多的链接。尽管节点数量和边数相同，但三个网络均

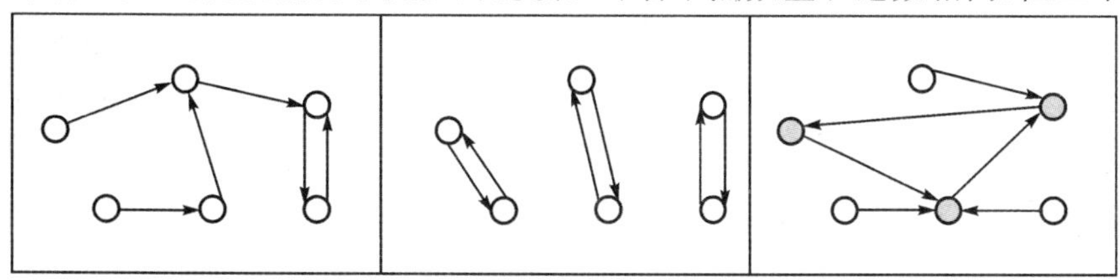

图 11 - 1 拥有 6 个节点和 6 条边的网络图

注：从左至右依次为随机图、互惠结构特性、属性结构特性

资料来源：Shumate，M.，& Dewitt，L.(2008). The North/South Divide in NGO Hyperlink Networks. *Journal of Computer-Mediated Communication*，13，405 - 428.

体现出某种理想状况下的结构特征，即每个节点的特征是由其链接和被链接对象所决定的。因此，本研究的零假设为：维基百科中的当代中国历史事件间的超链接完全为随机出现的。

社会网络的一大基本假定是，节点之间具有互惠性（reciprocity）。具体而言，在本研究中，节点互惠性即历史事件之间更可能出现双向链接的结构特征。一旦事件 i 指向事件 j，则事件 j 更有可能产生指向事件 i 的回报性链接。这一结构特征不仅适用于基于社会交换（social exchange）（Aldrich，1982）和资源依赖（resource dependency）（Pfeffer & Salanick，1978）理论的个体行动者网络，同时也可以应用于建立在对意义的理解基础上的语义网络（Shumate & Palazzolo，2010）。对于特定的历史事件来说，其性质和影响决定了事件彼此互相关联的可能性高于单向关联，因此，本文提出研究假设：

H1：相对于随机情况而言，维基百科中的当代中国历史事件之间出现相互链接的可能性更高。

集体记忆的断裂性和连续性始终是集体记忆研究中的一个核心问题。一方面，哈布瓦赫认为，集体记忆在本质上是立足于现在并且是对过去的一种重构。他认为，记忆具有社会相对性（social relativity）和制约性（conditionality）。对过去的建构从根本上是由对现在的考虑而塑造的。记忆通常会符合主导话语（predominant discourses），且根据其在社会语境（social context）中的作用而被重塑，即记忆之所以被记住，是因为它被需要（Halbwachs，1992[1925]：53）。另一方面，不同于哈布瓦赫所关注的社会记忆的断裂性，康纳顿所关注的是社会记忆的连续性。他认为，我们对于现在的体验很大程度上取决于我们有关过去的知识，文化的连续性使得我们在一个与过去的事件和事物有因果关系的脉络中体验到了现存的世界。康纳顿（[1989] 2000）进一步解释了文化连续性的功能。他一方面承认现在对塑造过去的不可忽略的影响，另一方面又强调过去对现在的阴影。他指出，我们对于现在的体验很大程度上取决于我们有关过去的知识。我们在一个与过去的事件和事务有因果关系的脉络中体验现在的世界。不仅现在的因素可能会影响（或是歪曲）我们对过去的回忆，而且过去的因素也可能会影响（或歪曲）我们对现在的体验。

在此基础上，Schwartz（1990）指出，集体记忆既可以看作是对过去的一种累积性的建构，也可以看作是对过去的一种穿插式的建构。萧阿勤（1997）将社会记忆的研究分为解剖者与拯救者两种取向。解剖者的取向受哈布瓦赫的影响，强调人们记忆中的过去，受他们当前的关怀、利益和期望所左右，认为人们对过去的意向容易受掌权者的操控，揭露了人们所记忆的过去是社会建构的；拯救者的取向则注重历史的延续性，强调过去对当下情境的定义与社会行动的重大影响力，认为集体记忆不完全受利益的左右，强调了自由的公共空间对各种集体记忆存活的重要性。而在数字化时代，媒介通过中介（mediation）和再中介（remediation）的过程，使记忆呈现出一种"联结转向"（connective turn），在这一转向的影响下，媒介化记忆将带来集体记忆的终结，转变为一种联结记忆，即"数字化网络记忆"（digital network memory，Hoskins，2009，2011）。因此，本文假设：

H2：相对于随机情况而言，维基百科中的当代中国历史事件链接到其之前发生的事件的可能性更高。

在网络链接预测的结构特征中，同嗜性是指节点对其他相似者的选择，这种特性可以作为解释传播网络的基础。Brass（1995）指出，相似性被认为能够使传播更容易，增加行为的可预测性。历史事件可能存在某种特定的自分类（Turner，1987）过程，在这个过程中，事件的性质和类别被用来分类（Turner & Oakes，1986），进而影响到历史事件之间与被视为属于相同类别的联合程度（Schachter，1959）。综上提出研究假设：

H3a：**相对于随机情况而言，维基百科中持续时间相近的当代中国历史事件之间更可能产生链接。**

另一个网络科学中的结构特征是接近性，即通过增加空间上产生联系的概率来促进传播的可能性（Festinger，Schachter & Back，1950；Korzenny & Bauer，1981）。一些研究在物理接近性的基础上解释传播网络（Corman，1990；Johnson，1992）；在集体记忆研究中，社会行动者也更可能受到发生在其生活环境附近事件的影响（Jennings & Zhang，2005）。由此可以推理，发生在相近地点的历史事件之间也更有可能彼此之间产生联系。本研究结合传播网络关系建立的物理接近性机制（Monge & Contractor，2003），提出如下假设：

H3b：**相对于随机情况而言，维基百科中相同地点发生的当代中国历史事件之间更可能产生链接。**

而在个人和群体吸收和应对过去的创伤事件（traumatic events）过程中，事件类型和记忆类型与个体态度之间存在着一定的关联（Paez，Basabe & Gonzalez，1997），事件本身的规模、性质、影响、后果等，都会影响集体记忆的形式和特点。据此本文假设：

H4a：**相对于随机情况而言，维基百科中的当代全国性历史事件之间更可能产生链接；**

H4b：**相对于随机情况而言，维基百科中的当代中国创伤性事件之间更可能产生链接；**

H5a：**相对于随机情况而言，维基百科中死亡人数较多的当代中国历史事件更可能链接到其他事件；**

H5b：**相对于随机情况而言，维基百科中死亡人数较多的当代中国历史事件更可能被其他事件链接。**

此外，社会忘却是社会记忆进行选择的一个重要手段。社会要记忆什么、要忘却什么，是与现实紧密相联的。当过去发生的事情可能对现存秩序带来不利影响时，人们倾向于利用各种手段来遗忘过去。容易被记住的还是那些改变了人们社会生活的中心方面的事件（康纳顿，[1989]2000）。在诸多事件中，相对而言，建设成就和灾难更可能直接作用于人们的日常生活，人们对此的体验可能较为直观；相反，战争、社会运动和外交等类型的事件则需要人们通过相似事件的类比，间接地进行理解和体验。针对上述理论，本文假设：

H6a：**相对于随机情况而言，维基百科中间接体验的当代中国历史事件之间更可能产生链接。**

H6b：**相对于随机情况而言，维基百科中直接体验的当代中国历史事件之间更不可能产生链接。**

第三节 研究方法

本研究旨在发现并解释维基百科所记录的当代中国历史事件在其的超链接网络中的地位情况。其中,地位被操作化为某一特定历史事件在超链接网络中受其他事件影响的程度和影响其他事件的能力。研究主要考察发生时间、发生地点、事件规模与性质对历史事件之间建立链接的可能性所产生的影响。

研究于 2012 年 8 月 15 日至 8 月 19 日之间进行数据收集。首先,选择维基百科中"中华人民共和国历史"列表下的全部事件作为分析对象,共得到从 1947 年初的"第二次国共内战"到 2011 年 7 月 22 日"2011 年甬台温铁路列车追尾事故"的 94 个重要事件。随后,运行爬虫(Python)程序,记录每个事件条目的正文中是否出现其他事件超链接的情况(1 或 0),建立起历史事件之间超链接关系的邻接矩阵。发出链接行为的事件计为 i,接收事件计为 j,这是一个不对称矩阵。接下来,根据史料记载,记录 94 个历史事件发生的起止时间、地点和死亡人数。最后,将事件按照是否为全国性事件(Krippendorff's α =.97)、是否为创伤性事件(Krippendorff's α =.89)以及其性质(战争、社会运动、外交、建设成就、灾难、其他(Krippendorff's α =.73)分类,2 位编码员的平均互相同意度在可接受的范围内。

在数据分析的过程中,首先对历史事件网络进行描述分析,包括不同历史时期(1=1947—1977,2=1978—2000,3=2001 至今)、涉及地区(1=中国大陆,2=北京,3=长三角,4=珠三角,5=台海地区,6=西南地区,7=西北地区,8=东北地区,9=朝鲜,10=越南,11=南海/东南亚,0=其他)、全国性事件(1=是,0=否)、创伤性事件(1=是,0=否)以及性质(1=建设成就,2=战争,3=灾难,4=社会运动,5=外交,6=其他)分类下各类事件的数量、入度中心度/出度中心度的分布和均值比较。其中,一个事件的入度中心度表现为其收到包含其链接的其他事件数量,代表了该事件影响其他历史事件的能力;而事件的出度中心度则是其链接到其他事件的数量,代表了该事件被其他历史事件影响的程度。描述分析还使用 Gephi 软件,对事件网络进行可视化操作,计算了网络的基本参数指标,包括入度/出度中心势、密度、平均距离、凝聚系数等。研究重点考察事件对其他事件的影响力,即事件的入度中心度,因此列举出每个事件的影响力及排名,并与早期对中国四个农村采用概率样本进行的调查结果(Jennings & Zhang,2005)进行比较。

随后采用基于蒙特卡洛最大似然估计(Monte Carlo Maximum Likelihood Estimates,MC-MLE)的指数随机图模型(Exponential Random Graph Modeling,ERGM)进行假设检验(Robins,Pattison,Kalish,& Lusher,2007)。与采用伪似然估计(pseudo-likelihood)的 p^* 模型(Contractor,Wasserman & Faust,2006;Monge & Contractor,2003;Palazzolo,2005)相似,这种方法考察在更大的网络中,某些特定结构特征出现的概率是否高于模拟产生的相同规模的随机网络分布的观察值。与多元回归相似,多种结构特征可作为自变量同时纳入分析,并汇报控制特定自变量后各个变量单独对链接概率产生影响的程度。这一方法的优势在于,能够排除作为因变量的链接关系建立可能性之间互相不独立的情况(例如前文所述的互惠性假设)。使用 PNET 程序(Wang, Robins, & Pattison, 2006)进行分析,可预测历史事件发生的时间、地点、规模、后果及性质等因素之间相互作用的结构特征对维基百科中的当代中国历史事件之间链接建立可能性存在的影响。

第四节 研究发现

一、维基百科的中国历史事件链接关系网络

在维基百科平台上的当代中国历史事件链接网络中($N=94$),平均路径长度 $\ell=2.30$,平均每个历史事件链接到 10.32 个事件上($SD=11.49$),其出度中心势为 33.35%;同时,平均每个历史事件也被 10.32 个其他事件所链接($SD=9.50$),其入度中心势为 32.26%。网络的密度为 0.11,群聚系数为 0.33,在非孤立事件中,平均每两个事件之间可以通过 2.30 个其他事件取得联系。

表 11-1 给出了不同类别下历史事件点度中心度的描述统计。就历史年代而言,发生在新中国成立到改革开放之前的事件被维基百科收录的数量最多($N=44$),较之 20 世纪改革开放后($N=26$)和 21 世纪以来的事件($N=24$)具有更高的出度中心度($F=20.28$, $p<.001$)和入度中心度($F=22.93$, $p<.001$)。全国性事件($N=58$)所链接的事件数($F=4.34$, $p<.05$)和影响力($F=5.21$, $p<.05$)显著高于其他事件。创伤性事件($N=19$)被维基百科收录的数量较少,且与其他事件在中心度上差异不大。除涉及整个大陆地区的事件($N=40$)以外,发生在全国各地区的事件在数量和中心度上皆较为平均。从事件性质上来看,社会运动($N=19$, $Mean_{out}=18.47$, $Mean_{in}=15.16$)所受的重视程度较高,随后为战争($N=17$, $Mean_{out}=15.18$, $Mean_{in}=12.82$)、外交($N=12$, $Mean_{out}=9.75$, $Mean_{in}=10.83$)、其他($N=14$, $Mean_{out}=7.79$, $Mean_{in}=10.00$)、建设成就($N=17$, $Mean_{out}=5.71$, $Mean_{in}=7.41$)和灾难($N=15$, $Mean_{out}=2.53$, $Mean_{in}=4.53$),不同性质的事件在出度中心度($F=5.68$, $p<.001$)和入度中心度($F=2.91$, $p<.05$)上差异显著。

表 11-1 历史事件点度中心度的描述统计(ANOVA 检验)

	N	出度中心度(均值)		入度中心度(均值)	
年代		20.28***		22.93***	
1947—1977	44	699	15.89	734	16.68
1978—2000	26	200	7.69	200	7.69
2001 至今	24	71	2.96	36	1.50
全国性事件		4.34*		5.21*	
是	58	710	12.24	699	12.05

续表 11-1

	N	出度中心度(均值)		入度中心度(均值)	
否	36	260	7.22	271	7.53
创伤性事件		2.05		0.61	
是	19	132	6.95	167	8.79
否	75	838	11.17	803	10.71
涉及地区		1.57		1.36	
中国大陆	40	512	12.80	476	11.90
北京	9	156	17.33	134	14.89
长三角	7	30	4.29	38	5.43
珠三角	6	19	3.17	32	5.33
台海地区	7	73	10.43	64	9.14
西南地区	5	33	6.60	45	9.00
西北地区	6	6	1.00	9	1.50
东北地区	4	31	7.75	48	12.00
朝鲜	2	15	7.50	25	12.50
越南	2	43	21.50	40	20.00
南海/东南亚	4	31	7.75	36	9.00
其他	2	21	10.50	23	11.50
事件性质		5.68***		2.91*	
战争	17	258	15.18	218	12.82
社会运动	19	351	18.47	288	15.16
外交	12	117	9.75	130	10.83
建设成就	17	97	5.71	126	7.41
灾难	15	38	2.53	68	4.53
其他	14	109	7.79	140	10.00
总计	94	970	10.32	970	10.32

$^{*}p<.05$, $^{**}p<.01$, $^{***}p<.001$

二、历史事件链接建立的指数随机图模型预测结果

由表 11-2 可以看出，对于假设 H1 来说，相对于随机情况而言，维基百科中历史事件之间出现相互链接的可能性更高。与此同时，当事件 j 与事件 i 的距今时间差值越大时，i 到 j 的链接更可能为向前链接，即事件链接到其之前发生的事件的可能性更高，假设 H2a 成立。

表 11－2　历史事件链接的指数随机图模型(ERGM)预测结果

	最大似然估计(标准误)
边	−3.71(0.00)***
双向链接	3.45(0.00)***
事件开始距今时间(差值)	0.01(0.00)***
事件持续时间(差值)	0.01(0.00)***
伤亡人数(入-星效应)	0.01(0.00)**
伤亡人数(出-星效应)	0.01(0.00)***
全国性事件(共同属性)	0.14(0.00)***
创伤性事件(共同属性)	0.41(0.00)***
事件性质(共同属性)	
间接体验:战争	1.08(0.00)***
间接体验:社会运动	0.88(0.00)***
间接体验:外交	0.26(0.00)***
直接体验:建设成就	−0.08(0.00)***
直接体验:灾难	−1.12(0.00)***
直接体验:其他	−0.17(0.00)***
涉及地区[a](共同属性)	
中国大陆	0.21(0.00)***
北京	0.81(0.00)***
长三角	0.12(0.00)***
珠三角	0.16(0.00)***
台海地区	1.00(0.00)***
西南地区	0.02(0.00)***
东北地区	1.49(0.00)***
朝鲜	14.24(0.00)***
越南	12.13(0.00)***
南海/东南亚	1.34(0.00)***

* $p<.05$, ** $p<.01$, *** $p<.001$

a. 涉及地区为“西北地区”“其他”两类事件之间不存在链接关系,故排除。

假设 H3a 至 H4b 分别验证了事件之间相似相吸的链接模式,包括持续时间相近、相同地点发生以及同为全国性事件和创伤性事件对事件之间产生链接的可能性的积极作用。而假设 H5a 和 H5b 得到验证,则说明历史事件的后果大小对其发出链接和接收链接均具有显著的正向影响。假设 H6a 和 H6b 则说明,人们对战争、社会运动、外交等事件的间接体验导致其倾向于依靠对相似事件的类比来建立对该历史事件的理解,而对于大多数人而言,能够直接体验的建设成就、灾难及其他事件，则无需如此。因此，相对于随机情况而言，间接体验的事件之间更可能产生链接，而直接体验的事件之间更不可能产生链接。

第五节 结论与讨论

本文通过经验数据的实证分析，首先回答了时间维度上集体记忆的“断裂”和“连续”之争的问题。数据分析结论表明，在历史观照下，至少在以维基百科为代表的社会化媒体平台中，集体记忆更多地作为一种“连续”的历史而存在，“过去”体现出在场感，即人们对过去经验的共享体验能够作用于对当下的理解。

无独有偶，具体到互联网应用的各类平台，研究者们考察了广义的社会化媒体环境下集体记忆数字化的新形态。例如，van Dijck(2011)将照片分享网站——Flickr——视为附加了数据库的社会化媒体平台，在其中可以创建无尽的联结(connections)，通过照片的交换，共享共有的观点和经验，或通过分享当下照片这种“视觉档案”(visual archive)的建立，带来对于过去的集体解释。包括 Flickr 在内的社会化媒体平台镶嵌在一种“联结文化”(culture of connectivity)之中。

正如“集体记忆”这一概念所指出的，人们之所以能够团结在一起，是由于那些对于过去的建构中介和调节了他们对团结的感受(feelings of togetherness)。从这个意义上来说，团体就是一群通过对彼此过去的共同意象设想起他们的团结和特殊性的人们，也即“记忆是一种集体的作用”(Halbwachs，1992[1925]：183)。因此，数字化时代集体记忆的联结转向，能够为可能“断裂”的集体记忆提供一个具有连通性的记录、保存和传播空间。

然而，集体记忆在社会化媒体中的连续性得到增强，并不意味着“断裂”的现象已经或即将消失。尽管维基百科中呈现的历史条目从总体上反映出了一种与“官方/主导记忆”(official/domestic memory)相对立的“反抗记忆”(contested/counter memory)而存在，但从集体记忆生成的角度来看，公民化书写的选择性呈现、选择性忽略和遗忘，将导致当下社会情境影响历史书写的选择的可能性将长期存在。正如德里达([1988] 1999)所说，“人们总是玩弄一种记忆来反对另一种记忆”。因此，反遗忘技术并不是“恢复过去”，也不能简单地称之为“重构”过去。“技术”意味着某种牵扯到学习、使用、变形的复杂过程。也许我们应该把“过去”的出现看作一个生产的过程，也就是说，社会记忆不仅受制于各种复杂的权力关系，同时，各种主观感受以及偏见也会影响人们对“过去事实”的选择和组织。

本研究的创新之处主要体现在：首先，在研究范式上，由于集体记忆属于传统社会学领域的研究范畴，同时又体现着历史学科的视角，而新媒体环境下的集体记忆又需要采纳信息科学的理论和研究方法。因此，交叉学科的视野体现着本研究考察数字化网络集体记忆的特色。其次，在研究路径的选择上，本文既描述数字化网络集体记忆的全局景观，又考察新媒体环境下集体记忆形成过程中有意义的细节，并在此基础上寻求对现象的解释。最后，本研究突出技术中介传播在集体记忆形成中的作用，能够填补现有成果在技术与集体记忆研究衔接中的空缺，揭示“数字化民主”重塑的权力结构和制度安排，更好地理解数字化时代集体记忆形成与传播的规律。

第十二章　在线社会网络结构与辟谣信息传播效果的实验研究

与第八章至第十一章介绍的整体网不同，以个体为中心形成的个体网及其结构参数，在一些特定的情境下，同样对传播网络分析具有重要的理论与实践意义。例如，随着社会化媒体的发展，同质化信息往往由于其发布者和接受者的结构性差异，产生截然不同的传播效果。在信息自身的特征之外，在线网络结构逐渐成为影响谣言及辟谣信息传播的重要因素。本章即以科学谣言为例，介绍了一项以网络结构作为操纵条件的实验研究，考察作为自变量的网络密度这一结构特征对信息传播的可能影响，其结果对于谣言与辟谣信息传播的理论发展和实践理念均具有不同层面的借鉴意义（刘于思，2015）。

第一节　研究缘起

谣言是与风险社会相伴共生的信息传播现象。由于在谣言从生产到传播的整个过程中，始终伴随着社会互动过程的复杂性以及社会后果的多样性，因此得到了包括社会心理学、传播学、管理学等诸多社会科学范式的关注，上述学科致力于通过实验研究，探索谣言传播中包括人格与心理因素、信源及信息可信度、信息内容和传播意愿在内的一系列概念及其理论关联。在此基础上，对谣言的控制和管理方式也成为理论研究和政策研究的重要着眼点。其中，谣言的反驳（rumors denials），即辟谣，被证明为能够有效降低谣言可信度的手段之一（熊炎，2015）。然而，较之目前谣言研究的数量和深度而言，有关辟谣信息的可信度及其传播效果的考察相对不足，亟待学术界对其引起足够的重视和投入。

随着互联网的普及和 Web 2.0 技术的发展，整合了用户内容生产与关系网络的社会化媒体（social media）逐渐成为人们进行互动和信息传播的主要平台，这一技术中介传播环境为谣言和辟谣信息的扩散和接受带来了新的社会景观和实践挑战。以社会化媒体用户之间链接关系构成的网络结构，不仅是在线信息传播得以进行的基础渠道，也成为影响在线信息传播实验研究结果的主要预测或调节变量。但受制于海量关系数据的处理技术，或是出于实验心理学对于传统个体变量测量的路径依赖，导致网络结构变量对于谣言的影响研究更多出自计算机科学和复杂网络领域。而事实上，这种结构化的视角往往是既有社会科学实验对于谣言或辟谣信息传播效果进行研究时最为缺乏和最需改进的。社会网络分析（social network analysis）技术和社会科学中新制度主义范式下“结构-资源-行动”的理论视角转向，则为考察网络结构对人类传播行为的影响带来了新的机遇和要求。本研究的主要思路，即是在前人对于辟谣信息进行实验研究的基础上，将社会化媒体时代的网络结构变量整合到在线环境下辟谣信息传播的研究中，通过一系列多因素设计的模拟线上实验，控制实验条件，同时结合量表等测量工具，考察关系强度、网络密度与转发量等一系列网络结构指标特征对于谣言与辟谣信息传播效果的影响。

第二节 文献综述

一、谣言与辟谣信息的传播机制

早期实验研究发现，谣言的传播效果是在个体焦虑程度和议题重要性共同作用下的结果（Anthony，1973）；谣言可信度、信息来源匿名性和个体焦虑程度对谣言传播均有不同程度的影响（Jaeger，Anthony，& Rosnow，1980）。对于驳斥谣言的效果而言，辟谣信息质量、信源可信度以及信息与个体的相关程度，对于降低有关谣言的信念和焦虑程度，能够产生不同的效果（Bordia，DiFonzo，& Travers，1998；Bordia，DiFonzo，& Schulz，2000；Bordia，DiFonzo，Haines，& Chaseling，2005）。而在口碑传播的实验中，谣言正面或负面的信息评价，以及信息本身是否被标记为“传闻”，均会对信息可信度、传播意愿和后续人际印象造成影响。信息评价和信息与个人的关联程度，还会影响对谣言的传播意愿、人际印象以及接收者情绪反应（Kamins，Folkes，& Perner，1997）。此外，在一定的信息渴求程度下，信息评价与信息的准备性能够影响对坏消息的传播意愿和信息接收者的延迟反应时间（Dibble，et al.，2013）。与此同时，在谣言的传播中，受众的命运确定性、命运相似性、信息评价、传受关系亲密度与信息传播行为之间存在关联，而成本、收益、个人后果在其中产生着中介作用（Weenig，Wilke，& ter Mors，2011）。

但是，正如研究者所指出的那样（Bordia & DiFonzo，2002），上述研究发现的共同问题在于，谣言的传播不仅在微观层面上受到个体不同程度的焦虑、不确定性、重要性和信念的影响，也不仅仅是宏观层面上受制于谣言内容以及谣言传播过程中畸变等因素的结果，更重要的是，谣言及其控制研究需要社会心理学所强调的“社会”（societal）这一视角的在场，亦即社会关系与社会结构层面的谣言控制影响因素。早在 20 世纪中期对于谣言传播链的理论探索中，研究者就强调了谣言传播的结构观，认为谣言传播模式可能由群体卷入度和群体结构双重因素所作用，以密集网络、小网络、长链和短链的形式进行社会扩散（Buckner，1965）。近年来，不少实验研究对上述谣言传播与控制的结构观进行了理论回应。例如，网络密度、信息评价与信息传播意向之间即存在理论关联；当控制信息卷入度时，被试感知的信息评价对上述关系有调节作用（Sohn，2009）。而对微博上的健康信息传播而言，实验研究发现，微博用户的粉丝数量，以及该用户关注人数占粉丝数量的比例等连接性结构因素，会对信源在诚信、能力和善意三个可信度评价维度上造成不同程度的差异（Westerman，Spence，& Van Der Heide，2012）。在以社会化推荐为基础的社会媒体中，也有实验研究发现，推荐人数、信源可信度与内容新近性能够影响用户感知的新闻可信度、新闻价值、点击可能性以及分享行为意向。对于新闻价值的感知则是信源可信度和新近性等线索累积的效应（Xu，2013）。在信息科学领域开展的仿真研究也表明了网络结构对于辟谣活动的效果存在影响，例如，在无标度网络中存在大节点的拓扑结构决定了其中对传谣者进行辟谣比在均匀网络中更有效，使得谣言不易传播，降低稳定状态下谣言传播最终数量（王筱莉，赵来军，吴忠，2015）。

二、影响谣言与辟谣信息传播的网络结构因素

学术界普遍承认社会结构因素（如关系强度、个体在网络中所处位置等）对于信息传播具有重要影响，但缺少对于上述社会结构产生影响和运作过程心理机制的揭示。与此同时，既有研究在探讨结构性变量的影响时往往不加区分，造成对于网络密度（network density）、关系强度（tie strength）、声望（popularity）等一系列概念的混用或误用，而将上述概念进行区分，并考察其对在线社会网络中信息传播机制及其效果的不同影响路径，也将是本研究的出发点和落脚点之所在。互联网环境中在线社会网络的发展，为理解网络结构带来了新的可能性。以社会化媒体为例，通过这种在线平台，人们不仅可以与原本在现实生活中就有着密切联系的家人、朋友和同事等保持和拓展线上联系，同时还可以结识更广阔空间条件下的陌生人或匿名人士。在由上述不同关系密切的个人组成的在线社会网络中，就存在着以个体为中心的社会网络（ego network），而与该中心成员相联系的其他好友之间关系的平均紧密程度（Wasserman & Faust，1994），就成为该个体中心网络的密度。

通常情况下，网络密度被定义为“网络中节点之间相互关联强度的平均值”（Marsden，1990，p. 453），这一概念被社会学家广泛用于考察群体结构和社会交换的一系列研究当中（Scott，2000）。图 12-1 模拟了两种不同密度的个体中心网，其中黑色节点代表中心个体（ego），白色节点代表个体的五位好友（alter），节点之间的连线粗细代表关系强弱。在图（a）中，白色节点之间两两相连，且关系强度均较高，具有较高的网络密度（D_a = 0.84）；与之相反，图（b）中白色节点之间的关系，无论从数量上还是从强度上来看都相对较低，因此具有较低的网络密度（D_b=0.16）。社会网络密度对于谣言信息接受和传播的影响主要通过社会认同理论（social identity theory）来产生作用。这一理论认为，个体往往会通过与其所在群体中其他成员身份的差异化来形成其个人认同（Tajfel，1978）。随着群体内部成员关系强度和普遍联系密度的增强，一方面，内群体成员将增加信息互动的

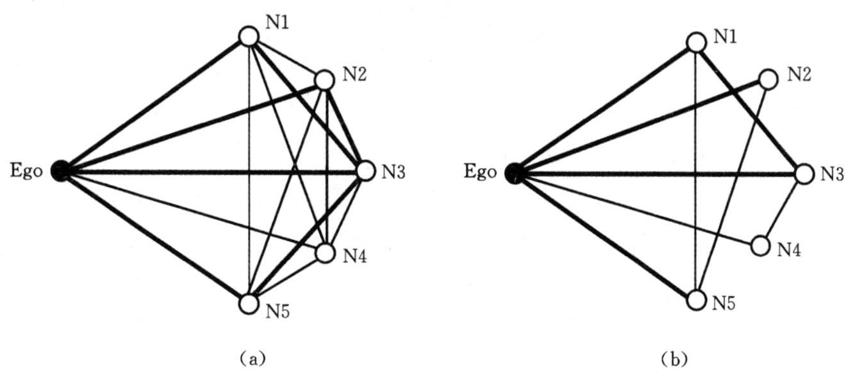

图 12-1 高密度网络(a)与低密度网络(b)示意图

频率，从而对不同信源下的信息比对和交叉验证产生积极的促进作用，进而影响个体对于信息的信念。另一方面，信息的集体分享也成为人们在群体中生存的必要行为和手段（McGraw & Tetlock，2005，p. 3）。

除此之外，社会网络中个体之间的关系强度也是影响其信息传播和在整个网络中流动的关键因素（Granovetter，1974）。能够对信息传播意愿产生影响的因素，除了信息自身的特征之外，更重要的是信息传播者和信息接收者之间的关系强度（Frenzen & Nakamoto，1993）。这一机制可以解释为，人们对于信息的传播意愿不仅取决于信息价值，同时也受制于该信息所影响的接收人群，因为渴望受到特定的社会认可（social approval）往往是人们接收或传播信息的主要动机之一（Hirschman & Wallendorf，1982）。结合上述既有研究的主要观点，本文提出如下研究假设：

H1：**用户所处的社会网络密度高低（H1 - a）、发布谣言的信源与用户之间的关系强弱（H1 - b）及其二阶交互效应（H1 - c）对用户的谣言信念有显著影响；**

H2：**用户所处的社会网络密度高低（H2 - a）、发布谣言的信源与用户之间的关系强弱（H2 - b）及其二阶交互效应（H2 - c）对用户的谣言传播意愿有显著影响。**

三、影响谣言与辟谣信息传播的其他心理控制因素

与此同时，社会网络结构不仅对其中的传播具有直接影响，同时也将通过个体的心理特征而最终作用于其行为意愿，而后者应当成为考察社会结构对行为意向产生间接影响的重要途径，即结构因素对于人们信息传递的影响也受到其自身对于信息本身评价、信念、损益评估等一系列心因性因素的中介或调节作用（Sohn，2009）。有鉴于此，为考察在线社会网络中用户的谣言信念是否能够为结构因素影响其行为意愿的机制提供替代性解释，本文同时提出以下研究问题：

RQ1：**在线社会网络中用户的谣言信念将对其所处的网络结构对谣言传播意愿的影响起到何种作用？**

除上述结构因素之外，研究者也发现了社会化媒体中声望和社会推荐对个体从众效应（bandwagon effect）的影响（Xu，2013）。这一理论关联的解释路径为，当个人对信息处理缺少强大动机时，就会寻找边缘信息作为参照（Petty & Cacioppo，1996）。在社会化媒体中，信息转发量作为一种系统生成（system-generated）的边缘线索，将能够帮助其中的用户根据他人的经验来迅速判断该信息的价值（Resnick & Varian，1997）。从这个意义上来讲，转发量可以被视作社会化推荐（social recommendation）在线上网络中一种直观的数值化体现（Lerman，2007）。人们倾向于选择多数人的选择这一从众效应（又称“乐队花车法”）在大众媒介领域的政治传播和舆论研究中由来已久（Fleitas，1971；Mutz，1992），同时也被证实对信息可信度和受众对于信息的积极回应产生着重要的影响（Sundar & Nass，2001）。结合前文中讨论的结构因素，本研究进一步假设：

H3：**用户所处的社会网络密度高低（H3 - a）、谣言信源与用户之间的关系强弱（H3 - b）、辟谣信息的转发量高低（H3 - c）及其二阶和三阶交互效应（H3 - d）对用户接触辟谣信息后的从众感知有显著影响；**

H4:用户所处的社会网络密度高低(H4－a)、谣言信源与用户之间的关系强弱(H4－b)、辟谣信息的转发量高低(H4－c)及其二阶和三阶交互效应(H4－d)对用户接触辟谣信息后的传播意愿有显著影响。

此外,谣言与辟谣信息传播的双重过程有其自身特有的复杂性。在辟谣信息传播意愿形成的过程中,包括此前个体对于谣言的早期信念和传播意愿,以及在接触辟谣信息后形成的信任程度和从众感知,也将对最终的个体行为意向产生特定的影响,特别是从众感知这一心因性变量,将对结构性变量影响个体信息传播意愿的理论机制产生心理层面的补充意义。据此,本文进一步提出如下研究问题:

RQ2:用户接触辟谣信息后的从众感知如何影响其他因素对于辟谣信息传播意愿的效应?

综上所述,本研究拟通过两则彼此关联的实验设计,以使用社会化媒体的用户作为样本,将被试进行随机化处理后,分配到各个实验条件组进行控制实验。随后对被试进行实验因素的操纵检验(manipulation check),并调查被试在控制变量、调节变量和因变量量表上的得分及其人口统计学特征,在此基础上,考察网络结构特征对于在线社会化媒体用户的谣言和辟谣信息传播效果的影响。

第三节　实验1: 网络结构因素对谣言传播的影响

一、实验设计

由于在辟谣过程中,谣言本身的传播效果将会产生持续的影响,而谣言传播效果的结构性影响因素同样将为辟谣信息传播的预测提供借鉴作用。如前所述,本研究首先通过实验1确认网络结构因素对谣言传播的影响。该实验采用2(网络密度:高 v.s 低)×2(谣言信源强度:强 v.s 弱)二因素组间(between-subject)实验设计,考察谣言信源与被试之间的关系强度以及被试所在的在线社会网络密度如何影响其对谣言的信念和在社会网络中传播该谣言的意愿。

1. 实验被试与随机分配

研究于2015年4月在中国东部一所综合性大学开展,共招募169名被试,其中男性59名(36%),女性105名(64%),未报告性别者5名。全部被试的年龄在18～34岁之间(M=20.80,SD=2.21)。随后,研究者将被试接受的四种实验刺激条件采用随机数法进行随机分配(randomization),最终的实验分组结果如表12－1所示。

表12－1　实验1各条件组的被试分配情况(N=169)

网络密度	谣言信源关系强度	
	强关系信源	弱关系信源
高密度网络	N=41	N=47
低密度网络	N=42	N=39

2. 实验物选择与实验程序

研究采用模拟网页打印的纸笔问卷进行调查。本研究选择科学领域的谣言和辟谣信息传播作为研究情境，将 2013 年 8 月 8 日《光明日报》刊载，《南方日报》《环球日报》和《新周刊》等官方微博转发的《海冰消融，饿死北极熊瘦如“毛毯”》这一科学谣言作为实验物。之所以将该条后被证实为谣言的真实环境新闻列为考察对象，一方面是因为环境新闻是近年来科学谣言不断孳生的主要领域之一，选择由上述公信力较高的知名媒体刊发的真实科学谣言，在实践层面上更具借鉴意义；另一方面，也是出于该新闻发表时间距今较远，不会产生因被试接触辟谣信息而带来谣言信念差异的考虑。因此，实验在招募被试时，将“您是否听说过这则新闻”作为甄别题，只有未接触过该谣言及其辟谣信息的受访者才能够具有成为被试的资格，以避免由上述信息接触差异给实验结果带来的可能影响。

3. 实验条件操纵

(1)社会网络密度(social network density)。网络密度是本实验考察的核心自变量之一，也被大量既有研究证实对社会网络当中的信息传播具有重要影响。本研究采用 Sohn(2009)的提名法(name-generated network)，分别为被试形成不同密度的社会网络。研究在问卷中告知被试：“某创业团队开发了一款新型手机 App，选择了您作为试用用户。您可以邀请五位朋友成为您在该 App 中的第一批好友，与他们进行互动。”其中，在“高网络密度”和“低网络密度”的实验条件下，分别令被试列出五位“最亲密的朋友”和五位“刚刚认识的新朋友”。随后，被试需要对自己与其所列出五位朋友的关系以及这五位朋友之间关系的亲密程度分别以 5 点量表进行评价(例如：1＝仅仅认识，5＝非常亲密，0＝互不认识)，作为后续自变量操纵是否有效的检验手段。需要注意的是，由这一提名法生成的网络是一个无向的多值网络，即二方关系在双方之间是对称的。因此，网络密度的意义将是该 6 人所形成的 15 对关系中全部社会联系的强度总和与该网络在理论上可能存在的最强关系总和的比值，其取值范围在 0 到 1 之间。网络密度的计算公式见下：

$$D = \frac{\sum_{i=1}^{n}\sum_{j=1}^{n}\chi^{ij}}{max\sum_{i=1}^{n}\sum_{j=1}^{n\chi ij*}}$$

公式 12－1　提名网络密度的计算公式

此处，χ^{ij}＝节点 i 与 j 之间的关系强度($i \neq j$)，χ^{ij*}＝节点 i 与 j 之间的最大可能关系强度。

(2)谣言信源的关系强度(tie strength)。谣言信源与被试的关系强度将是本实验中另一个对谣言传播效果具有影响的自变量。接下来，以“强关系”和“弱关系”为谣言信源的不同被试被要求列出一名“最亲密的朋友”或“刚刚认识的新朋友”，作为实验物中“科学信息”的发布者。被试被告知，这则信息是由其刚刚所列举的朋友发布的“真实网页截图”，并需要对自己与该好友的关系强度进行一系列评估。对被试与谣言信源之间的关系强度评估，采用既有研究中较为成熟的三题项李克特 7 点量表(Marsden & Campbell, 1984；Wellman & Wortley, 1990)，包括被试与信源是非常好的朋友、非常亲密和交往完全出于自愿三个陈述(1＝非常不同意，7＝非常同意)。信度检验显示，这一关系强度量表的内在一致性程度良好(Cronbach's α=.91)。

4. 因变量测量

(1)谣言信念(rumor belief)。本实验关注的因变量之一,在于被试对于不同网络密度和关系强度下所接触相同谣言的信念。结合现有研究中对于感知新闻可信度(perceived news credibility)的常用测量(Nass, Reeves, & Leshner, 1996; Sundar, Knobloch-Westerwick, & Hastall, 2007),本研究采用7点李克特量表,评估被试认为该新闻信息是否可靠、准确、值得信赖、相信是真的以及合理的信念程度(Cronbach's α=.95)。

(2)谣言传播意愿。被试在不同网络密度和关系强度下的另一因变量——谣言传播意愿,包含了被试点击并深度阅读、与朋友讨论、分享给朋友看和向朋友推荐等四个构成维度(Xu, 2013),同样采用7点李克特量表进行测量,具有较好的测量信度(Cronbach's α=.84)。

二、研究发现

接下来,对数据进行统计分析。首先,在随机分配后的四个实验条件组当中,性别的男女比例($\chi^2=3.55$, $df=3$, $p>.05$)和平均年龄($F=1.25$, $p>.05$)均无显著差异,可见本实验对于被试进行的实验条件随机分配是有效的。其次,谣言信念($F=.05$, $p>.05$)和谣言传播意愿($F=1.15$, $p>.05$)在不同性别之间无显著差异,同时,年龄与谣言信念($p>.05$)和谣言传播意愿($p>.05$)亦无统计学意义上的显著相关性,因此,下文将不再讨论性别和年龄因素对于谣言传播效果的影响效应。

1. 操纵检验

实验1首先操纵被试采用自报告式的提名法所生成的网络密度。理论上,高密度网络和低密度网络的结构差异应如图12-1所示。在本实验的操纵检验中,按照公式12-1提供的网络密度计算方式,计算出每位被试的网络密度,并根据不同的实验条件分配进行比较。单变量方差分析(ANOVA)显示,高网络密度组的平均网络密度($M=.52$, $SD=.16$)显著高于低网络密度组($M=.46$, $SD=.22$)的平均水平($F=4.34$, $p<.05$, $\eta^2=.03$),因此,作为实验条件自变量之一的网络密度操纵有效。

而在被试与谣言信源的关系强度中,强关系信源组的平均关系强度($M=5.81$, $SD=1.51$)同样显著高于弱关系信源组($M=4.40$, $SD=1.66$)的平均水平($F=32.72$, $p<.001$, $\eta^2=.16$),实验对另一自变量因素即关系强度的操纵亦有效。

2. 谣言信念与谣言传播意愿的影响因素分析

研究将被试与谣言信源的关系强度和被试所在的社会网络密度作为影响因素,预测二者的主效应及二阶交互效应对被试谣言信念(模型1)和谣言传播意愿(模型2)的影响;在此基础上,将被试感知的谣言信念作为协变量,使用单变量协方差分析(ANCOVA)方法,建立起预测被试对谣言传播意愿的一般线性模型(模型3),其结果如表12-2所示。

表 12-2 谣言信念与谣言传播意愿的影响因素

	模型 1 谣言信念		模型 2 谣言传播意愿		模型 3 谣言传播意愿	
	F	η^2	F	η^2	F	η^2
主效应						
网络密度	3.80^{+}	.02	.01	.000	.53	.003
关系强度	1.91	.01	4.85*	.03	2.73	.02
二阶交互效应						
网络密度*关系强度	.21	.001	.23	.001	.30	.002
协变量						
谣言信念	—	—	—	—	22.99***	.12
误差		.97		.97		.86
调整后 R^2		.02		.01		.13

$^{+}p<.10$，$^{*}p<.05$，$^{**}p<.01$，$^{***}p<.001$

在表 12-2 的模型 1 当中，首先以用户所处的社会网络密度及其与谣言发布信源之间的关系强度两个变量的主效应及其二阶交互效应来预测不同实验条件下的谣言信念。结果发现，除网络密度对被试谣言信念具有低度显著的影响之外（$F=3.80$，$p<.10$，$\eta^2=.02$），谣言信源关系强度（$F=1.91$，$p>.05$，$\eta^2=.01$）及其与网络密度的交互效应（$F=.21$，$p>.05$，$\eta^2=.001$）均未在不同实验条件分组的被试中造成谣言信念的显著差异。

从总体上来看，全部被试对于谣言信念的平均值在 7 点量表中处在中等偏上的水平（$M=4.20$，$SD=1.27$）。在表 12-2 的模型 1 和表 12-3 中，较低密度的社会网络（$M=4.41$，$SD=1.13$）表现出了比高密度网络（$M=4.01$，$SD=1.37$）显著更高的谣言信念。这一结论表明，对于给定的谣言信息和信源关系强度而言，处于较低密度社会网络中的用户更容易对谣言产生较强的信念；而高密度社会网络中的个体则更可能通过紧密社会网络关系中的多个信源进行相互佐证，验证信息的真实性，从而降低对未来将被标记为谣言的信息产生的可能信念。相对而言，低密度网络中由强关系信源发布的谣言信息给被试带来的谣言信念最强（$M=4.50$，$SD=1.13$），其次为低密度网络中的弱关系信源（$M=4.32$，$SD=1.13$）；而在高密度网络中，信源关系由强转弱带来的谣言信念下降的幅度比低密度网络更大，其中，高密度网络中强关系发布的谣言带来的信念（$M=4.21$，$SD=1.59$）仅次于低密度弱关系组，而高密度弱关系组中的平均谣言信念得分最低（$M=3.85$，$SD=1.12$）。

表 12-3 网络密度、信源强度对谣言信念的影响

网络密度	谣言信源关系强度		总计
	强关系信源	弱关系信源	
高密度网络	4.21(1.59)	3.85(1.12)	4.01(1.37)
低密度网络	4.50(1.13)	4.32(1.13)	4.41(1.13)
总计	4.35(1.39)	4.06(1.16)	4.20(1.27)

接下来，分析模型 2 中信源关系强度因素与网络密度因素及其交互效应对被试谣言传播意愿的可能影响。如表 12-2 所示，模型 2 排除了网络密度($F=.01, p>.05, \eta^2=.000$)这一主效应及其与关系强度的二阶交互效应($F=.23, p>.05, \eta^2=.001$)对谣言传播的可能影响，而揭示了谣言信源关系强度与被试谣言传播意愿之间可能存在的理论关联($F=4.85, p<.05, \eta^2=.03$)。下面将对不同实验条件下被试谣言传播意愿的分布情况展开进一步分析。

表 12-4 展示了四个实验条件组当中谣言传播意愿的平均水平。对于 7 点量表而言，实验被试总体的平均传播意愿均处于中等偏下水平($M=3.04, SD=1.13$)。无论是高密度网络($M=3.04, SD=1.44$)还是低密度网络($M=3.04, SD=1.40$)，其被试的谣言传播意愿基本持平。但谣言信源与被试之间的关系强度则对其谣言传播意愿有着显著的影响(参见表 12-2 模型 2)，相较于弱关系信源($M=2.81, SD=1.43$)而言，由强关系信源所发布的谣言则往往能够获得被试更高程度的传播意愿($M=3.29, SD=1.38$)。对谣言传播意愿在四组实验条件下的平均得分进行比较，在强关系信源下，无论被试出于高密度网络或是低密度网络的实验条件分配下，均会产生较高的谣言传播意愿，其中低密度网络情况下($M=3.32, SD=1.28$)的谣言传播意愿高于高密度网络($M=3.23, SD=1.48$)。随着信源关系强度的降低，高密度网络和低密度网络中被试的谣言传播意愿均会降低，其中前者下降的幅度较小($M=2.87, SD=1.41$)，而低密度网络中谣言传播意愿随信源关系强度下降而降低的幅度更大($M=2.74, SD=1.13$)。

表 12-4 网络密度、信源强度对谣言传播意愿的影响

网络密度	谣言信源关系强度		总计
	强关系信源	弱关系信源	
高密度网络	3.22(1.48)	2.87(1.41)	3.04(1.44)
低密度网络	3.32(1.28)	2.74(1.13)	3.04(1.40)
总计	3.29(1.38)	2.81(1.43)	3.04(1.42)

最后，考察模型 3 中谣言传播意愿的影响因素变化。由图 12-2 中模型 3 预测变量的 F 值及其显著度可以看出，在纳入了模型 1 中的因变量——谣言信念作为解释谣言传播意愿的协变量之后，网络密度($F=.53, p>.05, \eta^2=.003$)、关系强度($F=2.73, p>.05, \eta^2=.02$)和二者的交互项($F=.30, p>.05, \eta^2=.002$)均未达显著，而谣言信念则对

谣言传播意愿产生了较强的解释力($F=22.99, p<.001, \eta^2=.012$)。可见,谣言信念对于在线社会网络中用户的谣言传播意愿而言,起到了至关重要的作用。

综上所述,在 H1-a 和 H1-b 中,用户的谣言信念仅仅受到其所处社会网络密度的显著影响,假设 H1-a 被接受;但信源关系强度不会影响被试感知的谣言可信程度,二者之间也不存在显著的交互效应,H1-b、H1-c 被拒绝。因此,假设 H1 部分被证实,即低密度网络比高密度网络中用户的谣言信念更高,但关系强度对于谣言信念无直接影响。这一影响路径在 H2-a 和 H2-b 中的情况相反,即网络密度对于用户的谣言传播意愿并无显著影响(H2-a 不成立),但更强的关系发布的谣言却能比弱关系为用户带来更高的谣言传播意愿(H2-b 成立),在二者之间的交互作用亦不显著的情况下(H2-c 不成立),研究假设 H2 同样被部分接受。最后,对于研究问题 RQ1 而言,在控制了用户的谣言信念之后,网络密度和关系强度两大网络结构因素对于用户的谣言传播意愿影响均不显著,而用户的谣言信念则能够显著地正向预测其谣言传播意愿。在 H1-b 遭到拒绝的前提下,用户所处的网络密度能够通过影响用户的谣言信念来间接影响其传播谣言的意愿。可见,谣言信念在网络密度对谣言传播意愿的影响机制中起到了中介变量(mediator)的作用。

第四节　实验 2:网络结构因素对辟谣信息传播的影响

一、实验设计

随后,本研究将在实验 1 中得出结论的基础上,通过实验 2,进一步考察网络结构、谣言因素和辟谣信息因素对实际辟谣效果的可能影响。实验采用 2(网络密度:高 v.s 低)× 2(谣言信源关系强度:强 v.s 弱)× 2(辟谣信息转发量:高 v.s 低)的三因素组间设计,考察上述网络结构因素和谣言信念、谣言转发意愿对辟谣信息信念、谣言信念降低、从众感知和辟谣信息传播意愿之间的理论关联。

1. 实验被试与随机分配

研究采用与实验 1 相同的研究对象,将所有被试接受的 8 项实验刺激条件组合运用随机数分配到 8 组当中,最终的实验分组结果如表 12-5 所示。

表 12-5　实验 2 各条件组的被试分配情况($N=169$)

网络密度	谣言信源关系强度	辟谣信息转发量	
		高转发量	低转发量
高密度网络	强关系信源	$N=21$	$N=20$
	弱关系信源	$N=23$	$N=24$
低密度网络	强关系信源	$N=21$	$N=21$
	弱关系信源	$N=21$	$N=18$

2.实验物选择与实验程序

在被试完成实验1的全部问卷填写后，紧接着向其发放实验2中模拟网页打印的纸笔问卷。在实验物方面，实验2选取了2013年8月14日《新商报》官方微博发布的一则针对实验1中谣言信息的真实辟谣文字，并声称这是被试收到的前文中指定App推送的每日新闻精选。辟谣信息以截图的方式出现，并保留了原微博信息中的题目(《北极熊饿成皮？专家:正常老死》)和主要文字表述。

3.实验条件操纵

在实验2的主要自变量中，网络密度和谣言信源关系强度的操纵与实验1相同。实验2增加了辟谣信息的转发量这一指标。在变量操纵的过程中，研究者选取前述辟谣信息的真实转发量43756作为转发量多的实际体现，并采用Xu(2013)的建议，以6次作为转发量少的实验条件，随后向被试询问其对“这则消息的转发量较高”这一陈述的同意程度(1=非常不同意，4=非常同意)，作为操纵有效性检验的测度。此外，实验2还将测量被试阅读辟谣信息后对谣言的信念，以此作为辟谣信息有效的操纵检验。

4.因变量与协变量测量

(1)辟谣信息传播意愿。辟谣信息的传播意愿是实验2考察的核心因变量，其测量方式与谣言传播意愿相似，包含了被试对于辟谣信息的点击阅读、人际讨论、分享和推荐等陈述(Xu，2013)，以7点李克特量表测量，其信度良好(Cronbach's α=.88)。

(2)从众感知。按照实验2的假设，从众感知将是被试受到网络密度、谣言信源关系强度和辟谣信息转发量影响的另一因变量。这一因变量的测量包括向被试询问其是否认为自己的朋友会喜欢这则辟谣信息、认为其有价值、有积极意义、会进行推荐和分享等一组五题项7点李克特量表(Sundar，Oeldorf-Hirsch，& Xu，2008；Sundar，Xu，& Oeldorf-Hirsch，2009)，具有较好的测量信度(Cronbach's α=.92)。

(3)辟谣信息可信度。这一变量是实验2关注的主要协变量，其测量工具采用和前文一致的表述方式(Nass，Reeves，& Leshner，1996；Sundar，Knobloch-Westerwick，& Hastall，2007)，以7点李克特量表，评估被试认为该辟谣信息是否可靠、准确、值得信赖、相信是真的以及合理的信念程度(M=4.16，SD=1.17，Cronbach's α=.96)。同时，实验2还以相同的方式，测量了被试的辟谣后谣言信念(Cronbach's α=.95)，并以辟谣前后谣言信念的差值作为谣言信念降低这一变量的测度。

二、研究发现

对实验2中不同性别的被试在因变量和协变量上的得分进行比较，发现男性与女性被试在辟谣信源可信度、信息可信度、谣言信念降低、从众感知和辟谣信息传播意愿的平均水平上均无显著差异(p>.05)。同时，被试年龄与其辟谣信源可信度、信息可信度、谣言信念降低、从众感知和辟谣信息传播意愿之间亦无显著关联(p>.05)。基于这一结果，实验2也将不再考察性别和年龄等人口统计学因素对于实验因变量的影响。

1.操纵检验

实验2对于网络密度和关系强度的操纵检验结果同实验1。对于辟谣信息转发量这一新加入的影响因素而言，需要考察转发量较大的实验条件组与转发量较小的组在其感知辟谣信息转发量上的差异是否显著。对感知转发量这一题项进行单变量方差分析（ANOVA），结果发现，高转发组的平均感知转发量（$M=2.98$，$SD=.76$）显著高于低转发组（$M=1.77$，$SD=1.02$）的平均水平（$F=75.84$，$p<.001$，$\eta^2=.31$），该实验条件操纵有效。

接下来，考察辟谣信息的阅读是否能够显著地降低谣言信念。对辟谣信息阅读前后的谣言信念进行配对样本 T 检验（paired-samples T-test），发现被试阅读辟谣信息后，对原有谣言的信念（$M=2.99$，$SD=1.15$）比其首次接触谣言时的信念（$M=4.21$，$SD=1.27$）显著降低（$p<.001$），其谣言信念降低程度的平均值为 1.23（$SD=1.34$）。同时，二者之间也存在着显著的正向关联（$r=.39$，$p<.001$）。至此，可确认辟谣信息对于降低谣言信念这一实验条件施加影响的有效性。

2. 从众感知与辟谣信息传播意愿的影响因素分析

由于在概念上，被试在整个辟谣信息传播过程中感知的从众趋势与其再次传播的意愿之间存在着一定的关联；同时，实验 1 中获得的被试对于谣言的信念及其谣言传播意愿，与实验 2 关注的辟谣信息可信度和谣言信念降低两个协变量，均与上述两项因变量存在着显著的正相关关系（$.20<r<.43$）。因此，本研究将使用多变量协变量分析（multivatiate analysis of covariance，MANCOVA），将谣言信念、谣言传播意愿、辟谣信息可信度和谣言信念降低作为协变量，考察被试所在的网络结构、谣言信源关系强度和辟谣信息转发量三个影响因素的主效应、二阶交互效应和三阶交互效应对于被试阅读辟谣信息后的从众感知和辟谣信息传播意愿的影响。

对从众感知与辟谣信息传播意愿两项因变量进行 Barlett 球形检验（test of sphericity），确认二者之间存在显著的内在关联（$\chi^2=78.22$，$p<.001$），适于采用 MANCOVA 方法预测自变量与协变量对合并因变量（combined dependent variables）的影响。研究 Wilks' λ 值作为自变量或协变量对合并因变量是否造成影响的检验统计量，在 Wilks' $\lambda<1$ 的情况下，即认为合并因变量的总变异数能够在一定程度上被组间差异所解释。

此后，研究考察各项自变量与协变量对从众感知、辟谣信息传播意愿及其合并因变量的具体预测力。如表 12－6 所示，研究首先通过对合并因变量的 MANCOVA 分析，确认哪些自变量或协变量具有显著的预测效果。对于协变量而言，谣言信念（Wilks' $\lambda=.94$，$F=4.91$，$p<.01$，$\eta^2=.02$）、谣言传播意愿（Wilks' $\lambda=.544$，$F=61.96$，$p<.001$，$\eta^2=.32$）、辟谣信息可信度（Wilks' $\lambda=.79$，$F=19.37$，$p<.001$，$\eta^2=.18$）和谣言信念降低（Wilks' $\lambda=.93$，$F=5.58$，$p<.01$，$\eta^2=.02$）均对被试从众感知与辟谣信息传播意愿的合并因变量具有显著影响；此外，在实验 2 设计的 3 个影响因素中，网络密度的主效应（Wilks' $\lambda=.96$，$F=2.87$，$p<.10$，$\eta^2=.01$），网络密度与关系强度的二阶交互效应（Wilks' $\lambda=.98$，$F=1.87$，$p=.16$，$\eta^2=.01$），以及网络密度、关系强度与转发量的三阶交互效应（Wilks' $\lambda=.94$，$F=4.71$，$p<.05$，$\eta^2=.04$）也影响着合并因变量的取值水平。

表 12-6 从众感知与辟谣信息传播意愿及其合并因变量的影响因素

	合并因变量			从众感知		辟谣信息传播意愿	
	Wilks'λ	F	η^2	F	η^2	F	η^2
主效应							
网络密度	.96	2.87⁺	.01	.33	.00	3.25⁺	.01
关系强度	1.00	.39	.00	.01	.00	.69	.00
转发量	1.00	.25	.00	.02	.00	.30	.00
二阶交互效应							
密度*强度	.98	1.87	.01	.54	.00	3.73⁺	.01
密度*转发量	1.00	.05	.00	.06	.00	.08	.00
强度*转发量	1.00	.26	.00	.31	.00	.02	.00
三阶交互效应							
密度*强度*转发量	.94	4.71*	.04	8.77**	.04	.39	.00
协变量							
谣言信念	.94	4.91**	.02	.99	.00	9.64**	.03
谣言传播意愿	.54	61.96***	.32	24.75***	.11	124.73***	.41
辟谣信息可信度	.79	19.37***	.18	38.27***	.17	4.42*	.02
谣言信念降低	.93	5.58**	.02	1.13	.01	10.95**	.04
误差					.66		.48
调整后 R^2					.39		.51

$^+p<.10$，$^*p<.05$，$^{**}p<.01$，$^{***}p<.001$

在 MANCOVA 分析之后，以该分析所确定的具有显著预测力的自变量与协变量为基础，分析上述变量对于特定因变量的影响。根据表 12-6 中预测被试阅读辟谣信息后的从众感知与传播意愿的两个模型，可以发现，尽管四个协变量都对合并因变量产生了显著的影响，但其中对从众感知有作用的协变量仅有谣言传播意愿（$F=24.75$，$p<.001$，$\eta^2=.11$）和辟谣信息可信度（$F=38.27$，$p<.001$，$\eta^2=.17$），而谣言信念（$F=9.74$，$p<.01$，$\eta^2=.03$）、谣言传播意愿（$F=124.73$，$p<.001$，$\eta^2=.41$）、辟谣信息可信度（$F=4.42$，$p<.05$，$\eta^2=.03$）和谣言信念降低（$F=10.95$，$p<.01$，$\eta^2=.04$）均能够显著地预测辟谣信息传播意愿。

在实验条件变量中，网络密度的主效应、网络密度与关系强度的二阶交互效应和网络密度、关系强度与转发量的三阶交互效应均对合并因变量产生了影响。具体而言，网络密度、关系强度与转发量的三阶交互效应（$F=8.77$，$p<.01$，$\eta^2=.04$）则能够通过对被试从众感知的影响，最终与合并因变量相关联，假设 H3-d 被接受，而假设 H3-a、H3-b 和 H3-c 被拒绝。而假设 H4-a 和 H4-d 被证实，即网络密度的主效应（$F=3.25$，$p<.10$，$\eta^2=.01$）、网络密度与关系强度的二阶交互效应（$F=3.73$，$p<.10$，$\eta^2=.01$）通过影响被

试在接触辟谣信息后产生的传播意愿来影响合并因变量，假设 H4 被部分接受。

如图 12－2 所示，在预测被试接触辟谣信息后的从众感知时，存在着网络密度、谣言信源关系强度与辟谣信息转发量三者之间的显著三阶交互效应。具体而言，当辟谣信息的转发量较低时，在高密度的在线社会网络中，被试的从众感知会随着谣言信源关系强度的增强而上升（$M_{弱关系信源}=3.42$，$SD=1.42$；$M_{强关系信源}=4.31$，$SD=0.94$）；但在低密度网络中，这一效应的方向刚好相反：随着谣言信源由弱关系转为强关系，被试从众感知的水平反而会有所下降（$M_{弱关系信源}=3.86$，$SD=1.36$；$M_{强关系信源}=3.45$，$SD=1.09$）。上述趋势在辟谣信息转发量较高的条件下有所不同，即高密度网络中的被试会随着谣言信源关系的增强而降低从众感知（$M_{弱关系信源}=3.99$，$SD=1.34$；$M_{强关系信源}=3.52$，$SD=1.35$），但低密度网络中的被试则会对强关系所发布的谣言在接触辟谣信息后产生更强的从众感知（$M_{弱关系信源}=3.6$，$SD=1.44$；$M_{强关系信源}=4.40$，$SD=1.00$）。

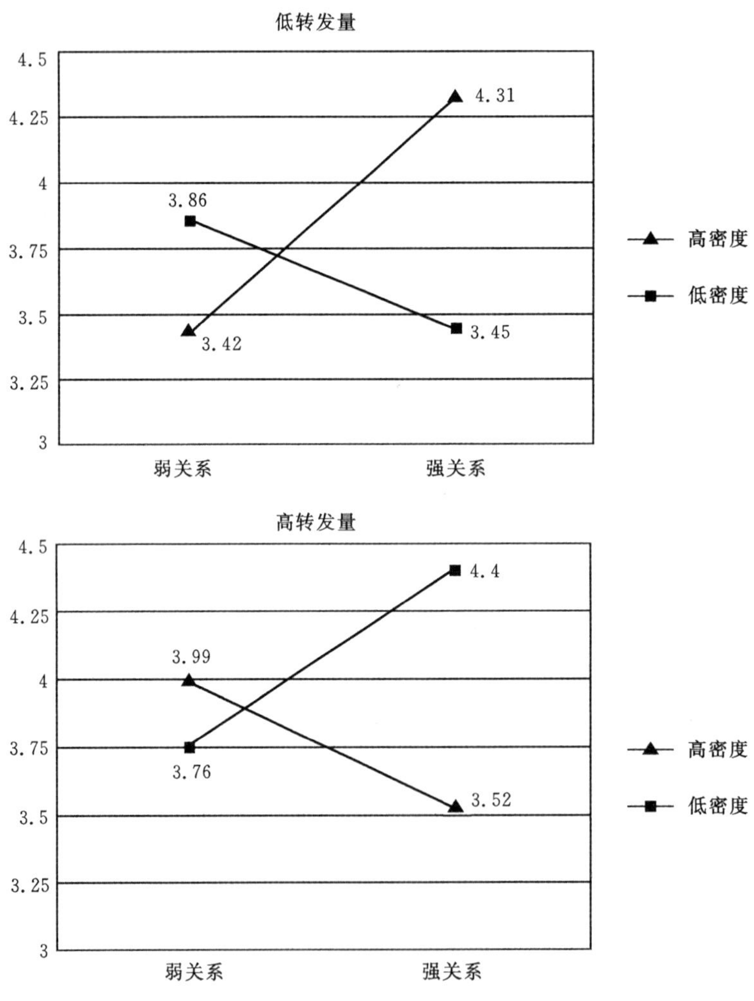

图 12－2　网络密度、关系强度和转发量对用户接触辟谣信息后从众感知的三阶交互效应

接下来，考察网络密度和关系强度的二阶交互效应对用户接触辟谣信息后传播意愿有何影响。由图 12－3 中呈现的数据可知，在由弱关系信源发布谣言的情况下，高密度网络中的被试在辟谣信息的传播意愿水平上略高于低密度网络，但随着谣言信源关系强度从弱关系转为强关系，低密度网络中的辟谣信息传播意愿上升幅度较小（$M_{弱关系信源}=3.20$，$SD=1.70$；$M_{强关系信源}=3.41$，$SD=1.30$），而高密度网络中社会化媒体用户的辟谣信息传播意愿则有更为明显的提升（$M_{弱关系信源}=3.36$，$SD=1.47$；$M_{强关系信源}=4.08$，$SD=1.49$）；高密度网络与低密度网络中被试的辟谣信息传播意愿差距不断扩大。相对而言，在高密度网络中，谣言信源与用户之间的关系强度差异造成的辟谣信息传播意愿差距更大。

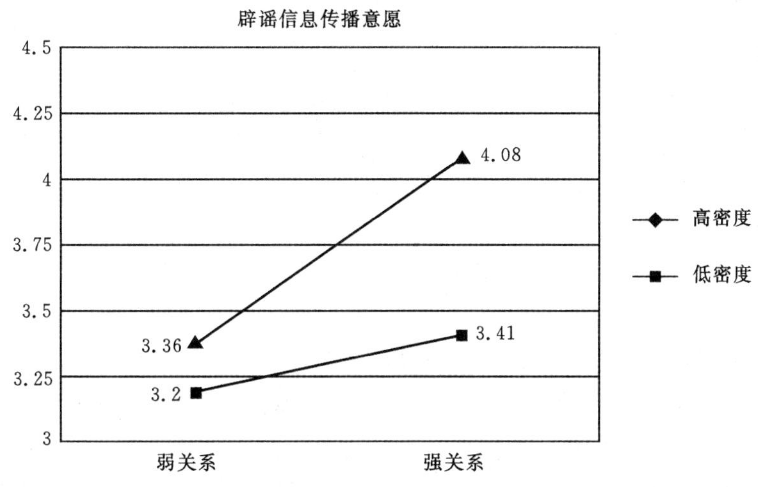

图 12－3 网络密度和关系强度对用户接触辟谣信息后传播意愿的二阶交互效应

最后，在以协变量和三项实验条件作为自变量预测辟谣信息传播意愿模型的基础上，将协变量加入模型，回答 RQ2 提出的研究问题。ANCOVA 分析显示，从众感知对于被试的辟谣信息传播意愿具有显著影响（$F=39.35$，$p<.001$，$\eta^2=.13$）。在控制从众感知的水平后，其他协变量与自变量的主效应及其交互效应对辟谣信息传播意愿的影响方向及其显著性程度均与未控制该变量时基本一致，但在原有模型中能够显著预测因变量的辟谣信息可信度（$F=.58$，$p>.10$，$\eta^2=.00$）对辟谣信息传播意愿不再具有显著影响。由上述模型比较的结果可以判断，用户接触辟谣信息后的从众感知在辟谣信息可信度对辟谣信息传播意愿的影响中，同样起到了中介作用。

第五节 结论与讨论

一、主要结论

本研究以科学谣言为例，采用模拟线上实验的方式，考察在线社会网络中的结构变量对于谣言及辟谣信息传播效果的影响。研究首先采用 2（网络密度）× 2（谣言信源关系强度)的二因素组间设计,考察上述两类网络结构特征对于谣言信念和谣言传播意愿的影响。随后,在上述实验的基础上,研究采用 2 (网络密度)× 2 (谣言信源关系强度)× 2 (辟谣信息转发量)的三因素设计,分析上述因素对辟谣信息传播可能产生的作用。

在模拟谣言传播的实验 1 中,与 Sohn(2009)的实验发现网络密度对于信息传播意愿有显著且直接的正向影响这一结论不同,本研究首先证实了是社会网络中二方关系(dyad)中的关系强度而非整个网络中节点联系的紧密程度对于信息传播意愿具有显著作用这一竞争性解释的有效性。随后,本研究在既有研究建立的由网络密度解释信息传播意愿的理论途径当中,增加了谣言信念对于网络密度影响谣言传播意愿的中介变量,进一步细化了该理论在社会化媒体用户心理层面对行为机制的影响。最后,在本研究所确认的网络密度对于谣言信念的直接影响和对谣言传播意愿的间接影响中,网络密度产生作用的方向与 Sohn(2009)的发现有所不同,即在低密度的社会网络中,人们更倾向于信任和分享信息,无论此种信息的确定性究竟如何;而密度较高的社会网络则有助于人们对未经证实的信息进行交叉验证,反而在一定程度上遏制了其对谣言的信念和分享意愿。这一发现支持了网络密度影响信息传播的群体共享假说(McGraw & Tetlock,2005)而非互动增强假说(Tajfel,1978),为深入厘清网络结构理论影响的社会认同理论提供了进一步的经验依据。

实验 2 模拟了辟谣信息的传播过程,研究确认了实验 1 中谣言信念、谣言传播意愿和实验 2 中辟谣信息可信度、谣言信念降低等协变量以及网络密度、谣言信源关系强度和辟谣信息转发量三项实验条件控制的网络结构变量对于被试接触辟谣信息后从众感知与辟谣信息传播意愿的显著影响。在网络结构变量中,尽管辟谣信息的传播效果理应更多地受到与其直接相关的转发量影响,但该变量仅在解释被试从众感知时,在与网络密度和谣言信源关系强度的三阶交互效应中具有统计学意义上的显著性,可见,相较于其他两种网络结构特征的影响力而言,转发量这一测度信息声望的指标在三个网络结构自变量中效应最弱,这一结论也对在社会网络中寻找较大的节点发布辟谣信息或以转发次数衡量信息影响力的实际操作效果作出了悲观的预测。

谣言信源的关系强度对于谣言和辟谣信息传播效果的影响力介于转发数量和网络密度之间,除上述三阶交互效应之外,关系强度还通过与网络密度的二阶交互效应影响着被试接触辟谣信息后的传播意愿,同时也对被试的谣言转发意愿产生着显著的正向影响。不难看出,在线社会网络中节点之间人际联系的强弱确实对信息的扩散发挥着高于信息转发量的作用,但这一作用依然需要受到网络密度因素的中介。相对而言,网络密度是三种网络结构指标中对谣言及辟谣信息传播影响最显要、最全面的因素,对于以个体为中心的在线社会网络而言,当其好友之间形成了互相联系紧密的凝聚群体(cohesion group)后(或称"小圈子")后,这一高密度社会网络将有助于人们通过与不同强关系信源的互动,迅速识别谣言,降低其对谣言的信念和传播意愿,同时增强其对辟谣信息的接触和传播意愿,加快辟谣信息在"意见自由市场"中的流动速度。从这个意义上来讲,社会化媒体应当在设计上促进更多"基于自愿的关系"(voluntarily based relationships)而非"基于制度的关系"(institutionally based relationships)形成(Zhao,2006),减少由于给定的制度安排而形成的非自愿关系(Goldstein & Warren,2000),尊重社会关系形成中的个人选择,使个人通过有效的联结产生彼此联系紧密的社会网络,保证互联网和社会化媒体平台作为"与其他人的联系对自身有所裨益"(Giddens,1991)的理想社会结构的生成空间。

二、研究局限与未来方向

本实验的研究局限主要有如下三点。首先,如前所述,研究关注的网络结构变量,无论是其主效应,还是联合构成的二阶或三阶交互效应,对于实验关注的谣言与辟谣信息传播效果的解释力均较为有限。与之相对,包括谣言信念、谣言传播意愿、辟谣信息可信度、谣言信念降低和从众感知等协变量在内的一系列心理变量却为解释谣言与辟谣信息传播效果的差异贡献了更多的过程性解释。因此,未来研究应当进一步寻找上述网络结构指标之外,在线社会网络中谣言与辟谣信息传播效果的其他合理解释,以及结构因素如何通过个人心理层面的变化作用于其影响信息传播机制的潜在理论关系。

其次,由于样本量的限制,本研究在采用 MANCOVA 分析建立模型时,未能采用 Bonferroni 法进行统计检验。为避免 1 类错误(Type I error)的出现或放大,后续研究应当在多个因变量的协变量分析中,使用更为严苛的统计显著性检验标准,如将 p 值设置为 n 个因变量的 n 分之一(即 $.05/n$),以提高模型的精确性。同时,在此基础上适当提高样本量,采用路径分析(path analysis)或结构方程模型(structure equation model,SEM)来进一步确认实验 1 和实验 2 中协变量的中介或调节作用。

最后,本研究所采用的模拟线上实验方式毕竟与真实的互联网环境有所不同,在实验过程中,很可能引入研究者无法控制的一系列系统误差,导致对于最终实验结果的污染。后续研究应当在本研究的基础上,采用真实的互联网环境和社会化媒体平台展开实验,有效避免干扰因素的作用,同时结合真实互联网应用平台的用户行为挖掘数据,以真实数据作为实验设计中指派实验条件的参考,以使实验结果更具稳定性和外部推广性。

第十三章　结语：走向多理论、多层次与多维度的传播网络分析

在前面的内容中，我们首先介绍了社会网络分析的基本理念和传播网络的构成类型，随后按照从宏观到微观的逻辑顺序，引入了传播网络分析在社会理论、传播理论和网络理论三大分支当中的理论资源，最后结合传播网络分析的实例，展示了社会网络分析方法的研究性应用。纵览全书，我们不难看出，采用传播网络分析方法开展新闻传播学研究，不仅具备方法上的可能性，同时也具有理论上的必要性。概而言之，传播网络分析在理论上的拓展，将延循我们在本书绪论中提及的“多理论、多层次与多维度的网络模式”的产生。接下来，我们将通过本章内容来对全书内容进行总结，并在此基础上，展望传播网络分析的未来理论方向及其范式整合。

第一节　传播网络分析的未来理论方向

综合本书在前文中的探讨，进一步地，我们可以将现有的关于传播网络的理论解释根据网络的不同类型归入不同的类别(Ognyanova & Monge，2013)。如表 13－1 所示，传播网络理论系统可以用于单个类型的传播网络分析，亦可以用于跨层次、跨类型的网络分析。而这些理论机制本身也将成为本书探讨九种类型的传播网络的必要理论类别基础。需要指出的是，传播网络的理论解释机制与表 13－1 中对媒介系统传播网络的类型划分略有不同，前者不强调对主体节点和隶属节点的区分。因此，在表 13－1 当中，“机构-内容网络”和“内容-机构网络”，“内容-受众网络”和“受众-内容网络”，以及“机构-受众网络”和“受众-机构网络”均被合并为一类。据此，共形成了六大类解释传播网络形成与结构特征的典型理论体系。其中，一些理论体系可能同时在多个层面上为多个类型的传播网络提供不同的解释。

表 13－1　解释传播网络形成与结构特征的理论体系

分析层次	传播网络类型	可能的理论
层次内网络	媒介机构网络	社会理论：世界体系理论；跨国公共领域；资源依赖理论 传播理论：媒体逻辑理论 网络理论：进化理论；交换理论；对等理论；择优连接规律
	媒介内容网络	社会理论：形象建构与关系管理 传播理论：媒体逻辑；认知概念版图；框架理论等 网络理论：语义网络；复杂网络理论

续表 13-1

分析层次	传播网络类型	可能的理论
层次内网络	受众社会网络	社会理论:公共领域理论 传播理论:传播基础设施理论与讲叙网络(CIT & Storytelling Networks) 网络理论:同质性理论;物理接近性与电子接近性理论;平衡性理论
跨层次网络	媒体-内容生产网络 内容-媒体议题网络	社会理论:精英理论;社会资本理论 传播理论:媒介生态位与新闻生产常规;媒介内部与媒介之间的议程设置;媒体偏见 网络理论:演化理论;人口生态学理论;生态位理论(Theory of the Niche);内源性动态网络效应
	内容-受众舆论网络 受众-内容扩散网络	社会理论:社会资本;结构洞;集体行动与公共品理论 传播理论:第三层次/网络议程设置理论;两级/多级流动理论;选择性接触理论 网络理论:传染/扩散理论;阈值/门槛模型与级联/瀑布模型
	媒体-受众隶属网络 受众-媒体偏好网络	社会理论:结构化理论;交易成本经济学理论 传播理论:媒介生态;受众重叠理论;受众分化理论;使用与满足理论;媒介系统依赖理论;信息寻求理论 网络理论:社会影响理论
层次间网络	机构-媒体-受众网络	社会理论:场域理论 传播理论:赛博公共空间理论 网络理论:信源-权威-枢纽模型

资料来源:Ognyanova,K.,& Monge,P.(2013). A multitheoretical,multilevel,multidimensional network model of the media system:Production,content,and audiences. *Communication Yearbook*,37,66-93.(根据原文表1内容总结并补充)

在对媒介系统当中多理论、多层次和多维度网络分析重新勾勒了分析类别的基础上,Ognyanova 和 Monge(2013)提出了以下五个方面的理论发展方向,作为未来传播网络分析在知识建构体系当中最具潜力的主要领域,分别是:

一、生态理论与组织网络

此类概念提供了一系列的理论工具,能够对媒介机构之间通过资源交换、竞争、所有权、合作和战略联盟等关系建立起的网络展开分析。例如,Dimmick(2003)就探讨了媒介机构的策略性内容(strategic content)与受众资源对媒介机构网络的影响,这项研究致力于采用生态理论与组织间网络的范式,为理论本身带来新的发展机遇。

二、议程设置理论与超链接网络

由于媒介机构与受众成员往往以彼此联结的方式，共同存在于互联网以及其中的内容当中，因此，通过已有的超链接网络，也能够探测到媒介机构和人物的影响力模式。通过此类研究，可以识别在各类议题当中表现突出的新闻媒体，也可以寻找观众如何对主流媒体的新闻议题产生自下而上的影响。

三、框架理论与语义网络

由于语义网络和开放链接的数据格式将使对媒体内容的智能自动解析变得越来越容易，因此，此类分析在社会科学领域将得到越来越多研究者的关注和广泛使用。与此同时，语义地图已经在一些识别媒体文本主要框架的研究当中发挥着积极的作用。总体来讲，框架理论和语义网络更多地被用于媒介内容层面的网络分析，但实际上，这类研究也具有将媒介机构和信息消费者等分析层次联系起来的应用潜力，包括通过语义工具来分析和比较不同新闻媒体之间的议题框架有何差异，等等。

四、传播基础设施理论与社会网络

传播基础设施理论从其使用的术语上来看，与社会网络有着密不可分的关联，它强调了社区居民、社区媒体与社区组织之间联结的重要性。这一理论当中描述的讲叙系统是基于本地信息交换来界定社会关系的，因此，采用传播基础设施理论作为框架来开展研究，可以探讨讲叙网络的结构、密度和子群形成模式等一系列问题，也可以从中发现不同社群当中的核心行动者和桥接行动者等特殊人群。

五、扩散理论与语义或链接网络

从本质上来看，社会传染和扩散理论能够用于追踪议题或特定新闻报道在媒体和信息消费者之间的扩散轨迹，同时通过语义解析（semantic parsing）来从文本中提取基础主题（Leskovec，Backstrom，& Kleinberg，2009）。此外，我们还可以通过链接网络结构来考察特定新闻报道如何扩散。此类研究可以对扩散进行建模，从中探寻出信息扩散的周期性模式、有影响力的节点和引导传播的机制。

在上述理论的基础上，有学者指出，关系性的网络方法（relational network approach）对新闻传播理论的创新和媒介领域的深入洞察做出了贡献。此类具有理论突破的典型研究通常采用社会网络分析方法，为新闻理论和大众媒介理论（如：框架理论等）在新闻传播学研究中带来了新的发展，同时也将网络理论作为补充性的理论视角。不仅如此，研究者还在网络化媒介的情境下，对包括网络议程设置模型、受众重叠理论以及选择性接触理论等在内的传统的新闻传播理论进行了细化和进一步的创新。从传播网络分析的未来发展方向来看，网络理论（network theories）、类同关系与表现关系、多维度媒介网络应当成为后续新闻传播研究关注的社会网络分析焦点（Fu，2016），其主要体现在：首先，将网络理论整合到媒介理论当中，将对新闻传播的整体理论建构具有积极作用；其次，类同关系和表现关系也将丰富现有此类研究在数量和质量上的不足,以期对理论的整体发展产生补充;第三,对由不同类型的节点和多样的关系构成的多维度传播网络进行区分和进一步的深入挖掘,也将促使传播学者在当前日益复杂多变的媒介环境当中对传播现象和传播理论产生更为深入的理解。

需要传播学者注意的方面包括:首先,网络理论需要得到更加精确的检视。尽管网络理论将对新闻传播领域的研究产生补充性的解释,并为理解网络化的媒介系统提供极富价值的理解框架,但正如 Monge 和 Contractor(2003)早在多年前曾经强调的那样,在预测和解释传播现象时,研究者应当对网络理论建立起更为全面和深入的理解。这一问题在当前针对传播网络展开的研究中依然存在。这就要求新闻传播学者审慎地将同质性理论、资源依赖理论、社会影响理论等具有内在相似性的网络理论恰当地应用到相关研究当中,而其前提往往是需要首先厘清理论之间的区别与联系。例如,同质性理论指出,人们倾向于与那些与自己相似的他人建立联系(Byrne,1971);资源依赖理论认为,组织会在具有不确定的环境当中与其他组织经营关系(Pfeffer & Salancik,1978),将这一理论移植到新闻传播学科研究的情境当中,我们可以认为,拥有越多资源的媒体,就越容易吸引其他媒介机构与其建立联系;社会影响理论聚焦于行动者拥有的社会网络对其态度和行为的影响(Burt,1987),等等。具体而言,在诸多网络理论当中,一些理论对分析媒介环境下的传播现象具有较其他理论更强的适用性,包括传染理论、社会影响理论在探讨在线新闻网站、社交网站甚至线下媒介环境中的新闻与信息扩散时的运用(Aral,Muchnik,& Sundararajan,2009;Ognyanova & Monge,2013),同质性理论和资源依赖理论在考察组织间类同关系及信息流动关系时的应用前景(Fu,2016),以及社会进化理论(socioevolutionary theory)(Campbell,1965)在考察新闻业场域内媒介集团去中心化的所有制结构随时间变化的纵向研究时建立解释的潜力(Monge,Heiss,& Margolin,2008)。通过对上述理论建立起情境化理解和检验,研究者将得以揭示不同政治、文化和社会情境下,新闻工业中权力的动态变化与复杂的媒介生态,以及媒介内容生产与和消费的共同演化结构如何体现了变动着的个体、社会与媒介工业对信息选择的影响。此外,需要注意的是,在具体的传播网络研究当中,研究者需要将网络理论与传统情境下的新闻与传播理论进行区分和分别对待(Monge & Contractor,2003;Ognyanova & Monge,2013),因为在不同的研究情境当中,网络理论和传统理论的主次地位往往是可变的。

其次,网络关系的类型需要进一步丰富。Fu(2016)在梳理了类同、表现、信息流动和语义四种网络关系及相关研究之后,发现当前传播网络方面的研究更多地聚焦于信息流动和语义网络,包括信息时代的记者如何使用社交媒体收集新闻等。相对而言,类同关系网络和表现关系网络则有待传播学者在未来的研究中继续探索。其中,类同关系形成的网络可以考察媒介系统当中单一层次内的媒介组织的所有者及其竞争或合作关系、信息消费者之间的社会交往关系,以及媒介系统层次间的新闻信源(Reese,Grant,& Danielian,1994)、媒体-政府-企业间关系等,以揭示出不同机构之间的社会、经济和政治动态博弈关系,并从中建立起对媒介效果、信息消费及选择、新闻扩散和公共舆论等领域的深入理解。因此,类同关系网络在今后的传播研究当中将体现出更大的潜力。而表现关系网络建立在传播行动者之间的超链接的象征性特征基础上,这类研究能够反映媒介系统当中诸要素的线上与线下关系结构。未来研究应当着重考察表现关系在超链接之外的其他形式,例如网站提名、引用网络等等(Shumate & Contractor,2013)。

第二节 未来展望:传播网络分析的范式整合

尽管本书一直在强调关系性方法对媒介研究的促进作用,但实际上,正如 Ognyanova 和 Monge(2013)指出的那样,采用定量的网络分析作为思维方式和方法论体系开展传播研究,也有着一系列固有的局限性。首先,研究者将遭遇数据收集方面的挑战,也就是说,网络数据的收集在本质上相对困难,收集全网数据更是昂贵且耗时的(Hanneman & Riddle,2005)。由于定量的社会网络分析强调关系的重要性,因此,社会科学研究当中传统的抽样策略将不适用于网络分析。由此可见,为整体网(full networks)的边界进行恰当的选择和界定就显得尤为重要,因为传播网络的"边界"并不像社会群体或成员身份的边界那样显而易见(Marsden,2005),而常常并不具备自然存在的界限(Borgatti & Halgin,2011)。这时,研究者就必须为何时决定停止收集数据提供合理的解释,而这也成为网络分析学者最经常遭遇的困难和诘问之一(Marin & Wellman,2010)。其次,尽管统计技术本身在不断地发展,但建立因果解释依然是量化的社会网络分析面临的主要挑战(Fowler,Heaney,Nickerson,Padgett,& Sinclair,2011),特别是当研究者需要判断关系连带究竟是网络节点个体属性的原因还是结果时(Shalizi & Thomas,2011)。

与此同时,以欧洲传播学者为代表的研究者也在呼吁,新闻传播学科和媒介研究领域可以且应当通过质化的网络分析(qualitative network analysis)来开展跨媒体研究,并将不同的传播网络进行情境化(Hepp,Roitsch,& Berg,2016)。例如,一项针对瑞典网络盗版开展的话语与反话语(counter-discourse)研究,就采用了比较话语网络分析(comparative discursive network analysis)的方法,针对博客内容和网络新闻文本,揭示了围绕媒介消费新形式引起的道德问题的公共讨论体现了何种霸权、控制、权力、道德恐慌与秩序恢复(Lindgren,2013)。话语网络分析是一种结合了质性判断与量化内容分析的迭代形式的文本分析,能够通过对文本库中话语主题共同出现频率的描绘,识别文本性数据集当中的关键主题(Lindgren & Lundström,2009)。在这一技术当中,关键词群以词频的累计来衡量,而主题的概念群则建立在部分材料的深入阅读和量化编码结构之上,研究者不断重复这一分析阶段,直到全部编码结构达到类似于传统扎根理论所说的"饱和"(saturation)状态(Glaser & Strauss,1967)。随后,概念结构能够为进一步的量化过程提供话语主题的可视化结果,研究者可以使用 Bibexcel 这一文献计量学软件来开展量化的文本数据分析(Persson,Danell,& Wiborg Schneider,2009),以及采用 MapGenerator 等软件进行话语主题的可视化呈现(Edler & Rosvall,2010)。在此基础上,研究者可以对一部分文本进行深入的详细质性阅读,从中提取出包括文字、超链接、图像、多媒体材料等在内的新媒体数字文本的主要概念和意义生产过程,以及这种文本如何打破了原有的传统权力关系边界,数字文化如何对一般意义上的道德创新产生去中心化过程,从而逐字逐句地发现文本当中体现社会建构和文本间性导向的话语分析核心框架(Van Looy & Baetens,

2003)。在前述研究中,研究者对具有强关系的话语主题和一般性话语主题的提取及其相互关系分别如图 13-1、图 13-2 所示。

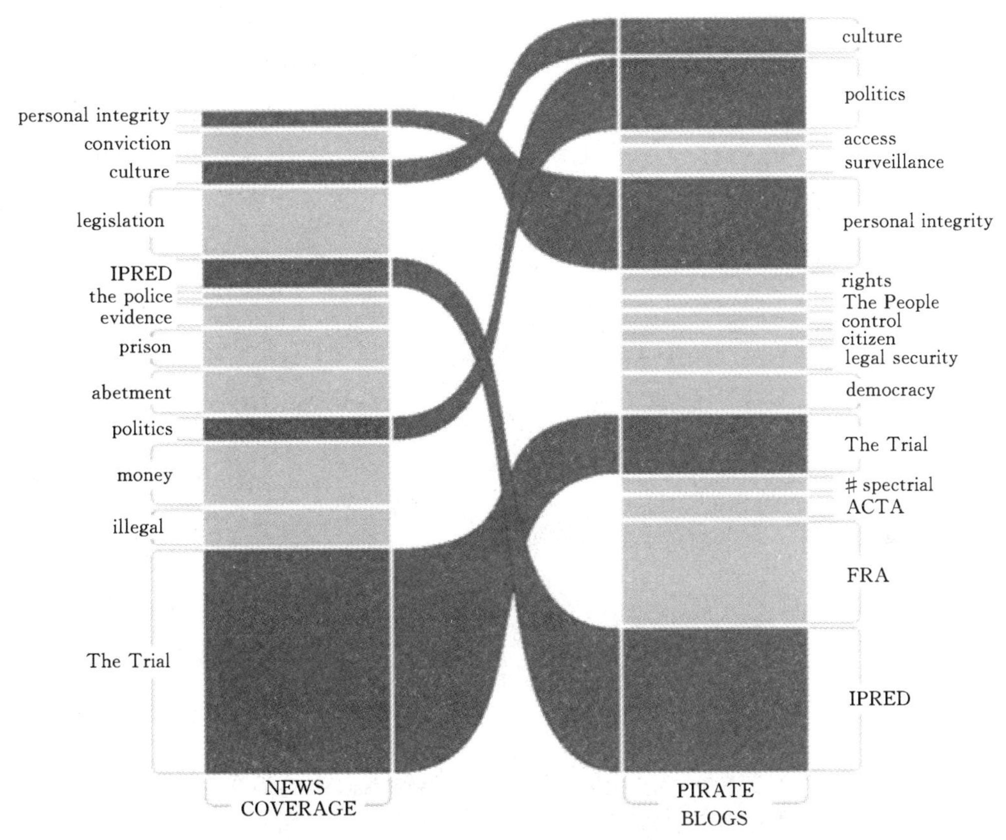

图 13-1 具有强关系的共现话语主题

资料来源:Lindgren,S.(2013). Pirate panics:comparing news and blog discourse on illegal file sharing in Sweden. *Information,Communication & Society*,16(8),1242-1265.

除了用作获取和分析数据的主要方法外,质性网络分析也可以与其他研究方法共同使用,或作为其他研究方法的先行步骤。例如,一项考察费城本地新闻扩散和信息流动的研究,就首先采用了社会网络分析,建构了费城两个在线媒介空间的网络,为后续开展的传统新闻室分析(newsroom analysis)和参与式观察提供必要的事实依据(Anderson,2010)。具体而言,研究者可以首先根据探索性田野工作的结果来获取本地媒体网络中的关键节点,随后通过滚雪球等抽样方式,建构起当地新闻博客的聚合名单,再运用多种社会网络图绘工具来收集和呈现上述网络媒体节点之间共同链接关系(co-link)的数据,包括 IssueCrawler(http://issuecrawler.net)和 Morningside Analytics(http://morningside-analytics.com)等,并通过一系列的网络参数,识别出这些新闻媒体共同链接网络中的核心节点、边缘节点、"桥"(bridges)、聚类以及联络节点等角色。最后,这些具有重要角色的媒体也将成为后续田野工作的开展场所。

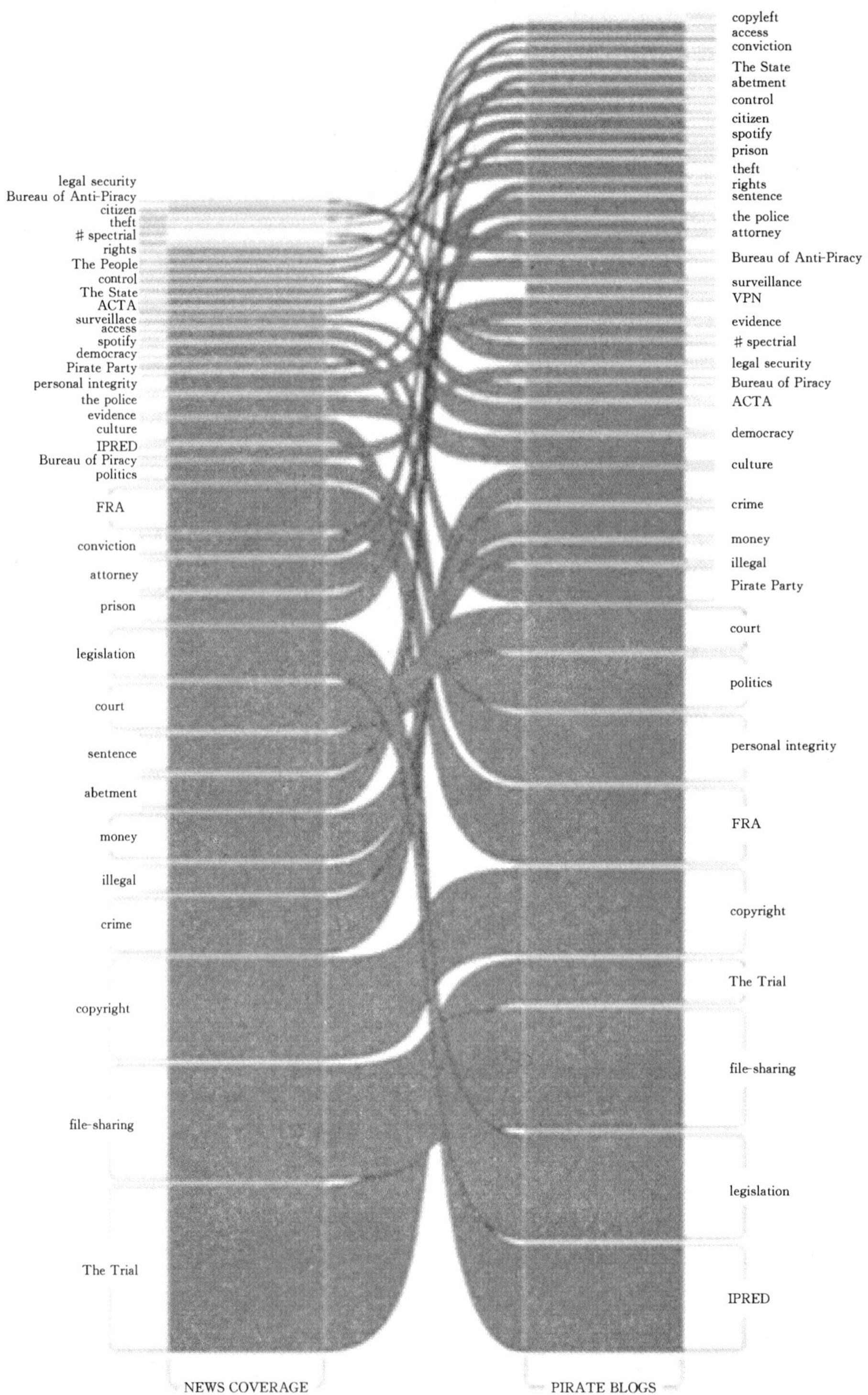

图 13-2　全部类别的共现话语主题

资料来源：Lindgren, S. (2013). Pirate panics: comparing news and blog discourse on illegal file sharing in Sweden. *Information, Communication & Society*, 16(8), 1242-1265.

不仅如此,网络分析领域的学者有时也会将量化的语义网络分析方法与质性的结论呈现方式相结合,以深化文本挖掘(text mining)方法能够带来的研究发现。在考察中国官方媒体从1979年到2011年呈现的中美商务贸易往来关系的研究中,研究者就在文本挖掘和语义网络分析的基础上,通过本书在前文中探讨过的中心谐振分析方法(centering resonance analysis,CRA)(Corman,Kuhn,McPhee,& Dooley,2002),对929篇新闻文本构成的语义网络数据进行了聚类分析和因子分析,从而区分了中美贸易发展历程中的四个关键阶段和17个核心议题,并结合质性资料的呈现,总结了四个历史阶段下中国社会、商业和政治的变迁及其对官方媒体报道和中美关系再现的可能影响,在此基础上,探讨了中国在全球化过程中从边缘区域到核心区域的努力和尝试,以及从全球贸易由美国充当唯一的主导者到中美平等贸易伙伴关系建立的过程(Murphy & Vilceanu,2014)。综上可见,质化的网络分析不仅可能为当前的传播网络研究,特别是量化的传播网络研究提供替代性的补充,也可能成为网络分析范式中不可或缺的重要组成部分,并进一步成长为未来传播网络分析富有潜力的研究领域和发展趋势。

总之,当我们从整体上重新审视本书所探讨的传播网络分析时,抛开"唯技术论"的偏见不谈,不难发现,在媒介和传播研究的各个领域,社会网络分析范式与传播研究的渊源之深,从某种意义上也可以归结为第三次技术革命以来传播技术对组织、文本与人际网络形成、消散与重构产生的革命性影响(Castells,2005)。当然,技术的发展同时也为开展大规模的社会网络分析在数据收集与分析的研究技巧层面提供了便利。然而,在社会网络分析成为"显学"、受到各个学科领域重视的"繁荣"表象背后,在理论发展层面上,知识生产的简单重复、缺乏洞见的弊病又重新成为了阻碍这一范式下的研究继续良性上升的力量。为了应对这一局面,有传播学者提出了多理论、多层次的传播网络分析策略(Monge & Contractor,2003),进一步地,解释传播网络形成机制的理论又被归为七大门类,研究者可以使用其中的一种或几种理论来对传播网络现象展开统合性的解释。这一模式的提出,为很多原本分散在各处的理论带来了整合的可能性,其解释要素涵盖了从传播现象中的个体或二方关系(dyads)等微观属性到复杂网络结构的宏观特征的各个层面,同时也包括了网络的动态共同演化,而为多层次网络建立解释机制,就需要运用独立、竞争或补充性的多种理论框架。在这一模式的基础上,其他传播学者进一步呼吁,应当在传播学领域内部有关媒介系统的研究中,建立起"多理论、多层次与多维度的网络模式"(multitheoretical,multilevel,multidimensional network model)(Ognyanova & Monge,2013),力求对媒介系统中形成的传播网络在理论视角、分析工具和网络类型等多个层面上,进行新的分类和整合,从而对目前生发于多个学科领域内的社会网络理论建立起具有系统性和概括性的理论机制框架(Carrington,Scott,& Wasserman,2005)。

除了结合网络理论、丰富网络关系之外,Fu(2016)也强调了发展多维度网络研究的重要性,作为传播网络分析未来发展的另一重要方向。与Ognyanova和Monge(2013)对多维度网络的界定不同,Fu(2016)更加强调网络的多模态(multimodal)和多通路(multiplex)特征。其中,多模态特征强调了由不同层次的节点构成的非隶属网络在社会化媒体情境下的重要性,例如以新闻机构和受众同时作为节点并开展平等信息交换的关系网络;

而多通路特征则拓展了多种关系形式存在于同一个传播网络当中的可能性，例如既考察类同关系，又分析信息流动关系，还可能探讨两种关系之间潜在关联的解释机制，等等。因此，从这个角度上来说，多维度网络就是多模态与多通路网络同时出现的复杂形式。对这种复杂形式的研究距离我们其实并不遥远，因为在传播技术层出不穷的今天，媒介机构、内容与受众的关系日益多元，加之媒介平台的多样化和媒介使用的多样化，都为分析单一节点和关系类型的研究结论能否增进我们对复杂媒介系统的理解提出了质疑和挑战，而在传播网络分析当中增加节点类型、关系类型甚至时间跨度的维度，将从某种意义上弥补传播网络分析在复杂性与动态性方面的缺陷(Contractor，Monge，& Leonardi，2011；Ognyanova & Monge，2013)。

参考文献

一、中文部分

[1] 陈向明.质的研究方法与社会科学研究[M].北京:教育科学出版社,2000.

[2] 德里达.多义的记忆——为保罗·德曼而作[M].蒋梓骅,译.北京:中央编译出版社,(1988)1999.

[3] 迪尔凯姆.宗教生活的基本形式[M].渠东,译.上海:上海人民出版社,2006.

[4] 刘军.法村社会支持网络——一个整体网的视角[M].北京:社会科学文献出版社,2006.

[5] 刘军.整体网分析讲义[M].上海:格致出版社,2009.

[6] 刘于思.博客和微博客空间中记者职业群体的线上社会网络:基于电子接近性理论的考察[M]//杜骏飞.中国网络传播研究(第5辑).杭州:浙江大学出版社,2012:3-30.

[7] 刘于思.从单位组织到话题参与:记者职业群体微博客社会网络的形成机制研究[J].新闻与传播研究,2013a(1):67-81.

[8] 刘于思.数字化集体记忆的联结转向:维基百科中当代中国历史事件的再现结构[M]//吴玫.全球化下的社交媒体与数字网络.澳门:澳门大学出版社,2013b:206-219.

[9] 刘于思.在线社会网络结构如何影响谣言与辟谣信息传播?基于网络密度、关系强度与转发量的实验研究[C].中国新媒体传播学年会,2015.

[10] 刘于思,杨莉明.记者微博使用与职业群体社会资本:社会网络分析的视角[J].新闻界,2013(21):1-8.

[11] 陆晔,俞卫东.传媒人的媒介接触和使用行为——2002上海新闻从业者调查报告之六[J].新闻记者,2003(6):53-57.

[12] 罗家德.社会网分析讲义[M].北京:社会科学文献出版社,2005.

[13] 罗文辉,张凯蒂,张宝芳.新闻记者之网路使用与预测[J].传播与社会学刊,2007(2):51-83.

[14] 亓力.第三级议程设置下的屠呦呦诺奖事件——基于线上公共议程与线下媒体议程的社会网络分析[J].中国网络传播研究,2016(9):151-170.

[15] 时蓉华.现代社会心理学[M].上海:华东师范大学出版社,2005.

[16] 保罗·康纳顿.社会如何记忆[M].纳日碧力戈,译.上海:上海人民出版社,(1989)2000.

[17] 萧阿勤. 集体记忆理论的检讨:解剖者、拯救者与一种民主的观点[J]. 思与言,1997,35(1):247-296.

[18] 谢静,徐小鸽. 媒介的组织传播模式及其与新闻生产的关系——上海与新加坡报纸的比较研究[J]. 新闻大学,2008(4):48-57.

[19] 熊炎. 辟谣信息构成要素:一种整合框架——二战以后西方辟谣实证研究回顾[J]. 国外社会科学,2015(1):78-88.

[20] 王辰瑶. 结构性制约:对网络时代日常新闻生产的考察[J]. 国际新闻界,2012(7):66-71.

[21] 王卫东. 中国城市居民的社会网络资本与个人资本[J]. 社会学研究,2006(3):151-166.

[22] 王筱莉,赵来军,吴忠. 非均匀网络中考虑辟谣机制的谣言传播模型[J]. 系统工程,2015,33(12):139-145.

[23] 王毓莉. 电脑辅助新闻报道在台湾报社的应用——以中国时报、工商时报记者为研究对象[J]. 新闻学研究,2001(68):91-115.

[24] 王毓莉. 驯服 v.s. 抗拒:中国政治权力控制下的新闻专业抗争策略[J]. 新闻学研究,2012(110):43-83.

[25] 臧国仁,钟蔚文,杨怡珊. 新闻工作者的社会智能:再论记者与消息来源之互动[J]. 新闻学研究,2001(69):55-93.

[26] 张明新,刘于思. 社会交互式传播技术与青少年的同辈关系网——基于社会网络分析的经验研究[J]. 国际新闻界,2013,35(7):37-50.

[27] 张卿卿. 网路的功与过:网路使用与政治参与及社会资产关系的探讨[J]. 新闻学研究,2006(86):45-90.

二、英文部分

[1] Adamic, L. A., & Adar, E. (2003). Friends and neighbors on the web. *Social Networks*, 25(3),211-230.

[2] Adamic, L. A., & Glance, N. (2005, August). The political blogosphere and the 2004 US election: divided they blog. In*Proceedings of the 3rd international workshop on Link discovery* (pp. 36-43). ACM.

[3] Adamic, L. A., & Huberman, B. A. (2001). The Web's hidden order. *Communications of the ACM*,44(9),55-60.

[4] Adler, P., & Kwon, S. (2002). Social capital: Prospects for a new concept. *Academy of Management Review*, 27(1),17-40.

[5] Agrawal, A., & Knoeber, C. R. (1996). Firm performance and mechanisms to control agency problems between managers and shareholders. *Journal of Financial and Quantitative Aanalysis*,31(3),377-397.

[6] Alba, R. D. (1973). A graph-theoretic definition of a sociometric clique. *Journal*

of Mathematical Sociology, 3(1),113 - 126.

[7] Alba, R. D., & Moore, G. (1978). Elite social circles. *Sociological Methods & Research*,7(2),167 - 188.

[8] Aldrich, H. (1982). The origins and persistence of social networks: A comment. InP. Marsden., & N. Lin., (Eds.),*Social Structure and Network Analysis* (pp. 281 - 293). Beverly Hills, CA: Sage.

[9] Aldrich, H., & Ruef, M. (2006). *Organizations Evolving* (Second ed.). Thousand Oaks, CA: Sage Publications.

[10] Alesina, A., & La Ferrara, E. (2000). Participation in heterogeneous communities. *The Quarterly Journal of Economics*,115(3),847 - 904.

[11] Allan, S. (2002). Reweaving the Internet: Online news of September 11. In B. Zelizer., & S. Allan., (Eds.),*Journalism after September* 11 (pp. 119 - 140). New York: Routledge.

[12] Allen, T. (1970). Communication networks in R&D laboratories. *R&D Management*, 1, 14 - 21.

[13] Allern, S. (2002). Journalistic and commercial news values. *Nordicom Review*,23 (1/2),137 - 152.

[14] Altheide, D., & Snow, R. (1979). *Media Logic*. Beverly Hills, CA: Sage.

[15] Anand, N., & Peterson, R. A. (2000). When market information constitutes fields: Sensemaking of markets in the commercial music industry. *Organization Science*,11(3),270 - 284.

[16] Anderson, B. (1991). *Imagined Communities: Reflections on the Origin and Spread of Nationalism*. New York: Verso.

[17] Anderson, C. (2006). *The Long Tail: Why the Future of Business is Selling Less of More*. New York, NY: Hyperion.

[18] Anderson, C. J. (1996). Political action and social integration. *American Politics Quarterly*,24(1),105 - 124.

[19] Anderson, C. W. (2010). Journalistic networks and the diffusion of local news: The brief, happy news life of the "Francisville Four". *Political Communication*,27 (3),289 - 309.

[20] Anderson, J. R. (1983). *The Architecture of Cognition*. Cambridge, MA: Harvard University Press.

[21] Anderson, J. R., & Bower, G. H. (1973). *Human Associative Memory*. Washington, DC: Winston.

[22] Ang, P. H., & Nadarajan, B. (1996). Censorship and the Internet: a Singapore perspective. *Communications of the ACM*,39(6),72 - 78.

[23] Anthony, S. (1973). Anxiety and rumor. *Journal of Social Psychology*, 89(1),

91 - 98.

[24] Appadurai, A. (1996). *Modernity at Large: Cultural Dimension of Globalization*. Minneapolis: University of Minnesota Press.

[25] Aral, S., Muchnik, L., & Sundararajan, A. (2009). Distinguishing influence-based contagion from homophily-driven diffusion in dynamic networks. *Proceedings of the National Academy of Sciences*, 106(51), 21544 - 21549.

[26] Armstrong, D. A., & Duch, R. M. (2010). Why can voters anticipate post-election coalition formation likelihoods?. *Electoral Studies*, 29(3), 308 - 315.

[27] Arnold, R. D. (2004). *Congress, the Press, and Political Accountability*. New York: Russell Sage Foundation and Princeton, NJ: Princeton University Press.

[28] Arsenault, A., & Castells, M. (2008a). Switching power: Rupert Murdoch and the global business of media politics: A sociological analysis. *International Sociology*, 23(4), 488 - 513.

[29] Arsenault, A., & Castells, M. (2008b). The structure and dynamics of global multi-media business networks. *International Journal of Communication*, 18(2), 707 - 748.

[30] Ausserhofer, J., & Maireder, A. (2013). National politics on Twitter: Structures and topics of a networked public sphere. *Information, Communication & Society*, 16(3), 291 - 314.

[31] Bagdikian, B. H. (2004). *The New Media Monopoly: A Completely Revised and Updated Edition with Seven New Chapters*. Boston: Beacon Press.

[32] Baiocchi, G. (2003). Emergent public spheres: Talking politics in participatory governance. *American Sociological Review*, 68(1), 52 - 74.

[33] Baker, W. E., & Faulkner, R. R. (2002). Interorganizational networks. In J. A. C. Baum (eds.), *The Blackwell Companion to Organizations* (pp. 520 - 540). Oxford: Blackwell Publishers Ltd.

[34] Ball-Rokeach, S. J. (1985). The origins of individual media-system dependency a sociological framework. *Communication Research*, 12(4), 485 - 510.

[35] Ball-Rokeach, S. J., & DeFleur, M. L. (1976). A dependency model of mass-media effects. *Communication Research*, 3(1), 3 - 21.

[36] Ball-Rokeach, S. J., Kim, Y. C., & Matei, S. (2001). Storytelling neighborhood: Paths to belonging in diverse urban environments. *Communication Research*, 28(4), 392 - 428.

[37] Ball-Rokeach, S. J., Rokeach, M., & Grube, J. W. (1984). *The Great American Values Test: Influencing Behavior and Belief Through Television*. New York, NY: The Free Press.

[38] Bandura, A. (1997). *Self-Efficacy: The Existence of Control*. New York: Free-

man.

[39] Barabási, A. L. (2003). *Linked: The New Science of Networks*. MA: Cambridge Press.

[40] Barabási, A. L., & Albert, R. (1999). Emergence of scaling in random networks. *Science*, 286(5439), 509 - 512.

[41] Barabási, A. L., Jeong, H., Néda, Z., Ravasz, E., Schubert, A., & Vicsek, T. (2002). Evolution of the social network of scientific collaborations. *Physica A: Statistical Mechanics and Its Applications*, 311(3), 590 - 614.

[42] Baran, P. (1957). *The Political Economy of Growth*. New York: Monthly Review Press.

[43] Barber, B. R. (2003). *Strong Democracy: Participatory Politics for a New Age*. University of California Press.

[44] Bargh, J., & McKenna, K. (2004). The Internet and social life. *Annual Review of Psychology*, 55(1), 573 - 590.

[45] Bar-Ilan, J. (2004). A microscopic link analysis of academic institutions within a country: The case of Israel. *Scientometrics*, 59(3), 391 - 403.

[46] Barnes, B. E., & Thomson, L. M. (1994). Power to the people (meter): Audience measurement technology and media specialization. In J. S. Ettema., & D. C. Whitney., (Eds.), *Audiencemaking: How the Media Create the Audience* (pp. 75 - 94). Thousand Oaks, CA: Sage.

[47] Barnett, G. A., & Choi, Y. (1995). Physical distance and language as determinants of the international telecommunications network. *International Political Science Review*, 16(3), 249 - 265.

[48] Barnett, G. A., & Salisbury, J. G. (1996). Communication and Globalization: A Longitudinal Analysis of the International Telecommunication Network. *Journal of World-Systems Research*, 2(1), 479 - 505.

[49] Barnett, G. A., Chung, C. J., & Park, H. W. (2011). Uncovering transnational hyperlink patterns and web-mediated contents: A new approach based on cracking. com domain. *Social Science Computer Review*, 29(3), 369 - 384.

[50] Barnett, G. A., Danowski, J. A., Feeley, T. H., & Stalker, J. (2010). Measuring quality in communication doctoral education: Using network analysis of faculty-hiring patterns. *Journal of Communication*, 60(2), 388 - 411.

[51] Barnett, G. A., Danowski, J. A., & Richards. W. D. J. (1993). Communications networks and network analysis: A current assessment. *Communication Sciences*, 12(2), 1 - 21.

[52] Barnett, G. A., Jacobson, T., Choi, Y., & Sun-Miller, S. (1996). An examination of the international telecommunication network. *Journal of International*

Communication, 3(2), 19 - 43.

[53] Barnhurst, K. G., & Mutz, D. (1997). American journalism and the decline in event-centered reporting. *Journal of Communication*, 47(4), 27 - 53.

[54] Baum, J. A. C. (eds.). (2002). *The Blackwell Companion to Organizations*. Oxford, UK: Blackwell Publishers.

[55] Beaudoin, C. E. (2007). Mass Media Use, Neighborliness, and Social Support Assessing Causal Links With Panel Data. *Communication Research*, 34 (6), 637 - 664.

[56] Beaudoin, C. E., & Tao, C. C. (2007). Benefiting from social capital in online support groups: An empirical study of cancer patients. *Cyber Psychology & Behavior*, 10(4), 587 - 590.

[57] Beck, U. (2005). *Power in the Global Age: A New Global Political Economy*. Cambridge: Polity Press.

[58] Bennett, W. L. (1990). Toward a theory of press-state relations in the US. *Journal of Communication*, 40(2), 103 - 125.

[59] Bennett, W. L. (2016). *News: The Politics of Illusion*. University of Chicago Press.

[60] Benoit, K., & Laver, M. J. (2006). *Party Policy in Modern Democracies*. London, England: Routledge.

[61] Benoit, W. L., Stein, K. A., McHale, J. P., Chattopadhyay, S., Verser, R., & Price, S. (2007). *Bush Versus Kerry: A Functional Analysis of Campaign* 2004. New York: Peter Lang.

[62] Benson, R. (2009). Shaping the public sphere: Habermas and beyond. *The American Sociologist*, 40(3), 175 - 197.

[63] Benson, R., & Neveu, E. (2005). *Bourdieu and the Journalistic Field*. Cambridge, MA: Polity Press.

[64] Berger, B. K. (1999). The Halcion affair: Public relations and the construction of ideological world view. *Journal of Public Relations Research*, 11(3), 185 - 203.

[65] Berglez, P. (2008). What is global journalism? Theoretical and empirical conceptualisations. *Journalism Studies*, 9(6), 845 - 858.

[66] Bimber, B. (2000). The study of information technology and civic engagement. *Political Communication*, 17(4), 329 - 333.

[67] Blau, P. M. (1964). *Exchange and Power in Social Life*. New York, NY: John Wiley.

[68] Blumler, J. G., & Katz, E. (1974). *The Uses of Mass Communications: Current Perspectives on Gratifications Research*. Beverly Hills, CA: Sage.

[69] Boczkowski, P. J. (2010). *News at Work: Imitation in an Age of Information*

Abundance. Chicago, IL: University Of Chicago Press.

[70] Boje, D. M. (1991). The storytelling organization: A study of story performance in an office-supply firm. *Administrative Science Quarterly*, 36(1),106 - 126.

[71] Boomgaarden, H. G., & Vliegenthart, R. (2007). Explaining the rise of anti-immigrant parties: The role of news media content. *Electoral Studies*, 26(2), 404 - 417.

[72] Bordia, P., DiFonzo, N., & Schulz, C. A. (2000). Source characteristics in denying rumors of organizational closure: Honesty is the best policy. *Journal of Applied Social Psychology*, 30(11),2309 - 2321.

[73] Bordia, P., DiFonzo, N., & Travers, V. (1998). Denying rumors of organizational change: A higher source is not always better. *Communication Research Reports*, 15(2),188 - 197.

[74] Bordia, P., DiFonzo, N., Haines, R., & Chaseling, E. (2005). Rumors denials as persuasive messages: Effects of personal relevance, source, and message characteristics. *Journal of Applied Social Psychology*, 35(6),1301 - 1331.

[75] Borgatti, S. (2007). Typology of ties. In*Keynote speech presented at the international Sunbelt conference. St. Petersburg, Florida.*

[76] Borgatti, S. P. (2002). *Netdraw Network Visuaiization*. Harvard, MA: Analytic Technologies.

[77] Borgatti, S. P., & Foster, P. C. (2003). The network paradigm in organizational research: A review and typology. *Journal of Management*,29(6),991 - 1013.

[78] Borgatti, S. P., & Halgin, D. S. (2011). On network theory. *Organization Science*, 22(5),1168 - 1180.

[79] Borgatti, S. P., Everett, M. G., & Freeman, L. C. (2009). *UCINET 6.0*. Lexington, KY: Analytic Technologies.

[80] Borgatti, S. P., Mehra, A., Brass, D. J., & Labianca, G. (2009). Network analysis in the social sciences. *Science*,323(5916),892 - 895.

[81] Botan, C. H., & Soto, F. (1998). A semiotic approach to the internal functioning of publics: Implications for strategic communication and public relations. *Public Relations Review*,24(1),21 - 44.

[82] Boulding, K. E. (1956). *The Image: Knowledge in Life and Society*. Ann Arbor, MI: The University of Michigan Press.

[83] Bourdieu, P. (1984). *Distinction: A Social Critique of the Judgement of Taste* (trans. R. Nice.). Cambridge, MA: Harvard University Press.

[84] Bourdieu, P. (1986). The forms of capital. In J. Richardson., (Eds.), *Handbook of Theory and Research for the Sociology of Education* (pp. 241 - 258). New York: Greenwood Press.

[85] Bourdieu, P. (1988). *Homo Academicus* (trans. P. Collier.). Cambridge: Polity.

[86] Bourdieu, P. (1990). *The Logic of Practice* (trans. R, Nice.). Cambridge, MA: Polity Press.

[87] Bourdieu, P. (1991). Symbolic power and the political field. In J. Thompson., (Eds.),*Language and Symbolic Power* (trans. G, Raymond., & M, Adamson.) (pp. 163-251). Cambridge, MA: Harvard University Press.

[88] Bourdieu, P. (1993). *The Field of Cultural Production*. Cambridge, MA: Polity Press.

[89] Bourdieu, P., & Wacquant, L. (1992). *An Invitation to Reflexive Sociology*. Chicago: University of Chicago Press.

[90] Bovitz, G. L., Druckman, J. N., & Lupia, A. (2002). When can a news organization lead public opinion? Ideology versus market forces in decisions to make news. *Public Choice*,113(1-2),127-155.

[91] Boyd-Barrett, O. (1980). *The International News Agencies*. Beverly Hills, CA: Sage.

[92] Brass, D. J. (1985). Men's and women's networks: A study of interaction patterns and influence in organizations. *Academy of Management Journal*, 28(2), 327-343.

[93] Brass, D. J., (1995). A social network perspective on human resources management. *Research in Personnel and Human Resources Management*, 13(3),39-79.

[94] Brass, D. J. (2003). A social network perspective on human resources management. In R. Cross., A. Parker., & L. Sasson., (eds.),*Networks in the Knowledge Economy* (pp. 283-323). New York, NY: Oxford University Press, USA.

[95] Brewer, P. R. (2002). Framing, value words, and citizens' explanations of their issue opinions. *Political Communication*,19(3),303-316.

[96] Brin, S., & L. Page. (1998). The anatomy of a large scale hypertextual Web search engine. *Computer Networks and ISDN Systems*, 30(1-7),107-117.

[97] Brockmeier, J. (2010). After the archive: Remapping memory. *Culture and Psychology*, 16(1),5-35.

[98] Bromley, D. B. (1993). *Reputation, Image and Impression Management*. New York: Wiley.

[99] Brosius, H. B., & Weimann, G. (1996). Who sets the agenda: Agenda-setting as a two-step flow. *Communication Research*,23(5),561-580.

[100] Bruns, A. (2005). *Gatewatching: Collaborative Online News Production*. New York: Peter Lang Publishing.

[101] Bruns, A. (2012). How long is a tweet? Mapping dynamic conversation networks on Twitter using Gawk and Gephi. *Information, Communication & Socie-*

ty,15(9),1323 - 1351.

[102] Bruns, A. , & Burgess, J. (2011). #Ausvotes: How Twitter covered the 2010 Australian federal election. *Communication, Politics & Culture*,44(2),37 - 56.

[103] Bruns, A. , & Highfield, T. (2013). Political networks on Twitter: Tweeting the Queensland state election. *Information, Communication & Society*,16(5), 667 - 691.

[104] Budge, I. , Ezrow, L. , & McDonald, M. D. (2010). Ideology, party factionalism and policy change: An integrated dynamic theory. *British Journal of Political Science*,40(04),781 - 804.

[105] Burt, R. S. (1984). Network items and the general social survey. *Social Networks*,6(4),293 - 339.

[106] Burt, R. S. (1987). Social contagion and innovation: Cohesion versus structural equivalence. *American Journal of Sociology*,92(6),1287 - 1335.

[107] Burt, R. S. (1992). *Structural Holes: the Social Structure of Competition*. Cambridge, Harvard University Press.

[108] Burt, R. S. (1997). A note on social capital and network content. *Social Networks*,19(4),355 - 373.

[109] Buzan, T. , & Buzan, B. (1996). *The Mind Map Book: How to Use Radiant Thinking to Maximize your Brain's Untapped Potential*. New York, NY: Plume.

[110] Byrne, D. E. (1971). *The Attraction Paradigm*. New York, NY: Academic Press.

[111] Cahill, J. , & Ward, I. (2007). Old and new media: Blogs in the third age of political communication. *Australian Journal of Communication*,34(3),1 - 21.

[112] Cairncross, F. (1997). *The Death of Distance: How the Communications Revolution Will Change Our Lives*. Harvard Business Press.

[113] Calhoun, C. (1988). Populist politics, communications media and large scale societal integration. *Sociological Theory*, 6(2),219 - 241.

[114] Cameron, G. T. , Sallot, L. , & Curtin, P. A. (1997). Public relations and the production of news: A critical review and a theoretical framework. In B. Burleson. , (Eds.),*Communication Yearbook*, 20 (pp. 111 - 155). Thousand Oaks, CA: Sage.

[115] Campbell, D. T. (1965). Variation and selective retention in socio-cultural evolution. In H. R. Barringer, G. I. Blanksten, & R. W. Mack (eds.),*Social Change in Developing Areas: A Reinterpretation of Evolutionary Theory* (pp. 19 - 48). Cambridge, England: Cambridge University Press.

[116] Campbell, D. T. (1969). Variation and selective retention in socio-cultural evo-

lution. *General Systems*, 14(1), 69 - 85.

[117] Campbell, D. T. (1998). *Writing Security: War, Terrorism, and Democracy*. New York: W. W. Norton.

[118] Cappella, J. N., & Jamieson, K. H. (1997). *Spiral of Cynicism: The Press and the Public Good*. New York: Oxford University Press.

[119] Cardoso, G. (2006). *The Media in the Network Society: Browsing, News, Filters and Citizenship*. Liboa, Portugal: CIES-ISCTE.

[120] Carey, J. (1989). A cultural approach to communication. In J. Carey., (Eds.), *Communication as Culture* (pp. 131 - 136). Boston: Unwin Hyman.

[121] Carley, K. (1993). Coding choices for textual analysis: A comparison of content analysis and map analysis. *Sociological Methodology*, 23, 75 - 126.

[122] Carley, K., & Palmquist, M. (1992). Extracting, representing, and analyzing mental models. *Social Forces*, 70(3), 601 - 636.

[123] Carmines, E. G. (1991). The logic of party alignments. *Journal of Theoretical Politics*, 3(1), 65 - 80.

[124] Carragee, K. M., & Roefs, W. (2004). The neglect of power in recent framing research. *Journal of Communication*, 54(2), 214 - 233.

[125] Carrington, P. J., Scott, J., & Wasserman, S. (Eds.). (2005). *Models and Methods in Social Network Analysis*. New York, NY: Cambridge University Press.

[126] Carroll, C. E., & McCombs, M. (2003). Agenda-setting effects of business news on the public's images and opinions about major corporations. *Corporate Reputation Review*, 6(1), 36 - 46.

[127] Carroll, G. R., & Hannan, M. T. (2000). *The Demography of Corporations and Industries*. Princeton, NJ: Princeton University Press.

[128] Cartwright, D., & Harary, F. (1956). Structural balance: A generalization of Heider's theory. *Psychological Review*, 63(5), 277 - 293.

[129] Castells, M. (2000). *The Information Age: Economy, Society and Culture. Volume I: The Rise of the Network Society* (2nd ed.). Malden, MA: Blackwell.

[130] Castells, M. (2000). *The Rise of the Network Society* (2nd ed.). Malden, MA: Blackwell.

[131] Castells, M. (2005). Informationalism, networks, and the network society: A theoretical blueprint. In M. Castells (Eds.), *The Network Society: A Cross-Cultural Perspective* (pp. 3 - 45). London, UK: Edward Elgar Publishing.

[132] Castells, M. (2009). *Communication Power*. Oxford, UK: Oxford University Press.

[133] Castels, M. (1996). The Rise of the Network Society. Cambridge: Blackwell.

[134] Caves, R. E. (2005). *Switching Channels: Organization and Change in TV Broadcasting*. Cambridge, MA: Harvard University Press.

[135] Chaffee, S. H., Saphir, M. S., Graf, J., Sandvig, C., & Hahn, K. S. (2001). Attention to counter-attitudinal messages in a state election campaign. *Political Communication*, 18(3), 247 - 272.

[136] Clausen, L. (2004). Localizing the global: 'Domestication' processes in international news production. *Media, Culture & Society*, 26(1), 25 - 44.

[137] Chang, T. K. (1998). All countries not created equal to be news world system and international communication. *Communication Research*, 25(5), 528 - 563.

[138] Chang, T. K., Himelboim, I., & Dong, D. (2009). Open global networks, closed international flows: World system and political economy of hyperlinks in cyberspace. *International Communication Gazette*, 71(3), 137 - 159.

[139] Chang, T. K., Lau, T. Y., & Xiaoming, H. (2000). From the United States with news and more: International flow, television coverage and the world system. *International Communication Gazette*, 62(6), 505 - 522.

[140] Chang, T. K., Shoemaker, P. J., & Brendlinger, N. (1987). Determinants of international news coverage in the US media. *Communication Research*, 14(4), 396 - 414.

[141] Charles, J., Shore, L., & Todd, R. (1979). The New York Times coverage of equatorial and lower Africa. *Journal of Communication*, 29(2), 148 - 155.

[142] Chase-Dunn, C., & Grimes, P. (1995). World-systems analysis. *Annual Review of Sociology*, 21(1), 387 417.

[143] Chase-Dunn, C., & Hall, T. D. (1993). Comparing world-systems: Concepts and working hypotheses. *Social Forces*, 71(4), 851 - 886.

[144] Cheng, Y., & Chan, C. M. (2015). The third level of agenda setting in contemporary China: Tracking descriptions of moral and national education (MNE) in media coverage and people's minds. *International Journal of Communication*, 9(3), 1090 - 1107.

[145] Chilcote, R. H. (1984). *Theories of Development and Underdevelopment*. Boulder, CO: Westview Press.

[146] Chin, A., & Chignell, M. (2006, August). A social hypertext model for finding community in blogs. Paper presented at the *Proceedings of the seventeenth conference on Hypertext and hypermedia* (pp. 11 - 22). ACM.

[147] Chin, A., & Chignell, M. (2007). Identifying communities in blogs: roles for social network analysis and survey instruments. *International Journal of Web Based Communities*, 3(3), 345 - 363.

[148] Choi, J. H., & Danowski, J. A. (2002). Making a Global Community on the Net-Global Village or Global Metropolis?: A Network Analysis of Usenet Newsgroups. *Journal of Computer-Mediated Communication*, 7(3), DOI: 10.1111/j.1083-6101.2002.tb00153.x.

[149] Choi, Y. (1993). Global networks in telecommunication and transportation. *International Communication Gazette*, 51(2), 113-136.

[150] Chon, B. S., Choi, J. H., Barnett, G. A., Danowski, J. A., & Joo, S. H. (2003). A structural analysis of media convergence: Cross-industry mergers and acquisitions in the information industries. *The Journal of Media Economics*, 16(3), 141-157.

[151] Chong, D., & Druckman, J. N. (2007). A theory of framing and opinion formation in competitive elite environments. *Journal of Communication*, 57(1), 99-118.

[152] Cointet, J. P., & Roth, C. (2009, August). Socio-semantic dynamics in a blog network. Paper presented at *IEEE Computational Science and Engineering* 2009 (pp. 114-121).

[153] Cointet, J. P., Faure, E., & Roth, C. (2007). Intertemporal topic correlations in online media. Paper presented at the *International Conference on Weblogs and Social Media*, Boulder, Colorado.

[154] Coleman, J. S. (1957). *Community Conflict*. New York: Free Press.

[155] Coleman, J. S. (1988). Social capital in the creation of human capital. *American Journal of Sociology*, 94(Supplement), 95-120.

[156] Coleman, R., & McCombs, M. (2007). The young and agenda-less? Exploring age-related differences in agenda setting on the youngest generation, baby boomers, and the civic generation. *Journalism & Mass Communication Quarterly*, 84(3), 495-508.

[157] Coleman, S. (2005). Blogs and the new politics of listening. *The Political Quarterly*, 76(2), 272-280.

[158] Conrath, D. (1973). Communication environment and its relationship to organizational structure. *Management Science*, 20(4), 586-603.

[159] Constantinides, E., & Fountain, S. J. (2008). Web 2.0: Conceptual foundations and marketing issues. *Journal of Direct, Data and Digital Marketing Practice*, 9(3), 231-244.

[160] Contractor, N. S. (June 29, 2006). Keynote address: *From Disasters to WoW: Enabling Communities with Cyberinfrastructure*. at the 2nd International e-Social Science Conference, Manchester, UK.

[161] Contractor, N. S., Wasserman, S., & Faust, K. (2006). Testing multitheo-

retical, multilevel hypotheses about organizational networks: An analytic framework and empirical example. *Academy of Management Review*,31(3),681 – 703.

[162] Contractor, N., & Bishop, A. P. (2000). Reconfiguring community networks: The case of PrairieKNOW. In T. Ishida., (Eds.),*Digital Cities: Technologies, Experiences, and Future Perspectives* (pp. 151 – 164). Berlin: Springer-Verlag.

[163] Contractor, N., Monge, P., & Leonardi, P. (2011). Multidimensional networks and the dynamics of sociomateriality: Bringing technology inside the network. *International Journal of Communication*, 5(1),682 – 720.

[164] Cook, T. E. (1998). *Governing with News: The News Media as a Political Institution*. Chicago: University of Chicago Press.

[165] Cooper, R. (1996). The status and future of audience duplication research: An assessment of ratings-based theories of audience behavior. *Journal of Broadcasting & Electronic Media*,40(1),96 – 111.

[166] Corman, S. R. (1990). A mode of perceived communication in collective networks. *Human Communication Research*, 16(4),582 – 602.

[167] Corman, S. R., Kuhn, T., McPhee, R. D., & Dooley, K. J. (2002). Studyingcomplex discursive systems. *Human Communication Research*, 28 (2), 157 – 206.

[168] Coser, L. A. (1992) Introduction: Maurice Halbwachs 1877—1945. In M. Halbwachs,*On Collective Memory*, Coser, L. A. (ed. and trans.),pp. 1 – 34. Chicago: The University of Chicago Press.

[169] Couldry, N. (2004). Meta-capital: Extending the range of Bourdieu's field theory. In D. L. Swartz., & V. L. Zolberg., (Eds.),*After Bourdieu* (pp. 165 – 189). Kluwer Academic Publishers.

[170] Coulson, N. S. (2005). Receiving social support online: an analysis of a computer-mediated support group for individuals living with irritable bowel syndrome. *Cyber Psychology & Behavior*,8(6),580 – 584.

[171] Crawley, C. E. (2007). Localized debates of agricultural biotechnology in community newspapers: A quantitative content analysis of media frames and sources. *Science Communication*,28(3),314 – 346.

[172] Cronin, B. (2001). Bibliometrics and beyond: Some thoughts on Web-based citation analysis. *Journal of Information Science*, 27(1),1 – 7.

[173] Crouse, T. (1975). *The Boys on the Bus: Riding with the Campaign Press Corps*. Ballantine Books.

[174] Cunningham, W. (2007). Wiki Design Principles. Available at: http://c2.com/cgi/wiki? WikiDesign Principles.

[175] Curran, J. (2002). *Media and Power*. New York: Routledge.

[176] Damore, D. F. (2002). Candidate strategy and the decision to go negative. *Political Research Quarterly*, 55(3), 669 - 685.

[177] Danowski, J. A. (2008). Short-term and long-term effects of a public relations campaign on semantic networks of newspaper content: Priming or framing?. *Public Relations Review*, 34(3), 288 - 290.

[178] Danowski, J. A., & Cepela, N. T. (2009). Automatic mapping of social networks of actors from text corpora: Time series analysis. *Advances in Social Network Analysis and Mining*, 12, 137 - 142.

[179] Danowski, J. A., & Choi, J. H. (1998). Convergence in the Information Industries: Telecommunications, Broadcasting, and Data Processing 1981—1996. In H. Sawhney., & G. A. Barnett., (Eds.), *Progress in Communication Sciences* (Vol. 15, pp. 125 - 150). Stamford, CN: Ablex Publishing.

[180] Davenport, T. H., & Beck J. C. (2001). *The Attention Economy: Understanding the New Currency of Business.* Boston, MA: Harvard Business School Press.

[181] David, C. C., Atun, J. M. L., & La Viña, A. G. (2010). Framing the population debate: A comparison of source and news frames in the Philippines. *Asian Journal of Communication*, 20(3), 337 - 353.

[182] David, C. C., Legara, E. F. T., Atun, J. M. L., & Monterola, C. P. (2014). News frames of the population issue in the Philippines. *International Journal of Communication*, 8, 1247 - 1267.

[183] Davis, J. A. (1967). Clustering and structural balance in graphs. *Human Relations*, 20(2), 181 - 187.

[184] De Nooy, W. (2003). Fields and networks: correspondence analysis and social network analysis in the framework of field theory. *Poetics*, 31(5 - 6), 305 - 327.

[185] De Nooy, W., & Kleinnijenhuis, J. (2013). Polarization in the media during an election campaign: A dynamic network model predicting support and attack among political actors. *Political Communication*, 30(1), 117 - 138.

[186] De Vreese, C. H., Peter, V., & Semetko, H. A. (2001). Framing politics at the launch of theEuro: A cross-national comparative study of frames in the news. *Political Communication*, 18(2), 107 - 122.

[187] Deetz, S. (1992). *Democracy in an Age of Corporate Colonization: Developments in Communication and the Politics of Everyday Life.* Albany, NY: State University of New York Press.

[188] DeSanctis, G., & Monge, P. R. (1999). Introduction to the special issue: Communication process for virtual organizations. *Organization Science*, 10(6), 693 - 703.

[189] Deuze, M. (2003). The web and its journalisms: considering the consequences of different types of newsmedia online. *New Media & Society*, 5(2), 203 - 230.

[190] Deuze, M. (2004). What is multimedia journalism? *Journalism Studies*, 5(2), 139 - 152.

[191] D' heer, E., & Verdegem, P. (2014). Conversations about the elections on Twitter: Towards a structural understanding of Twitter's relation with the political and the media field. *European Journal of Communication*, 29(6), 720 - 734.

[192] Dibble, J. L., Wisner, A. M., Dobbins, L., Cacal, M., Taniguchi, E., Peyton, A., van Raalte, L., & Kubulins, A. (2013). Hesitation to share bad news: By-product of verbal message planning or functional communication behavior?. *Communication Research*, 42(2), 213 - 236.

[193] DiMaggio, P., Hargittai, E., Neuman, W. R., & Robinson, J. P. (2001). Social implications of the Internet. *Annual Review of Sociology*, 27(1), 307 - 336.

[194] Dimmick, J. W. (2003). *Media Competition and Coexistence: The Theory of the Niche*. Mahwah, NJ: Lawrence Erlbaum Associates.

[195] Doerfel, M. L. (1998). What constitutes semantic network analysis? A comparison of research and methodologies. *Connections*, 21(2), 16 - 26.

[196] Doerfel, M. L., & Barnett, G. A. (1999). A semantic network analysis of the International Communication Association. *Human Communication Research*, 25(4), 589 - 603.

[197] Doerfel, M. L., & Marsh, P. S. (2003). Candidate-issue positioning in the context of presidential debates. *Journal of Applied Communication Research*, 31(3), 212 - 237.

[198] Domhoff, G. W. (1978). *The Powers that be: Processes of Ruling-Class Domination in America*. Random House Inc.

[199] Domhoff, G. W. (1983). *Who Rules America Now? A View for the '80s*. Prentice Hall.

[200] Donath, J., & Boyd, D, M. (2004). Public displays of connection. *BT Technology Journal*, 22(4), 71 - 88.

[201] Dos Santos, T. (1996). The structure of dependence. In A. Inkeles., & M. Sasaki., (Eds.), Comparing nations and cultures: Readings in a cross-disciplinary perspective (pp. 498 - 504). Englewood Cliffs, NJ: Prentice Hall.

[202] Dreier, P. (1982). The position of the press in the US power structure. *Social Problems*, 29(3), 298 - 310.

[203] Drezner, D. W., & Farrell, H. (2004). Web of influence. *Foreign Policy*, 145, 32 - 41.

[204] Druckman, J. N., Kifer, M. J., & Parkin, M. (2010). Timeless strategy meets new medium: Going negative on congressional campaignweb sites, 2002—2006. *Political Communication*, 27(1), 88 - 103.

[205] Dunaway, J. (2008). Markets, ownership, and the quality of campaign news coverage. *The Journal of Politics*, 70(4), 1193 - 1202.

[206] Duplessis, R., & Li, X. (2006). Cross-media ownership and its effect on technological convergence of online news content: A content analysis of 100 Internet newspapers. In X, Li., (Eds.), *Internet Newspapers: The Making of a Mainstream Medium* (pp. 159 - 176). Mahwah, NJ: Lawrence Erlbaum Associates.

[207] Dupree, J. D. (1971). International communication: View from "a window on the world". *Gazette*, 17(4), 224 - 235.

[208] Easley, D., & Kleinberg, J. (2010). *Networks, Crowds, and Markets: Reasoning About a Highly Connected World*. New York, NY: Cambridge University Press.

[209] Eastin, M. S., & LaRose, R. (2005). Alt. support: modeling social support online. *Computers in Human Behavior*, 21(6), 977 - 992.

[210] Eastman, S. T., Newton, G. D., Riggs, K. E., & Neal-Lunsford, J. (1997). Accelerating the flow: A transition effect in programming theory?. *Journal of Broadcasting & Electronic Media*, 41(2), 265 - 283.

[211] Ebo, B. (1997). Media diplomacy and foreign policy: Toward a theoretical framework. In A. Malek., (Eds.), *News Media and Foreign Relations: A Multifaceted Perspective* (pp. 43 - 57). Norwood, NJ: Ablex.

[212] Edler, D. & Rosvall, M. (2010). *The Map Generator Software Package*. http://www.mapequation.org.

[213] Elberse, A. (2008). Should you invest in the long tail?. *Harvard Business Review*, 86(7/8), 88 - 96.

[214] Ellison, N., Heino, R., & Gibbs, J. (2006). Managing impressions online: Self-presentation processes in the online dating environment. *Journal of Computer-Mediated Communication*, 11(2), 415 - 441.

[215] Elmer, G., Ryan, P. M., Devereaux, Z., Langlois, G., Redden, J., & McKelvey, F. (2007). Election bloggers: Methods for determining political influence. *First Monday*, 12(4). http://pear.accc.uic.edu/ojs/index.php/fm/article/view/1766.

[216] Elwood, W. N. (1995). Public relations and the ethics of the moment: The anatomy of a local ballot issue campaign. InW. N. Elwood., (Eds.), *Public Relations Inquiry as Rhetorical Criticism: Case Studies of Corporate Discourse and Social Influence* (pp. 255 - 275). Westport, CT: Praeger.

[217] Emerson, R. M. (1962). Power-dependence relations. *American Sociological Review*, 27(1), 31 – 41.

[218] Emigh, W. & Herring, S. C. (2005). *Collaborative Authoring on the Web: A Genre Analysis of Online Encyclopedias*, in Proceedings of the 38th Hawaii International Conference on System Sciences. Los Alamitos: IEEE Press.

[219] Entman, R. M. (1993). Framing: Toward clarification of a fractured paradigm. *Journal of Communication*, 43(4), 51 – 58.

[220] Entman, R. M. (2004). *Projections of Power: Framing News, Public Opinion, and US Foreign Policy*. University of Chicago Press.

[221] Erickson, B. H. (2001). Good networks and good jobs: The value of social capital to employers and employees. In N. Lin., K. S. Cook., & R. S. Burt., (Eds.), *Social Capital: Theory and Research* (pp. 127 – 158). New York: Aldine De Gruyter.

[222] Erickson, B. H. (2001). Good networks and good jobs: The value of social capital to employers and employees. *Social Capital: Theory and Research*. New York: Aldine De Gruyter.

[223] Erickson, T. E. (1987). *Sex Differences in Student Attitudes towards Computers*. Paper presented at the Annual Meeting of American Education Research Assiciation.

[224] Esser, F. (2008). Dimensions of political news cultures: Sound bite and image bite news in France, Germany, Great Britain, and the United States. *The International Journal of Press/Politics*, 13(4), 401 – 428.

[225] Eveland Jr, W. P. (2001). The cognitive mediation model of learning from the news: Evidence from nonelection, off-year election, and presidential election contexts. *Communication Research*, 28(5), 571 – 601.

[226] Everett, M. (2002). *Social Network Analysis*. Essex: Textbook at Essex Summer School in SSDA.

[227] Ezrow, L. (2007). The variance matters: How party systems represent the preferences of voters. *Journal of Politics*, 69(1), 182 – 192.

[228] Faloutsos, M., Faloutsos, P., & Faloutsos, C. (1999, August). On power-law relationships of the internet topology. *ACM SIGCOMM Computer Communication Review*, 29(4), 251 – 262.

[229] Fan, D. P. (1996). Predictions of the Bush-Clinton-Perot presidential race from the press. *Political Analysis*, 6(1), 67 – 105.

[230] Faust, K. (1997). Centrality in affiliation networks. *Social Networks*, 19(2), 157 – 191.

[231] Feld, S. (1981). The focused organization of social ties. *American Journal of*

Sociology, 86(5),1015 - 1035.

[232] Feldman, R. , & Sanger, J. (2007). *Text Mining Handbook: Advanced Approaches in Analyzing Data*. Cambridge, UK: Cambridge University Press.

[233] Fenton, N. (2012). The Internet and social networking. In J, Curran. , N, Fenton. , & D, Freedman. , (Eds.),*Misunderstanding the Internet* (pp. 123 - 148), New York: Routledge.

[234] Ferdig, R. E. , & Trammell, K. D. (2004). Content delivery in the "blogosphere". *Technological Horizons In Education Journal*, 31(7),12 - 16.

[235] Ferguson, M. A. (1984, August). Building theory in public relations: Interorganizational relationships. Inannual meeting of the Association for Education in Journalism and Mass Communication, Gainesville, FL.

[236] Ferron, M. , & Massa, P. (2011). *Studying collective memories in Wikipedia*. 3rd Digital Memories Conference. Prague, March 2011. Retrieved from http://www. inter-disciplinary. net/wp-content/uploads/2011/02/ferrondmpaper. pdf

[237] Ferron, M. , & Massa, P. (2011b). Collective Memory building in Wikipedia: the case of North African uprisings. Proceedings of the 7th International Symposium on Wikisym, 2011. Retrieved fromhttp://gnuband. org/files/papers/Ferron_Massa_Collective_memory_building_in_Wikipedia. pdf

[238] Festinger, L. , Schachter, S. , & Back, K. (1950). *Social Pressures in Informal Groups: A Study of Human Factor in Housing*. Palo Alto, CA: Stanford University Press.

[239] Fine, M. G. (1981). Soap opera conversations: The talk that binds. *Journal of Communication*,31(3),97 - 107.

[240] Finn, S. , & Gorr, M. B. (1988). Social isolation and social support as correlates of television viewing motivations. *Communication Research*, 15 (2), 135 - 158.

[241] Fogel, J. , Albert, S. M. , Schnabel, F. , Ditkoff, B. A. , & Neugut, A. I. (2002). Internet use and social support in women with breast cancer. *Health Psychology*,21(4),398 - 404.

[242] Forgette, R. , & Morris, J. S. (2006). High-conflict television news and public opinion. *Political Research Quarterly*,59(3),447 - 456.

[243] Fowler, J. H. , Grofman, B. , & Masuoka, N. (2007). Social networks in political science: Hiring and placement of Ph. Ds, 1960—2002. *PS: Political Science & Politics*,40(4),729 - 739.

[244] Fowler, J. H. , Heaney, M. T. , Nickerson, D. W. , Padgett, J. F. , & Sinclair, B. (2011). Causality in political networks. *American Politics Research*,39 (2),437 - 480.

[245] Frank, A. G. (1969). *Latin America: Underdevelopment or Revolution*. New York: Monthly Review Press.

[246] Frank, R. H., & Cook, P. J. (1995). *The Winner-Take-All Society: Why the Few at the Top Get So Much More than the Rest of us*. New York, NY: Penguin.

[247] Freeman, L. (1992). The sociological concept of group: An empirical test of two models. *American Journal of Sociological*, 98(1), 152 - 166.

[248] Freeman, L. C. (1978). Centrality in social networks conceptual clarification. *Social Networks*, 1(3), 215 - 239.

[249] Freeman, L. C. (2004). *The Development of Social Network Analysis: A Study in the Sociology of Science*. Vancouver, BC: Empirical Press.

[250] Freidson, E. (1986). *Professional Powers: The Study of Institutionalization of Formal Knowledge*. Chicago: University of Chicago Press.

[251] Frenzen, J., & Nakamoto, K. (1993). Structure, cooperation, and the flow of market information. *Journal of Consumer Research*, 20(3), 360 - 375.

[252] Friedkin, N. (1998). *A Structural Theory of Social Influence*. Cambridge, UK: Cambridge University Press.

[253] Friedland, L. A., & McLeod, J. M. (1999). Community integration and mass media: A reconsideration. In D. Demers., & K. Viswanath., (Eds.), *Mass Media, Social Control, and Social Change: A Macrosocial Perspective* (pp. 197 - 226). Ames: Iowa State University Press.

[254] Friedland, L. A., Hove, T., & Rojas, H. (2006). The networked public sphere. *Javnost: The Public*, 13(4), 5 - 26.

[255] Fry, M. G., Goldstein, E., & Langhorne, R. (Eds.). (2004). *Guide to International Relations and Diplomacy*. New York: Continuum International Publishing Group.

[256] Fu, J. (2016). Leveraging social network analysis for research on journalism in the information age. *Journal of Communication*, 66(2), 299 - 313.

[257] Funkhouser, G. R. (1973). The issues of the sixties: An exploratory study in the dynamics of public opinion. *Public Opinion Quarterly*, 37(1), 62 - 75.

[258] Galaskiewicz, J. (1979). *Exchange networks and community politics*. Newbury Park, CA.: Sage.

[259] Galtung, J. (1971). A structural theory of imperialism. *Journal of Peace Research*, 8(2), 81 - 117.

[260] Galtung, J., & Ruge, M. H. (1965). The structure of foreign news: The presentation of the Congo, Cuba and Cyprus crises in four Norwegian newspapers. *Journal of Peace Research*, 2(1), 64 - 90.

[261] Galtung, J. , & Vincent, R. C. (1992). *Toward a New World Information and Communication Order*. Cresskill, NJ: Hampton Press.

[262] Gamson, W. A. , & Modigliani, A. (1989). Media discourse and public opinion on nuclear power: A constructionist approach. *The American Journal of Sociology*, 95(1),1 - 37.

[263] Gamson, W. A. , & Wolfsfeld, G. (1993). Movements and media as interacting systems. *The Annals of the American Academy of Political and Social Science*, 528(1),114 - 125.

[264] Gans, H. J. (1979). *Deciding What's News: A Study of CBS Evening News, NBC Nightly News, Newsweek, and Time*. Northwestern University Press.

[265] Garfield, E. (1964). Science citation index: A new dimension in indexing. *Science*, 144(3619),649 - 654.

[266] Garrett, R. K. (2009). Echo chambers online?: Politically motivated selective exposure among Internet news users. *Journal of Computer-Mediated Communication*,14(2),265 - 285.

[267] Garrett, R. K. , Carnahan, D. , & Lynch, E. K. (2013). A turn toward avoidance? Selective exposure to online political information, 2004—2008. *Political Behavior*,35(1),113 - 134.

[268] Garrison, B. (2000). Journalists' perceptions of online information-gathering problems. *Journalism & Mass Communication Quarterly*, 77(3),500 - 514.

[269] Gaver, W. (1996). Affordances for interaction: The social is material for design. *Ecological Psychology*, 8(2),111 - 129.

[270] Gerbner, G. (1969). Toward "Cultural Indicators": The analysis of mass mediated public message systems. *Educational Technology Research and Development*, 17(2),137 - 148.

[271] Gerbner, G. , & Marvanyi, G. (1977). The many worlds of the world's press. *Journal of Communication*,27(1),52 - 66.

[272] Gergen, K. J. (2008). Mobile communication and the transformation of the democratic process. In J. Katz. , (Eds.),*Handbook of Mobile Communication Studies* (pp. 297 - 310). Cambridge, MA: MIT Press.

[273] Giddens, A. (1979). *Central problems in social theory: Action, structure, and contradiction in social analysis*. Berkeley: University of California Press.

[274] Giddens, A. (1984). *The Constitution of Society: Outline of the Theory of Structuration*. Berkeley, CA: University of California Press.

[275] Giddens, A. (1991). *Modernity and self-identity: Self and society in the late modern age*. Stanford, CA: Stanford University Press.

[276] Giddens, A. (2002). *Runaway World: How Globalization is Reshaping our*

Lives. New York: Routledge.

[277] Gil de Zúñiga, H., Correa, T., & Valenzuela, S. (2012). Selective exposure to cable news and immigration in the US: The relationship between FOX News, CNN, and attitudes toward Mexican immigrants. *Journal of Broadcasting & Electronic Media*, 56(4), 597 - 615.

[278] Gil de Zuniga, H., Puig-I-Abril, E., & Rojas, H. (2009). Weblogs, traditional sources online and political participation: An assessment of how the Internet is changing the political environment. *New Media & Society*, 11(4), 553 - 574.

[279] Gillmor, D. (2006). *We the Media: Grassroots Journalism by the People, for the People*. Sebastopol, CA: O'Reilly Media.

[280] Gitlin, T. (1979). Prime time ideology: The hegemonic process in television entertainment. *Social Problems*, 26(3), 251 - 266.

[281] Gitlin, T. (1980). *The Whole World is Watching: Mass Media in the Making and Unmaking of the News Left*. Berkley, CA: University of California Press.

[282] Gitlin, T. (1998). Public sphere or public sphericules? In T. Liebes., & J. Curran., (Eds.), *Media, Ritual and Identity* (pp. 168 - 174). London, England: Routledge.

[283] Glaser, B. G. & Strauss, A. L. (1967). *The Discovery of Grounded Theory: Strategies for Qualitative Research*. Aldine, Chicago, IL.

[284] Goffman, E. (1974). *Frame Analysis: An Essay on the Organization of Experience*. Cambridge, MA: Harvard University Press.

[285] Golan, G. J. (2008). Where in the world is Africa? Predicting coverage of Africa by US television networks. *International Communication Gazette*, 70(1), 41 - 57.

[286] Goldhaber, M. H. (1997). The attention economy and the net. *First Monday*, 2(4), DOI: http://dx.doi.org/10.5210/fm.v2i4.519.

[287] Goldstein, J. R., & Warren, J. R. (2000). Socioeconomic reach and heterogeneity in the extended family: Contours and consequences. *Social Science Research*, 29(3), 382 - 404.

[288] Gonzalez-Manet, E. (1992). *Informatics and Society: The New Challenges*. Ablex Publishing Corporation.

[289] Goodhardt, G. J., & Ehrenberg, A. S. (1969). Duplication of television viewing between and within channels. *Journal of Marketing Research*, 6(2), 169 - 178.

[290] Gotsi, M., & Wilson, A. M. (2001). Corporate reputation: seeking a definition. *Corporate Communications: An International Journal*, 6(1), 24 - 30.

[291] Graber, D. A. (2002). *Mass Media and American Politics* (6th edition). Washington, DC: CQ Press.

[292] Graham, T., Broersma, M., Hazelhoff, K., & van't Haar, G. (2013). Between broadcasting political messages and interacting with voters: The use of Twitter during the 2010 UK general election campaign. *Information, Communication & Society*, 16(5), 692 - 716.

[293] Granovetter, M. S. (1973). The strength of weak ties. *American Journal of Sociology*, 78(6), 1360 - 1380.

[294] Granovetter, M. S. (1974). *Getting a Job: A Study of Contacts and Careers*. Cambridge, MA: Harvard University Press.

[295] Green-Pedersen, C., & Mortensen, P. B. (2010). Who sets the agenda and who responds to it in the Danish parliament? A new model of issue competition and agenda-setting. *European Journal of Political Research*, 49(2), 257 - 281.

[296] Greenwald, A. G., & Banaji, M. R. (1995). Implicit social cognition: attitudes, self-esteem, and stereotypes. *Psychological Review*, 102(1), 4 - 27.

[297] Gruhl, D., Guha, R., Liben-Nowell, D., & Tomkins, A. (2004, May). Information diffusion through blogspace. Paper presented at the *Proceedings of the 13th international conference on World Wide Web* (pp. 491 - 501). ACM.

[298] Gulati, R., Dialdin, D. A., & Wang, L. (2002). Organizational networks. In J. A. C. Baum (eds.), *The Blackwell Companion to Organizations* (pp. 281 - 303). Oxford, UK: Blackwell Publishers.

[299] Gunaratne, S. A. (2001). Prospects and Limitations of World System Theory for Media Analysis The Case of the Middle East and North Africa. *International Communication Gazette*, 63(2 - 3), 121 - 148.

[300] Gunaratne, S. A. (2002). An evolving triadic world: A theoretical framework for global communication research. *Journal of World-Systems Research*, 8(3), 330 - 365.

[301] Guo, L. (2012). The application of social network analysis in agenda setting research: A methodological exploration. *Journal of Broadcasting & Electronic Media*, 56(4), 616 - 631.

[302] Guo, L., & McCombs, M. (2011). *Network Agenda Setting: A Third Level of Media Effects*. Paper presented at the Annual Conference of the International Communication Association (ICA), Boston, MA.

[303] Guo, L., Chen, Y. N. K., Vu, H., Wang, Q., Aksamit, R., Guzek, D., ... & McCombs, M. (2015). Coverage of the Iraq War in the United States, Mainland China, Taiwan and Poland: A transnational network agenda-setting study. *Journalism Studies*, 16(3), 343 - 362.

[304] Gutteling, J. M., Olofsson, A., Fjæstad, B., Kohring, M., Goerke, A., Bauer, M. & Rusanen, T. (2002). Media coverage 1973—1996: Trends and dynamics. In

M. W. Bauer., & G. Gaskell., (Eds.), *Biotechnology: The Making of a Global Controversy* (*pp.* 95-128). Cambridge: Cambridge University Press.

[305] Habermas, J. (1989). *The Structural Transformation of the Public Sphere*. Cambridge, MA: MIT Press.

[306] Habermas, J. (1992). Further reflections on the public sphere. In C. Calhoun., (Eds.), *Habermas and the Public Sphere* (pp. 421-461). Cambridge: MIT Press.

[307] Hackett, R. A. (1984). Decline of a paradigm? Bias and objectivity in news media studies. *Critical Studies in Media Communication*, 1(3), 229-259.

[308] Hafez, K. (2007). *The Myth of Media Globalization*. Cambridge: Polity Press.

[309] Hague, R., & Uhm, S. Y. (2005). Online groups and offline parties: Korean politics and the Internet. In R. Gibson., S. Ward., & P. Nixon., (Eds.), *Political Parties and the Internet: Net Gain?* (pp. 195-217). London: Routledge.

[310] Halbwachs, M. (1992[1925]) *The Social Frameworks of Memory* (extract), in M. Halbwachs *On Collective Memory*, ed. and trans. L. A. Coser. Chicago: The University of Chicago Press.

[311] Hall, R. H. (1968). Professionalization and bureaucratization. *American Sociological Review*, 33(1), 92-104.

[312] Hallahan, K. (1999). Seven models of framing: Implications for public relations. *Journal of Public Relations Research*, 11(3), 205-242.

[313] Hallin, D. C., & Mancini, P. (2004a). Americanization, globalization, and secularization. In F. Esser., & B. Pfetsch., (Eds.), Comparing Political Communication: Theories, Cases, and Challenges (pp. 25-44). New York: Cambridge University Press.

[314] Hallin, D. C., & Mancini, P. (2004b). *Comparing Media Systems: Three Models of Media and Politics*. New York: Cambridge University Press.

[315] Hamilton, J. T. (2004). *All the News That's Fit to Sell: How the Market Transforms Information Into News*. Princeton, NJ: Princeton University Press.

[316] Hampton, K., & Wellman, B. (2003). Neighboring in Netville: How the Internet supports community and social capital in a wired suburb. *City & Community*, 2(4), 277-311.

[317] Hampton, K., Goulet, L., Rainie, L., & Purcell, K. (2011). Social networking sites and our lives. Pew Internet & American Life Project Retrieved March 1, 2017, from www.pewinternet.org/Reports/2011/Technology-and-social-networks.aspx

[318] Han, J. Y., Wise, M., Kim, E., Pingree, R., Hawkins, R. P., Pingree, S., ... & Gustafson, D. H. (2010). Factors associated with use of interactive canc-

er communication system: an application of the comprehensive model of information seeking. *Journal of Computer-Mediated Communication*,15(3),367 - 388.

[319] Hanneman, R. A., & Riddle, M. (2005). *Introduction to social network methods*. Retrieved August 4, 2007 from http://faculty. ucr. edu/~hanneman/nettext/

[320] Hanneman, R. A., & Riddle, M. (2005). *Introduction to Social Network Methods*. CA: University of California.

[321] Hansen, D. L., Shneiderman, B., & Smith, M. A. (2011). *Analyzing Social Media Networks with NodeXL: Insights from a Connected World*. Burlington, MA: Morgan Kaufmann.

[322] Hansen, K. M., & Pedersen, R. T. (2008). Negative campaigning in a multiparty system. *Scandinavian Political Studies*,31(4),408 - 427.

[323] Hansmann, H. (1988). Ownership of the Firm. *Journal of Law, Economics, & Organization*,4(2),267 - 304.

[324] Hara, N., & Jo, Y. (2007). Internet politics: A comparative analysis of US and South Korea presidential campaigns. *First Monday*,12(9). http://firstmonday.org/ojs/index.php/fm/article/view/2005/1880.

[325] Hargittai, E., Gallo, J., & Kane, M. (2008). Cross-ideological discussions among conservative and liberal bloggers. *Public Choice*,134(1),67 - 86.

[326] Harrington Jr, J. E., & Hess, G. D. (1996). A spatial theory of positive and negative campaigning. *Games and Economic Behavior*,17(2),209 - 229.

[327] Hauben, M., & Hauben, R. (1997). *Netcitizen*. London, UK: Wiley.

[328] Hawley, A. H. (1984). Human ecological and Marxian theories. *American Journal of Sociology*,89(4),904 - 917.

[329] Haynes, A. A., & Rhine, S. L. (1998). Attack politics in presidential nomination campaigns: An examination of the frequency and determinants of intermediated negative messages against opponents. *Political Research Quarterly*,51(3), 691 - 721.

[330] Haythornthwaite, C. (2002). Strong, weak, and latent ties and the impact of new media. *The Information Society*,18(5),385 - 401.

[331] Haythornthwaite, C., & Wellman, B. (Eds.) (2001). *The Internet in everyday life*. [Special issue]. *American Behavioral Scientist*, 45.

[332] Headen, R. S., Klompmaker, J. E., & Rust, R. T. (1979). The duplication of viewing law and television media schedule evaluation. *Journal of Marketing Research*, 16(3),333 - 340.

[333] Heider, F. (1946). Attitudes and cognitive organization. *Journal of Psychology*, 21(1),107 - 112.

[334] Heider, F. (1958). *The Psychology of interpersonal relations*. New York: Wiley.

[335] Held, D. (2004). *Global Covenant: The Social Democratic Alternative to the Washington Consensus*. Cambridge: Polity Press.

[336] Helliwell, J. F., & Putnam, R. D. (2004). The social context of well-being. *Philosophical Transactions of the Royal Society*, 359(1449), 1435 - 1446.

[337] Hellsten, I., Dawson, J., & Leydesdorff, L. (2010). Implicit media frames: Automated analysis of public debate on artificial sweeteners. *Public Understanding of Science*, 19(5), 590 - 608.

[338] Hepp, A., Roitsch, C., & Berg, M. (2016). Investigating communication networks contextually: Qualitative network analysis as cross-media research. *MedieKultur: Journal of Media and Communication Research*, 32(60), 87 - 106.

[339] Herman, E. S., & Chomsky, N. (2010). *Manufacturing Consent: The Political Economy of the Mass Media*. Random House.

[340] Herring, S. C., Kouper, I., Paolillo, J. C., Scheidt, L. A., Tyworth, M., Welsch, P., Wright, E., & Yu, N. (2005, January). Conversations in the blogosphere: An analysis" from the bottom up". In *System Sciences*, 2005. *HICSS' 05. Proceedings of the 38th Annual Hawaii International Conference on* (pp. 107b - 107b). IEEE.

[341] Hertog, J. K., & McLeod, D. M. (2001). A multiperspectival approach to framing analysis: A field guide. In S. D. Reese., O. H. Gandy., & A. E. Grant., (Eds.), *Framing Public Life: Perspectives of Media and our Understanding of the Social World* (pp. 139 - 161). Mahwah, NJ: Erlbaum.

[342] Hester, A. (1973). Theoretical considerations in predicting volume and direction of international information flow. *Gazette*, 19(4), 239 - 247.

[343] Hester, A. L. (1971). Ananalysis of news flow from developed and developing nations. *Gazette*, 17(1 - 2), 29 - 43.

[344] Hester, A. L. (1974). The news from Latin America via a world news agency. *Gazette*, 20(2), 82 - 98.

[345] Hicks, R. G., & Gordon, A. (1974). Foreign news content in Israeli and US newspapers. *Journalism Quarterly*, 51(4), 639 - 644.

[346] Himelboim, I. (2008). Reply distribution in online discussions: A comparative network analysis of political and health newsgroups. *Journal of Computer-Mediated Communication*, 14(1), 156 - 177.

[347] Himelboim, I. (2010). The international network structure of news media: An analysis of hyperlinks usage in news web sites. *Journal of Broadcasting & Electronic Media*, 54(3), 373 - 390.

[348] Himelboim, I. , Smith, M. , & Shneiderman, B. (2013). Tweeting apart: Applying network analysis to detect selective exposure clusters in Twitter. *Communication Methods and Measures*,7(3-4),195-223.

[349] Himmelberg, C. P. , Hubbard, R. G. , & Palia, D. (1999). Understanding the determinants of managerial ownership and the link between ownership and performance. *Journal of Financial Economics*,53(3),353-384.

[350] Hindman, M. (2009). *The Myth of Digital Democracy*. Princeton, NJ: Princeton University Press.

[351] Hirschman, E. C. , & Wallendorf, M. (1982). Motives underlying marketing information acquisition and knowledge transfer. *Journal of Advertising*, 11(3), 25-31.

[352] Hjarvard, S. (2013). *The Mediatization of Culture and Society*. London: Routledge.

[353] Hlebec, V. , Manfreda, K. L. , & Vehovar, V. (2006). The social support networks of internet users. *New Media & Society*,8(1),9-32.

[354] Hogenraad, R. , McKenzie, D. P. , & Péladeau, N. (2003). Force and influence in content analysis: the production of new social knowledge. *Quality & Quantity*,37(3),221-238.

[355] Holbert, R. L. , Garrett, R. K. , & Gleason, L. S. (2010). A new era of minimal effects? A response to Bennett and Iyengar. *Journal of Communication*, 60(1),15-34.

[356] Hollander, B. A. (2008). Tuning out or tuning elsewhere? Partisanship, polarization, and media migration from 1998 to 2006. *Journalism & Mass Communication Quarterly*,85(1),23-40.

[357] Honey, C. , & Herring, S. C. (2009, January). Beyond microblogging: Conversation and collaboration via Twitter. In*System Sciences*, 2009. *HICSS'*09. 42*nd Hawaii International Conference on* (pp. 1-10). IEEE.

[358] Hopple, G. W. (1982). International news coverage in two elite newspapers. *Journal of Communication*,32(1),61-74.

[359] Horrigan, J. B. (2002). *Online communities: Networks that nurture long-distance relationships and local ties*. Pew Internet and American Life Project.

[360] Hoskins, A. (2009). Digital network memory. In: Erll, A. & Rigney, A. (eds.)*Mediation, Remediation and the Dynamics of Cultural Memory*. Berlin: de Gruyter.

[361] Hoskins, A. (2011). Media, Memory, Metaphor: Remembering and the Connective Turn. *Parallax*, 17(4),19-31.

[362] Howard, P. N. (2006). *New Media Campaigns and the Managed Citizen*. New

York: Cambridge University Press.

[363] Huber, S. (2006). Media Markets in Central and Eastern Europe. A Network Analytic Investigation. *Media Markets in Central and Eastern Europe: An Analysis on Media Ownership in Bulgaria (Czech Republic, Estonia, Hungary, Latvia, Lithuania, Poland, Romania, Slovakia and Slovenia)* (pp. 9 - 48). London, UK.

[364] Huberman, B. A., & Adamic, L. A. (1999). Internet:Growth dynamics of the world-wide web. *Nature*,401(6749),131 - 131.

[365] Huntington, S. P. (1996). *The Clash of Civilizations and the Remaking of World Order*. New York: Simon & Schuster.

[366] Hur, K. K. (1984). A critical analysis of international news flow research. *Critical Studies in Media Communication*,1(4),365 - 378.

[367] Hwang, Y. (2010). Selective exposure and selective perception of anti-tobacco campaign messages: The impacts of campaign exposure on selective perception. *Health Communication*,25(2),182 - 190.

[368] Hyun, K. D. (2012). Americanization of web-based political communication? A comparative analysis of political blogospheres in the United States, the United Kingdom, and Germany. *Journalism & Mass Communication Quarterly*,89(3), 397 - 413.

[369] Ibarra, H. (1992). Homophily and differential returns: Sex differences in network structure and access in an advertising firm. *Administrative Science Quarterly*, 37(3),422 - 447.

[370] Ibarra, H. (1995). Race, opportunity, and diversity of social circles in managerial networks. *Academy of Management Journal*, 38(3),673 - 703.

[371] Horan, T. J. (2013). 'Soft' versus 'hard' news on microblogging networks: Semantic analysis of Twitter produsage. *Information, Communication & Society*,16(1),43 - 60.

[372] Ingwersen, P. (1998). The calculation of Web impact factors. *Journal of Documentation*, 54(2),236 - 243.

[373] Iyengar, S. (1991). *Is Anyone Responsible? How Television Frames Political Issues*. Chicago: University of Chicago Press.

[374] Iyengar, S., & Hahn, K. S. (2009). Red media, blue media: Evidence of ideological selectivity in media use. *Journal of Communication*,59(1),19 - 39.

[375] Iyengar, S., Hahn, K. S., Krosnick, J. A., & Walker, J. (2008). Selective exposure to campaign communication: The role of anticipated agreement and issue public membership. *The Journal of Politics*,70(1),186 - 200.

[376] Iyengar, S., Norpoth, H., & Hahn, K. S. (2004). Consumer demand for elec-

tion news: The horserace sells. *Journal of Politics*, 66(1), 157 - 175.

[377] Iyer, S., Kitson, M., & Toh, B. (2005). Social capital, economic growth and regional development. *Regional Studies*, 39(8), 1015 - 1040.

[378] Jackob, N. G. E. (2010). No alternatives? The relationship between perceived media dependency, use of alternative information sources, and general trust in mass media. *International Journal of Communication*, 4(18), 589 - 606.

[379] Jaeger, M. E., Anthony, S., & Rosnow, R. L. (1980). Who hears what from whom and with what effect: A study of rumor. *Personality and Social Psychology Bulletin*, 6(3), 473 - 478.

[380] Jansen, B. J., M. & Zhang, et al. (2009). Twitter power: Tweets as electronic word of mouth. *Journal of the American Society for Information Science and Technology* 60(11), 2169 - 2188.

[381] Java, A. (2006). *Tracking Influence and Opinions in Social Media*. (Ph. D. Thesis), University of Maryland Baltimore County.

[382] Jeffres, L. W., Dobos, J., & Lee, J. W. (1988). Media use and community ties. *Journalism Quarterly*, 65(3), 575 - 581.

[383] Jenkins, H. (2006). *Convergence Culture: Where Old and New Media Collide*. New York: New York University Press.

[384] Jennings, M. K., & Zhang, N. (2005). Generations, political status, and collective memories in the Chinese Countryside. *The Journal of Politics*, 67(4), 1164 - 1189.

[385] Ji, Y. G., Hwangbo, H., Yi, J. S., Rau, P. P., Fang, X., & Ling, C. (2010). The influence of cultural differences on the use of social network services and the formation of social capital. *Intl. Journal of Human-Computer Interaction*, 26(11 - 12), 1100 - 1121.

[386] Joachim, J. (2003). Framing issues and seizing opportunities: The UN, NGOs, and women's rights. *International Studies Quarterly*, 47(2), 247 - 274.

[387] Johnson, J. D. (1992). Approaches to organizational communication structure. *Journal of Business Research*, 25(2), 99 - 113.

[388] Juste de Ancos, R., Soler, L., & Ortí Mata, M. (2014). Media, actors of references and power in Paraguay. *Revista Latina de Comunicación Social*, 69, 229 - 247.

[389] Kahn, K. F. (1991). Senate elections in the news: Examining campaign coverage. *Legislative Studies Quarterly*, 16(3), 349 - 374.

[390] Kamins, M. A., Folkes, V. S., & Perner, L. (1997). Consumer responses to rumors: Good news, bad news. *Journal of Consumer Psychology*, 6(2), 165 - 187.

[391] Kang, N., & Choi, J. H. (1999). Structural implications of the crossposting network of international news in cyberspace. *Communication Research*, 26(4), 454 - 481.

[392] Kang, N., & Kwak, N. (2003). A multilevel approach to civic participation individual length of residence, neighborhood residential stability, and their interactive effects with media use. *Communication Research*, 30(1), 80 - 106.

[393] Kansteiner, W. (2002). Finding meaning in memory: A methodological critique of collective memory studies. *History and Theory*, 41(2), 179 - 197.

[394] Kaplan, S. (1973). Cognitive maps in perception and thought. In R. M. Down., & D. Stea., (Eds.), *Image and Environment: Cognitive Mapping and Spatial Behavior* (pp. 63 - 78). Chicago: Aldine.

[395] Katz, E. (1957). The two-step flow of communication: An up-to-date report on an hypothesis. *Public Opinion Quarterly*, 21(1), 61 - 78.

[396] Katz, E. (1996). And deliver us from segmentation. *The Annals of the American Academy of Political and Social Science*, 546(1), 22 - 33.

[397] Katz, E., & Lazarsfeld, P. F. (1955). *Personal Influence: The Part Played by People in the Flow of Mass Communication*. Glencoe, IL: The Free Press.

[398] Katz, E., Blumler, J. G., & Gurevitch, M. (1973). Uses and gratifications research. *Public Opinion Quarterly*, 37(4), 509 - 523.

[399] Kavanaugh, A., Carroll, J. M., Rosson, M. B., Zin, T. T., & Reese, D. D. (2005). Community networks: Where offline communities meet online. *Journal of Computer-Mediated Communication* 10(4), DOI: 10.1111/j.1083 - 6101.2005.tb00266.x.

[400] Kelly, J. W., Fisher, D., & Smith, M. (2006, May). Friends, foes, and fringe: norms and structure in political discussion networks. In*Proceedings of the* 2006 *international conference on Digital government research* (pp. 412 - 417). Digital Government Society of North America.

[401] Kilduff, M., & Tsai, W. (2003). *Social Networks and Organizations*. Thousand Oaks, CA: Sage Publications.

[402] Kim, H., & Park, H. W. (2007). Web sphere analysis for political websites: The 2004 National Assembly election in South Korea. In Kluver, R., Jankowski, N., Foot, K., & Schneider, S., (Eds.), *The Internet and National Elections: A Comparative Study of Web Cmpaigning* (pp. 226 - 239). London: Routledge.

[403] Kim, H., Kim, G. J., Park, H. W., & Rice, R. E. (2007). Configurations of relationships in different media: FtF, email, instant messenger, mobile phone, and SMS. *Journal of Computer-Mediated Communication*, 12(4), 1183 - 1207.

[404] Kim, Hyo., Park, H. W., & Thelwall, M. (2006). Comparing Academic Hyperlink Structures with Journal Publishing in Korea: A Social Network Analysis. *Science Communication*, 27(4), 540 - 564.

[405] Kim, J. H., Su, T. Y., & Hong, J. (2007). The influence of geopolitics and foreign policy on the US and Canadian media: An analysis of newspaper coverage of Sudan's Darfur conflict. *Harvard International Journal of Press/Politics*, 12(3), 87 - 95.

[406] Kim, K., & Barnett, G. A. (1996). The determinants of international news flow: A network analysis. *Communication Research*, 23(3), 323 - 352.

[407] Kim, L. (2011). Mediaframing of stem cell research: A cross-national analysis of political representation of science between the UK and South Korea. *Journal of Science Communication*, 10(3), 1 - 16.

[408] Kim, S. H. (2007). Media use, social capital, and civic participation in South Korea. *Journalism & Mass Communication Quarterly*, 84(3), 477 - 494.

[409] Kim, Y. C., & Ball-Rokeach, S. J. (2006). Civic engagement from a communication infrastructure perspective. *Communication Theory*, 16(2), 173 - 197.

[410] Kim, Y. C., & Ball-Rokeach, S. J. (2006b). Community storytelling network, neighborhood context, and civic engagement: A multilevel approach. *Human Communication Research*, 32(4), 411 - 439.

[411] Kim, Y. C., Ball-Rokeach, S. J., Cohen, E. L., & Jung, J. Y. (2002). Metamorphosis of civic actions post September 11th: From local storytelling networks to national action. In B. Greenberg., (Eds.), *Communication and Terrorism* (pp. 289 - 304). Cresskill, NJ: Hampton Press.

[412] Kinder, D. R., & Sanders, L. M. (1990). Mimicking political debate with survey questions: The case of white opinion on affirmative action for blacks. *Social Cognition*, 8(1), 73 - 103.

[413] King, P. T. (1997). The press, candidate images, and voter perceptions. In M. McCombs., D. Shaw., & D. Weaver., (Eds.), *Communication and Democracy: Exploring the Intellectual Frontiers in Agenda-Setting Theory* (pp. 29 - 40). Mahwah, NJ: Lawrence Erlbaum.

[414] Kitzinger, J. (2008a). Questioning hype, rescuing hope? The Hwang stem cell scandal and the reassertion of hopeful horizons. *Science as Culture*, 17(4), 417 - 434.

[415] Kleinberg, J. (2008b). The convergence of social and technological networks. *Communications of the ACM*, 51(11), 66 - 72.

[416] Kleinberg, J. M. (1999). Authoritative sources in a hyperlinked environment. *Journal of the ACM (JACM)*, 46(5), 604 - 632.

[417] Kleinberg, J. M., Kumar, R., Raghavan, P., Rajagopalan, S., & Tomkins, A. S. (1999, July). The web as a graph: measurements, models, and methods. In*International Computing and Combinatorics Conference* (pp. 1 - 17). Springer Berlin Heidelberg.

[418] Kleinberg, J., & Lawrence, S. (2001). The structure of the Web. *Science*, 294 (5548), 1849 - 1850.

[419] Kleinnijenhuis, J., & De Ridder, J. A. (1998). Issue news and electoral volatility. A comparative analysis of media effects during the 1994 election campaigns in Germany and the Netherlands. *European Journal of Political Research*, 33(3), 413 - 437.

[420] Knobloch-Westerwick, S. (2012). Selective exposure and reinforcement of attitudes and partisanship before a presidential election. *Journal of Communication*, 62(4), 628 - 642.

[421] Knobloch-Westerwick, S., & Meng, J. (2011). Reinforcement of the political self through selective exposure to political messages. *Journal of Communication*, 61(2), 349 - 368.

[422] Knoke, D., & Kuklinski, J. H. (1982). *Network Analysis*. Beverly Hills, CA: Sage.

[423] Koch, J. W. (1998). Political rhetoric and political persuasion: the changing structure of citizens' preferences on health insurance during policy debate. *Public Opinion Quarterly*, 62(2), 209 - 229.

[424] Korzenny, F., & Bauer, C. (1981). Testing the theory of electronic propinquity: Organizational teleconferencing. *Communication Research*, 8(4), 479 - 498.

[425] Kosicki, G. M. (1993). Problems and opportunities in agenda-setting research. *Journal of Communication*, 43(2), 100 - 127.

[426] Krackhardt, D., & Stern, R. N. (1988). Informal networks and organizational crises: An experimental simulation. *Social Psychology Quarterly*, 51(2), 123 - 140.

[427] Kraut, R., Kiesler, S., Boneva, B., Cummings, J., Helgeson, V., & Crawford, A. (2002). Internet paradox revisited. *Journal of Social Issues*, 58(1), 49 - 74.

[428] Kraut, R., Patterson, M., Lundmark, V., Kiesler, S., Mukopadhyay, T., & Scherlis, W. (1998). Internet paradox: A social technology that reduces social involvement and psychological well-being. *American Psychologist*, 53(9), 1017 - 1031.

[429] Ksiazek, T. B. (2011). A network analytic approach to understanding cross-platform audience behavior. *Journal of Media Economics*, 24(4), 237 - 251.

[430] Ksiazek, T. B., & Webster, J. G. (2008). Cultural proximity and audience behavior: The role of language in patterns of polarization and multicultural fluency. *Journal of Broadcasting & Electronic Media*,52(3),485 - 503.

[431] Ksiazek, T. B., Malthouse, E. C., & Webster, J. G. (2010). News-seekers and avoiders: Exploring patterns of total news consumption across media and the relationship to civic participation. *Journal of Broadcasting & Electronic Media*, 54(4),551 - 568.

[432] Kwon, K., Barnett, G. A., & Chen, H. (2009). Assessing cultural differences in translations: A semantic network analysis of the universal declaration of human rights. *Journal of International and Intercultural Communication*,2(2),107 - 138.

[433] La Due Lake, R., & Huckfeldt, R. (1998). Social capital, social networks, and political participation. *Political Psychology*,19(3),567 - 584.

[434] Lakoff, G., & Johnson, M. (2008). *Metaphors We Live By*. University of Chicago Press.

[435] Lane, J., & Meeker, J. W. (2005). Theories and fear of gang crime among Whites and Latinos: A replication and extension of prior research. *Journal of Criminal Justice*,33(6),627 - 641.

[436] Lang, A. (2000). The limited capacity model of mediated message processing. *Journal of communication*,50(1),46 - 70.

[437] Lanham, R. (2006). *The Economics of Attention: Style and Substance in the Age of Information*. Chicago, IL: University of Chicago Press.

[438] Larrain, J. (2013). *Theories of Development: Capitalism, Colonialism and Dependency*. John Wiley & Sons.

[439] Larson, J. F. (1979). International affairs coverage on US network television. *Journal of Communication*,29(2),136 - 147.

[440] Larson, J. F. (1984). *Television's Window on the World: International Affairs Coverage on the U. S. Networks*. Norwood, NJ: Ablex.

[441] Larsson, A. O., & Moe, H. (2012). Studying political microblogging: Twitter users in the 2010 Swedish election campaign. *New Media & Society*,14(5),729 - 747.

[442] Lasorsa, D. L., & Reese, S. D. (1990). News source use in the crash of 1987: A study of four national media. *Journalism Quarterly*,67(1),60 - 71.

[443] Lau, R. R., & Pomper, G. M. (2001). Negative campaigning by US Senate candidates. *Party Politics*,7(1),69 - 87.

[444] Lau, R. R., Sigelman, L., & Rovner, I. B. (2007). The effects of negative political campaigns: a meta-analytic reassessment. *Journal of Politics*,69(4),

1176 - 1209.

[445] Laver, M. (2005). Policy and the dynamics of political competition. *American Political Science Review*, 99(2), 263 - 281.

[446] Lazarsfeld, P. F., Berelson, B., & Gaudet, H. (1944). *The People's Choice: How the Voter Makes up His Mind in a Presidential Campaign*. New York, NY: Columbia University Press.

[447] Ledingham, J. A. (2003). Explicating relationship management as a general theory of public relations. *Journal of Public Relations Research*, 15(2), 181 - 198.

[448] Ledingham, J. A. (2006). Relationship management: A general theory of public relations. In C. H. Botan, & V. Hazleton (Eds.), *Public Relations Theory II* (pp. 465 - 483). Mahwah, NJ: Lawrence Erlbaum Associates, Inc.

[449] Ledingham, J. A., & Bruning, S. D. (1998). Relationship management in public relations: Dimensions of an organization-public relationship. *Public Relations Review*, 24(1), 55 - 65.

[450] Ledingham., J., & Bruning, S. (2000). *Public Relations as Relationship Management: A Relational Approach to the Study and Practice of Public Relations*. Hillsdale, NJ: Lawrence Erlbaum Associates.

[451] Lee, C. C., Li, J., Chan, J. M., Pan, Z., & So, C. Y. (2002). *Global Media Spectacle: News War over Hong Kong*. Buffalo: New York State University Press.

[452] Lee, N. J., McLeod, D. M., & Shah, D. V. (2008). Framing policy debates issue dualism, journalistic frames, and opinions on controversial policy issues. *Communication Research*, 35(5), 695 - 718.

[453] Lehman, F. (1992). Semantic networks. *Computers and Mathematics with Applications*, 23(2 - 5), 1 - 50.

[454] Lerman, K. (2007). Social information processing in news aggregation. *Internet Computing, IEEE*, 11(6), 16 - 28.

[455] Leskovec, J., Backstrom, L., & Kleinberg, J. (2009, June). Meme-tracking and the dynamics of the news cycle. In*Proceedings of the 15th ACM SIGKDD International Conference on Knowledge Discovery and Data Mining* (pp. 497 - 506). ACM.

[456] Leskovec, J., Backstrom, L., & Kleinberg, J. (2009, June). Meme-tracking and the dynamics of the news cycle. Paper presented at the *Proceedings of the 15th ACM SIGKDD International Conference on Knowledge Discovery and Data Mining* (pp. 497 - 506). ACM.

[457] Leskovec, J., McGlohon, M., Faloutsos, C., Glance, N., & Hurst, M. (2007, April). Patterns of cascading behavior in large blog graphs. Paper presen-

ted at the *Proceedings of the* 2007 *SIAM International Conference on Data Mining* (*pp*. 551 - 556). Society for Industrial and Applied Mathematics.

[458] Leuf, B. , & Cunningham, W. (2001). *The Wiki way*. Boston, London: Addison-Wesley.

[459] Lewis, S. C. , Zamith, R. , & Hermida, A. (2013). Content analysis in an era of big data: A hybrid approach to computational and manual methods. *Journal of Broadcasting & Electronic Media* ,57(1),34 - 52.

[460] Lewis, T. G. (2009). *Network Science*: *Theory and Practice*. Hoboken, NJ: John Wiley & Sons, Inc. Nakajima, S. , Tatemura, J. , Hara, Y. , Tanaka, K. , & Uemura, S. (2006). Identifying agitators as important blogger based on analyzing blog threads. *Lecture Notes in Computer Science*, 3841, 285 - 296.

[461] Liesbeth, H. , Maurice, V. , & Leen d'H. (2009). Internet in the Daily Life of Journalists: Explaining the use of the Internet by Work-Related Characteristics and Professional Opinions. *Journal of Computer-Mediated Communication*, 15 (1),138 - 157.

[462] Lilleker, D. , & Vedel, T. (2013). The Internet in campaigns and elections. In W. H. Dutton. , (Eds.),*The Oxford Handbook of Internet Studies* (pp. 401 - 420). Oxford: Oxford University Press,.

[463] Lim, Y. S. (2010). Semantic web and contextual information: Semantic network analysis of online journalistic texts. In J. G. Breslin. , T. N. Burg. , H. G. Kim. , T. Raftery. , & J. H. Schmidt. , (Eds.),*Recent Trends and Developments in Social Software*: *Lecture Notes in Computer Science*, vol 6045 (pp. 52 - 62). Berlin, Heidelberg: Springer.

[464] Lin, N. (1990). *Social Capital*: *A Theory of Social Structure and Action*. New-York, Cambridge University Press.

[465] Lin, N. (1999). Building a network theory of social capital. *Connections*,22(1), 28 - 51.

[466] Lin, N. , & Dumin, M. (1986). Access to occupations through social ties. *Social Networks*, 8(4),365 - 386.

[467] Lincoln, J. , & Miller, J. (1979). Work and friendship ties in organizations: A comparative analysis of relational networks. *Administrative Science Quarterly*, 24(2),181 - 199.

[468] Lind, R. A. , & Salo, C. (2002). The framing of feminists and feminism in news and public affairs programs in US electronic media. *Journal of Communication* ,52(1),211 - 228.

[469] Lindgren, S. (2013). Pirate panics: comparing news and blog discourse on illegal file sharing in Sweden. *Information, Communication & Society*, 16 (8), 1242

-1265.

[470] Lindgren, S., & Lundström, R. (2009). Discursive networks: Visualising media representations of crime victims using Pajek software. In J. Lim., (Eds.), *Computer-Aided Qualitative Research* 2009, *CAQR*2009 *Proceedings* (pp. 68-85). Merlien Institute, Utrecht.

[471] Lippmann, W. (1922). *Public Opinion*. New York, NY: Macmillan.

[472] Lopez-Escobar, E., Llamas, J. P., McCombs, M., & Lennon, F. R. (1998). Two levels of agenda setting among advertising and news in the 1995 Spanish elections. *Political Communication*, 15(2), 225-238.

[473] Lowrey, W. (2006). Mapping the journalism-blogging relationship. *Journalism*, 7(4), 477-500.

[474] Luo, Y. (2014). The Internet and agenda setting in China: The influence of online public opinion on media coverage and government policy. *International Journal of Communication*, 8(24), 1289-1312.

[475] Macy, M. W., & Willer, R. (2002). From factors to factors: computational sociology and agent-based modeling. *Annual Review of Sociology*, 28(1), 143-166.

[476] March, J. G., & Olsen, J. P. (1989). *Rediscovering Institutions: The Organizational Basis of Politics*. New York: The Free Press.

[477] Maria, R. T., & Elisa, M. (2006). The role of networks of practice, value sharing, and operational proximity in knowledge flows between professional groups. *Human Relations*, 59(3), 291-319.

[478] Marin, A., & Wellman, B. (2010). Social Network Analysis: An Introduction. In J. Scott, P. J. Carrington (eds.), *Handbook of Social Network Analysis* (pp. 11-25). Thousand Oaks, CA: Sage Publications.

[479] Marin, A., & Wellman, B. (2010). Social Network Analysis: An Introduction. *Handbook of Social Network Analysis*. Thousand Oaks, CA: Sage Publications.

[480] Marsden, P. (2005). Recent Developments in Network Measurement In P. J. Carrington, J. Scott & S. Wasserman (Eds.), *Models and Methods in Social Network Analysis* (pp. 8-37). New York, NY: Cambridge University Press.

[481] Marsden, P. V. & Friedkin, N. E. (1993). Network Studies of Social Influence. *Sociological Methods & Research*, 22(1), 127-151.

[482] Marsden, P. V. & Friedkin, N. E.. (1994). *Network Studies of Social Influence*. In Wasserman and Galaskiewicz, *Advances in Social Network Analysis*. London: Sage Publication.

[483] Marsden, P. V., & Campbell, K. E. (1984). Measuring tie strength. *Social Forces*, 63(2), 482-501.

[484] Masmoudi, M. (1979). The new world information order. *Journal of Communication*, 29(2), 172 - 179.

[485] Matei, S., & Ball-Rokeach, S. J. (2001). Real and virtual social ties connections in the everyday lives of seven ethnic neighborhoods. *American Behavioral Scientist*, 45(3), 550 - 564.

[486] Matei, S., & Ball-Rokeach, S. J. (2002). Belonging across geographic and Internet spaces: Ethnic area variations. In B. Wellman., & C. Haythornthwaite., (Eds.), *The Internet in Everyday Life* (pp. 404 - 430). Oxford, UK: Blackwell.

[487] Maton, K. (2005). A question of autonomy: Bourdieu's field approach and higher education policy. *Journal of Education Policy*, 20(6), 687 - 704.

[488] Matta, F. R. (1979). The Latin American concept of news. *Journal of Communication*, 29(2), 164 - 171.

[489] Mazzoleni, G. (1987). Media logic and party logic in campaign coverage: The Italian general election of 1983. *European Journal of Communication*, 2(1), 81 - 103.

[490] McChesney, R. W. (1996). TheInternet and US communication policy-making in historical and critical perspective. *Journal of Communication*, 46(1), 98 - 124.

[491] McChesney, R. W. (1999). *Rich Media, Poor Democracy: Communication Politics in Dubious Times*. Champaign: University of Illinois Press.

[492] McChesney, R. W. (2004). *The Problem of the Media: US Communication Politics in the Twenty-First Century*. New York: Monthly Review Press.

[493] McChesney, R., & Herman, E. (1997). *The Global Media: The New Missionaries of Global Capitalism*. Herndon, VA: Cassell.

[494] McCombes, M. E., Lopez-Escobar, E., & Llamas, J. P. (2000). Setting the agenda of attributes in the 1996 Spanish general election. *Journal of Communication*, 50(2), 77 - 92.

[495] McCombs, M. E. (2004). *Setting the Agenda: The Mass Media and Public Opinion*. Cambridge, England: Polity Press.

[496] McCombs, M. E., & Shaw, D. L. (1972). The agenda-setting function of mass media. *Public Opinion Quarterly*, 36(2), 176 - 187.

[497] McCombs, M., & Zhu, J. H. (1995). Capacity, diversity, and volatility of the public agenda trends from 1954 to 1994. *Public Opinion Quarterly*, 59(4), 495 - 525.

[498] McCuen, B., & Morton, R. B. (2010). Tactical coalition voting and information in the laboratory. *Electoral Studies*, 29(3), 316 - 328.

[499] McGraw, A. P., & Tetlock, P. E. (2005). Taboo trade-offs, relational fram-

ing, and the acceptability of exchanges. *Journal of Consumer Psychology*, 15(1),2-15.

[500] McKendrick, D. G., & Carroll, G. R. (2001). On the genesis of organizational forms: Evidence from the market for disk arrays. *Organization Science*, 12(6), 661-682.

[501] McKenna, K. Y., & Bargh, J. A. (2000). Plan 9 from cyberspace: The implications of the Internet for personality and social psychology. *Personality and Social Psychology Review*, 4(1), 57-75.

[502] McLeod, D. M. (1995). Communicating deviance: The effects of television news coverage of social protest. *Journal of Broadcasting & Electronic Media*, 39(1), 4-19.

[503] McLeod, J. M., Daily, K., Guo, Z., Eveland Jr, W. P., Bayer, J., Yang, S., & Wang, H. (1996). Community integration, local media use, and democratic processes. *Communication research*, 23(2), 179-209.

[504] McLeod, J. M., Scheufele, D. A., & Moy, P. (1999). Community, communication, and participation: The role of mass media and interpersonal discussion in local political participation. *Political Communication*, 16(3), 315-336.

[505] McManus, J. H. (1994). *Market Driven Journalism: Let the Citizens Beware?* Thousand Oaks, CA: Sage Publications.

[506] McManus, J. H. (2008). The commercialization of news. In K. Wahl-Jorgensen., & T. Hanitzsch., (Eds.), *Handbook of Journalism Studies* (pp. 218-235). New York, NY: Routledge.

[507] McPhail, T. L. (1987). *Electronic Colonialism: The Future of International Broadcasting and Communicatio*. Thousand Oaks, CA: Sage Publications, Inc.

[508] Mcphee, R. D., Corman, S. R., & Dooley, K. (2002). Organizational knowledge expression and management: Centering resonance analysis of organizational discourse. *Management Communication Quarterly*, 16(2), 274-281.

[509] McPherson, J. M., & Rotolo, T. (1996). Testing a dynamic model of social composition: Diversity and change in voluntary groups. *American Sociological Review*, 61(2), 179-202.

[510] McPherson, J. M., & Smith-Lovin, L. (1987). Homophily in voluntary organizations: Status distance and the composition of face-to-face groups. *American Sociological Review*, 52(3), 370-379.

[511] McPherson, J. M., Smith-Lovin, L., & Cook, J. M. (2001). Birds of a feather: Homophily in social networks. *Annual Review of Sociology*, 27(1), 415-444.

[512] Meffert, M. F., & Gschwend, T. (2010). Strategic coalition voting: Evidence

from Austria. *Electoral Studies*,29(3),339 - 349.

[513] Mento, A. J., Martinelli, P., & Jones, R. M. (1999). Mind mapping in executive education: applications and outcomes. *Journal of Management Development*,18(4),390 - 416.

[514] Meraz, S. (2009). Is there an elite hold? Traditional media to social media agenda setting influence in blog networks. *Journal of Computer-Mediated Communication*,14(3),682 - 707.

[515] Mika, P. (2007). *Social Networks and the Semantic Web*. New York, NY: Springer Publishing Company.

[516] Milgram, S. (1967). The small world problem. *Phychology Today*,1(1),61 - 67.

[517] Mill, J. S. (1956). *On Liberty*. Indianapolis, IN: Bobbs-Merrill.

[518] Miller, G. J. (1992). *Managerial Dilemmas: The Political Economy of Hierarchy*. New York: Cambridge University Press.

[519] Miller, P. J., Wiley, A. R., Fung, H., & Liang, C. H. (1997). Personal storytelling as a medium of socialization in Chinese and American families. *Child Development*,68(3),557 - 568.

[520] Miller, V. (2008). New media, networking and phatic culture. *The International Journal of Research into New Media Technologies*, 14(4),387 - 401.

[521] Mills, C. W. (2000). *The Power Elite*. Oxford University Press.

[522] Mitleton-Kelly, E. (2003). Ten principles of complexity and enabling infrastructures. In E. Mitleton-Kelly., (Eds.),*Complex Systems and Evolutionary Perspectives on Organizations: The Application of Complexity Theory to Organizations* (pp. 23 - 50). New York: Pergamon Press.

[523] Moe, T. M. (1984). The new economics of organization. *American Journal of Political Science*, 28(4),739 - 777.

[524] Monge,P. R, & Poole, M. S. (2008). The evolution of organizational communication. *Journal of Communication*, 58(4),679 - 692.

[525] Monge, P. R. (1987). The network level of analysis. In C. Berger., & S. Chaffee., (Eds.),*Handbook of Communication Science* (pp. 239 - 270). Beverly Hills, CA: Sage.

[526] Monge, P. R., & Eisenberg, E. M. (1987). Emergent communication networks. In F. M. Jablin., L. L. Putnam., K. H. Roberts., & L. W. Porter., (Eds.),*Handbook of Organizational Communication* (pp. 304 - 342). Newbury Park, CA: Sage.

[527] Monge, P. R., Rothman, L. W., Eisenberg, E. M., Miller, K. L., & Kirstie, K. K. (1985). The dynamics of organizational proximity. *Management*

Science, 31(9),1129 - 1141.

[528] Monge, P., & Contractor, N. (1988). Communication networks: Measurement techniques. In C. Tardy., (Eds.), *For the Study of Human Communication: Methods and Instruments for Observing* (pp. 107 - 138). Norwood, NJ: Alilex.

[529] Monge, P., & Contractor, N. (2003). *Theories of Communication Networks*. New York, NY: Oxford University Press, USA.

[530] Monge, P., & Matei, S. A. (2004). The role of the global telecommunications network in bridging economic and political divides, 1989 to 1999. *Journal of Communication*, 54(3), 511 - 531.

[531] Monge, P., Heiss, B. M., & Margolin, D. B. (2008). Communication network evolution in organizational communities. *Communication Theory*, 18(4), 449 - 477.

[532] Moody, J., McFarland, D., & Bender-deMoll, S. (2005). Dynamic network visualization. *American Journal of Sociology*, 110(4), 1206 - 1241.

[533] Morahan-Martin, J., & Schumacher, P. (2003). Loneliness and social uses of the Internet. *Computers in Human Behavior*, 19(6), 659 - 671.

[534] Morris, N. & Waisbord, S. R. (Eds.). (2001). *Media and Globalization: Why the State Matters*. Rowman & Littlefield.

[535] Mowlana, H. (1996). *Global Communication in Transition: The End of Diversity?* Thousand Oaks, CA: Sage.

[536] Murphy, P. (2001a). Affiliation bias and expert disagreement in framing the nicotine addiction debate. *Science, Technology & Human Values*, 26(3), 278 - 299.

[537] Murphy, P. (2001b). Framing the nicotine debate: A cultural approach to risk. *Health Communication*, 13(2), 119 - 140.

[538] Murphy, P. (2001c). Symmetry, contingency, complexity: Accommodating uncertainty in public relations theory. *Public Relations Review*, 26(4), 447 - 462.

[539] Murphy, P. (2010). The intractability of reputation: Media coverage as a complex system in the case of Martha Stewart. *Journal of Public Relations Research*, 22(2), 209 - 237.

[540] Murphy, P., & Maynard, M. (2000). Framing thegenetic testing issue. *Science Communication*, 22(2), 133 - 153.

[541] Murphy, P., & Vilceanu, M. O. (2014). Official Chinese media representations of US business, 1979 - 2011: A text mining approach. *International Communication Gazette*, 76(8), 682 - 702.

[542] Murthy, D., & Longwell, S. A. (2013). Twitter and disasters: The uses of Twitter during the 2010 Pakistan floods. *Information, Communication & Society*, 16(6), 837 - 855.

[543] Mutz, D. C. (1992). Impersonal influence: Effects of representations of public opinion on political attitudes. *Political Behavior*, 14(2), 89 - 122.

[544] Mutz, D. C. (2006). *Hearing the Other Side: Deliberative versus Participatory Democracy*. Cambridge University Press.

[545] Nahapiet, J., & Ghoshal, S. (1998). Social capital, intellectual capital and the organizational advantage. *The Academy of Management Review*, 23(2), 242 - 266.

[546] Nahon, K., & Hemsley, J. (2014). Homophily in the guise of cross-linking: Political blogs and content. *American Behavioral Scientist*, 58(10), 1294 - 1313.

[547] Napoli, P. M. (1997). A principal-agent approach to the study of media organizations: Toward a theory of the media firm. *Political Communication*, 14(2), 207 - 219.

[548] Napoli, P. M. (2003). *Audience Economics: Media Institutions and the Audience Marketplace*. New York, NY: Columbia University Press.

[549] Nass, C., Reeves, B., & Leshner, G. (1996). Technology and roles: A tale of two TVs. *Journal of Communication*, 46(2), 121 - 128.

[550] Nerone, J., & Barnhurst, K. G. (1995). Visual mapping and cultural authority: Design changes in US newspapers, 1920—1940. *Journal of Communication*, 45(2), 9 - 43.

[551] Neuberger, C., Tonnemacher, J., Biebl, M., & Duck, A. (1998). Online-the future of newspapers? Germany's dailies on the World Wide Web. *Journal of Computer-Mediated Communication*, 4(1), DOI: 10.1111/j.1083 - 6101.1998.tb00087.x.

[552] Newhagen, J. E., & Rafaeli, S. (1996). Why communication researchers should study the Internet: A dialogue. *Journal of Computer-Mediated Communication*, 1(4), 4 - 13.

[553] Newman, M. E. (2004). Detecting community structure in networks. *The European Physical Journal B-Condensed Matter and Complex Systems*, 38(2), 321 - 330.

[554] Newman, M. E. J. (2001). Clustering and preferential attachment in growing networks. *Physical Review E*, 64(2), DOI: https://doi.org/10.1103/PhysRevE.64.025102.

[555] Nie, N. H. (2001). Sociability, interpersonal relations, and the Internet: Reconciling conflicting findings. *American Behavioral Scientist*, 45(3), 420 - 435.

[556] Niebauer, W. E., Abbott, E. A., Corbin, L., & Neibergall, J. (2000). Computer adoption levels of Iowa dailies and weeklies. *Newspaper Research Journal*, 21(2), 84 - 94.

[557] Nimmo, D. & Combs, J. (1983). *Mediated Political Realities*. New York: Longman.

[558] Nimmo, D. D., & Combs, J. (1990). *Mediated Political Realities*. Longman Publishing Group.

[559] Nnaemeka, T., & Richstad, J. (1981). Internal controls and foreign news coverage: Pacific press systems. *Communication Research*, 8(1), 97 - 135.

[560] Nordenstreng, K., & Schiller, H. I. (Eds). (1993). *Beyond National Sovereignty: International Communication in the 1990s*. Norword, NJ: Ablex Publishing Co.

[561] Norman, D. (1999). Affordance, conventions, and design. *Interactions*, *May-June*, 38 - 44.

[562] Norris, P. (1996). Does television erode social capital? A reply to Putnam. *PS: Political Science & Politics*, 29(03), 474 - 480.

[563] Norris, P. (2002). Social capital and the news media. *Press/Politics*, 7(1), 3 - 8.

[564] Offe, C., & Wiesenthal, H. (1980). Two logics of collective action: Theoretical notes on social class and organizational form. *Political Power and Social Theory*, 1(1), 67 - 115.

[565] Ognyanova, K., & Monge, P. (2013). A multitheoretical, multilevel, multidimensional network model of the media system: Production, content, and audiences. *Communication Yearbook*, 37, 66 - 93.

[566] O'Hara, K., Berners-Lee, T., Hall, W., & Shadbolt, N. (2010). Use of the semantic web in e-research. In W. H. Dutton & P. W. Jeffreys (eds.), *World Wide Research: Reshaping the Sciences and Humanities* (pp. 130 - 134). Cambridge, MA: The MIT Press.

[567] Okten, C., & Osili, U. O. (2004). Contributions in heterogeneous communities: Evidence from Indonesia. *Journal of Population Economics*, 17(4), 603 - 626.

[568] Oliver, P., Marwell, G., & Teixeira, R. (1985). A theory of the critical mass. I. Interdependence, group heterogeneity, and the production of collective action. *American Journal of Sociology*, 91(3), 522 - 556.

[569] Olsen, M. E. (1970). Social and political participation of blacks. *American Sociological Review*, 35(4), 682 - 697.

[570] O' Mahony, S., & Barley, S. R. (1999). Do digital telecommunications affect work and organization? The state of our knowledge. *Research in Organizational Behavior* (Vol. 21, pp. 125 - 161). Greenwich, CT: JAI.

[571] Orellana, M. F., Dorner, L., & Pulido, L. (2003). Accessing assets: Immigrant youth's work as family translators or "para-phrasers". *Social Problems*, 50

(4),505 - 524.

[572] Östgaard, E. (1965). Factors influencing the flow of news. *Journal of Peace Research*,2(1),39 - 63.

[573] Owen, B. M., & Wildman, S. S. (1992). *Video Economics*. Cambridge, MA: Harvard University Press.

[574] Paek, H. J., Yoon, S. H., & Shah, D. V. (2005). Local news, social integration, and community participation: Hierarchical linear modeling of contextual and cross-level effects. *Journalism & Mass Communication Quarterly*, 82(3), 587 - 606.

[575] Paez, D., Basabe, N., & Gonzalez, J. L. (1997). Social Processes and Collective Memory: A Cross 2Cultural Approach to Remembering Political Events. In Paez, Pennebaker and Mahwah Rime (eds.). *Collective Memory of Political Event*. Lawrence Erlbaum Associates. Publishers.

[576] Page, B. I., Shapiro, R. Y., & Dempsey, G. R. (1987). What moves public opinion?. *American Political Science Review*,81(1),23 - 43.

[577] Palazzolo, E. T. (2005). Organizing for information retrieval in transactive memory systems. *Communication Research*, 32(6),726 - 761.

[578] Palen, L., Starbird, K., Vieweg, S., & Hughes, A. (2010). Twitter-based information distribution during the 2009 Red River Valley flood threat. *Bulletin of the American Society for Information Science and Technology*, 36(5), 13 - 17.

[579] Pan, Z., & Kosicki, G. M. (1993). Framing analysis: An approach to news discourse. *Political Communication*,10(1),55 - 75.

[580] Pan, Z., & Kosicki, G. M. (2001). Framing as a strategic action in public deliberation. In S. D. Reese, O. H. Gandy & A. E. Grant (eds.),*Framing Public Life: Perspectives on Media and Our Understanding of the Social World* (pp. 35 - 65). Mahwah: Lawrence Erlbaum Associates.

[581] Papacharissi, Z., & de Fatima Oliveira, M. (2008). News frames terrorism: A comparative analysis of frames employed in terrorism coverage in US and UK newspapers. *The International Journal of Press/Politics*,13(1),52 - 74.

[582] Papacharissi, Z., & de Fatima Oliveira, M. (2012). Affective news and networked publics: The rhythms of news storytelling on# Egypt. *Journal of Communication*,62(2),266 - 282.

[583] Papacharissi, Z., & Easton, E. (2013). In the habitus of the new: Structure, agency and the social media habitus. In J, Hartley., J, Burgess., & A, Bruns., (Eds.),*A Companion to New Media Dynamics* (pp. 171 - 184). West Sussex: Blackwell Publishing Ltd.

[584] Pape, R. A. (2005). Soft balancing against the United States. *International Security*,30(1),7 - 45.

[585] Park, H. W. (2002). Examining the determinants of who is hyperlinked to whom: A survey of Webmasters in Korea. *First Monday*, 7(11),DOI: 10.5210/fm. v7i11.1005.

[586] Park, H. W. (2003). Hyperlink network analysis: A new method for the study of social structure on the web. *Connections*,25(1),49 - 61.

[587] Park, H. W., & Jankowski, N. W. (2008). A hyperlink network analysis of citizen blogs in South Korean politics. *Javnost-The Public*,15(2),57 - 74.

[588] Park, H. W., & M. Thelwall. (2003). Hyperlink analyses of the World Wide Web: A review. *Journal of Computer-Mediated Communication*, 8(4),DOI: 10.1111/j.1083 - 6101.2003.tb00223.x.

[589] Park, H. W., & Thelwall, M. (2008). Developing network indicators for ideological landscapes from the political blogosphere in South Korea. *Journal of Computer-Mediated Communication*, 13(4),856 - 879.

[590] Park, H. W., & Thelwall, M. (2008). Link analysis: Hyperlink patterns and social structure on politicians' web sites in South Korea. *Quality & Quantity*,42(5),687 - 697.

[591] Park, H. W., Barnett, G. A., & Chung, C. J. (2011). Structural changes in the 2003—2009 global hyperlink network. *Global Networks*, 11(4),522 - 542.

[592] Park, H. W., Barnett, G. A., & Nam, I. Y. (2002). Hyperlink - affiliation network structure of top web sites: Examining affiliates with hyperlink in Korea. *Journal of the American Society for Information Science and Technology*, 53(7),592 - 601,

[593] Park, H. W., Thelwall, M., & Kluver, R. (2005). Political hyperlinking in South Korea: Technical indicators of ideology and content. *Sociological Research Online*,10(3). http://www.socresonline.org.uk/10/3/park.html.

[594] Parks, M. R., & Floyd, K. (2010). Making friends in cyberspace. *Journal of Communication*,46(1),80 - 97.

[595] Parmelee, J. H., & Bichard, S. L. (2012). *Politics and the Twitter Revolution: How Tweets Influence the Relationship between Political Leaders and the Public*. Lanham, MD: Lexington Books.

[596] Patterson, T. E. (1993). *Out of Order*. New York: Knopf.

[597] Patterson, T. E. (1998). Political roles of journalists. In D. Graber., D. McQuail., & P. Norris., (Eds.), *The Politics of News, the News of Politics* (pp. 17 - 32). Washington, DC: CQ Press.

[598] Paxman, C. G. (2011). Map your way to speech success! Employing mind map-

ping as a speech preparation technique. *Communication Teacher*,25(1),7－11.

[599] Paxton, P. (1999). Is social capital declining in the United States? *A multiple indicator assessment*. *American Journal of Sociology*, 105(1),88－127.

[600] Pentzold, C. (2009). Fixing the floating gap: The online encyclopedia Wikipedia as a global memory place. *Memory Studies*, 2(2),255－272.

[601] Persson, O., Danell, R. & Wiborg Schneider, J. (2009). How to use Bibexcel for various types of bibliometric analysis. *Celebrating scholarly communication studies: A Festschrift for Olle Persson, Special volume of the ISSI e-newsletter*, 5(6),9－24.

[602] Peter, J. (2003). Country characteristics as contingent conditions of agenda setting: The moderating influence of polarized elite opinion. *Communication Research*,30(6),683－712.

[603] Petrocik, J. R. (1996). Issue ownership in presidential elections, with a 1980 case study. *American Journal of Political Science*, 40(3),825－850.

[604] Petty, R. E., & Cacioppo, J. T. (1996). *Attitudes and persuasion: Classic and contemporary approaches*. Westview Press.

[605] Pew Project For Excellence in Journalism. (2010). *The State of The News Media 2010: An Annual Report on American Journalism*. The State of the News Media.

[606] Pew Project For Excellence in Journalism. (2011). *The State of The News Media 2011: An Annual Report on American Journalism*. The State of the News Media.

[607] Pfeffer, J. & Salanick, R. (1978). *The external control of organization: A resource dependence perspective*. New York: Harper Row.

[608] Pfeffer, J., & Salancik, G. R. (1978). *The External Control of Organizations: A Resource Dependence Perspective*. New York, NY: Harper Row.

[609] Pfetsch, B. (2001). Political communication culture in the United States and Germany. *The Harvard International Journal of Press/Politics*,6(1),46－67.

[610] Pfetsch, B. (2004). From political culture to political communications culture: A theoretical approach to comparative analysis. In F. Esser., & B. Pfetsch., (Eds.), Comparing Political Communication: Theories, Cases, and Challenges (pp. 344－366). New York: Cambridge University Press.

[611] Preciado, P., Snijders, T. A., Burk, W. J., Stattin, H., & Kerr, M. (2012). Does proximity matter? Distance dependence of adolescent friendships. *Social Networks*,34(1),18－31.

[612] Preece, J., & Maloney-Krichmar, D. (2005). Online communities: Design, theory, and practice. *Journal of Computer-Mediated Communication*, 10(4),DOI:

10.1111/j.1083-6101.2005.tb00264.x.

[613] Price, M. E. (2002). *Media and Sovereignty: The Global Information Revolution and its Challenge to State Power*. MIT press.

[614] Prior, M. (2007). *Post-Broadcast Democracy: How Media Choice Increases Inequality in Political Involvement and Polarizes Elections*. Cambridge, England: Cambridge University Press.

[615] Purcell, K., Rainie, L., Mitchell, A., Rosenstiel, T., & Olmstead, K. (2010). Understanding the Participatory News Consumer: How internet and cell phone users have turned news into a social experience. Pew Internet & American Life Project. RetrievedMarch 1, 2017, from www.journalism.org/analysis_report/understanding_participatory_news_consumer

[616] Putnam, R. D. (1995). Tuning in, tuning out: The strange disappearance of social capital in America. *PS: Political Science & Politics*, 28(4), 664-683.

[617] Putnam, R. D. (2000). *Bowling Alone: The Collapse and Revival of American Community*. New York: Simon & Schuster.

[618] Putnam, R. D., Leonardi, R., & Nanetti, R. (1993). *Making Democracy Work: Civic Traditions in Modern Italy*. Princeton, NJ: Princeton University Press.

[619] Quandt, T. (2008). (No) news on the World Wide Web? A comparative content analysis of online news in Europe and the United States. *Journalism Studies*, 9(5), 717-738.

[620] Quan-Haase, A., & Wellman, B. (2004). How does the Internet affect social capital? In M. Huysman., & V. Wulf., (Eds.), *Social Capital and Information Technology* (pp. 113-131). Cambridge, MA: MIT Press.

[621] Quan-Haase, A., Wellman, B., Witte, J. C., & Hampton, K. N. (2002). Capitalizing on the Net: Social contact, civic engagement, and sense of community. In B. Welman., & C. Haythornthwaite., (Eds.), *The Internet in Everyday Life* (pp. 291-324). London: Blackwell.

[622] Ran, B., & Duimering, P. R. (2007). Imaging the organization: Language use in organizational identity claims. *Journal of Business and technical Communication*, 21(2), 155-187.

[623] Reese, S. D. (2007). The framing project: A bridging model for media research revisited. *Journal of Communication*, 57(1), 148-154.

[624] Reese, S. D. (2008). Theorizing a globalized journalism. In M. Loeffelhoza., & D. Weaver., (Eds.), *Global Journalism Research: Theories, Methods, Findings, Future* (pp. 240-252). London: Blackwell.

[625] Reese, S. D., Grant, A., & Danielian, L. H. (1994). Thestructure of news

sources on television: A network analysis of "CBS News", "Nightline", "MacNeil/Lehrer", and "This Week with David Brinkley". *Journal of Communication*, 44(2), 84 - 107.

[626] Reese, S. D., Rutigliano, L., Hyun, K., & Jeong, J. (2007). Mapping the blogosphere: Professional and citizen-based media in the global news arena. *Journalism*, 8(3), 235 - 261.

[627] Reese, S. D. (2001). Prologue. In S. D. Reese., O. H. Gandy., & A. E. Grant., (Eds.), *Framing Public Life: Perspectives on Media and our Understanding of the Social World* (pp. 7 - 31). Mahwah, NJ: Lawrence Erlbaum.

[628] Resnick, P. (2001). *Beyond bowling together: Sociotechnical capital*. In J. Carroll (Ed.), *HCI in the New Millennium* (pp. 247 - 272). Boston, MA: Addison-Wesley.

[629] Resnick, P., & Varian, H. R. (1997). Recommender systems. *Communications of the ACM*, 40(3), 56 - 58.

[630] Rhee, J. W. (1997). Strategy and issue frames in election campaign coverage: A social cognitive account of framing effects. *Journal of Communication*, 47(3), 26 - 48.

[631] Rheingold, H. (2000). *The Virtual Community: Homesteading on the Electronic Frontier*. MIT Press.

[632] Rice, R. E. (1994). Network analysis and computer-mediated communication systems. In S. Wasserman and J. Galaskiewicz (Eds.), *Advances in social network analysis: Research in the social and behavioral science* (pp. 167 - 206). Thousand Oaks, CA: Sage.

[633] Rice, R. E., & Danowski, J. A. (1993). Is it really just like a fancy answering machine? Comparing semantic networks of different types of voice mail users. *The Journal of Business Communication*, 30(4), 369 - 397.

[634] Rice, T. W., & Steele, B. (2001). White ethnic diversity and community attachment in small Iowa towns. *Social Science Quarterly*, 82(2), 397 - 407.

[635] Rieder, B. (2012). The refraction chamber: Twitter as sphere and network. *First Monday*, 17(11), 170 - 186.

[636] Roberts, M., & McCombs, M. (1994). Agenda setting and political advertising: Origins of the news agenda. *Political Communication*, 11(3), 249 - 262.

[637] Roberts, M., Wanta, W., & Dzwo, T. H. (2002). Agenda setting and issue salience online. *Communication Research*, 29(4), 452 - 465.

[638] Robertson, R. (1992). *Globalization*. London: Sage.

[639] Robertson, R. (1995). Glocalization: Time-space and homogeneity-heterogeneity. In M. Featherstone., S. M. Lash., & R. Robertson., (Eds.), *Global Mo-*

dernities (pp. 25 - 44). London: Sage.

[640] Robins, G., Pattison, P., Kalish, Y., & Lusher, D. (2007). An introduction to exponential random graph ($p*$) models for social networks. *Social Networks*, 29(2), 173 - 191.

[641] Robinson, G. J., & Sparkes, V. M. (1976). International news in the Canadian and American press: A comparative news flow study. *Gazette*, 22(4), 203 - 218.

[642] Rogers, E. M. (2010). *Diffusion of innovations*. New York: The Free Press.

[643] Rogers, E. M., & Kincaid, D. L. (1981). *Communication Networks: Toward a New Paradigm for Research*. New York: Free Press.

[644] Rogers, E. M., Dearing, J. W., & Bregman, D. (1993). The anatomy of agenda-setting research. *Journal of Communication*, 43(2), 68 - 84.

[645] Rogers, R. (2004). *Information politics on the Web*. Cambridge, MA: MIT Press.

[646] Rosengren, K. E. (1970). International news: Intra and extra media data. *Acta Sociologica*, 13(2), 96 - 109.

[647] Rosengren, K. E. (1974). International news: Methods, data and theory. *Journal of Peace Research*, 11(2), 145 - 156.

[648] Rosengren, K. E. (1977). Four types of tables. *Journal of Communication*, 27(1), 67 - 75.

[649] Rotolo, T. (2000). Town heterogeneity and affiliation: A multilevel analysis of voluntary association membership. *Sociological Perspectives*, 43(2), 271 - 289.

[650] Ruef, M. (2000). The emergence of organizational forms: A community ecology approach 1. *American Journal of Sociology*, 106(3), 658 - 714.

[651] Sabatier, P. A. (1998). The advocacy coalition framework: Revisions and relevance for Europe. *Journal of European Public Policy*, 5(1), 98 - 130.

[652] Sahr, R. (1993). Credentialing the experts: The climate of opinion and journalist selection of sources in domestic and foreign policy. In R. J. Spitzer., (Eds.), *Media and Public Policy* (pp. 153 - 170). Westport, CT: Praeger.

[653] Salganik, M. J., Dodds, P. S., & Watts, D. J. (2006). Experimental study of inequality and unpredictability in an artificial cultural market. *Science*, 311(5762), 854 - 856.

[654] Samkin, G., & Schneider, A. (2008). Adding scientific rigour to qualitative data analysis: An illustrative example. *Qualitative Research in Accounting & Management*, 5(3), 207 - 238.

[655] Sampson, R. J., Morenoff, J. D., & Earls, F. (1999). Beyond social capital: Spatial dynamics of collective efficacy for children. *American Sociological Review*, 64(5), 633 - 660.

[656] Sampson, R. J., Raudenbush, S. W., & Earls, F. (1997). Neighborhoods and violent crime: A multilevel study of collective efficacy. *Science*, 277(5328), 918-924.

[657] Santos, T. D. (1970). The structure of dependence. *The American Economic Review*, 60(2), 231-236.

[658] Schachter, S. (1959). *The psychology of affiliation*. Stanford, CA: Standford University Press.

[659] Schaffner, B. F., & Sellers, P. J. (2003). The structural determinants of local congressional news coverage. *Political Communication*, 20(1), 41-57.

[660] Schermerhorn, J. R. (1977). Information sharing as an interorganizational activity. *Academy of Management Journal*, 20(1), 148-153.

[661] Scheufele, D. A. (2002). Examining differential gains from mass media and their implications for participatory behavior. *Communication Research*, 29(1), 46-65.

[662] Scheufele, D. A., & Shah, D. V. (2000). Personality strength and social capital the role of dispositional and informational variables in the production of civic participation. *Communication Research*, 27(2), 107-131.

[663] Schlesinger, P. (2000). The nation and communicative space. In H. Tumber., (Eds.), *Media Power, Professionals, and Policies* (pp. 99-115). London: Routledge.

[664] Schmidt, J. (2007). Blogging practices: An analytical framework. *Journal of Computer-Mediated Communication*, 12(4), 1409-1427.

[665] Schnell, K. C. F. (2001). Assessing the democratic debate: How the news media frame elite policy discourse. *Political Communication*, 18(2), 183-213.

[666] Schoenbach, K., Ridder, J., & Lauf, E. (2001). Politicians on TV news: Getting attention in Dutch and German election campaigns. *European Journal of Political Research*, 39(4), 519-531.

[667] Schon, D. A., & Rein, M. (1994). *Frame Reflection: Toward Resolution of Intractable Policy Controversies*. New York, NY: Basic Books.

[668] Schott, T. (1986). Models of dyadic and individual components of a social relation: applications to international trade. *Journal of Mathematical Sociology*, 12(2), 225-249.

[669] Schramm, W. (1964). *Mass Media and National Development: The Role of Information in the Developing Countries*. CA: Stanford University Press.

[670] Schramm, W. (1978). International news wires and Third World news in Asia. In J. Richstad., & M. H. Anderson. (Eds.), Crisis in International News: Policies and Prospects (pp. 197-208). New York: Columbia University Press.

[671] Schudson, M. (1982). The politics of narrative form: The emergence of news

conventions in print and television. *Daedalus*, 111(4),97 - 112.

[672] Schudson, M. (1995). *The Power of News*. London: Harvard University Press.

[673] Schudson, M. (2007). The anarchy of events and the anxiety of storytelling. *Political Communication*,24(3),253 - 257.

[674] Schultz, F., Kleinnijenhuis, J., Oegema, D., Utz, S., &van Atteveldt, W. (2012). Strategic framing in the BP crisis: A semantic network analysis of associative frames. *Public Relations Review*,38(1),97 - 107.

[675] Schultz, T. (1999). Interactive options in online journalism: A content analysis of 100 US newspapers. *Journal of Computer-Mediated Communication*, 5(1), DOI: 10.1111/j.1083 - 6101.1999.tb00331.x.

[676] Schwartz, B. (1990). The Reconstruction of Abraham Lincoln. InMiddleton, D., & Edwards., D., (Eds.). *Collective Remembering* (pp. 81 - 107). Newbury Park: Sage.

[677] Scott, J. (1991a.) Networks of corporate power: A comparative assessment. *Annual Review of Sociology*, 17(17),181 - 203.

[678] Scott, J. (1991b). *Social Network Analysis: A Handbook*. Newbury Park, CA: Sage.

[679] Scott, J. (2000). *Social Network Analysis: A Handbook*. London: Sage Publications.

[680] Scott, J. K. & Johnson, T. G. (2005). Bowling alone but online together: Social capital in e-communities. *Community Development*,36(1),9 - 27.

[681] Scott, P. (2005). Knowledge workers: social, task and semantic network analysis. *Corporate Communications: An International Journal*, 10(3),257 - 277.

[682] Segev, E., & Blondheim, M. (2013). America's global standing according to popular news sites from around the world. *Political Communication*, 30(1), 139 - 161.

[683] Semetko, H. A., & Valkenburg, P. M. (2000). Framing European politics: A content analysis of press and television news. *Journal of Communication*, 50(2), 93 - 109.

[684] Semetko, H. A., Blumler, J. G., Gurevitch, M., Weaver, D. H., & Barkin, S. (2013). *The Formation of Campaign Agendas: A Comparative Analysis of Party and Media Roles in Recent American and British Rlections*. New York: Routledge.

[685] Semetko, H. A., Blumler, J. G., Gurevitch, M., Weaver, D. H., & Barkin, S. (1991). *The Formation of Campaign Agendas: A Comparative Analysis of Party and Media Roles in Recent American and British Elections*. Hillsdale, NJ: Lawrence Erlbaum.

[686] Vu, H. T., Guo, L., & McCombs, M. E. (2014). Exploring "the world outside and the pictures in our heads" A network agenda-setting study. *Journalism & Mass Communication Quarterly*, 91(4), 669 - 686.

[687] Sewell, W. H. (1992). A theory of structure: Duality, agency, and transformation. *American Journal of Sociology*, 98(1), 1 - 29.

[688] Shah, D. V., McLeod, J. M., & Yoon, S. H. (2001). Communication, context, and community an exploration of print, broadcast, and internet influences. *Communication Research*, 28(4), 464 - 506.

[689] Shah, D. V., Watts, M. D., Domke, D., & Fan, D. P. (2002). News framing and cueing of issue regimes: Explaining Clinton's public approval in spite of scandal. *Public Opinion Quarterly*, 66(3), 339 - 370.

[690] Shalizi, C. R., & Thomas, A. C. (2011). Homophily and contagion are generically confounded in observational social network studies. *Sociological Methods & Research*, 40(2), 211 - 239.

[691] Shannon, T. R. (1996). *An Introduction to the World-System Perspective*. Boulder, CO: Westview Press.

[692] Shapiro, A. L. (1999). *The Control Revolution: How the Internet is Putting Individuals in Charge and Changing the World We Know*. New York, NY: Public Affairs.

[693] Shaw, C. L. (1997). Personal narrative revealing self and reflecting other. *Human Communication Research*, 24(2), 302 - 319.

[694] Shen, F., & Edwards, H. H. (2005). Economic individualism, humanitarianism, and welfare reform: A value-based account of framing effects. *Journal of Communication*, 55(4), 795 - 809.

[695] Sherif, M. (1958). Superordinate goals in the reduction of intergroupconflict. *American Journal of Sociology*, 63(4), 349 - 356.

[696] Shoemaker, P. J., & Cohen, A. A. (2012). *News around the World: Content, Practitioners, and the Public*. New York: Routledge.

[697] Shoemaker, P. J., & Reese, S. D. (1996). *Mediating the Message: Theories of Influences on Mass Media Content*. White Plains, NY: Longman.

[698] Shoemaker, P. J., Chang, T. K., & Brendlinger, N. (1987). Deviance as a predictor of newsworthiness: Coverage of international events in the US media. In M. L. Mclaughlin., (Eds.), *Communication Yearbook* 10 (pp. 348 - 365). Newbury Park, CA: Sage.

[699] Shumate, M., & Contractor, N. (2013). The emergence of multidimensional social networks. In L. L. Putnam & D. K. Mumby (eds.), *The Sage Handbook of Organizational Communication* (3rd ed., pp. 449 - 474). Thousand Oaks,

CA: Sage.

[700] Shumate, M., & Dewitt, L. (2008). The north/south divide in NGO hyperlink networks. *Journal of Computer-Mediated Communication*, 13(2), 405 - 428.

[701] Shumate, M., & Palazzolo, E. T. (2010). Exponential random graph (p^*) models as a method for social network analysis in communication research. *Communication Methods and Measures*, 4(4), 341 - 371.

[702] Shumate, M., Pilny, A., Catouba, Y., Kim, J., Peña-y-Lillo, M., Rcooper, K., Sahagun, A., & Yang, S. (2013). A taxonomy of communication networks. *Communication Yearbook*, 37, 95 - 123.

[703] Sigal, L. V. (1973). *Reporters and Officials: The Organization and Politics of Newsmaking*. Lexington, MA: D. C. Heath.

[704] Simon, A. F., & Jerit, J. (2007). Toward a theory relating political discourse, media, and public opinion. *Journal of Communication*, 57(2), 254 - 271.

[705] Singer, J. B. (2005). The political j-blogger: 'Normalizing' a new media form to fit old norms and practices. *Journalism*, 6(2), 173 - 198.

[706] Skaperdas, S., & Grofman, B. (1995). Modeling negative campaigning. *American Political Science Review*, 89(1), 49 - 61.

[707] Skoric, M. M., Ying, D., & Ng, Y. (2009). Bowling online, not alone: Online social capital and political participation in Singapore. *Journal of Computer-Mediated Communication*, 14(2), 414 - 433.

[708] Small, M. L. (2002). Culture, Cohorts, and Social Organization Theory: Understanding Local Participation in a Latino Housing Project. *American Journal of Sociology*, 108(1), 1 - 54.

[709] Smith, D. A., & White, D. R. (1992). Structure and dynamics of the global c conomy: Network analysis of international trade 1965—1980. *Social Forces*, 70 (4), 857 - 893.

[710] Smith, R. F. (1969). On thestructure of foreign news: A comparison of the New York Times and the Indian White Papers. *Journal of Peace Research*, 6(1), 23 - 35.

[711] Snijders, T. A. B., Steglich, C. E. G., Schweinberger, M., & Huisman, M. (2007). *Manual for SIENA version* 3. Oxford, UK: University of Oxford, Department of Statistics.

[712] Snow, D. A., & Benford, R. D. (1988). Ideology, frame resonance, and participant mobilization. *International Social Movement Research*, 1(1), 197 - 217.

[713] Snyder, D., & Kick, E. L. (1979). Structural position in the world system and economic growth, 1955—1970: A multiple-network analysis of transnational interactions. *American Journal of Sociology*, 84(5), 1096 - 1126.

[714] So, A. Y. (1990). *Social Change and Development: Modernization, Dependency, and World-System Theories*. Newbury Park, CA: Sage.

[715] Sohn, D. (2009). Disentangling the effects of social network density on electronic Word-of-Mouth (eWOM) intention. *Journal of Computer-Mediated Communication*, 14(2), 352 - 367.

[716] Song, F. W. (2010). Theorizing web 2.0: A cultural perspective. *Information, Communication & Society*, 13(2), 249 - 275.

[717] Soroka, S. N. (2003). Media, public opinion, and foreign policy. *Harvard International Journal of Press/Politics*, 8(1), 27 - 48.

[718] Stamm, K. R., & Guest, A. M. (1991). Communication and community integration: An analysis of the communication behavior of newcomers. *Journalism Quarterly*, 68(4), 644 - 656.

[719] Stamm, K., Emig, A., & Hesse, M. (1997). The contribution of local media to community involvement. *Journalism & Mass Communication Quarterly*, 74(1), 97 - 107.

[720] Star, S. L., & Bowker, G. C. (2002). How to infrastructure. In L. A. Lievrouw., & S. Livingstone., (Eds.), *The Handbook of New Media* (pp. 151 - 162). Thousand Oaks, CA: Sage.

[721] Steele, C. A., & Barnhurst, K. G. (1996). The journalism of opinion: Network news coverage of US presidential campaigns, 1968—1988. *Critical Studies in Media Communication*, 13(3), 187 - 209.

[722] Steglich, C., Snijders, T. A., & Pearson, M. (2010). Dynamic networks and behavior: Separating selection from influence. *Sociological Methodology*, 40(1), 329 - 393.

[723] Straubhaar, J. D. (2007). *World Television: From Global to Local*. Los Angeles, CA: Sage Publications.

[724] Strömbäck, J. (2008). Four phases of mediatization: An analysis of the mediatization of politics. *The International Journal of Press/Politics*, 13(3), 228 - 246.

[725] Strömbäck, J., & Kiousis, S. (2010). A new look at agenda-setting effects-comparing the predictive power of overall political news consumption and specific news media consumption across different media channels and media types. *Journal of Communication*, 60(2), 271 - 292.

[726] Stromer-Galley, J. (2003). Diversity of political conversation on the Internet: Users' perspectives. *Journal of Computer-Mediated Communication*, 8(3), Doi: 10.1111/j.1083 - 6101.2003.tb00215.x.

[727] Stroud, N. J. (2008). Media use and political predispositions: Revisiting the concept of selective exposure. *Political Behavior*, 30(3), 341 - 366.

[728] Sum, S., Mathews, M., Pourghasem, M., & Hughes, I. (2008). Internet technology and social capital: How the Internet affects seniors' social capital and wellbeing. *Journal of Computer-Mediated Communication*, 14(1), 202 - 220.

[729] Sun, S. L., & Barnett, G. A. (1994). The international telephone network and democratization. *Journal of the American Society for Information Science*, 45 (6), 411 - 421.

[730] Sundar, S. S., & Nass, C. (2001). Conceptualizing sources in online news. *Journal of Communication*, 51(1), 52 - 72.

[731] Sundar, S. S., Knobloch-Westerwick, S., & Hastall, M. R. (2007). News cues: Information scent and cognitive heuristics. *Journal of the American Society for Information Science and Technology*, 58(3), 366 - 378.

[732] Sundar, S. S., Oeldorf-Hirsch, A., & Xu, Q. (2008, April). The bandwagon effect of collaborative filtering technology. In*CHI'08 Extended Abstracts on Human Factors in Computing Systems* (pp. 3453 - 3458). ACM.

[733] Sundar, S. S., Xu, Q., & Oeldorf-Hirsch, A. (2009, April). Authority vs. peer: how interface cues influence users. In*CHI'09 Extended Abstracts on Human Factors in Computing Systems* (pp. 4231 - 4236). ACM.

[734] Sunstein, C. R. (2007). *Republic. Com* 2.0. Princeton, NJ: Princeton University Press.

[735] Sussman, G., & Lent, J. A. (1991). Introduction: Critical perspectives on communication and Third World development. In G. Sussman., & J. A. Lent., (Eds.), *Transnational Communications: Wiring the Third World* (pp. 27 - 41). Newbury Park, CA: Sage.

[736] Swain, N. (2003). Social capital and its uses. *European Journal of Sociology*, 44 (2), 185 - 212.

[737] Swartz, D. (1997). *Culture & Power: The Sociology of Pierre Bourdieu*. Chicago, IL: The University of Chicago Press.

[738] Tajfel, H. M. (Ed.). (1978). *Differentiation between social groups: Studies in the psychology of intergroup relations*. London, UK: Academic Press.

[739] Takens, J., van Atteveldt, W., van Hoof, A., & Kleinnijenhuis, J. (2013). Media logic in election campaign coverage. *European Journal of Communication*, 28(3), 277 - 293.

[740] Takhteyev, Y., Gruzd, A., & Wellman, B. (2012). Geography of Twitter networks. *Social Networks*, 34(1), 73 - 81.

[741] Tankard Jr, J. W., Chang, T. K., & Tsang, K. J. (1984). Citation networks as indicators of journalism research activity. *Journalism Quarterly*, 61 (1), 89 - 124.

[742] Tankard, J. , & Ban, H. (1998). Online newspapers: Living up to their potential? *Journalism and Mass Communication Quarterly*, 75(1),9 - 13.

[743] Teheranian, M. (1999). *Global Communication and World Politics: Domination, Development, and Discourse*. Boulder, CO: Lynne Rienner.

[744] Tewksbury, D. (2005). The seeds of audience fragmentation: Specialization in the use of online news sites. *Journal of Broadcasting & Electronic Media*, 49 (3),332 - 348.

[745] Thames, G. (2009). Twitter as an Educational Tool. *Journal of Child and Adolescent Psychiatric Nursing*, 22(4),235 - 235.

[746] Thelwall, M. (2003). What is this link doing here? Beginning a fine-grained process of identifying reasons for academic hyperlink creation. *Information Research*, 8(3),289 - 291.

[747] Thelwall, M. (2004). *Link Analysis: An Information Science Approach*. San Diego: Academic Press.

[748] Thelwall, M. (2009). Introduction to webometrics: Quantitative web research for the social sciences. *Synthesis Lectures on Information Concepts, Retrieval, and Services*,1(1),1 - 116.

[749] Thelwall, M. , & Wilkinson, D. (2004). Finding similar academic web sites with links, bibliometric couplings and co-links. *Information Processing & Management*, 40(3),515 - 526.

[750] Thompson, J. B. (1995). *The Media and Modernity: A Social Theory of the Media*. Stanford, CA: Stanford University Press.

[751] Tian, Y. , & Stewart, C. (2005). Framing the SARS crisis: A computer-assisted text analysis of CNN and BBC online news reports of SARS. *Asian Journal of Communication*, 15(3),289 - 301.

[752] Tomlinson,J. (1991). *Cultural Imperialism: A Critical Introduction*. London: Continuum.

[753] Trammell, K. D. (2006). The blogging of the president. In A. P. Williams,, & J. C. Tedesco. , (Eds.), *The Internet Election: Perspectives on the web in Campaign* 2004 (pp. 133 - 146). Oxford: Rowman & Littlefield Publishers.

[754] Travers, J. , & Milgram, S. (1969). Experimental study of small world problem. *Oceanologia*,43(3),353 - 363.

[755] Treadwell, D. F. , & Harrison, T. M. (1994). Conceptualizing and assessing organizational image: Model images, commitment, and communication. *Communications Monographs*,61(1),63 - 85.

[756] Tremayne, M. (2004). The web of context: applying network theory to the use of hyperlinks in journalism on the web. *Journalism & Mass Communication*

Quarterly,81(2),237－253.

[757] Tremayne, M. (2005). News websites as gated cybercommunities. *Convergence: The International Journal of Research into New Media Technologies*,11(3),28－39.

[758] Tremayne, M. (2006). Applying network theory to the use of external links on news web sites. In X. Li. , (eds.),*Internet Newspapers: The Making of a Mainstream Medium* (pp. 49－64). Mahwah, NJ: Lawrence Erlbaum Associates.

[759] Trent, J. S. , & Friedenberg, R. V. (2008). *Political Campaign Communication: Principles and Practices* (6th edition.). Lanham, MD: Rowman & Littlefield.

[760] Trumbo, C. (1995). Longitudinalmodeling of public issues: An application of the agenda-setting process to the issue of global warming. *Journalism and Communication Monographs*,152, 1－57.

[761] Tuchman, G. (1974). Assembling a network talk-show. In G. Tuchman (Eds.), *The Television Establishment: Programming for Power and Profit* (pp. 119－135). Englewood Cliffs, NJ: Prentice-Hall.

[762] Tuchman, G. (1976). Telling stories. *Journal of Communication*, 26(4),93－97.

[763] Tuchman,G. (1978). *Making News: A Study in the Construction of Reality*. New York: Free Press.

[764] Turner, J. C. (1987). *Rediscovering the social group: A self-categorization theory*. Oxford: Blackwell.

[765] Turner, J. C. , & Oakes, P, J. (1986). The significance of the social identity concept for social psychology with reference to individualism, interactionism, and social influence. *British Journal of Social Psychology*, 25(3),237－252.

[766] Turow, J. (1997). *Breaking up America: Advertisers and the New Media World*. Chicago, IL: University of Chicago Press.

[767] Turow, J. , & Tsui, L. (Eds.). (2008). *The Hyperlinked Society: Questioning Connections in the Digital Age*. Ann Arbor, MI: University of Michigan Press.

[768] United Nations Educational, Scientific, and Cultural Organization (UNESCO). (1980). *Many Voices, One World: Communication and Society Today and Tomorrow*. New York: Unipub.

[769] Uslaner,E. M. (2000). Social Capital and the Net. *Communications and the ACM*, 43(12),60－64.

[770] Uzzi, B. (1996). The sources and consequences of embeddedness for the economic performance of organizations. *American Socialogical Review*, 61(4),674－698.

[771] Uzzi, B. (1997). Social structure and competition in interfirm networks: The paradox of embeddedness. *Administrative Science Quarterly*, 42(1), 35 - 67.

[772] Valente, T. W. (1996). Social network thresholds in the diffusion of innovations. *Social Networks*, 18(1), 69 - 89.

[773] Valenzuela, S., Park, N., & Kee, K. F. (2009). Is there social capital in a social network site?: Facebook use and college students' life satisfaction, trust, and participation. *Journal of Computer-Mediated Communication*, 14(4), 875 - 901.

[774] Valkenburg, P. M., & Peter, J. (2007a). Internet communication and its relation to well-being: Identifying some underlying mechanisms. *Media Psychology*, 9(1), 43 - 58.

[775] Valkenburg, P. M., & Peter, J. (2007b). Online communication and adolescent well-being: Testing the stimulation versus the displacement hypothesis. *Journal of Computer-Mediated Communication*, 12(4), 1169 - 1182.

[776] Valkenburg, P. M., Semetko, H. A., & De Vreese, C. H. (1999). The effects of news frames on readers' thoughts and recall. *Communication Research*, 26(5), 550 - 569.

[777] Van Atteveldt, W. (2008). *Semantic Network Analysis: Techniques for Extracting, Representing and Querying Media Content*. Charleston, SC: BookSurge.

[778] Van Atteveldt, W., Kleinnijenhuis, J., & Ruigrok, N. (2008). Parsing, semantic networks, and political authority using syntactic analysis to extract semantic relations from Dutch newspaper articles. *Political Analysis*, 16(4), 428 - 446.

[779] Van de Donk, W., Loader, B. D., Nixon, P. G., & Rucht, D. (2004). *Cyber Protest: New Media, Citizens and Social Movements*. London, UK: Routledge.

[780] Van den Bulck, J. (2006). Television news avoidance: Exploratory results from a one-year follow-up study. *Journal of Broadcasting & Electronic Media*, 50(2), 231 - 252.

[781] Van den Bulte, C., & Moenaert, R. K. (1998). The effects of R&D team collocation on communication patterns among R&D marketing and manufacturing. *Management Science*, 44(11), 1 - 18.

[782] Van Dijck, J. (2007). *Mediated Memories in a Digital Age*. Stanford, CA: Stanford University Press.

[783] Van Dijck, J. (2011). Flickr and the culture of connectivity: Sharing views, experiences, memories. *Memory Studies*, 4(4), 401 - 415.

[784] Van Dijck, J., & Poell, T. (2013). Understanding social media logic. *Media and Communication* 1(1), 2 - 14.

[785] Van Looy, J., & Baetens, J. (Eds.). (2003). *Close Reading New Media: Analyzing Electronic Literature*. Leuven University Press.

[786] Vargo, C. J., Guo, L., McCombs, M., & Shaw, D. L. (2014). Network issue agendas on Twitter during the 2012 US presidential election. *Journal of Communication*, 64(2), 296 - 316.

[787] Vasquez, G. M. (1996). Public relations as negotiation: An issue development perspective. *Journal of Public Relations Research*, 8(1), 57 - 77.

[788] Veltri, G. A. (2012). Information flows and centrality among elite European newspapers. *European Journal of Communication*, 27(4), 354 - 375.

[789] Vergeer, M., & Pelzer, B. (2009). Consequences of media and Internet use for offline and online network capital and well-being. A causal model approach. *Journal of Computer-Mediated Communication*, 15(1), 189 - 210.

[790] Vergeer, M., Hermans, L., & Sams, S. (2013). Online social networks and micro-blogging in political campaigning: The exploration of a new campaign tool and a new campaign style. *Party Politics*, 19(3), 477 - 501.

[791] Vergeer, M., Lim, Y. S., & Park, H. W. (2011). Mediated relations: New methods to study online social capital. *Asian Journal of Communication*, 21(5), 430 - 449.

[792] Verweij, P. (2012). Twitter links between politicians and journalists. *Journalism Practice*, 6(5 - 6), 680 - 691.

[793] Viegas, F., Wattenberg, M., Kriss, J., & van Ham, F. (2007). *Talk Before You Type: Coordination in Wikipedia*. in Proceedings of the Hawaii Conference on System Science. Los Alamitos: IEEE Press.

[794] Viswanath, K., Finnegan Jr, J. R., Rooney Jr, B., & Potter Jr, J. (1990). Community ties in a rural Midwest community and use of newspapers and cable television. *Journalism Quarterly*, 67(4), 899 - 911.

[795] Vlieger, E., & Leydesdorff, L. (2011). Content analysis and the measurement of meaning: The visualization of frames in collections of messages. *Public Journal of Semiotics*, 3(1), 28 - 50.

[796] Vu, H. T., Guo, L., & McCombs, M. E. (2014). Exploring "the world outside and the pictures in our heads": A network agenda-setting study. *Journalism & Mass Communication Quarterly*, 91(4), 669 - 686.

[797] Walgrave, S., & De Swert, K. (2007). Where does issue ownership come from? From the party or from the media? Issue-party identifications in Belgium, 1991—2005. *Harvard International Journal of Press/Politics*, 12(1), 37 - 67.

[798] Wall, M. (2005). 'Blogs of war' Weblogs as news. *Journalism*, 6(2), 153 - 172.

[799] Wallace, I. (1990). *The Global Economic System*. New York: Routledge.

[800] Wallerstein, I. (1974). *The Modern World System*. New York: Academic Press.

[801] Wallerstein, I. (1979). *The Capitalist World-Economy*. Cambridge, MA: Cambridge University Press.

[802] Wallerstein, I. M. (1991). *Geopolitics and Geoculture: Essays on the Changing World-System*. Cambridge University Press.

[803] Wang, P., Robins, G., & Pattison, P. (2006). *PNET: Program for the Simulation and Estimation of p* Exponential Random Graph Models*. Melbourne: University of Melbourne.

[804] Wanta, W., & Hu, Y. W. (1994). The effects of credibility, reliance, and exposure on media agenda-setting: A path analysis model. *Journalism & Mass Communication Quarterly*, 71(1), 90 - 98.

[805] Warner, B. R. (2010). Segmenting the electorate: The effects of exposure to political extremism online. *Communication Studies*, 61(4), 430 - 444.

[806] Warren, M. R. (1998). Community building and political power: A community organizing approach to democratic renewal. *American Behavioral Scientist*, 42 (1), 78 - 92.

[807] Wasserman, S. & Faust K. (1994). *Social Network Analysis: Methods and Applications*. Cambridge: Cambridge University Press.

[808] Watts, D. J. (1999). Networks, dynamics, and the small-world phenomenon 1. *American Journal of Sociology*, 105(2), 493 - 527.

[809] Watts, D. J. (2004). *Six Degrees: The Science of a Connected Age*. WW Norton & Company.

[810] Watts, D. J., (1999). *Small Worlds*. Princeton, New Jersey: Princeton University.

[811] Weaver, D. H., & Wilhoit, G. C. (1981). Foreign news coverage in two U S. wire services. *Journal of Communication*, 31(2), 55 - 63.

[812] Weber, M. S. (2012). Newspapers and the long-term implications of hyperlinking. *Journal of Computer-Mediated Communication*, 17(2), 187 - 201.

[813] Weber, M. S., & Monge, P. (2011). The flow of digital news in a network of sources, authorities, and hubs. *Journal of Communication*, 61(6), 1062 - 1081.

[814] Webster, J. G. (1985). Program audience duplication: A study of television inheritance effects. *Journal of Broadcasting & Electronic Media*, 29(2), 121 - 133.

[815] Webster, J. G. (2005). Beneath the veneer of fragmentation: Television audience polarization in a multichannel world. *Journal of Communication*, 55(2), 366 - 382.

[816] Webster, J. G. (2006). Audience flow past and present: Television inheritance effects reconsidered. *Journal of Broadcasting & Electronic Media*, 50(2), 323 - 337.

[817] Webster, J. G. (2008). Structuring a marketplace of attention. In J. Turow. , & L. Tsui. , (Eds.), *The Hyperlinked Society: Questioning Connections in the Digital Age* (pp. 23 - 38). Ann Arbor, MI: University of Michigan Press.

[818] Webster, J. G. (2009). The role of structure in media choice. In T. Hartmann. , & P. Vorderer. , (Eds.), *Evolving Perspectives on Media Choice: A Theoretical and Empirical Overview* (pp. 221 - 233). London, UK: Routledge.

[819] Webster, J. G. (2010). User information regimes: How social media shape patterns of consumption. *Northwestern University Law Review*, 104(2), 593 - 612.

[820] Webster, J. G. , & Ksiazek, T. B. (2012). The dynamics of audience fragmentation: Public attention in an age of digital media. *Journal of communication*, 62 (1), 39 - 56.

[821] Webster, J. G. , & Lin, S. F. (2002). The Internet audience: Web use as mass behavior. *Journal of Broadcasting & Electronic Media*, 46(1), 1 - 12.

[822] Webster, J. G. , & Wang, T. Y. (1992). Structural determinants of exposure to television: The case of repeat viewing. *Journal of Broadcasting & Electronic Media*, 36(2), 125 - 136.

[823] Weenig, M. W. , Wilke, H. A. , & ter Mors, E. (2011). Personal outcomes and moral responsibility as motives for news transmission: The impact of fate similarity, fate uncertainty, and relationship closeness. *Communication Research*, 41(3), 404 - 429.

[824] Weible, C. M. , Sabatier, P. A. , & McQueen, K. (2009). Themes and variations: Taking stock of the advocacy coalition framework. *Policy Studies Journal*, 37(1), 121 - 140.

[825] Wellman, B. & Wortley, S. (1990). Different strokes from different folks: Community ties and social support. *American Journal of Sociology*, 96, 558 - 588.

[826] Wellman, B. (1992). Which types of ties and networks gice what kinds of social support? *Advances in Group Process*, 9, 207 - 235.

[827] Wellman, B. (2000). Changing connectivity: A future history of Y2. 03K. *Sociological Research Online*, 4.

[828] Wellman, B. , & Wortley, S. (1990). Different strokes from different folks: Community ties and social support. *American Journal of Sociology*, 96(3), 558 - 588.

[829] Wellman, B. , Haase, A. Q. , Witte, J. , & Hampton, K. (2001). Does the Internet increase, decrease, or supplement social capital? Social networks, participation, and community commitment. *American Behavioral Scientist*, 45(3), 436 - 445.

[830] Wellman, B. , Salaff, J. , Dimitrova, D. , Garton, L. , Gulia, M. , & Haythorn-

thwaite, C. (1996). Computer networks as social networks: Collaborative works, telework, and virtual community. *Annual Review of Sociology*, 22(22), 213 - 238.

[831] Westerman, D., Spence, P. R., & Van Der Heide, B. (2012). A social network as information: The effect of system generated reports of connectedness on credibility on Twitter. *Computers in Human Behavior*, 28(1), 199 - 206.

[832] White, H. (1970). *Chains of Opportunity: System Models of Mobility in Organizations*. Cambridge, Harvard University Press.

[833] Wilhoit, G. C., & Weaver, D. (1983). Foreign news coverage in two US wire services: An update. *Journal of Communication*, 33(2), 132 - 148.

[834] Wilkinson, D., G. Harries, M. Thelwall, & E. Price. (2003). Motivations for academic Web site interlinking: Evidence for the Web as a novel source of information on informal scholarly communication. *Journal of Information Science*, 29(1), 59 - 66.

[835] Williams, A. P., Trammell, K. D., Postelnicu, M., Landreville, K. D., & Martin, J. D. (2005). Blogging and hyperlinking: Use of the Web to enhance viability during the 2004 US campaign. *Journalism Studies*, 6(2), 177 - 186.

[836] Williams, D. (2006). On and off the net: Scales for social capital in an online era. *Journal of Computer-Mediated Communication*, 11(2), 593 - 628.

[837] Woelfel, J. K., Danielsen, S., & Woelfel, J. (1995). *Catpac for Windows*. Troy, NY: Terra Research & Computing Co., The Galileo Company.

[838] Wright, K. (2000). Computer-mediated social support, older adults, and coping. *Journal of Communication*, 50(3), 100 - 118.

[839] Wyatt, R. O., Katz, E., & Kim, J. (2000). Bridging the spheres: Political and personal conversation in public and private spaces. *Journal of Communication*, 50(1), 71 - 92.

[840] Xia, M., Huang, Y., Duan, W., & Whinston, A. B. (2007). Implicit many-to-one communication in online communities. In C. Steinfeld, A. Pentland, M. Ackerman, & N. Contractor, S. (Eds.), *Proceedings of the third communities and technologies conference* (pp. 265 - 274). London, England: Springer.

[841] Xu, Q. (2013). Social recommendation, source credibility, and recency effects of news cues in a social bookmarking website. *Journalism & Mass Communication Quarterly*, 90(4), 757 - 775.

[842] Yang, A., Klyueva, A., & Taylor, M. (2012). Beyond a dyadic approach to public diplomacy: Understanding relationships in multipolar world. *Public Relations Review*, 38(5), 652 - 664.

[843] Yang, G. (2003). China's Zhiqing Generation: Nostalgia, Identity, and Cultural

Resistance in the 1990s. *Modern China*, 29(3),267 - 296.

[844] Yeo, E., Park, K., & Arabi, A. (2007). News framing of West Nile virus an outbreak of new health hazard. *Journal of Humanities and Social Sciences*, 1(2),1 - 14.

[845] Yim, J. (2003). Audience concentration in the media: Cross-media comparisons and the introduction of the uncertainty measure. *Communication Monographs*,70(2),114 - 128.

[846] Yuan, E. J., & Ksiazek, T. B. (2011). The duality of structure in China's national television market: A network analysis of audience behavior. *Journal of Broadcasting & Electronic Media*,55(2),180 - 197.

[847] Yuan, E. J., & Webster, J. G. (2006). Channel repertoires: Using peoplemeter data in Beijing. *Journal of Broadcasting & Electronic Media*,50(3),524 - 536.

[848] Yuan, Y. C., & Gay, G. (2006). Homophily of network ties and bonding and bridging social capital in computer-mediated distributed teams. *Journal of Computer-Mediated Communication*, 11(4),1062 - 1084.

[849] Zaller, J. R. (1999). *A Theory of Media Politics: How the Interests of Politicians, Journalists, and Citizens Shapes the News*. University of California, Los Angeles. Typescript.

[850] Zelizer, B. (1995). Reading the past against the grain: the shape of memory studies. *Critical Studies in Mass Communication*, 12(2),214 - 239.

[851] Zenger, T. R., & Lawrence, B. S. (1989). Organizational demography: The differential effects of age and tenure distributions on technical communication. *Academy of Management Journal*, 32(2),353 - 376.

[852] Zhao, S. (2006). Do Internet users have more social ties? A call for differentiated analyses of Internet use. *Journal of Computer-Mediated Communication*, 11(3),844 - 862.

[853] Ziegele, M., Breiner, T., & Quiring, O. (2014). What creates interactivity in online news discussions? An exploratory analysis of discussion factors in user comments on news items. *Journal of Communication*,64(6),1111 - 1138.

[854] Zuccala, A. (2006). Author cocitation analysis is to intellectual structure as web colink analysis is to ...? *Journal of the American Society for Information Science and Technology*, 57(11),1487 - 1502.

后　记

传播网络分析是国内外传播学界近年来颇为关注的领域。出于各种各样的机缘巧合，笔者在学术训练的许多阶段中，与这一领域有过些许接触（但都不够深入），并开展过若干研究（但都不太成熟）。关于作为方法的社会网络分析在传播理论研究中的应用，相信许多读者都曾经历过因其技术细节的直观和“众人拾柴火焰高”的研究潮流而狂热的阶段，也会陷入对此类意义何在的追问、质疑和失落，笔者也是如此。如今，笔者更愿将自己定位为一个传播网络研究“冷静的学习者”，并在本书中，将自己对传播网络阶段性的阅读、思考和尝试，包括当中的错误和失败，一并与读者分享，希望能够对诸位同行研习传播网络的过程产生些微启示（或警示）。

本书梳理了以媒介系统为要素、以社会网络分析为方法、在传播学的学科体系下开展的经验研究动态，这些研究大都发表在传播学科同行评议的国际刊物上。以此为参照，对比当前我国开展传播网络研究的情景，笔者的几点反思和感触如下：

首先，提出并回答具有良好潜力的理论问题，应当成为有志于开展传播网络分析的研究者的最大目标。而这也是本书以较大篇幅来回顾和总结从媒介系统网络及其现象中能够生发出从宏观到微观层面的社会理论、传播理论与网络理论的出发点和落脚点。多年来，我国的传播研究，乃至更大范围内的社会科学研究，无论是从研究项目和课题的“导向”上来看，还是从各类学术成果奖励的评定标准中观察，或是学术训练的传统与传承，都存在着以研究对象“为尊”、忽略甚至无视理论贡献的趋势。相应地，这种趋势也折射出很多学者（包括笔者自己）对理论的阅读、掌握和关注相对不足，从而能且仅能产生现象层面的观察和思考，难以建立起与前沿理论对话的抽象思考等一系列令人担忧的局面，更不要提一味追逐政策要求、技术发展以及概念游戏的惯性和惰性可能为理论研究带来的更大损害。因此，厘清社会理论、传播理论以及网络理论之间的脉络，回归对上述基础理论及其发展和前沿动态的追踪，而不是仅仅局限于通过社会热点现象来提出问题，对开展经验的、演绎的、量化的传播网络研究而言，无疑将是走向研究规范化和尝试建立理论贡献的第一步。

其次，研究者要有避免“方法先行”的自觉，将网络分析方法服务于理论问题，而不是反之。从研究方法与其能够回答的研究问题之间的关系来看，通常情况下，更为精密的测量和统计方法，往往要求其对应的概念和现象越准确，相应地，也将有大部分“有趣”的理论问题被精致的方法排除在外。从这个角度来看，通过研究方法维持研究兴趣的做法可行性相对较低。作为一种研究方法，社会网络分析可以成为研究者产生学习兴趣的动机，然而，从长期的学术生产规则来看，扎实的方法基础固然重要，但清晰的理论聚焦和个人学术领域选择，依然是支撑学者将研究兴趣贯彻始终的外部条件。换言之，只有理论兴趣才能够成为被自我和他人普遍认可的研究兴趣。另外，需要指出的是，我们常常提及的“社会网络分析范式”，实际上更多地是将社会网络分析视作一套研究技术的集合或一种方法论体系，也就是说，社会网络分析本身并不具备天然的理论性。同时，在传播网络分析的分支内部，也存在多种不同的理论取向和终极关怀。可见，一方面，充分了解全球社会网络分析的流派、体系、分支和核心作者，另一方面，对自身的研究兴趣有所体悟并将其与相应的学科体系对接，不仅有助于传播网络研究者扩大自己的学术视野，丰富理论积淀，达到一个学者应当具备的理论抽象高度，也是避免研究者沦为永远追逐方法革新、难以建立真正研究兴趣的技术工具的有效途径。

第三，社会网络分析方法本身既不“放之四海而皆准”，也不像很多初学者想象中那样“高高在上”。尽管社会网络分析领域的专门研究中，有很一大部分选择了海量数据的收集与分析，并使用了令人眼花缭乱、瞠目结舌的统计分析技术，而实际上，根据不同的理论问题，传播网络的相应研究对数据规模、数据获取技术、测量工具的精细程度、模型的复杂性等方法条件都会产生不同的要求。以第三层次的议程设置或网络议程设置为例，此类研究就建立在传统的内容分析方法之上，网络节点通常是基于议题属性的分类，往往在几个到十几个之间不等，因此网络规模相对较小，但并不妨碍网络议程设置成为近年来传播学界炙手可热的研究主题，且运用这一主题，为诸多理论和现实问题提供的解释亦不乏有益的洞察。因此，对传播网络分析的初学者而言，不妨尝试以此类网络规模较小、技术难度较低，但不失理论性的问题作为切入点，以获取网络分析和学术发表的乐趣所在。总之，通过充分的理论阅读来提出研究问题，学习研究方法，建立研究兴趣，或许可以成为可供包括传播网络研究者在内的新闻传播学师生尝试的一条替代性路径。

本书在写作过程中，包括写作之前的构思阶段，以及有关此类技能的学习阶段，曾经得到多位师友的帮助，笔者当默默铭记在心，恕不一一列举。特别感谢西安交通大学出版社的赵怀瀛编辑，是他的策划、鼓励与鞭策，使得本书有机会得以出版，并有得到进一步被诸位同行批评的机会；同时感谢书中引用的核心文献及图表的作者，你们的工作和视野对本书的形成和笔者未来的研究深有启发。

限于方法、时间和个人能力，本书在理论范式的选择、前沿方法的介绍以及研究实践的开展等诸多方面，必然存在诸多疏漏。这些不足之处也将成为笔者今后不断努力学习和改进的方向。恳请诸君万勿见谅，务必指正。

刘于思
于美国麦迪逊鹰巅
2017 年 6 月